Ralf Zoll (Hrsg.)

Gesellschaft in literarischen Texten

Ralf Zoll (Hrsg.)

Gesellschaft in literarischen Texten

Ein Lese- und Arbeitsbuch

Band 2: Ökonomische, politische und kulturelle Aspekte

VS VERLAG FÜR SOZIALWISSENSCHAFTEN

Bibliografische Information Der Deutschen Bibliothek
Die Deutsche Bibliothek verzeichnet diese Publikation in der Deutschen Nationalbibliografie;
detaillierte bibliografische Daten sind im Internet über <http://dnb.ddb.de> abrufbar.

1. Auflage Oktober 2005

Alle Rechte vorbehalten
© VS Verlag für Sozialwissenschaften/GWV Fachverlage GmbH, Wiesbaden 2005

Der VS Verlag für Sozialwissenschaften ist ein Unternehmen von Springer Science+Business Media.
www.vs-verlag.de

Das Werk einschließlich aller seiner Teile ist urheberrechtlich geschützt. Jede Verwertung außerhalb der engen Grenzen des Urheberrechtsgesetzes ist ohne Zustimmung des Verlags unzulässig und strafbar. Das gilt insbesondere für Vervielfältigungen, Übersetzungen, Mikroverfilmungen und die Einspeicherung und Verarbeitung in elektronischen Systemen.

Die Wiedergabe von Gebrauchsnamen, Handelsnamen, Warenbezeichnungen usw. in diesem Werk berechtigt auch ohne besondere Kennzeichnung nicht zu der Annahme, dass solche Namen im Sinne der Warenzeichen- und Markenschutz-Gesetzgebung als frei zu betrachten wären und daher von jedermann benutzt werden dürften.

Umschlaggestaltung: KünkelLopka Medienentwicklung, Heidelberg
Satz: Beate Glaubitz, Redaktion und Satz, Leverkusen
Druck und buchbinderische Verarbeitung: MercedesDruck, Berlin
Gedruckt auf säurefreiem und chlorfrei gebleichtem Papier
Printed in Germany

ISBN 3-8100-3956-X

Inhalt

Vorwort 9

1. Ökonomische Aspekte
   Eingeleitet von Maria Funder
   Wirtschaft und Arbeit in literarischen Texten 15

mit Texten von:
   John Berger: Sauerde. Geschichten vom Lande 36
   Diana Darling: Der Berg der Erleuchtung 41
   Jeremias Gotthelf: Barthli der Korber 48
   V. S. Naipaul: Im Kaghan Tal 50
   Franz Xaver Kroetz: Bauern sterben 53
   Thomas Mann: Buddenbrooks 57
   Robert Musil: Der Mann ohne Eigenschaften 61
   *Elfriede Jelinek: Was geschah, nachdem Nora ihren Mann
   verlassen hatte oder Stützen der Gesellschaft* 65
   Joseph Roth: Die Telephonzentrale 69
   Dieter Süverkrüp: Das Lied vom Nutzen. 72
   Heinrich Böll: Und sagte kein einziges Wort 75
   Karlheinz Schmidt-Lauzemis: Fred S.: Ich wurde immer kleiner 79
   Friedrich Dürrenmatt: Die Physiker 85
   Lord Dunsany: Eine welterschütternde Erfindung 89
   Christa Wolf: Störfall 92
   Alejo Carpentier: Le sacre du printemps 95

Juan Goytisolo: Johann ohne Land 100
Max von der Grün: Irrlicht und Feuer 104
Michel Houellebecq: Ausweitung der Kampfzone 108
Harald Strätz: Katastrophal 111
Jonathan Franzen: Die Korrekturen 115
Tom Coraghessan Boyle: América 119
Nadine Gordimer: Ein Mann von der Straße 122

2. Politische Aspekte
   Eingeleitet von Leo Kißler
   Die Dinosaurier werden immer trauriger.
   Große Bürokratien und kleine Bürokraten im Fokus von
   Organisationsforschung, Gesellschaftstheorie und Literatur 127

mit Texten von:
Franz Kafka: Das Schloß 143
Carl Zuckmayer: Der Hauptmann von Köpenick 147
Leo Tolstoi: Anna Karenina 155
Georg Büchner: Der Hessische Landbote 159
Gerhart Hauptmann: Der Narr in Christo Emanuel Quint 163
Gotthold Ephraim Lessing: Ernst und Falk. Gespräche für Freymäurer . 168
Vaclav Havel: Die Benachrichtigung 175
Erich Kästner: Fabian 182
Wolfgang Koeppen: Der Reinfelder Mond 186
George Orwell: Neunzehnhundertvierundachtzig 191
Arthur Schnitzler: Der Weg ins Freie 194
Kurt Kusenberg: Ordnung muß sein 198
Anton Pawlowitsch Tschechow: Krankenzimmer No. 6 202
Siegfried Lenz: Deutschstunde 206
Alfred Andersch: Jesuskingdutschke 209
Günter Grass: Die Blechtrommel 214

3. Kulturelle Aspekte
   Eingeleitet von Dirk Hülst
   Kultur und Gesellschaft – wie die Menschen in Gesellschaft in
   Form kommen und Form in die Gesellschaft 223

mit Texten von:
   Ingeborg Bachmann: Alles 246
   Bertolt Brecht: Wenn die Haifische Menschen wären 249
              Vaterlandsliebe, der Haß gegen Vaterländer 251
   Thomas Clayton Wolfe: Es führt kein Weg zurück 252
   Carl Zuckmayer: Der Seelenbräu 256
   Fedor Michajlovič Dostojewski: Die Brüder Karamasov 258
   Theodor Fontane: Effi Briest 261
   Stefan Zweig: Die Gouvernante 266
   Marie Cardinal: Der Schlüssel liegt unter der Matte 272
   Simone de Beauvoir: Das andere Geschlecht 276
   Thomas Mann: Bekenntnisse des Hochstaplers Felix Krull 279
   Wilhelm Raabe: Der Hungerpastor 281
   Christian Friedrich Hebbel: Aus meiner Jugend 285
   Frank McCourt: Die Asche meiner Mutter 288
   John Ernst Steinbeck: Jenseits von Eden 291
   Wolfgang Koeppen: Jugend 294
   Hermann Hesse: Kinderseele 298
   Marieluise Fleißer: Eine Zierde für den Verein 301
   Heinrich Mann: Der Untertan 304
   Alejo Carpentier: Le sacre du printemps 307
   Haruki Murakami: Das Fenster 310

Glossar 314

Verzeichnis der Mitarbeiter 320

Vorwort

Die Idee zur vorliegenden Arbeit ist über dreißig Jahre alt. Sie gründet auf der Beobachtung, die Andreas Dörner und Ludgera Vogt (Literatursoziologie, Opladen 1994, S. 8) so zusammengefasst haben: „... viele soziale oder politische Grundkonstellationen sind tatsächlich in der Literatur derart gut auf den Punkt gebracht, dass kein Einführungsbuch so anschaulich in das sozialwissenschaftliche Denken einführen könnte." Bei den ersten sporadischen Recherchen Anfang der 70er Jahre des vorigen Jahrhunderts stellte ich dann fest, dass auch andere etwa zur gleichen Zeit ähnliche Ideen gehabt hatten. Innerhalb von drei Jahren erschienen Coser: Sociology Through Literature (N.Y. 1972), Knuckman: The Mind's Eye-Readings in Sociology (Hinsdale 1973) und Milstead/Greenberg/Olander/Warrick: Sociology Through Science Fiction (N.Y. 1974). Durch diese Werke eher ermutigt, denn abgehalten, verhinderten allerdings die „hauptberuflichen" Belastungen lange Jahre eine systematische Beschäftigung mit dem Vorhaben. Erst Mitte der 80er Jahre griff ich die Idee wieder auf, um mich dann vor etwa acht Jahren intensiver mit der Realisierung zu befassen.

Das Ergebnis sind zwei Lese- und Arbeitsbücher, eine andere Art Einführung in das, was Gesellschaft charakterisiert. Es handelt sich also weder um eine literatursoziologische noch gar um eine literaturwissenschaftliche Arbeit, sondern um ein didaktisches Unterfangen, das sich in sehr bescheidenem Umfang literatursoziologischer und literaturwissenschaftlicher Erkenntnisse bedient.

Gut zwei Jahrzehnte habe ich, zu Beginn völlig unsystematisch, literarische Texte gesammelt, in denen meiner Ansicht nach soziale Strukturen und Prozesse deutlich aufscheinen. Diese Texte sind für mich nicht einfache Widerspiegelungen gesellschaftlicher Verhältnisse, sondern durch die vielfältigen Einflüsse vermittelt, denen die Produktion und Verbreitung von Literatur unterliegen. Texte stellen komplexe symbolische Gebilde dar.

Komplexität beinhaltet in diesem Zusammenhang auch die Ungleichzeitigkeiten und Widersprüche von Werk, Entstehungskontext, sozialer Herkunft von Autorin und Autor sowie der ideologischen Ausrichtung und Rezeption. Literatur repräsentiert soziale Situationen und Zusammenhänge, soziale und ideologische Milieus in ihren jeweils spezifischen Ausdrucks- und Redeformen. Texte enthalten Zeichen, Merkmale, Charakteristika, die eine Identifikation des sozialen Ortes der handelnden Figuren und ihrer Beziehungen erlauben.

Aus den vielen Möglichkeiten, sich mit literarischen Texten zu befassen, habe ich also eine begrenzte Perspektive ausgewählt: Ich suche nach sozialen Strukturen und Prozessen. Ein solches Vorhaben klingt einfacher als es dann tatsächlich ist. Zwar wird wohl kaum jemand behaupten, es gäbe „gesellschaftsfreie" Literatur. Viele Werke erschließen sich jedoch häufig erst nach langwieriger Beschäftigung mit Autorin oder Autor, den Zeitumständen etc., und zudem überwiegen in der Mehrzahl der Texte psychologische Komponenten. Demgemäss erwies sich die Suche nach sozialen Strukturen und Prozessen in der „schöngeistigen" Literatur als nur begrenzt ergiebig, zumal nicht ein ganzes Werk, sondern Textausschnitte benötigt wurden, wo auf relativ kleinem Raum entsprechende gesellschaftliche Phänomene repräsentiert sind. Hinzukommt, dass es ab einer bestimmten Phase notwendig wurde, die Suche zu systematisieren. Dabei waren Gliederungsprinzipien verschiedener Einführungen in die Soziologie weniger praktikabel und zwar vor allem, weil viele Texte sich gegen eine weitergehende Differenzierung sperrten und die Absicht des Projektes ja darin bestand, in sozialwissenschaftliches Denken und nicht in die Soziologie einzuführen. Dafür schienen mir „gröbere" Betrachtungsperspektiven geeigneter zu sein. Letztlich entschied ich mich für eine Zweiteilung. Zum einen wählte ich Dimensionen mit gleichsam übergreifender querschnitthafter Relevanz wie „Raum", „Zeit", „Soziale Ungleichheit, soziale Integration und sozialer Ausschluss" (Band I). Zum anderen sollten wichtige gesellschaftliche Teilbereiche wie „Ökonomie", „Politik" und „Kultur" im soziologischen Sinne abgedeckt werden (Band II). Lange Zeit war ich unschlüssig, an welcher Stelle jene Aspekte wie Geburt und Tod, Sexualität, Krankheit, Behinderung oder Alter zur platzieren seien, Aspekte, denen sich die Soziologie nicht gerade mit besonderer Intensität widmet. Einerseits kann man im Sinne von Foucault den gesellschaftlichen Umgang mit den leiblichen Lebenserfahrungen als Biomacht definieren und als sozialen Teilbereich begreifen. Andererseits kommt diesen Aspekten ebenfalls querschnitthafte Relevanz zu, d.h. sie betreffen alle gesellschaftlichen Teilbereiche. Die Entscheidung fiel schließlich pragmatisch, durch eine Begrenzung der Seitenzahl, die der Verlag für beide Bände vornahm.

Die biologisch/demografischen Aspekte finden sich letztendlich in Band I. Die Begrenzung der Seitenzahl führte auch zu der Notwendigkeit, die Aufnahme schon ausgewählter Texte zu verringern. Dieses hatte vor allem Auswirkungen für Band I. Einige Texte finden sich jetzt nur noch als Verweis und sind damit nicht unmittelbar verfügbar. In den Einleitungen werden diese Texte allerdings so behandelt als wären sie abgedruckt. Weiterhin mussten auch die biographischen Angaben zu den Autorinnen und Autoren sowie die Inhaltsangaben zum berücksichtigten Werk kurz gehalten werden.

Die Bände sind wie folgt aufgebaut: Jedes Kapitel enthält eine Hinführung zum Thema und zu den ausgewählten Texten sowie eine kommentierte Bibliographie. Den Texten selbst steht eine Kurzbiographie der Autorin oder des Autors voran und, soweit es sich um Ausschnitte aus einem umfangreicheren Werk handelt, einige Angaben zu dessen Inhalt, die zum Verständnis des Ausschnittes erforderlich sind.

Das Problem, was als Literatur zu gelten habe, wurde pragmatisch gelöst. Neben unstrittiger Klassik orientiere ich mich weitgehend an den Kriterien des Literaturbetriebes, was Begrenzungen impliziert, die sich allerdings, wie ich hoffe, im Ergebnis nicht affirmativ auswirken. Im Zweifelsfalle war jedoch die „soziologische Qualität" des Textes und nicht der literarische Status von Werk oder Autor ausschlaggebend. Selbstverständlich bestimmen zudem die eigenen theoretischen Kenntnisse und Präferenzen sowie die eigene politische Orientierung die Aufnahme von Texten. „Gute" Texte sind in aller Regel vielschichtig und beinhalten häufig auch andere Dimensionen als diejenigen, die zur Auswahl geführt haben. So finden sich beispielsweise bei raumbezogenen Texten häufig auch Zeitbezüge und umgekehrt. Selbstverständlich hängt Textbetrachtung zudem von den theoretischen Entwicklungen ab, die die Soziologie in ihren Teilbereichen leistet. Für die Raumdimension hat das G. Sturm sehr gut nachweisen können.

Bei wenigen Texten mag strittig sein, ob sie zur Literatur zu zählen sind. Beispielsweise halten manche „Das andere Geschlecht" von Simone de Beauvoir für eine wissenschaftliche und nicht für eine literarische Arbeit. Einige Probleme ergaben sich auch, Ursprung bzw. Quelle von Texten zu identifizieren (z.B. Karl Martells Kurzgeschichte). Für einige Autorinnen und Autoren fanden sich zudem nur spärliche Informationen. Insgesamt wurden Texte von annähernd hundert Autoren aus etwa zwei Dutzend Ländern berücksichtigt. Trotz dieser großen Zahl fehlen selbstverständlich viele bekannte Autoren, die man vielleicht erwartet hätte, wie Balzac, Dickens, Kazantzakis, Joyce, Wedekind, Zola usw. Da ich das Projekt keineswegs als abgeschlossen betrachte, kann ich die geneigten Leser nur herzlich bitten, mir oder dem Verlag entsprechende Hinweise auf Texte zu senden, die eine Ergänzung, Erweiterung und Verbesserung darstellen könnten.

Die weit überwiegende Zahl der Texte wurde von mir ausgewählt. Sehr hilfreich waren Hinweise von Studierenden aus Veranstaltungen und die Zuarbeit von studentischen Hilfskräften. Ich komme darauf zurück. Mehrere Texte des Kapitels „Raum" verdanke ich G. Sturm, des Kapitels „Ökonomie" M. Funder.

Die Einleitungen zu den einzelnen Kapiteln wollte ich ursprünglich selbst erstellen. In vielen Gesprächen mit Kolleginnen und Kollegen über mein Projekt konnte ich jedoch erkennen, dass ein zweiter, anderer Blick auf die Ausschnitte eine Erweiterung der Perspektiven und damit eine deutliche Bereicherung bringt. Die Hinführung zu den Texten wurden also alle von Kolleginnen und Kollegen übernommen. Für Bereitschaft und Engagement bin ich sehr dankbar. Dass alle Mitarbeiterinnen und Mitarbeiter zudem am Institut für Soziologie der Philipps-Universität in Marburg lehren, erfordert zwei erläuternde Hinweise. Es handelt sich erstens nicht um ein Projekt des Instituts für Soziologie. Zweitens haben nicht alle Mitglieder des Instituts am Projekt mitgearbeitet, was keinerlei persönliche, sondern rein thematische oder zufällige Gründe besitzt.

Wenn man bedenkt, dass von den gesammelten Texten etwa ein Drittel Aufnahme fand, dann lässt sich der Aufwand ermessen, der für die Herstellung der Bände erforderlich war. Dieser Aufwand konnte von mir nicht alleine geleistet werden. Wie bereits erwähnt, bin ich Studentinnen und Studenten, die in mehrfacher Weise unterstützend tätig waren, zu großem Dank verpflichtet. Das gilt an erster Stelle für Christiane Barth (cb), Annette Ruhl (ar) und Norman Rinkenberger (nr), die sich erfolgreich sowohl an der Textsuche wie an deren Aufbereitung beteiligten. Von ihnen bearbeitete Einleitungsteile sind mit den hinter ihren Namen angeführten Kürzeln gekennzeichnet. Für die Aufbereitung von Band II waren vor allem Christina Westerhorstmann (cw) und Judith Fischer (jf) sehr hilfreich; letztere hat sich zudem um die Erstellung des Glossars gekümmert. Heike Jackmuth (hj) und Marco Tullney (mt) danke ich für verschiedene Dienste beim Kapitel „Raum".

Ralf Zoll

1. Ökonomische Aspekte

Maria Funder

Wirtschaft und Arbeit in literarischen Texten

Erste Begriffsklärungen: Die Wirtschaft und der „homo oeconomicus"

Was versteht man eigentlich unter wirtschaftlichem Handeln und was macht die Wirtschaft eines Landes bzw. einer Gesellschaft aus? Diese auf den ersten Blick recht einfach anmutenden Fragen erweisen sich bei näherer Betrachtung durchaus als schwierig. Kann bereits von Wirtschaften gesprochen werden, wenn man auf einer einsamen Insel für die eigene Bedarfsdeckung Getreide anpflanzt? Handelten Pablo Picasso oder Frida Kahlo wirtschaftlich, als sie Bilder malten, zumal diese nachher verkauft wurden? Wenn Oma oder Opa sparsam sind und ihr Geld in einem Sparstrumpf sammeln, haben wir es dann mit wirtschaftlichem Verhalten zu tun? Lässt sich also jedes Handeln, das dem Prinzip der Sparsamkeit folgt und/oder eine Zweckorientierung aufweist, bereits als ein Akt des Wirtschaftens definieren? Ist wirtschaftliches Handeln ausschließlich auf die Maximierung des eigenen Nutzens bzw. Gewinns ausgerichtet und was bedeutet dies für den Zusammenhalt in einer Gesellschaft?

Bei der Suche nach einer Antwort kann eine Definition aus der Wirtschaftssoziologie weiterhelfen. Danach gehören zur Wirtschaft all jene Prozesse und Institutionen, die mit der Produktion, Verteilung und Konsumtion beschränkt verfügbarer (also knapper) Güter und Dienstleistungen zu tun haben. Demnach können selbst Produkte künstlerischen Schaffens zum Gegenstand wirtschaftlichen Handelns werden, wenn der spezifisch ökonomische Sachverhalt vorliegt, das – wie der Soziologe Max Weber es ausdrückt – „Knappheit im Verhältnis zum Begehr" besteht. Wirtschaften kann folglich zum einen auf die Deckung des eigenen Bedarfs abzielen, zum anderen aber auch darauf ausgerichtet sein, den Erwerb knapper, begehrter Güter zur Erzielung von Gewinn zu nutzen. In diesem Fall haben wir es mit rationalem Wirtschaften zu tun, das zweckrational, also planvoll erfolgt. In der Wirtschaftstheorie wird in diesem Zusammenhang auch vom Rationalprinzip gesprochen, d.h. zu einem Grundmerkmal wirtschaftlichen Verhaltens gehört, dass vorgegebene Ziele mit geringstem (oder begrenztem) Mittelaufwand angestrebt und dabei ein höchstmöglicher Nutzen oder Gewinn realisiert werden soll. Die idealtypische Verkörperung eines solchen rationalen, an individueller Nutzenmaximierung orientierten Menschen stellt der „homo oeconomicus" dar, von dem eine Vielzahl ökonomischer Theorien ausgeht. Aber welcher Mensch handelt schon immer streng rational oder ist gar in der Lage, alle Informationen zusammenzutragen, um unter Kosten-Nutzen-Aspekten stets die einzig richtige, rationale Entscheidung treffen zu können (bzw. auch treffen zu wollen)? Folglich stellt der „homo oeconomicus" im Grunde eine Fiktion dar, eine modellhafte Überzeichnung eines egozentrischen, nutzenmaximierenden Verhaltensmusters, an dem selbst Ökonomen mittlerweile Korrekturen vorgenommen haben. Allerdings wurde dieses Superman-Image des „homo oeconomicus" nicht nur von Soziologen kritisch hinterfragt. Während Soziologen darauf hinweisen, dass selbst rationales wirtschaftliches Handeln an Normen orientiert ist, setzten sich Ökonomen vor allem mit den Rationalitätsannahmen des Modells auseinander. So wurde, um etwa den Einwand zu entkräften, dass der Mensch nur über ein begrenztes Wissen verfügt und daher gar nicht beurteilen kann, ob sein wirtschaftliches Verhalten nützlich oder schädlich ist, ein realitätsnäheres Menschenbild entwickelt. Dabei wird von einer eingeschränkten bzw. bedingten Rationalität (bounded rationality) ausgegangen. D.h. aus dem entschlossenen Kosten-Nutzen-Optimierer („optimizer") wird ein etwas genügsamerer „satisfizer". Dieser handelt nur nach Maßgabe seiner Möglichkeiten und seines Wissensstandes. Folglich trifft er seine Entscheidungen auch stets unter Unsicherheit.

Die neuen ökonomischen Theorien haben sich somit nicht grundsätzlich vom Modell des „homo oeconomicus" verabschiedet, allerdings wurde es modifiziert, abgewandelt, und mit einem höheren Realitätsbezug versehen. Nach wie vor herrscht in der Ökonomie die Auffassung vor, dass der Mensch sich stets um die für ihn beste Handlungsmöglichkeit (geringste Kosten, größter Ertrag) bemüht und bestrebt ist, die Effizienz der Wirtschaft insgesamt zu steigern. Individuelles wirtschaftliches Handeln orientiert sich demnach letztendlich ausschließlich an ökonomischen Nutzen- bzw. Gewinnkalkülen.

Demgegenüber betonen Soziologen, wie Max Weber, dass „selbst bei weitgehender Rationalisierung (...) des Handelns der Einschlag traditionaler Orientiertheit relativ bedeutend (ist)" (1980, S. 35). Selbst der simpelste Tauschakt, wie der „Händewechsel der Ware" (Marx), kann nur funktionieren, wenn normative Vorstellungen im Spiel sind und Regeln akzeptiert werden. Demnach wäre auch die Wirtschaft kein vollkommen normfreier Raum, auch sie erfordert einen moralischen Minimalkonsens. Diese Auffassung wird keineswegs von allen Wissenschaftlern geteilt, d.h. ob und inwieweit die Wirtschaft einen Bereich „normfreier Sozialität" darstellt, ist bis heute – selbst unter Soziologen – durchaus strittig.

Die Wirtschaft – ein eigenständiges Teilsystem der Gesellschaft

Die Aufgabe der Wirtschaft besteht darin, für die Produktion von Gütern und Dienstleistungen zu sorgen. Wirtschaftliches Handeln ist keine Erfindung der Neuzeit, allerdings hat sich die Art und Weise des Wirtschaftens grundlegend verändert. Auszumachen ist ein Wandel von der „alteuropäischen" Bedarfsdeckungswirtschaft, die primär an der Befriedigung von Alltagsbedürfnissen zur Deckung des eigenen Bedarfs wie der einer Gemeinschaft ausgerichtet ist, zur Erwerbswirtschaft. Diese zeichnet sich eben nicht nur durch einen Gegenwarts-, sondern auch durch einen Zukunftsbezug aus, indem sie Mittel für investive Zwecke zurückhält und damit sowohl zur Erhaltung als auch zur Erweiterung von Ressourcen (Wachstumsaspekt) beiträgt. Überschüsse werden somit nicht mehr als Opfergaben verwendet oder als Nothilfe aufbewahrt, verschenkt oder unverzüglich konsumiert. Wirtschaftliche Tätigkeiten sind folglich nicht mehr zugleich auch soziale Tätigkeiten, die für die Gemeinschaft erbracht werden. So kommt es etwa Ende des achtzehnten Jahrhunderts zu einer Verselbständigung der Wirtschaft zu einem eigenständigen, nur noch auf sich selbst bezogenen Teilsystem der Gesellschaft, das über eigene „Spielregeln" und Institutionen verfügt. Es entstehen spezielle Einrichtungen, insbesondere Betriebe und Unternehmen, aber auch Verbände, (freie) Märkte und andere Ordnungen, die produktive und/oder distributive (also verteilende) Funktionen wahrnehmen.
    Typisch für die moderne Gesellschaft ist somit eine Wirtschaft, die nach systemimmanenten Prinzipien funktioniert und ihre Angelegenheiten primär unter rein wirtschaftlichen Gesichtspunkten regelt. Nicht

mehr „der Feudalherr (...), nicht der Fürst als Obereigentümer kontrolliert die Wirtschaft, sondern die Entscheidungen werden an Hand von unternehmensspezifischen Gewinn- und Verlustrechnungen getroffen, und diese steuern die Produktion absatzorientiert, also marktorientiert. (...) Letztlich entscheiden jetzt die Märkte (...) über den Erfolg", so schreibt der Soziologe Niklas Luhmann (1997, S. 727). Ein Einzelbetrieb, der sich nicht an den Regeln der Wirtschaft, wie vor allem an der Erzielung von Rentabilität, orientiert, ist folglich zum Untergang verurteilt. Dies machen etwa die Ausführungen des Staatsanwaltes Grähn über das Scheitern Gruhls, der sich partout nicht an die „Gesetze" der Wirtschaft halten wollte, in Bölls Roman „Ende einer Dienstfahrt" recht deutlich.

Dass die Wirtschaft im Grunde nur nach ihren eigenen Gesetzen funktioniert, zeigt sich besonders deutlich, wenn es um den Umgang mit der natürlichen Umwelt geht, deren Nutzung (wie Schädigung) in der Regel kostenfrei erfolgen kann. Allein mit einem moralischen Appell an die Wirtschaft, für einen sorgsamen Umgang mit natürlichen Ressourcen wie Wasser, Luft und Boden Sorge zu tragen, ist es demnach ganz offensichtlich nicht getan. Umweltzerstörungen geraten allenfalls dann in den Blick der Wirtschaft, wenn sie in die Sprache der Wirtschaft (Geld) übersetzt werden, es also um Fragen der Zahlung/Nicht-Zahlung, um Kosten, geht.

Wenngleich wir uns heute eigentlich nur noch erwerbswirtschaftlich orientierte Gesellschaften vorstellen können, gibt es immer noch Kulturkreise, in denen ein am Bedarf ausgerichtetes Wirtschaften lebendig ist. Ein Beispiel hierfür gibt Naipaul in seinem Kiwi-Reise-Inselbuch, in dem er Eindrücke über den Alltag eines afghanischen Nomadenstammes zu einer dichten Beschreibung des Einklangs zwischen Mensch und Umwelt verarbeitet. Auffallend ist dabei vor allem eine gegenüber Erwerbsgesellschaften nahezu umgekehrte Wertigkeit von Mensch und Natur wie eine große Wertschätzung von Tieren.

Die „große Transformation" und die Folgen der Universalisierung des Tauschmittels Geld

Folgt man dem Sozialwissenschaftler Polanyi, so handelt es sich bei der Herauslösung der Wirtschaft aus der Gesellschaft und ihrer Entwicklung zu einem relativ eigenständigen Teilsystem, um ein historisch höchst bedeutungsvolles, ja einmaliges Ereignis, nämlich um die Entstehung des Kapitalismus als einer spezifischen Wirtschaftsweise. In Europa setzt dieser tiefgreifende Umbruch mit der Industrialisierung Ende des 18. Jahrhunderts ein. Polanyi bezeichnet ihn auch als „große Transformation", womit zum einen die historisch folgenreiche, weitgehende Trennung bzw. Ablösung der Wirtschaft von all ihren früheren sozialen, kulturellen und normativen Bindungen gemeint ist („Entbettung") und zum anderen die Verwandlung von Geld in Kapital. D.h. dieser gesellschaftliche und wirtschaftliche Umwälzungsprozess wäre kaum möglich gewesen, wenn es nicht auch zu einem Bedeutungszuwachs des Geldes gekommen wäre, das den Rang eines universellen Tausch- bzw. Zahlungsmittels erhielt. Geld wird im Verlauf des 19. Jahrhunderts zur international anerkannten Währungsform der führenden Industrieländer und löst den Naturaltausch nahezu vollständig ab. Hierauf nimmt etwa Hofmannsthal in seinem Stück „Jedermann" Bezug, wenn er seinen Jedermann sagen lässt: *„Nimm die Belehrung von mir an: Das war ein weiser und hoher Mann, Der uns das Geld ersonnen hat An niederen Tauschens und Kramens statt. (...) Da ist kein Ding zu hoch noch fest, Das sich um Geld nicht kaufen läßt (...) Mein Geld weiß nit von dir noch mir Und kennt kein Ansehen der Person."*

Es waren in erster Linie erfolgreiche Kaufleute und Handwerker, die über Privateigentum verfügten und dieses in Kapital verwandeln, indem sie es für den Ankauf und Einsatz von Arbeitskräften und Produktionsmitteln einsetzen, um Gewinne zu erzielen. Eine wichtige Voraussetzung für den Wandel stellt die Kommerzialisierung von Arbeit und Boden dar. So konnten bis zum 18. Jahrhundert zwar schon eine Vielzahl von Gütern und Diensten, selbst „Freunde, Frauen, Seelenheil und politischer Einfluss" – wie es der Soziologe Niklas Luhmann ausdrückt – gekauft werden, nicht aber die zur Produktion notwendigen „Waren": Arbeit und Boden. Märkte an sich sind folglich uralt, das eigentlich Neue der kapitalistischen Wirtschaftsordnung ist die Lohnarbeit („formell freie Arbeit"). Lohnarbeit war in der Vergangenheit – abgesehen vom bezahlten Söldnertum – eher eine Ausnahme oder besaß den Charakter eines Nebenverdienstes, insbesondere für die landwirtschaftliche Bevölkerung, wie der Industriesoziologe Deutschmann berichtet (2002, S. 62). Dies änderte sich im Zuge der Liberalisierung des Bodenrechts und der damit einhergehenden Bauernbefreiung und Bauernvertreibung. Nunmehr hatten die Menschen nur noch die Wahl zwischen Arbeitshaus und der Aufnahme eines Arbeitsverhältnisses, also dem Verkauf ihrer Arbeitskraft, um sich am Leben zu erhalten. Und so boten die neu entstandenen Manufakturen wie frühen Fabriken der großen Schar arbeitssuchender Tagelöhner die einzige Möglichkeit, zu einem Verdienst zu gelangen.

Über den Prozess der zunehmenden Privatisierung des Bodens, seine tiefgreifenden sozialen und ökonomischen Folgen, berichtet Barthli, der Korber, im gleichnamigen Roman von Jeremias Gotthelf. Er beschreibt wie ein Teil des Weidelandes, das von alters her allen zur Verfügung stand, und besonders von der armen Bevölkerung genutzt wurde, nach und nach eingehegt und in Privatbesitz gerät, so dass es nur noch gegen Geld benutzt werden kann.

Welche sozialen und kulturellen Konsequenzen mit der Fixierung auf das reine Geld verdienen und dem Streben nach Gewinn – das sich nach und nach auf den ganzen Globus erstreckt – verbunden sein können, davon handelt Diana Darlings Roman „Der Berg der Erleuchtung". Hier wird anschaulich beschrieben, was passiert, wenn das mit dem (westlichen) Tourismus verbundene Gewinnstreben selbst vor seit Generationen hoch geschätzten Gegenständen – wie etwa einem Messer, *Kris* genannt, von dem eine durch Zauberkraft herbeigeführte Macht ausgehen soll und traditionsgemäß vom Vater an den Sohn weitergegeben wird – nicht halt macht und alles zur käuflichen Ware wird.

Erkennbar ist somit nicht nur die Auflösung der Hausgemeinschaft und Bedarfswirtschaft, sondern auch eine Erosion von Traditionen. An ihre Stelle tritt das neue Verständnis des rationalen wirtschaftlichen Erwerbens, das sich an einer Kapitalrechnung orientiert und in Unternehmen und Betrieben organisiert wird, in denen es vor allem um Rentabilität geht. Wie schwierig – ja geradezu aussichtslos – es sein kann, unter diesen Bedingungen Lohnerhöhungen zu erzielen, beschreibt Albert Camus sehr eindringlich in seiner Erzählung „Die Stummen". Kapitalismus – so bereits Max Weber – ist identisch mit dem Streben nach Gewinn, nach immer erneutem Gewinn und nach ‚Rentabilität'. Weber identifiziert in diesem Zusammenhang acht (idealtypische) Voraussetzungen, die erfüllt sein müssen, damit das kapitalistische Wirtschaftssystem am Ende ein Höchstmaß an „formaler Rationalität" erzielen kann, hierbei handelt es sich um: 1. Gütermarktfreiheit, 2. Unternehmerfreiheit, 3. „formell freie" Arbeit bzw. Arbeitsmarktfreiheit, 4. wirtschaftliche Vertragsfreiheit, 5. mechanisch rationale Technik, 6. formal rationale Verwaltung bzw. formal rationales Recht, 7. Trennung von Betrieb und Haushalt sowie um 8. eine formal rationale Ordnung des Geldwesens (Weber 1980, 94). Sie sind für die Entstehung der (kapitalistischen) Wirtschaft grundlegend, in der das Streben nach Einkommen und Gewinn, die unvermeidlich „letzte Triebfeder" alles wirtschaftlichen Handelns ist.

Zum Nachdenken dürfte hier die recht eigensinnige Lobrede auf den Kapitalismus, die Robert Musil seine Romanfigur, Paul Arnheim, in „Der Mann ohne Eigenschaften" halten lässt, provozieren. Dieser sieht nämlich im Kapitalismus ein allen anderen gesellschaftlichen Ordnungen bzw. Wirtschaftsweisen gegenüber überlegenes System: *„„Der Kapitalismus, als Organisation der Ichsucht nach der Rangordnung der Kräfte, sich Geld zu verschaffen, ist geradezu die größte und dabei noch humanste Ordnung, die wir zu Deiner Ehre (gemeint ist die Ehre Gottes, d.V.) haben ausbilden können (...)' Und Arnheim würde dem Herrn geraten haben, das Tausendjährige Reich nach kaufmännischen Grundsätzen einzurichten und seine Verwaltung einem Großkaufmann zu übertragen, der natürlich auch philosophische Weltbildung haben müßte."* (S. 508)

Dies bedeutet zweifelsohne auch eine Ablehnung von Müßiggang und Selbstgenügsamkeit; wie heißt es doch so treffend in Goethes Faust: „Am Anfang war die Tat". Von großer Relevanz für diese Transformation erwies sich die calvinistische Ethik, die als eine Art ideeller Antriebsriemen des Kapitalismus bezeichnet werden kann, denn sie besagt, dass die Erträge der Arbeit nicht verschwendet werden dürfen, sondern vermehrt werden müssen: „Das sittlich wirklich Verwerfliche ist nämlich das Ausruhen auf dem Besitz, der Genuß des Reichtums mit seiner Konsequenz von Müßiggang und Fleischeslust. (...) Nicht Muße und Genuß, sondern nur Handeln dient nach dem unzweideutig geoffenbarten Willen Gottes zur Mehrung seines Ruhms. Zeitvergeudung ist also die erste und prinzipiell schwerste aller Sünden. (...). Wertlos und eventuell direkt verwerflich ist daher auch untätige Kontemplation, mindestens wenn sie auf Kosten der Berufsarbeit erfolgt" (Weber 1979, S. 167f.). Das nüchterne Effizienz- und Gewinnstreben, wie insbesondere der Berufserfolg, erfährt somit eine Rechtfertigung und wird als ein Zeichen der göttlichen Auslese betrachtet. Die religiöse Dogmatik des asketischen Protestantismus (Calvinismus, Pietismus, Methodismus) stellt demnach einen wichtigen Transmissionsriemen des Wandels dar.

Die neue Ethik des Gewinnstrebens wie die starke Fixierung auf die Berufs- bzw. Erwerbsarbeit hat seine Wirkungsmacht bis heute nicht verloren. Siehe hierzu etwa den Roman von Harald Krätz „Katastrophal", in dem das gehetzte (Arbeits-)Leben eines Regierungsdirektors mit viel Sarkasmus – „Jet-Set-Dienstreisender" – betrachtet wird. Wie problematisch die Auflösung von Grenzziehungen zwischen (Erwerbs-)Arbeit und Leben sein kann, zeigt der Roman von Gernot Wolfgruber

„Niemandsland", dessen Romanfigur, Klein, hierdurch in äußerste Verwirrung gerät: *„Er selber hatte jahrelang gelernt, Leben und Arbeiten fein säuberlich auseinanderzuhalten. Das war ihm unauslöschlich beigebracht worden. Leben, hatte er erfahren, war schließlich nicht arbeiten gewesen. Warum brachte man denn hier alles durcheinander? Konnte doch keiner sagen, er habe in der Kantine beim Mittagessen zwanzig Minuten lang Arbeitsprobleme erörtert, und jetzt während der Arbeitszeit setzte er sich als Zeitausgleich zwanzig Minuten in die Sonne, weil sie gerade so schön scheine. Überhaupt der Steiner schien von nichts anderem als von Arbeit reden zu können."* Industriesoziologen sehen in diesem Verschwimmen von Grenzen zwischen betrieblicher und außerbetrieblicher Lebenswelt bereits Indizien für das Aufkommen eines neuen Beschäftigtentypus, der vor allem im Bereich der wissensbasierten Industrie auszumachen ist. Sie nennen ihn „Arbeitskraftunternehmer". Charakteristisch für ihn ist, dass er sein Leben fast nur noch unter wirtschaftlichen Gesichtspunkten betrachtet und es deshalb auch so organisiert. Jean-Yves Fréhaut, ein Informatiker in Michel Houellebecqs Roman „Ausweitung der Kampfzone", stellt quasi den Prototyp eines solchen Menschen dar, dessen Leben den Anschein erweckt, *„äußerst funktionell"* zu sein, so dass er noch nicht einmal Zeit für Liebesbeziehungen zu haben scheint.

Gibt es also noch den im „Lied vom Nutzen" von Dieter Süverkrüp ausgemachten Interessengegensatz zwischen Kapital und Arbeit? Die Vorstellung von eindeutigen Klassenlagen ist heute nicht mehr so ohne weiteres aufrechtzuerhalten. Mithin ist es mit Blick auf die Arbeiter eigentlich kaum noch möglich, von einer gemeinsamen „Klassenidentität" zu sprechen. Vor allem in Anbetracht der Auflösung traditioneller (proletarischer) Arbeits- und Lebensmilieus, wie sie etwa in früheren Industriegebieten (z.B. Stahl- und Bergarbeitersiedlungen) vorherrschen, kann von einer gemeinsamen Klassenlage nicht mehr die Rede sein. Der Soziologe Johannes Berger gelangt vor diesem Hintergrund zu dem Schluss, dass von einer Vereinheitlichung der Klassenlagen und einer Vertiefung des Klassengegensatzes nicht mehr ausgegangen werden kann. Vielmehr lassen sich mittlerweile vielfältige Unterschiede und Abgrenzungen zwischen Lohnarbeitern ausmachen, die zeigen, dass die Klassenstruktur in der Gegenwartsgesellschaft wesentlich pluraler bzw. vielfältiger geworden ist.

Die Trennung von Haushalt und Erwerb und die Beharrungskraft geschlechtshierarchischer Arbeitsteilung

Für unsere moderne Wirtschaftsordnung ist die Trennung von Haushalt und Erwerb ein bestimmendes Merkmal. Die Auflösung der „Wirtschaft des ganzen Hauses" bzw. der Hausgemeinschaft (Oikos) bedeutet einen einschneidenden gesellschaftlichen Wandel, der in Anbetracht der in Bedarfswirtschaften vorherrschenden körperlich anstrengenden, harten Arbeitsbedingungen, vor allem für die unteren bäuerlichen Schichten, sowie der strikten patriarchalischen Ordnung nicht romantisch verklärt werden sollte. Die zu dem Roman „Herbstmilch" zusammengefügten Tagebuchaufzeichnungen der ehemaligen Magd und Bäuerin Anna Wimschneider geben davon ein beredtes Zeugnis.

Mit der Trennung von Haushalt und Erwerb, also dem Übergang zur Erwerbsgesellschaft, ist der für die Hausgemeinschaft charakteristische Patriarchalismus keineswegs verschwunden. So wurde die (Ehe-)Frau als geradezu prädestiniert dafür angesehen, sich um das Wohlergehen der Familie, die Versorgung des Mannes und die Aufzucht der Kinder, zu kümmern. Frauen, so die Auffassung der frühen Sozialpolitik, sind eben – von Natur aus – das familiale Geschlecht. Demgegenüber ist der Mann als Haushaltsvorstand für die materielle Versorgung der Familie zuständig. Nora in Elfriede Jelineks Drama „Was geschah, nachdem Nora ihren Mann verlassen hatte oder Stützen der Gesellschaft" ist geradezu ein Paradebeispiel für die Problematik einer solchen „Sozialisation zur unterwürfigen Ehefrau".

Das Leitbild vom männlichen Familienernährer sowie die Vorstellung, dass Frauen, sobald sie verheiratet sind, zu Hausfrauen werden (Hausfrauenmodell) hat sich in Westdeutschland – etwa im Unterschied zu den skandinavischen Ländern – lange halten können. Dieses spezifische Geschlechterarrangement findet sich bereits in Schillers „Lied von der Glocke", wenn es heißt: *„(...) Der Mann muß hinaus ins feindliche Leben, muß wirken und streben und pflanzen und schaffen, erlisten, erraffen, muß wetten und wagen, das Glück zu erjagen. Es füllt sich der Speicher mit köstlicher Habe, die Räume wachsen, es dehnt sich das Haus. Und drinnen waltet die züchtige Hausfrau, die Mutter der Kinder, und herrschet weise im häuslichen Kreise, und lehrt die Mädchen und wehret den Knaben (...)."*

Es ist vor allem das Verdienst der frühen sozialwissenschaftlichen Frauen- und Geschlechterforschung, diese mit der Entstehung der kapitalistischen Wirtschaft verknüpfte geschlechtshierarchische Arbeitsteilung und strukturelle Vormachtstellung der Männer in beiden Sphären, der öffentlichen (Arbeitsmarkt/Erwerbsarbeit) wie der privaten (Familie), herausgearbeitet zu haben. Sie kommt etwa in der bis zum Ende des Zweiten Weltkrieges, aus einer rechtsgeschichtlichen Perspektive sogar bis 1977, andauernden privaten, direkten Herrschaft von Familienvätern über Frauen sowie in strukturellen Benachteiligungen von Frauen im Erwerbssystem zum Ausdruck. Das geschah mit Hilfe des Eigentums-, Familien- und Arbeitsrechts. In allen drei Rechtssystemen herrschten lange Zeit Regelungen vor, welche die patriarchalische Verfügungsgewalt festschrieben. Ein Beispiel hierfür stellt das Eherecht dar, das bis zum Ersten Eherechtsreformgesetz von 1977 am Modell der Hausfrauenehe orientiert war.

Wenngleich die Frage der Geschlechterbeziehungen wie des Zusammenhangs von Geschlecht und sozialer Ungleichheit (siehe hierzu auch Band I) heute wesentlich differenziertere Analysen erfordert, schließlich bestehen auch zwischen Frauen soziale Differenzierungen (hier die qualifizierte Managerin, dort die gering qualifizierte polnische Haushaltshilfe), kommt man dennoch nicht umhin festzustellen, dass – trotz der bereits vorherrschenden normativen und gesetzlichen Gleichstellung, der zunehmenden Integration von Frauen in den Arbeitsmarkt sowie ihrer Aufholjagd in Sachen Bildung – geschlechtshierarchische Strukturen in vielen Bereichen noch eine erstaunlich große Beharrungskraft aufweisen.

Der sektorale Wandel oder: Von der Industrie- zur Dienstleistungsgesellschaft

Die Struktur der Wirtschaft hat sich in den westlichen Industrieländern tiefgreifend verändert, so lässt sich eine Verlagerung vom primären Sektor (Land- und Forstwirtschaft, Fischerei), in dem bis ins 19. Jahrhundert hinein über 50 Prozent der Bevölkerung beschäftigt war, zunächst zum sekundären Sektor (Handwerk und industrielle Produktion), der zum dominierenden Sektor in den westlichen Industrieländern wurde, und sodann zum tertiären bzw. Dienstleistungssektor erkennen. Expertenschätzungen zufolge werden in Deutschland bis zum Jahr 2010 fast 80 Prozent der Erwerbstätigen tertiäre Tätigkeiten, wie Handel treiben, Büroarbeiten, Planen, Forschen, Leiten, Allgemeine Dienstleistungen, Sichern, Ausbilden, Informieren, verrichten. Schlüsselt man die konkreten Tätigkeiten, die Menschen an ihrem Arbeitsplatz verrichten, noch genauer auf, so lässt sich ein vierter Sektor – der Informationssektor – ausmachen, der auf einen Bedeutungszuwachs von Informations- und Wissensarbeit schließen lässt und SozialwissenschaftlerInnen bewogen hat, von einem gesellschaftlichen Wandel in Richtung Informations- und Wissensgesellschaft zu reden, womit nicht nur ein quantitativer, sondern auch ein qualitativer Wandel verbunden wird.

In der klassischen Drei-Sektoren-Theorie wird davon ausgegangen, dass der sektorale Wandel im Zusammenhang steht mit einer Verschiebung der Konsumbedürfnisse. So entwickeln die Menschen, wenn sie ihre Grundbedürfnisse befriedigt haben, immer anspruchsvollere Bedürfnisse. Mithin werden Konsumgüter auch wegen ihres Wertes zur Selbstdarstellung und Abgrenzung gegenüber anderen Menschen geschätzt. Der Soziologe Pierre Bourdieu spricht von „feinen Unterschieden", die zwischen den Menschen bestehen und eben nicht nur auf den Besitz oder Nicht-Besitz von ökonomischen Kapital zurückzuführen sind, sondern vielmehr mit der Ausbildung eines spezifischen Geschmacks bzw. Lebensstils zu tun haben und sich in Unterschieden im kulturellen Konsum widerspiegeln.

Einen nicht unwesentlichen Anteil an der Stimulierung neuer Bedürfnisse hat die Werbung. Die Frankfurter Soziologen Adorno und Horkheimer haben die Kritik an der Werbung, in der sie einen Mechanismus der Manipulation und der ständigen Hervorbringung neuer Konsumbedürfnisse sehen, bereits in den 60er Jahren sehr pointiert zum Ausdruck gebracht. Eine literarische Auseinandersetzung mit den Wirkungen der Werbung findet sich in den Romanen von Juan Goytisolo und Alejo Carpentier sowie bei Max von der Grün. In Carpentiers Roman „Le sacre du printemps" wird etwa gezeigt, wie sich ein junger, kreativer Maler in einen Werbefachmann verwandelt hat, *„der heute das Geld nur so scheffle, seine Hemden in London bestelle, ausschließlich Manschettenknöpfe von Tiffany oder Cartier trage und nur das Beste und Teuerste esse, mit der gleichen hemmungslosen Gier nach Kavier, foie-gras, berühmten Markengetränken, Weinen guter Jahrgänge und guter Rebsorten wie alle, die sich durch ausgiebiges Schlemmen für frühere Entbehrungen schadlos hielten"* und dabei zum Zyniker und Nihilisten geworden ist. Juan Goytisolo verknüpft in seinem Roman „Johann ohne Land" scheinbar zusammenhanglose Bilder der Werbung miteinander. Es entsteht eine neue (Schein-)Welt, die den Einzelnen mit Reizen überflutet und schier zu erdrücken scheint. Dass die Befriedigung immer neuer Konsumbedürfnisse am Ende auch in eine Schuldenfalle führen kann, wird schließlich in dem Roman von Max von der Grün „Irrlicht und Feuer" thematisiert.

Während die klassische Drei-Sektoren-Theorie den Anstieg des Dienstleistungssektors allein auf den Wandel von Konsumpräferenzen zurückführt, bringt der Sozialwissenschaftler Jean Fourastié in diesem Zusammenhang auch den technischen Fortschritt ins Spiel. Er geht davon aus, dass sich nicht in allen Sektoren Maßnahmen zur Produktivitätssteigerung realisieren lassen. Hohe Produktivitätssteigerungen können nur in der Industrie erzielt werden, mittlere in der Landwirtschaft, während der Dienstleistungssektor als weitgehend rationalisierungsresistent anzusehen ist. Bedingt durch den Hunger nach Tertiärem, kommt es zu einer Expansion dieses Sektors, der seines Erachtens auch den Beschäftigungsabbau der anderen Sektoren auffangen kann. Diese „große Hoffnung", die Fourastié mit dem Wandel in Richtung Dienstleistungsgesellschaft verband, hat sich offensichtlich nicht erfüllt. Bereits ein Blick auf die in den letzten Jahren durchgeführten Rationalisierungsmaßnahmen, etwa im Einzelhandel oder im Bankenbereich macht deutlich, dass nicht nur in der Industrie und in der Landwirtschaft, sondern auch im Bereich des Dienstleistungssektors nicht nur neue Technologien zum Einsatz kommen, sondern auch Arbeitsplätze abgebaut werden.

Technisierung und Mechanisierung findet somit nicht nur in der Industrie, sondern auch in der Landwirtschaft und im Dienstleistungssektor statt. Von dem Druck der Modernisierung, der zunächst vor allem auf den Menschen in der Landwirtschaft lastete, handelt das Theaterstück von Franz Xaver Kroetz, der das Bauernsterben zu seinem Thema macht. Auch der Roman von John Berger „Vom Wert des Geldes" befasst sich mit dem technologischen Wandel in der Landwirtschaft und dem allmählichen Verschwinden des einzig aufs Überleben ausgerichteten Daseins der Bauern.

Somit ist Fourastiés Annahme, dass der Anteil des primären und sekundären Sektors an der Wertschöpfung und dem Arbeitspotential an der Gesamtwirtschaft drastisch schrumpfen und der Prozess der Tertiarisierung sich verstärken wird, zwar Realität geworden, nicht aber seine Hoffnung auf eine damit verbundene Lösung der Beschäftigungskrise. Und so handelt es sich bei der Erwerbslosigkeit – von der schließlich auch Beschäftigte des Dienstleistungsbereichs betroffen sein können (tertiäre Krise) – bis heute um ein zentrales Problem von Arbeitsgesellschaften, das gerade in Anbetracht der seit einigen Jahren ansteigenden Zahl von Betroffenen immer drängender wird. Stellt sich das eigene Selbstverständnis die eigene Identität über Erwerbsarbeit her, führt der Verlust des Arbeitsplatzes zu einer tiefgreifenden Sinnkrise, zumal in einer Gesellschaft, in der nur die bezahlte Arbeit (Erwerbsarbeit) als wertvoll betrachtet wird. Wie stigmatisierend, ja geradezu soziale und persönliche Krisen erzeugend, sich das Erlebnis der Erwerbslosigkeit auf Menschen auswirken kann, machen etwa die Textauszüge aus den Romanen von Karlheinz Schmidt-Lauzemis, „Fred S.: Ich wurde immer kleiner", Heinrich Böll „Und sagte kein einziges Wort" wie auch die Lieder von Walter Moßmann, Wolf Biermann und Kurt Tucholsky deutlich.

Mit der Tertiarisierung eng verknüpft ist die Zunahme der Angestellten und Beamten. Anfang der 90er Jahre waren in Deutschland bereits über 50 Prozent der Erwerbstätigen Angestellte oder Beamte und es ist davon auszugehen, dass der Anteil der Arbeiter zukünftig noch weiter abnehmen wird. Ein großer Teil der Angestellten und natürlich die Beamten sind im öffentlichen Dienst tätig, der im Dienstleistungsbereich eine Sonderstellung einnimmt. Typisch ist vor allem die zentrale Position, die den Beamten zukommt, deren einziger Arbeitgeber der Staat ist. Ihre historisch bedingte Sonderstellung ist in Deutschland sogar im Grundgesetz verankert. Danach besteht zwischen Beamten und Staat (Arbeitgeber) nicht nur ein Dienst-, sondern auch ein besonderes Treueverhältnis, das durch die Übernahme hoheitlicher Aufgaben begründet wird. Der Staat übernimmt ihnen gegenüber eine besondere „Fürsorgepflicht", die etwa in der lebenslangen Versorgung zum Ausdruck kommt. In dem Klassikertext von Gottfried Keller „Der grüne Heinrich" wird diese besondere Stellung von Staatsbediensteten von einem Schulmeister folgendermaßen kommentiert: *„(...) denn alle öffentlich Besoldeten bilden unter sich ein Phalansterium, sie teilen die Arbeit unter sich, und jeder bezieht aus den allgemeinen Einkünften seinen Lebensbedarf ohne weitere Sorge um Regen oder Sonnenschein, Mißwachs, Krieg oder Frieden, Gelingen oder Scheitern. Sie stehen so als eine ganz verschiedene Welt dem Volke gegenüber, dessen öffentliche Einrichtung sie verwalten."*

Die Vorstellung vom sorgenfreien Staatsbediensteten, der mit Ärmelschonern und Tintenfass ausgestattet ist, in Ruhe seine Akten studiert und Mittags einen Büroschlaf abhält, gibt es zwar immer noch, mit der Realität des öffentlichen Dienstes hat sie aber wenig zu tun. So lastet auf dem öffentlichen Dienst ein genauso großer Kosten- und Leistungsdruck wie auf der Privatwirtschaft. Mithin sind nicht nur Bürobedienstete im öffentlichen Dienst tätig, vielmehr ist das Berufsspektrum weitaus heterogener und reicht vom Kanalarbeiter, über die Krankenschwester bis hin zum Wissenschaftler und Diplomaten. Noch ist der öffentliche Dienst in Deutschland der größte Arbeitgeber. So waren hier im Jahre 2002 immerhin rund 4,8 Millionen Personen tätig, darunter etwa 1,6 Millionen Beamte und Richter. Ob und inwieweit sich der öffentliche Dienst zukünftig verändern wird, sei es durch weiteren Personalabbau und/oder Maßnahmen zur Verwaltungsmodernisierung, wird sich zeigen. Letztendlich ist es auch eine gesellschaftspolitische Entscheidung, welche Aufgaben auch weiterhin vom Staat erbracht oder privatisiert werden, wie dies bereits mit der Bundesbahn und der Bundespost geschehen ist.

Die Dynamik der Wirtschaft: Der technologische und arbeitsorganisatorische Wandel

Die Wirtschaft ist nicht statisch, sondern dynamisch. Bereits Karl Marx hat die Bedeutung wirtschaftlichen Wachstums für die Modernisierung der Gesellschaft erkannt und mit der Einführung neuer Produktionsmethoden in Verbindung gebracht. Wirtschaftswissenschaftler haben versucht, die Entwicklung der Wirtschaft in verschiedene Zyklen bzw. Wachstumswellen zu unterteilen, die jeweils durch die Verbreitung einer bestimmten Basisinvestition ausgelöst werden. Diese folgen etwa folgendem Muster:

1) Der Innovationsstoß der ersten Wachstumswelle wird in der Regel auf den Einsatz der Dampfkraft zurückgeführt, die wiederum eine Reihe weiterer Innovationen in der Industrie (u.a. der Baumwoll- und Textilindustrie) auslöste. Es ist die Phase der frühen Mechanisierung (Zeitraum ca. 1770-1830/40), in der es zur Überwindung des traditionellen Verlagssystems mit seiner handwerklichen geprägten Produktion durch die Fabrikarbeit kommt. Siehe hierzu die Auszüge aus dem Roman von Charlotte Brontë „Shirley", in denen die gewaltsame Auseinandersetzung zwischen einem Fabrikbesitzer, der neue Maschinen für seinen Betrieb angeschafft hat, und rebellierenden Maschinenstürmern beschrieben wird, die sich am Ende als vergeblich erweisen.

2) Der zweite Innovationsschub geht von der Eisenbahn aus (etwa 1840 bis 1880/90); sie trug nicht nur zur Erschließung neuer Märkte bei, sondern auch zur Entstehung von Kapital- und Aktiengesellschaften, also zur Entstehung großer Fabriken mit Tausenden von abhängig Beschäftigten. Parallel hierzu erfolgte die Aufhebung innerstaatlicher Grenzen. Dass vor allem Kaufleute die Beseitigung von Zollgrenzen begrüßten, spiegelt auch die Aussage von Konsul Johann Buddenbrook in Thomas Manns Roman „Buddenbrooks. Ver-

fall einer Familie" wider: *„(...) wir müssen in den Zollverein, das sollte gar keine Frage mehr sein, und Sie müssen mir alle helfen, wenn ich dafür kämpfe ... Als Kaufmann, glauben Sie mir, weiß ich da besser Bescheid als unsere Diplomaten, und die Angst, die Selbständigkeit und Freiheit einzubüßen, ist lächerlich in diesem Falle."* Die Hansestädte schlossen sich allerdings erst 1888 dem Zollverein an, womit auch in Deutschland eine Voraussetzung für die Industrialisierung des Landes – mit all ihren negativen Erscheinungen (Kinderarbeit, lange Arbeitszeiten, niedrige Löhne, Wohnungselend) – geschaffen wurde.

3) Der dritte Wachstumszyklus wurde durch die chemische Industrie und die Elektrizität in Gang gesetzt (ab 1890). Es ist die Phase des Elektro- und Schwermaschinenbaus, die Zeit der Einführung des Telefons, des Radios, des Automobils sowie der Produktion von Kunststoffen. Entscheidend ist die Nutzung von Elektro- und Dieselmotoren, die die Mechanisierung der Betriebe ermöglichen. Parallel hierzu kommt es zur Verbreitung neuer Formen der Arbeitsorganisation und der Betriebsführung. Zu nennen ist hier vor allem der Taylorismus. Charakteristisch für ihn ist die Trennung von ausführenden und entscheidenden Aufgaben bzw. von Hand- und Kopfarbeit und eines neuen Lohnanreizsystems (Pensum- und Bonussystem). Er trägt dazu bei, den Prozess der Rationalisierung voranzutreiben und die Produktivität der Betriebe zu erhöhen. Die Schattenseiten der hochgradigen Arbeitsteilung und des so genannten „technischen Fortschritts", der dazu führt, dass Menschen – wie Marx es ausdrückte – zu einem „lebendigen Anhängsel" der Maschinen degradiert werden, beschreibt Georg Kaiser in seinem Stück „Gas" sehr eindringlich: *„Wo blieb mein Bruder? Der früher neben mir spielte und Sand mit beiden Händen baute? – In Arbeit stürzte er. Die brauchte nur die eine Hand von ihm – die den Hebel drückte und hob – Minute um Minute auf und nieder – auf die Sekunde gezählt! – Keinen Hub ließ er aus – pünktlich schlug sein Hebel an, vor dem er stand wie tot und bediente. (...)"*

4) Es folgt die Epoche der so genannten fordistischen Massenproduktion (1930/40 bis Ende der 70er Jahre), benannt nach dem amerikanischen Automobilhersteller Ford. In Massen produziert werden aber nicht nur Automobile, sondern auch viele andere Konsumgüter, angefangen von der Waschmaschine bis hin zum Kühlschrank. Gleichzeitig mit der Konsumgüterindustrie expandieren der Flugzeugbau sowie die petrochemische Industrie. Die Arbeitsorganisation wird weitgehend bestimmt durch das Fließband, eine hohe Stan-

dardisierung und rigide Arbeitsteilung. Hierbei handelt es sich um eine Form der Arbeitsorganisation, die, wenn auch in abgewandelter Form, auch im Dienstleistungsbereich Verbreitung findet. Besonders anschaulich beschreibt Joseph Roth am Beispiel einer Telephonzentrale in Wien die Auswirkungen dieser hochgradigen Arbeitsteilung: *„Alles Denken ist ausgeschaltet. Das Gehirn wird ein mechanischer Bestandteil der Telephonzentrale."* Wirft man einen Blick in moderne Call-Center, so drängt sich der Eindruck auf, dass sich an dieser Arbeitssituation bis heute noch nicht allzu viel verändert hat. In dieser Phase bilden sich multinationale Unternehmungen und Konzerne heraus, die zunehmend global agieren. Erkennbar sind auch erste Entwicklungen im Bereich der Computertechnik, der Atomtechnik und von computergesteuerten Werkzeugmaschinen. Vorherrschend ist ein optimistisches „Fortschrittsdenken", eine Art Machbarkeitswahn, nach dem den Gestaltungsmöglichkeiten des Menschen keine Grenzen gesetzt sind. Eine besondere Rolle spielen hier die Wissenschaftler und deren Verantwortlichkeit für die Folgen eines rapide wachsenden technischen Fortschritts. Friedrich Dürrenmatt hat in seinem Theaterstück „Die Physiker" die Widersprüchlichkeit des so genannten Fortschritts treffend dargestellt. Auch Christa Wolf thematisiert in ihrem Buch „Störfall" anhand eines Reaktorunfalls in Anlehnung an den Supergau in Tschernobyl die katastrophalen Folgen, die gerade Risikotechnologien mit sich bringen. Ist es denkbar, dass sich Menschen weigern, das technisch Machbare zu verwirklichen, wie in Lord Dunsanys Erzählung „Eine welterschütternde Erfindung"?

5) Gegenwärtig befinden wir uns in der „Epoche der Informations- und Kommunikationstechnologien". Von großer Relevanz sind die Mikroelektronik und die elektronisch gestützten Kommunikationsmedien. Als Wachstumsträger sind die Telekommunikation, die Satellitentechnik, elektronisch gestützte Informationssysteme und die Robotertechnik zu nennen. Darüber hinaus werden aber auch die Weltraumtechnologie sowie die Gen- und Biotechnik als zunehmend wichtiger bewertet; unabhängig davon, dass gerade letztere schwerwiegende ethische Fragen aufwerfen. An die Stelle der standardisierten Massenproduktion treten flexiblere Fertigungssysteme (siehe etwa die Einführung von Team- und Gruppenarbeit), die eine variantenreichere Produktion von Massengütern zulassen. Auf der Ebene der Unternehmensorganisation kommt es zum Aufbau neuer netzwerkförmiger Organisationsformen. So weist mittlerweile eine Vielzahl multinationaler Unterneh-

mungen eine Netzwerkorganisation auf, angefangen von McDonalds über Microsoft bis hin zu Nike, Cisco und Daimler-Chrysler. Die Rede ist von einem „flexiblen Kapitalismus" (Richard Sennett), der tiefgreifende Veränderungen für das Zusammenleben der Menschen haben könnte. Dem Soziologen Sennett zufolge könnte die den Menschen nunmehr abverlangte zunehmende Flexibilität und Mobilität eine zerstörerische Wirkung auf soziale wie familiäre Bindungen haben.

Ausblick: Die Globalisierung der Wirtschaft

Wer heute Aussagen über die Wirtschaft machen will, kommt nicht umhin, sich mit der Wirkungsweise der Globalisierung auseinanderzusetzen. Lokales Wirtschaften findet längst nicht mehr in einem durch nationalstaatliche Grenzen abkapselbaren Raum statt. Zwar haben die Menschen schon sehr früh internationalen Handel getrieben, aber mit der Verbreitung von neuen Informations- und Kommunikationstechnologien in den 70er Jahren sowie vor allem der neuen Qualität der wirtschaftlichen Internationalisierung und des ökonomischen Handelns erlangten die weltwirtschaftlichen Beziehungen eine neue Dynamik.

Blicken wir kurz zurück: der Erdball wurde von Europa ausgehend „entdeckt" und nach und nach – größtenteils mit Unterstützung des Militärs – (gewaltsam) kolonialisiert. Parallel hierzu haben sich auch die Kommunikationsbeziehungen intensiviert. Seit der zweiten Hälfte des 19. Jahrhunderts gibt es sogar eine einheitliche Weltzeit, das heißt, man kann an jedem Ort des Erdballs unabhängig von der lokalen Uhrzeit Gleichzeitigkeit mit allen anderen Orten herstellen und weltweit ohne Zeitverlust kommunizieren (siehe hierzu auch die in Band I abgedruckten Einleitungstexte von Hartmut Lüdtke und Gabriele Sturm). Globalisierung meint also die Aufhebung von Entfernungen und das Überspringen von (Raum)-Grenzen. Ereignisse, die an einem viele Kilometer entfernten Ort passieren, wirken sich auch auf uns aus. Folglich ist es möglich, über den ganzen Erdball hinweg, an gleichzeitigen Ereignissen teilzunehmen.

Der treffendste Beleg für die Existenz der Weltgesellschaft ist aber wohl darin zu sehen, dass sie, fragt man nach der Zukunft, ein gemeinsames Schicksal hat und zwar – so der Soziologe Luhmann – „in ökologischer wie in humaner, in wirtschaftlicher wie in technischer Hinsicht" (1997, S. 148). Kein Land, keine Region, keine Gemeinde kann sich aus diesem Weltsystem einfach ausgrenzen. So ignorieren nicht nur Umweltkatastrophen, sondern auch die Kultur (siehe etwa die Popkultur) wie natürlich auch die Wirtschaft nationalstaatliche Grenzen. Ein Blick auf die weltweiten Kapitalströme und Börsengeschäfte macht dies mehr als deutlich. Über die katastrophalen Auswirkungen globaler Verflechtungen und Finanzspekulationen auf Litauens Wirtschaft lässt sich etwa die Romanfigur „Gitanas", ein litauischer Ex-Diplomat und Geschäftsmann, in Jonathan Franzens Buch „Die Korrekturen" in einem halb verzweifelten, halb zynischen Tonfall aus.

Kein Kontinent, kein Land, keine Gruppe kann sich demnach mehr gegeneinander abschließen. Hierdurch kommt es zu neuartigen Macht- und Konkurrenzverhältnissen sowie zu neuen Konflikten zwischen nationalstaatlichen Einheiten, Regionen und Akteuren. Gleichzeitig entstehen neue transnationale Identitäten, Räume und soziale Lagen. Besonders deutlich zeigt sich dies in Migrantenschicksalen, die kulturell, sozial und gesellschaftlich oftmals in und zwischen verschiedenen Welten leben und dies entweder freiwillig oder gezwungenermaßen tun. Beispiele hierfür finden sich in dem Roman von T.C. Boyle „América", in dem es um das Schicksal der in Nordamerika illegal lebenden mexikanischen Arbeitsmigranten geht, sowie in Nadine Gordimers Roman „Ein Mann von der Straße", der sich mit dem Leben eines Illegalen in Südafrika befasst. Auch mit Blick auf Deutschland lassen sich ähnlich klingende Lebensgeschichten erzählen. Jakob Arjouni hat eine solche in einem Kriminalroman verarbeitet. Mithin kommt der Aspekt der Transnationalität – wie die Soziologin Beck-Gernsheim betont – hier vor allem in der Hauptfigur, dem Privatdetektiv Kayankaya, zum Ausdruck. Dieser ist nämlich Türke von Geburt und Ansehen und Deutscher gemäß Sozialisation und Pass; hierzu heißt es an einer Stelle des Romans: „,,So, so, Herr Kayankaya, Sie sind also Privatdetektiv. Interessanter Name, Kayankaya.' ,Weniger interessant als türkisch.' ,Ach.' Das Lächeln wird noch süßer, und die (Augen-)Schlitze sind kaum mehr dicker als Rasierklingen. ,Türke. Ein türkischer Privatdetektiv? Was es nicht alles gibt. Und wieso sprechen Sie so gut Deutsch, wenn ich mir die Frage erlauben darf?' ,Weil ich keine andere Sprache gelernt habe. Meine Eltern sind früh gestorben, und ich bin in einer deutschen Familie aufgewachsen.' ,Aber Türke sind Sie – ich meine ...' ,Ich habe einen deutschen Paß, falls Sie das beruhigt.'"*

Den Tatbestand, dass wir in einer globalen Welt leben, kann man „Globalität" nennen, man kann aber auch von „Weltgesellschaft" reden. Im Prinzip lassen sich vor allem zwei Dimensionen des Begriffs voneinander unterscheiden:

1. Zum einen meint Weltgesellschaft die bereits zu beobachtende Gesamtheit sozialer Beziehungen und Machtverhältnisse, die nicht nationalstaatlich-politisch organisiert sind. Hierzu gehören etwa die globalen Finanzmärkte, transnationale Konzerne, die Verbreitung der Informations- und Kommunikationstechnologien, aber auch die Zunahme transnationaler Akteure, wie Greenpeace und Attac.
2. Zum anderen kann Weltgesellschaft aber auch verstanden werden, als ein Phänomen, das von allen so und nicht anders wahrgenommen und damit natürlich auch verhaltensrelevant wird. So reicht mitunter bereits die Drohung der Geschäftsführung mit einer Standortverlagerung, um neue, für die Beschäftigten schlechtere Arbeits- und Produktionsbedingungen umsetzen zu können. Im Kern geht es hier also um das Ausmaß der Bewusstwerdung von der Welt als einer Welt, als einem globalen Ort. So kann die Erweiterung von Kommunikations- und Entscheidungshorizonten auch als eine quantitative und qualitative Zunahme an Wahlmöglichkeiten im positiven wie im negativen Sinne erfahren werden. Die Frage ist, ob es zukünftig gelingen wird, vor allem die zunehmend global organisierten Märkte wieder an eine soziale Ordnung (Zivilgesellschaft) rückzukoppeln.

Im Text verwendete wissenschaftliche Literatur

Adorno, Theodor W.; Horkheimer, Max (1969): *Dialektik der Aufklärung.* Frankfurt am Main
Beck-Gernsheim, Elisabeth (1998): *Was kommt nach der Familie? Einblicke in neue Lebensformen,* München
Berger, Johannes (1999): *Die Wirtschaft der modernen Gesellschaft. Strukturprobleme und Zukunftsperspektiven.* Frankfurt a.M./New York
Bourdieu, Pierre (1982): *Die feinen Unterschiede. Kritik der gesellschaftlichen Urteilskraft.* Frankfurt a.M.
Deutschmann, Christoph (2002): *Postindustrielle Industriesoziologie. Theoretische Grundlagen, Arbeitsverhältnisse und soziale Identitäten.* Weinheim und München
Fourastié, Jean (1954): *Die große Hoffnung des Zwanzigsten Jahrhunderts.* Köln
Luhmann, Niklas (1997): *Die Gesellschaft der Gesellschaft* (2 Bände), Frankfurt a.M./New York
Marx, Karl (1968): *Das Kapital,* Erster Band, Berlin
Polanyi, Karl (1978): *The Great Transformation. Politische und ökonomische Ursprünge von Gesellschaften und Wirtschaftssystemen.* Frankfurt a.M.
Schumpeter, Joseph Alois (1952): *Theorie der wirtschaftlichen Entwicklung.* Berlin (Erstausgabe 1911)

Sennett, Richard (1998): *Der flexible Mensch. Die Kultur des neuen Kapitalismus*. Berlin
Weber, Max (1980): *Wirtschaft und Gesellschaft*, 5. Auflage (zuerst 1921), Tübingen
Weber, Max (1979): *Die protestantische Ethik und der Geist des Kapitalismus*. In: Weber, Max. Eine Aufsatzsammlung. *Die protestantische Ethik I* (herausgegeben von Johannes Winkelmann), Gütersloh

Eine Einführung in die Wirtschaftssoziologie bietet das Buch von Egon Buß: „Lehrbuch der Wirtschaftssoziologie" (Berlin/New York 1985). Einen guten Überblick über die Entstehung der Industriegesellschaft, die Organisation und den Wandel von Industriearbeit gibt das Buch von Gertraude Mikl-Horke: Industrie- und Arbeitssoziologie, München/ Wien 2000. Immer noch empfehlenswert ist das Buch von David S. Landes „Der entfesselte Prometheus. Technologischer Wandel und industrielle Entwicklung in Westeuropa von 1750 bis zur Gegenwart", Köln 1973. Zu aktuellen Entwicklungen siehe Manuel Castells „Das Informationszeitalter I: Der Aufstieg der Netzwerkgesellschaft", Opladen 2000.

Die literarischen Texte

Die ausgewählten literarischen Texte decken selbstverständlich nicht alle in der Einleitung angesprochenen Themenfelder ab. Sie sind jedoch in der Lage, einen Eindruck von verschiedenen Wirtschaftsformen sowie der wirtschaftlichen Entwicklung seit dem Feudalismus bis heute einschließlich der Folgen für die betroffenen Menschen zu vermitteln. Der Leser/die Leserin erfährt also etwas über

- *vorindustrielle Wirtschaftsweisen und die Übergänge zum Kapitalismus*
siehe hierzu: John Berger, Vom Wert des Geldes, in: Geschichten vom Lande. München 1992; Charlotte Brontë, Shirley, Frankfurt a.M. 1989; Diana Darling, Der Berg der Erleuchtung, Frankfurt a.M.; Jeremias Gotthelf, Barthli der Korber, Frankfurt 1994; Vidiadhar Surajprasad Naipaul, Das Kiwi-Inselbuch; Franz Xaver Kroetz, Bauernsterben, Frankfurt a.M.; Anna Wimschneider, Herbstmilch.
- *die Grundlagen des bürgerlichen Wirtschaftsverständnisses mit seiner patriarchalischen Ausrichtung*
siehe hierzu: Heinrich Böll, Ende einer Dienstfahrt; Johann Wolfgang von Goethe, Faust, Teil I, München 1994; Hugo von Hoffmannsthal, Jedermann; Gottfried Keller, Der grüne Heinrich; Thomas Mann, Buddenbrooks. Verfall einer Familie, Olten/Stuttgart/ Salzburg 1968; Robert Musil, Der Mann ohne Eigenschaften. Reinbek 1987; Friedrich Schiller, Das Lied von der Glocke;
- *die Arbeitsbedingungen in der industriellen Produktion und im Dienstleistungsbereich und die speziellen Benachteiligungen von Frauen,*
siehe hierzu: Albert Camus, Die Stummen, Reinbek 1983; Elfriede Jelinek, Was geschah, nachdem Nora ihren Mann verlassen hatte oder Stützen der Gesellschaft, Köln 1984; Georg Kaiser, Gas, 1918; Joseph Roth, Unter dem Bülowbogen, Köln 1994; Dieter Süverkrüp, Lied vom Nutzen, in: Reinhard Dithmar, Industrieliteratur, München 1993

- *eine gewisse Zwangsläufigkeit der Entwicklung, die Ohnmacht einzelner Wirtschaftssubjekte und was es bedeutet, den Arbeitsplatz zu verlieren,*
  siehe hierzu: Heinrich Böll, Und sagte kein einziges Wort; Karlheinz Schmidt-Lauzemis, Fred S.: Ich wurde immer kleiner, Berlin 1971; Lieder von: Kurt Tucholsky, Arbeit für Arbeitslose, Wolf Biermann, Arbeitslos; Walter Mossmann, Unsere Stimme
- *den Zusammenhang von technisch-wissenschaftlicher und wirtschaftlicher Entwicklung und die Frage nach individueller Verantwortung,*
  siehe hierzu: Friedrich Dürrenmatt, Die Physiker, Stuttgart/Zürich 1963; Lord Dunsany, Eine welterschütternde Erfindung, in: Gerd Haffmanns (Hg.), Meistererzählungen aus Irland, Zürich1994; Christa Wolf, Störfall, Berlin 1987
- *die Werbung als Mittel der Konsumgesellschaft, Märkte zu behaupten und neu zu gestalten einschließlich der Folgen hiermit konfrontierter Menschen,*
  siehe hierzu: Alejo Carpentier, Le sacre du printemps, Frankfurt a.M. 1993; Juan Goytisolo, Johann ohne Land; Max von der Grün, Irrlicht und Feuer, Recklinghausen 1969
- *die Entgrenzung der Arbeit und die Existenz von Arbeitsmonaden bzw. Single-Existenzen, die keinen Unterschied mehr zwischen Leben und Arbeit machen*
  siehe hierzu: Michel Houellebecq, Ausweitung der Kampfzone, Reinbek; Gernot Wolfgruber, Niemandsland, Salzburg und Wien 1979; Harald Strätz, Katastrophal, in: H.-U. Müller-Schwefe (Hg.), Neue deutsche Erzähler, Frankfurt a.M. 1980
- *sowie schließlich über das Schlagwort „Globalisierung" und die damit verbundenen Konsequenzen für den Einzelnen, die Gesellschaft, wie für einzelne Regionen und Länder*
  siehe hierzu: Jonathan Franzen, Die Korrekturen, Reinbek 2002; T. Coraghessan Boyle, América, München 1997; Nadine Gordimer, Ein Mann von der Straße, Berlin 2001; Jakob Arjouni, Ein Mann, ein Mord, Zürich 1991.

John Berger

John Berger wird am 5. November 1926 im englischen Stoke Newington geboren. Er studiert Kunst an der Central School of Art und an der Chelsea School of Art in London und ist danach als Zeichenlehrer und Maler tätig. Zu Beginn der 50er Jahre fängt er an zu schreiben. Sein erster Roman „Die Spiele" wird im Jahre 1958 aus politischen Gründen – Berger gilt als Aktivist der marxistischen Szene – vom Markt genommen. Daraufhin verlässt er England. Im Jahre 1972 lässt er sich an der Haute Savoie nieder. Seit den 60er Jahren schreibt er Drehbücher, Biographien, Romane, Essays, Theaterstücke und Hörspiele. Berger bekommt eine Reihe von Preisen, darunter den Österreichischen Staatspreis für Kulturpublizistik (1989).

Werke u.a.:

1972   G: A Novel (G, 1972)
1980   Ways of Seeing (Das Leben der Bilder oder die Kunst des Sehens, 1980)
1990   Lilac and Flag (Flieger und Flagge, 1990)
1996   Titian: Nymph and Shepherd (Tizian – Nymphe und Schäfer, 1996)

Sauerde. Geschichten vom Lande (1982)

Historisches Nachwort

In seinem historischen Nachwort zu seiner Geschichtensammlung „Sauerde. Geschichten vom Lande" stellt John Berger den Bauernstand als eine Überlebenskultur dar, die in Opposition zur weltweit vorherrschenden Fortschrittskultur steht.

(cb)

Berger, John: Vom Wert des Geldes. (Ausschnitt)

Wenn ich mal nicht mehr bin, wird keiner mehr meinen Hof bewirtschaften, sagte einer von ihnen. Wir werden im Garten der Toten sein! rief ein anderer, die Lautstärke selbst eine Bekräftigung, daß sie noch nicht in jenem Garten waren.

Marcel jedoch war ein Philosoph. Abends versuchte er, sich selbst zu deuten, was während des Tages geschehen war, und danach entsprechend seiner Deutungen zu handeln. Und dies ist die Deutung, die er der Anpflanzung neuer Apfelbäume gab.

Meine Söhne werden nicht auf dem Hof arbeiten. Sie wollen ein freies Wochenende und Urlaub und eine geregelte Arbeitszeit haben. Sie haben es gern, wenn sie Geld in den Taschen haben, um es ausgeben zu können. Sie sind Geld verdienen gegangen, und sie sind ganz verrückt danach. Michel ist in eine Fabrik arbeiten gegangen. Edouard ist in den Handel gegangen. (Er benutzte den Begriff Handel, weil er gegen seinen jüngsten Sohn nicht heftig sein wollte.) Ich glaube, daß sie im Irrtum sind. Den ganzen Tag verkaufen, oder fünfundvierzig Stunden die Woche in einer Fabrik arbeiten, das ist kein Leben für einen Mann – solche Berufe führen zu Ignoranz. Es ist unwahrscheinlich, daß sie je diesen Hof bewirtschaften werden. Der Hof wird mit Nicole und mir aufhören. Warum sich solche Mühe geben bei der Arbeit und sich um etwas sorgen, über dem das Verhängnis steht? Und darauf antworte ich: Arbeiten ist eine Art, das Wissen zu bewahren, das meine Söhne jetzt verlieren. Ich grabe die Löcher, warte auf den milden Mond und pflanze diese Sprößlinge aus, um meinen Söhnen ein Beispiel zu geben, falls sie sich dafür interessieren sollten, und falls nicht, um meinem Vater und seinem Vater zu zeigen, daß das Wissen, das sie weitergegeben haben, noch nicht aufgegeben worden ist. Ohne das Wissen bin ich nichts.

Niemand hätte je erwartet, daß Marcel im Gefängnis landen würde. Wenn die Geschicke eines Menschen sich infolge seines eigenen Handelns plötzlich ändern, ist es oft schwirig zu sagen, wie weit der Anfang der Geschichte eigentlich zurückliegt. Ich werde nur bis zum vorigen Frühling zurückgehen. Er karrte den Dung des Winters auf die Felder, wo er ihn in kleinen Haufen in einem Abstand von etwa zwei Metern verteilte. Später würde er diese Haufen mit der Mistgabel gleichmäßig über das Gras und die Erde verteilen. Er karrte den Dung in einem Kippkarren, der von Gui-Gui gezogen wurde. Die Ähnlichkeit im Körperbau zwischen Pferd und Mann hatte ihre Nützlichkeit. Wenn der Karren mit einer Fuhre von vierhundert Kilo beladen war, zog die junge Stute den Hang hinauf an, so schnell sie konnte, um Schwung für den Anstieg zu bekommen. Marcel, der den Zaum an ihrem Kopf hielt, stapfte kräftig mit, und ihre Vorderbeine und seine Beine hielten vollkommen Schritt. Einen schnellen Schritt. Oft waren sie gezwungen anzuhalten, um wieder zu Atem zu kommen, ehe es weiter hinaufging.

Während sie zusammen arbeiteten, sprach er zu ihr in einer Sprache stark verkürzter Laute, um Atemluft zu sparen. Diese Laute waren einmal aus knappen Anweisungen oder Flüchen entstanden; jetzt war ihre Bedeutung abhanden gekommen, und sie waren einfach eine Begleitung zur Bewegung ihrer steigenden Beine. Manchmal machte er diese Laute in seiner Zelle im Gefängnis in B ...

Vom Geflügelhaus aus sah Nicole, wie ein unbekannter Traktor die Straße herabkam. Sie blieb stehen, um zu sehen, wo er abbiegen würde. In der Mitte der Straße, wo keine Räder hinkamen, fing schon das Frühlingsgras an zu wachsen. Auf den Böschungen standen Veilchenbüschel. Jesus Christus! Was wird Marcel dazu sagen? fragte Nicole, als der Traktor auf den Hof zukam.

Sie winkte ihrem Sohn Edouard zu, der auf dem Fahrersitz saß. Er fuhr an dem Rest, der vom Misthaufen übriggeblieben war, vorbei und bog in den Hof ein. Dort kletterte er herab, ohne den Motor abzustellen. Der Traktor war blau. Den habe ich billig bekommen, rief er seiner Mutter zu. Er ist zwölf Jahre alt! Nicole lächelte ermutigend. Sie vergaß Ängstlichkeiten, sowie sie vorüber waren, und sträubte sich, die kommenden vorherzusehen.

Er wird nur dagegen sein, weil er nicht fahren kann! sagte Edouard.

Der Vater führte die Stute mit dem leeren Karren in den Hof. Als er den Traktor erblickte, blieb er stehen und verschränkte die Arme über der Brust. Was ist das? fragte er, als hätte er nie zuvor einen Traktor gesehen. Den habe ich gekauft! schrie Edouard gegen den Lärm des Motors an. Der Sohn stand mit dem Ellbogen auf die vibrierende Haube gelehnt, als wäre es die Schulter eines Mädchens, und sein Fuß ruhte auf dem kleinen Vorderrad. Er hatte die Kleidung angezogen, die er trug, wenn er zum Markt ging: ein rosa Hemd, Bluejeans und ausgediente Armeestiefel. Der Vater wollte nicht näherkommen, und auf eine solche Entfernung hin konnte man bei dem Motorlärm nichts verstehen.

Wozu hast du ihn gekauft? Neunzehnhundertdreiundsechzig! brüllte Edouard. Zwölf Jahre alt. Es ist erst vier Monat her, daß ich die neue Stute gekauft habe. Marcel schien nicht zu merken, daß niemand seine Worte hören konnte. Als der Pferdeschlächter die letzte Gui-Gui abgeholt hat, bin ich in die Küche gekommen, hab das leere Zaumzeug hochgehalten, das Zaumzeug, mit dem sie fünfzehn Jahre lang gearbeitet hatte, und ich hab zu dir gesagt: Weißt du, was das bedeutet? Und du hast geantwortet: Das bedeutet einen Traktor! Und ich hab gesagt: Nein, das bedeutet, Gui-Gui ist fort! Es bedeutet keinen Traktor, um Gottes

willen! Er kann zwanzig Tonnen ziehen! Der Motor stotterte und blieb stehen. Was sagst du? wollte Edouard wissen. Ich sage, er nützt uns nichts! sagte Marcel, zäumte Gui-Gui, die Zweite, ab und führte sie in den Stall. Abends wurde Marcel schläfrig. Die Lider senkten sich über seine schieferfarbigen Augen und seine Unterlippe trat ein wenig hervor. In solchen Momenten sah er so alt aus wie er war. Das war undankbar von dir, sagte Nicole zu ihm. Er hat ihn von seinen Ersparnissen gekauft. Er hat ihn gekauft, weil er das Kaufen nicht lassen kann, gab Marcel zurück und gähnte.
Sie stieß ihn an, nicht im Zorn, aber doch schroff; sie hielt ihm eine Broschüre hin. Das hat er mir gegeben, um es dir zu zeigen. [...]

Versprechen tun sie alles. Sieh dir diese Farben an – gelb, blau, rot, hellgrün: sie versprechen dir die Welt! Er ging zur Tür. Falsche Versprechungen! Er schrie die beiden Worte sehr laut heraus. Ein paar Minuten später kam er zurück, die Hosentür zuknöpfend. Weißt du, wofür diese Maschinen gut sind?
Sie pflügen, sie wenden Heu, sie verteilen Mist, sie melken – es kommt darauf an, antwortete Nicole. Eine Aufgabe erfüllen sie alle. Er sah ihr mit äußerstem Ernst in die Augen. Trotz aller Erfahrung waren Nicoles Augen unschuldig. Sie hatten Krankheiten gesehen, sie hatten Bauernhöfe abbrennen sehen, sie hatten Leute sich ins Grab arbeiten sehen, sie hatten Frauen bei den Geburtswehen in Agonie gesehen, aber sie hatten nie gesehen, wie Männer sich in eine Landkarte vertieften und einen Plan skizzierten. Ihre Aufgabe ist es, uns auszuradieren.

[...] Die Leute sorgen dafür, daß wir wissen, daß die Maschinen existieren. Von da an ist es schwer zu arbeiten. Die Maschine nicht zu haben, läßt den Vater vor dem Sohn rückständig erscheinen, läßt den Mann vor der Frau bösartig erscheinen, läßt den einen Nachbarn vor dem anderen arm erscheinen. Nachdem er eine Weile gelebt hat, ohne die Maschinen zu haben, bieten sie ihm einen Kredit an, um einen Traktor zu kaufen. Eine gute Kuh gibt 2 500 Liter Milch das Jahr. Zehn Kühe geben 25 000 Liter Milch das Jahr. Der Preis, den er für all die Milch während des ganzen Jahres erzielt, ist der Preis eines Traktors. Deshalb braucht er einen Kredit. Wenn er den Traktor gekauft hat, sagen sie: Um den Traktor jetzt voll zu nutzen, brauchst du die Maschinen, die dazugehören, wir können dir das Geld leihen, um die Maschinen zu kaufen, und du kannst es uns monatlich zurückzahlen. Ohne diese Maschinen nutzt du deinen

Traktor nicht richtig aus! Und so kauft er eine Maschine, und dann noch eine, und so stürzt er sich tiefer und tiefer in Schulden. Am Ende ist er gezwungen, das Land zu verkaufen. Und das ist, was sie in Paris (er sprach den Namen der Hauptstadt mit Verachtung und Anerkennung – in dieser Reihenfolge – aus) von Anfang an geplant haben! Überall auf der Welt müssen Menschen hungern, doch ein Bauer, der ohne Traktor arbeitet, ist der Landwirtschaft seines Landes nicht würdig.

Berger, John: Vom Wert des Geldes. In: Ders.: SauErde. Geschichten vom Lande. Aus dem Englischen von Jörg Trobitius.
© 1982 Carl Hanser Verlag, München – Wien
© 1979 John Berger
Titel der englischsprachigen Ausg.:
„Pig Earth" (Writers and Readers Publishing Cooperative, London 1979)

Weitere Textempfehlungen:
Ebenda, S. 281-288;
Brontë, Charlotte: Shirley. Frankfurt a.M., Insel-Verlag 1989, S. 378-381

Diana Darling

Bevor sie anfängt zu schreiben, arbeitet die Amerikanerin in der Bildhauerei. Ausgebildet wird sie in Paris und Carrara. Diana Darling geht dann nach Bali, wo sie über zehn Jahre lebt. „Der Berg der Erleuchtung" ist ihr erster Roman

Werke u.a.:

1992 The Painted Alphabet (Berg der Erleuchtung, 1993)

Der Berg der Erleuchtung (1993)

In ihrem Roman „Der Berg der Erleuchtung" beschreibt Diana Darling die balinesische Kultur und Religion. Anhand mehrerer paralleler Handlungsstränge schildert sie die eigentümliche Welt Balis mit ihrem Glauben an weiße und schwarze Magie sowie den Einbruch der Moderne durch den zunehmenden Tourismus.

(cb)

Darling, Diana: Der Berg der Erleuchtung. (Ausschnitte)

Es war das Lesen dieser heiligen Bücher, das Siladri in seinem unbestimmten Gefühl bestätigte, daß etwas mit der Welt nicht in Ordnung war.

Siladris ältere Freunde stimmten bereitwillig zu – wie es alte Leute immer getan haben –, daß sich die Welt immer schneller in eine Hölle verwandelte. Sie sprachen von der wachsenden Unverschämtheit der jungen Leute, der immer größer werdenden Achtlosigkeit gegenüber den rituellen Vorschriften, den Gerüchten von widerwärtigen kleinen Kriegen.

Sie versuchten, diese Dinge als unvermeidlich im vorgegebenen Ablauf der Geschichte zu erklären. Sie sprachen vom *Kali Yuga,* dem dunklen Zeitalter in der sich wandelnden Alterslosigkeit der Welt, der Phase, die immer der Zerstörung der alten Welt vorangeht, bevor sie neu geschaffen wird. Aufgrund dieser sehr umfassenden Perspektive konnten sie sanft von den Übeln der Welt sprechen, aber sie veranschaulichten ihre Argumente mit Beispielen, die verrieten, daß auch sie schmerzhafte Stiche von Bestürzung und Ekel empfanden.

„Meine Schwiegertochter", sagte einer der Männer beschämt, „hat letzte Woche etwas zu mir gesagt, das mich nur noch um einen Herzinfarkt beten läßt."
Die anderen wurden still, und schnell entstand eine Atmosphäre gespannter Aufmerksamkeit. Der Mann schwieg einen Augenblick, denn er spürte, daß sie ihm die Zeit ließen, seine Worte zu wählen. „Sie sagte zu mir: ‚Vater, du weißt, du könntest eine Menge Geld für diese Reisfelder am Ayung-Fluß bekommen.' Ich antwortete ihr: ‚Was soll ich mit einer Menge Geld anfangen? Und was würde ohne diese Reisfelder aus meinen Enkeln?' Die dumme Person sagte zu mir: ‚Aber wenn dein Enkel einen Lieferwagen hätte, könnte er viel Geld verdienen!' Immer nur Geld. Könnt ihr das verstehen?" Seine Geste zeigte, daß es keine Antwort gab. „Sie spricht im selben Satz von Reisfeldern und Lieferwagen."

Es war kurze Zeit ruhig, und dann sagte ein anderer Mann einfach: „Mein Sohn hat meinen *Kris* verkauft."

Ein entsetztes Aufstöhnen ging durch die Gesellschaft.

Hier müssen wir einen Augenblick innehalten und bedenken, was ein *Kris* ist und wieso diese Nachricht unweigerlich Furcht und Grauen hervorrief.

Ein *Kris* ist ein langes, schlangengleich gewundenes Messer, das von Priestern unter Gebeten und Formeln geschmiedet wird, die bis auf den heutigen Tag Zauberkraft haben. Ein Instrument sowohl des Mordes wie der Verteidigung ist er hervorragend für diese Zwecke geeignet. Die geschwungene Klinge verursacht eine breite Wunde, wenn man damit zusticht. Sie wird abwechselnd aus Stahl, Bronze, Silber und Gold geschmiedet, so daß die Oberfläche zunächst scheckig aussieht. Wenn man die Klinge poliert, erscheinen die einzelnen Metalle in einem regelmäßigen Muster. Im Vergleich dazu wirkt eine Kobra nur wie ein minderwertiger Vorläufer des *Kris* – denn im *Kris* schläft unsichtbar noch eine weitere Waffe, eine Art unirdische, durch Zauberkraft hineingewobene Macht, die spirituelle Signatur ihres Eigentümers. Diese Signatur, die den Kraftfeldern der verzauberten Metalle innewohnt, ist eine so mächtige Essenz des Besitzers, daß ein Mann seinen *Kris* schicken kann, um ihn als Bräutigam bei einer Hochzeitszeremonie zu vertreten. Manchmal verkörpert ein *Kris* den vergöttlichten Geist eines Königs der Urzeit. Es gibt Leute, die sagen, wenn man den *Kris* eines Mannes in seinen Besitz bringt, sei es durch Diebstahl oder Sieg in offenem Kampf, bedeutet es nicht nur, die Seele dieses Mannes zu erobern, sondern sich eine wichtige spirituelle Kraftquelle für seine gesamte Familie anzueignen.

„Mein Sohn hat meinen *Kris* verkauft", wiederholte der alte Mann, „an einen Kunstsammler."

„Einen was?"

Siladri, der jünger war als die anderen, erklärte: „Einen Ausländer. Sie kaufen alles: deine Haustür, Malereien, Stücke von Wänden..."

„Mein Bruder hat gestern ein Bild zum Preis eines Bullenkalbes verkauft", sagte ein anderer Mann.

Darüber staunten alle und stimmten miteinander überein, daß die Welt am Zerfallen war. Die alten Männer waren erleichtert, daß sie doch nicht, wie sie schon befürchtet hatten, ewig leben mußten. Sie wandten sich wieder den heiligen Texten und den näherliegenden Bereichen des Lebens nach dem Tod zu.

[...]

Eines Tages rief der junge Fürst von Mameling ein Dutzend der einflußreichsten Dorfbewohner zusammen. Nachdem sie alle Kaffee getrunken und sich die ihnen angebotenen Zigaretten angesteckt hatten, sagte der Fürst: „Der Tourismus bietet große Zukunftsaussichten für Mameling. Unsere ausländischen Gäste sind in ihrem eigenen Land sehr mächtig. Sie erweisen uns eine große Ehre, wenn sie so viel Interesse an unserer Kultur zeigen. Wißt ihr, was Kultur ist?"

Niemand antwortete darauf.

„Kultur ist, wie wir Dinge tun. Die Touristen machen vieles auf andere Art. Sie haben eine andere Kultur. Eine sehr kümmerliche, deshalb haben sie so viel Interesse an unserer. Sie verfügen zwar über sehr viel Geld, aber sie wissen nichts über die Götter, sie können nicht tanzen oder Musik machen, außer mit ihren Radios, sie verstehen nichts vom Reis, und viele von ihnen essen nicht einmal Reis."

Das rief bei den Männern ein grölendes Gelächter hervor.

„Also müssen wir den Touristen das Gefühl geben, daß sie bei uns willkommen sind, und wir müssen dafür sorgen, daß sie es bequem haben, und wir müssen ihnen die Dinge geben, die sie brauchen. Und was brauchen die Touristen? Womit können wir sie versorgen?"

Er hielt inne, und die verwirrten Dorfbewohner warteten auf weitere Erklärungen.

„Sie wollen Gegenstände aller Art kaufen. Und wenn sie genug eingekauft haben, brauchen sie kaltes Bier. Sie müssen essen und schlafen, so wie wir, aber sie müssen auf die Art der Touristen essen und auf die Art der Touristen schlafen. Und sie wissen nicht, wie man zum Fluß geht."

Wieder lachten die Männer laut auf.

„Sie brauchen Badezimmer, wie die Chinesen in Denpasar. Ich werde gleich noch weiter über all dies Essen und Schlafen und Baden mit euch sprechen. Was wollen Touristen also kaufen? Sie werden versuchen, alles zu kaufen, einfach alles. Aber wir sind arme Leute!"

In Wirklichkeit war der Fürst natürlich sehr reich, und es waren die Dorfbewohner, die nur das hatten, was sie zum Leben brauchten. Aber niemand wagte es, ihn darauf hinzuweisen.

„Gebrauchen wir unsere Köpfe, um uns etwas auszudenken, und unsere Hände, um Dinge herzustellen, die die Touristen kaufen können", fuhr der Fürst fort. „Einige von uns können malen. Laßt uns Bilder für die Touristen malen. Einige von uns können schnitzen. Laßt uns Skulpturen für die Touristen schnitzen oder Schmuck, wenn wir darin gut sind. Vielleicht können unsere Kinder tanzen. Laßt sie für die Touristen tanzen! Aber wir wollen unser Erbe beschützen. Verkauft auf keinen Fall euren *Kris*. Verkauft auf keinen Fall eure silbernen Opferschalen und die schönen alten Schnitzereien eurer Haustempel. Laßt uns unser Erbe beschützen, unsere Kultur!"

Es war zwar allgemein bekannt, daß der Fürst eine ganze Anzahl von Wertgegenständen aus seinem Palast zu phantastischen Preisen verkauft hatte. Aber die Dorfbewohner sahen da keinen schlimmen Widerspruch und ließen ihm das durchgehen.

„Nun, wie machen wir es den Touristen bequem? Wir haben alle in unseren Höfen ein wenig Platz übrig, um Gästehäuser zu bauen. Wie machen wir das? Zuerst holen wir uns die Erlaubnis, und dann bauen wir ein nettes kleines Haus und stellen ein neues Bett hinein. Es muß neu sein mit einer neuen Matratze, einem Kissen und einer Decke. Und auf die Veranda stellen wir einen Stuhl, auf den sie sich setzen können. Das ist richtig, einen Stuhl, so wie der, auf dem ich sitze, aber er muß nicht so schön wie dieser sein. Dieser Stuhl stammt vorn Hof in Yogakarta und ist dreihundert Jahre alt." In Wirklichkeit war er holländisch und aus Denpasar, etwa von 1910. „Ihr könnt einen kleinen Bambusstuhl auf die Veranda stellen für euren Touristen und einen kleinen Bambustisch für sein Teeglas."

Einer der Männer bat den Fürsten, die Sache mit dem Badezimmer zu erklären.

„Das ist sehr wichtig. Das muß in dem kleinen Gästehaus auf jeden Fall vorhanden sein. Stellt euch vor, sie wollen die Badezimmer drinnen im Haus haben. Und niemand von eurer Familie darf es benutzen, solange der Tourist dort lebt. Und ihr müßt eurem Touristen sein eigenes Handtuch geben. Also, es funktioniert so... „

Und so ging Mameling in das Zeitalter des „Kulturtourismus" ein. Bald konnte man die Fremden überall sehen, sie standen den Leuten auf dem Markt im Weg, liefen in den Tempeln herum, spazierten halb ausgezogen und schwitzend durch die Felder und hielten ständig schwarze Kästen vor ihre Gesichter. Die Fremden waren häßlich, aber sehr freundlich und dazu lächerlich dumm, besonders, was Geld anging, das sie im Überfluß zu haben schienen. All das brachte große Veränderungen in Mameling mit sich.

Das Dorf wurde zu einer kleinen Stadt. Es schloß sich der großen Republik von Indonesien an, und Regierungsbeamte kamen und sorgten dafür, daß Straßen gepflastert, Elektrizität installiert und Krankenhäuser und Schulen gebaut wurden. Auf einen Pfahl vor dem Postamt stellte man ein Fernsehgerät. Jemand kaufte einen Kühlschrank und eine Eismaschine, und dann kaufte ein Dorfbewohner sein eigenes Fernsehgerät, und sofort am nächsten Tag kaufte der Fürst auch eines, und das Wettrennen war im Gange.

Unterdessen strömten immer mehr Touristen herbei, und die Leute in Mameling verdienten viel Geld. Wer malen konnte, tat es, und wer es nicht konnte, kaufte billig und verkaufte teuer, und die Touristen waren immer noch begeistert über ihre Schnäppchen. Kleine Mädchen wurden *Legong*-Tänzerinnen und wuchsen heran zu großen *Legong*-Tänzerinnen, und mehr als eine lief mit einem betörten Touristen davon und brachte ihrer Familie Reichtümer und Schmerz. „Pensionen" erschienen plötzlich in jedem Hinterhof und schossen bald auch aus den Reisfeldern auf wie große, luxuriöse Reisspeicher. Ein paar alte Leute waren gegen Toiletten in Reisspeichern, aber die jüngeren Leute erklärten ihnen, daß es eigentlich gar keine Reisspeicher waren – sie sahen nur so aus, weil so etwas den Touristen gefiel.

„Wer möchte schon an so einem muffigen Ort schlafen, mit all den Käfern?" wunderten sich die alten Leute.

„Oh, es ist sehr schön da drin, kommt und seht es euch an", erwiderten die Jungen.

„Ha! Ich würde nie dort hinaufgehen und von oben auf die Tempelschreine hinabsehen. Das überlasse ich euch."

Ein altes Viertel der Stadt, das immer als *Abian Cheleng* (Schweinefelder) bekannt gewesen war, wurde so schnell reich, daß seine Bewohner den Namen in *Tumbensugih* änderten, was das balinesische Wort für ‚neureich' ist. Der reichste Mann in *Tumbensugih* war Gdé Kedampal, der als Junge Lastenträger gewesen war. Durch harte Arbeit und eiserne Sparsamkeit war es ihm gelungen, einen Karren zu kaufen. Bald hatte er einen Lieferwagen und heiratete ein Mädchen aus dem Viertel. Als sein Sohn, Wayan Buyar, das Laufen lernte, besaß Gdé Kedampal schon drei Wagen mit drei Fahrern. Als Wayan Buyar seine Unschuld verlor (an eine Gans) hatte Gdé Kedampal ein florierendes Busunternehmen mit einer stattlichen Anzahl klimatisierter Pullmans. Später dehnte er seine Aktivitäten auch auf Im- und Exportgeschäfte aus.

Viele *Warungs* – kleine Marktstände, oft nicht mehr als ein kleiner Tisch, an dem man Reis, Kaffee, Zigaretten, Arrak, Süßigkeiten und alle möglichen anderen netten, ungesunden Dinge kaufen konnte – wurden zu *Prumah rnakan*, indonesischen Imbißstuben, und überall gab es kaltes Bier, gebratenes Huhn, „Indonesische Speisen" und „Westliche Speisen", wobei letztere auf den Menükarten oftmals ziemlich abenteuerlich buchstabiert waren. Die Balinesen fanden dieses Essen widerwärtig, aber sie servierten es gutgelaunt und freundeten sich mit den Touristen an. Mudita übte schüchtern sein Englisch, wenn er an den traditionellen *Warungs* Touristen traf.

Denn die *Warungs* hielten sich, ebenso wie vieles andere von der alten Lebensweise. Die Menschen sprachen immer noch mit den Göttern und hielten gewaltige, komplizierte Rituale ab; sie pflügten ihre Felder immer noch mit Kühen und kochten ihren Reis über rauchenden Holzfeuern. Rajin und Madé Kerti sahen, wie sich vor ihrer Haustür die Welt veränderte, aber das Leben innerhalb der Mauern war immer noch dasselbe, abgesehen davon, daß sie die Öllampen durch nackte Glühbirnen ersetzt hatten, damit Mudita abends besser lesen konnte.

„Ah, Technik ist etwas Wunderbares", sagte Mide Kerti jedesmal, wenn er das Licht anknipste. „Weißt du, 'Jin", fuhr er eines Abends seiner Frau gegenüber fort, „wir hatten großes Glück, daß die Touristen nach Mameling gekommen sind."

„Ist das wirklich so?" entgegnete Rajin knapp. „Wie meinst du das genau?"

„Sieh dir an, wieviel Fortschritt sie gebracht haben. Elektrisches Licht! Straßen! Schulen! Glaub nicht, daß das überall in Bali so ist."

„Die Touristen haben die Straßen gebaut? Davon habe ich nichts gemerkt."

„Nein, selbstverständlich haben sie die Straßen nicht selbst gebaut. Unsere Regierung hat das getan, damit die Touristen bequemer hierherkommen können."

„Und den Preis von allem und jedem in schwindelerregende Höhen treiben und unseren jungen Leuten beibringen, Bier zu trinken und Hosen zu tragen!"

„Trinkt Mudita Bier?" fragte Madé Kerti plötzlich besorgt.

„Frag ihn doch."

„Mudita! Mudita, mein Lieber, komm doch bitte mal einen Augenblick her."

Mudita erhob sich aus dem Lichtkegel seiner Leselampe und ging hinüber zu dem Pavillon, wo Rajin und Madé Kerti gewöhnlich im Dunkeln saßen. Er setzte sich zwischen seine Eltern.

„Ja, Papa?" Er lächelte Madé Kerti strahlend an.

„Mudita, hast du jemals Bier getrunken?"

„O ja! Aber es muß sehr kalt sein, sonst schmeckt es nicht."

„Mudita, verzeih mir, wenn ich dich frage, aber woher bekommst du Geld, um Bier zu kaufen? Weißt du, daß eine Flasche Bier beinahe soviel kostet, wie deine Mutter an einem Tag auf dem Markt verdient?"

„Aber ich kaufe es doch nicht selbst! Meine Freunde laden mich ein."

„Was sind das für Freunde?"

Rajin unterbrach sie. „Touristen! Mudita, als du gestern abend nach Hause kamst, hat dein Atem gestunken. Ich will nicht, daß du wie ein Tourist riechst."

Madé Kerti legte seinen Arm um Muditas Schultern. „Ich bin froh, daß du so großzügige Freunde hast, 'Dita. Aber damit deine Mutter zufrieden ist, putz dir bitte die Zähne, wenn du mit den Touristen zusammen warst. Und schau nicht so traurig drein."

Mudita nahm Rajins Hand und drückte sie an seine Wange.

„Mudita", sagte sie, „weine nicht, mein Kleiner, ich bin nicht böse auf dich. Ich bin nicht böse. Komm her."

Darling, Diana: Der Berg der Erleuchtung. Roman. Aus dem Amerikanischen von Regina Winter. Frankfurt am Main: Fischer Taschenbuch Verlag, 1993. S. 10-12, 82-87.
© Fischer Taschenbuch Verlag GmbH, Frankfurt am Main, 1993
Die amerikanische Originalausgabe erschien unter dem Titel: „The Painted Alphabet" bei Houghton Mifflin Company, Boston, New York, London.
© 1992 by Diana Darling

Jeremias Gotthelf

Jeremias Gotthelf (eigentlich Albert Bitzius) wird am 04. Oktober 1797 im schweizerischen Murten geboren und stirbt am 22. Oktober 1854 in Lützelflüh (Kanton Bern). Gotthelf stammt aus einer alten Berner Beamten- und Pfarrersfamilie. Er erhält eine theologische Ausbildung. 1824 wird er als Vikar an die „Kirche zum Heiligen Geist" in Bern berufen, 1831 nach Lützelflüh im Emmental, wo er ab 1832 als Pfarrer wirkte. 1833 heiratet Gotthelf, er wird Vater von drei Kindern. In die Zeit nach 1834 fallen seine schriftstellerisch-publizistischen Anfänge.

Werke u.a.:

1837 Der Bauernspiegel
1841 Wie Uli der Knecht glücklich wird
1847 Jakobs, des Handwerksgesellen, Wanderungen durch die Schweiz
1849 Uli der Pächter

Barthli der Korber (1852)

Barthli haust mit seiner Tochter Züseli in einem windschiefen Häuschen. Der Korber ist ein knorriger, geiziger und boshafter Zwerg, Züseli dagegen ist von heiterer Anmut und unschuldiger Offenheit. Nichts verbindet die beiden mehr als ihre Beziehung zueinander, ehrfürchtig und gehorsam von Seiten der Tochter, eifersüchtig und herrschsüchtig von Seiten des Vaters.

(cw)

Gotthelf, Jeremias: Barthli der Korber. (Ausschnitt)

Die Ruten nun zu diesen Körben nahm er, wo er sie fand, unbekümmert darum, wem die Weiden gehörten, an denen sie gewachsen waren. Er trieb dieses nicht im verborgenen mit äußerster Vorsicht, um nicht gesehen zu werden, er sagte offenherzig, sein Vater und sein Großvater seien Korber gewesen, hätten aber nie einen Kreuzer für Ruten ausgegeben, sondern die Wydli genommen, wie sie gewachsen, ein Bauer würde sich geschämt haben, einem armen Mannli einen Kreuzer dafür abzunehmen. Körbe habe

man ihnen gemacht, alte plätzet, öppe wohlfeil genug, damit seien beide Teile wohlzufrieden gewesen. Jetzt sollte man ihnen jedes Wydli übergülden, dazu noch grausam danken, daß man fast um den Atem komme, und obendrein machten sie alle Weidenstöcke aus, nur hie und da ein alter Bauer lasse noch einen stehen zum Andenken, und damit die Kinder wüßten, wie so ein Weidstock gewesen. Dann könnten die Bauern seinetwegen Körbe flechten lassen aus den Schmachtzotteln, welche ihre Töchter über die Stirne herabzwängten mit Tüfelsgewalt. Trotzdem kam Barthli nie in Verlegenheit, keine Strenge, kein Verbot ward gegen ihn angewendet.
[...]
Diese Schonung kam aus dem gleichen Grunde, aus welchem Barthli seine Rechte nahm, es war auch so eine Art von Grundrecht, entstanden aus uralter Gewohnheit, welches man ihm noch stillschweigend zugestand, trotz der neuen Sitte, aus allem soviel Geld als möglich zu machen. Welche man gegen allen anderen mit aller Strenge in Anwendung brachte.

In diesem Punkte ist allerdings eine bedenkliche Änderung erfolgt, welche man bei Beurteilung des Verhältnisses unterer Klassen nicht außer acht lassen darf. In früheren Zeiten war viel wildes, viel fast herrenloses Land; was auf solchem Lande wuchs, war Beutepreis, und arme Leute hatten da eine reiche Fundgrube von allerlei, welches sie entweder selbst brauchen oder zu Geld machen konnten. Viele Handwerker, Rechenmacher, Küfer, Korber, Besenbinder und andere, selbst Wagner hatten gleichsam Hoheitsrechte auf solchem Lande, sie nahmen, was ihnen beliebte, und zwar unentgeltlich und ungefragt. In solchem Lande weideten die armen Leute den Sommer über Schafe und Ziegen, sammelten für den Winter Streu und Futter. Das ist anders geworden. Viel Land ist urbar gemacht, und herrenloses Land wird rar sein im Lande Kanaan. Was nicht Privaten angehört, hat der Staat an sich genommen, und wo dem Staate sieben magere Gräslein wachsen an einer Straße magerem Rande, verpachtet er sie, und um so soliden Pächtern zu kommen, werden Steigerungen abgehalten, ganz splendide. So machen es auch die Privaten, und was einen Kreuzer giltet, verwerten sie in ihrem Nutzen. Sie haben vollkommen das Recht dazu, aber – aber jedenfalls sollte ob dem Kreuzer der Nächste nie vergessen werden.

Gotthelf, Jeremias: Barthli der Korber. In: Hunziker, Rolf/Bloesch, Hans (Hrsg.): Jeremias Gotthelf (Albert Bitzius). Sämtliche Werke in 24 Bänden. In Verbindung mit der Familie Bitzius. Zweiundzwanzigster Band. Kleinere Erzählungen. Siebenter Teil. Erlenbach, Zürich: Eugen Kentsch Verlag, 1927. S. 131-133.
[kein Copyright angegeben]

Vidiadhar Surajprasad Naipaul

Vidiadhar Surajprasad Naipaul wird am 17. August 1932 in Chaguanas auf Trinidad geboren. Seine Familie stammt von indischen Einwanderern ab, sein Vater war Schriftsteller und Journalist. Im Jahre 1950 geht Naipaul nach England, um in Oxford zu studieren. Er schließt sein Studium 1953 mit dem Bachelor of Arts ab und entschließt sich, weiterhin in England zu leben. In den Jahren 1954 bis 1956 ist er für BBC tätig, danach widmet er sich ganz seiner Arbeit als Schriftsteller. Er unternimmt viele Reisen nach Afrika, Asien und Amerika.

Naipaul fühlt sich weder mit Trinidad, Indien noch England wirklich verbunden. Er steht zwischen den Kulturen, was in seinem Werk zum Ausdruck kommt. Hauptsächlich schreibt Naipaul Romane und Novellen, aber auch dokumentarische Schilderungen. Für sein Lebenswerk bekommt V. S. Naipaul im Jahre 2001 den Literaturnobelpreis.

Werke u.a.:

1958 The Suffrage of Elvira (Wahlkampf auf Karibisch, 1975)
1961 A house for Mr Biswas (Ein Haus für Mr. Biswas, 1981)
1975 Guerrillas (Guerillas, 1976)
1979 A Bend in the River (An der Biegung des großen Flusses, 1980)

(cb)

Naipaul, V. S.: Im Kaghan Tal. (Ausschnitte)

An einer weit aushohlenden spitzwinkligen Biegung der Bergstraße hatten Afghanen ein Lager aufgeschlagen. Ein niedriges Zelt war aufgebaut, Kamele und Esel standen in einer Gruppe, es wurde gekocht. Das Feuer der Kochstelle und die Dunkelheit des Zelts ergaben ein attraktives Bild, und wir hielten an, um mit den Afghanen zu reden, nachdem wir den Jeepfahrer gefragt hatten, oh sie diese Art, sich aufzudrängen, gestatteten. Wir sprachen mit einem jungen Mann, der pakistanisch gekleidet war.
[...]
Er nahm uns mit zum Zelt, um uns zuschauen zu lassen. Man hatte Tee nach Art des Subkontinents gekocht oder aufgebrüht; kleine Porzellantassen lagen schmutzig auf dem Boden. Ein Mädchen oder eine junge Frau machte über einem Reisigfeuer *Roti*, ungesäuertes Fladenbrot. Sie

arbeitete schnell, drückte die Teigbällchen zwischen den Handballen flach, zog den Teig auseinander und warf ihn hoch, bis er ganz dünn und rund war, und dann drapierte sie mit einer einzigen Handbewegung den dünnen Teiglappen über den rechten Unterarm, ehe sie ihn auf das Backblech warf. Das Mehl war aus hiesigem Korn, in Dorfmühlen gemahlen, die hier mit immer reichlich vorhandenem Wasser betrieben wurden.
[...]
Schafe und Ziegen gingen im Zelt aus und ein. Hinten lagen Matten und Bettzeug. Dieser Teil des Bodens vorn links im Zelt, sagte der junge Mann, sei für seinen Vater und seinen Onkel, der mittlere Teil sei für die Frauen, und der Teil zur Rechten – aber ich bekam nicht mit, für wen der rechte Teil bestimmt war. Es gab zwei Brüder in der Karawane; es war eine reiche Familie. Jene unansehnliche grimmige Frau, die mit ihren schweren Silberohrringen und ihrer schweren Silberkette auf dem ihr zugewiesenen Platz saß, war die Frau des Onkels. Sie sah uns kein einziges Mal an. Ohne sich von mir soufflieren zu lassen, erkundigte Masood sich bei dem jungen Mann nach dem Preis von Schafen. Der junge Mann zeigte auf das kleinere Lager auf der anderen Straßenseite und sagte, daß das Schaf dort dreitausend Rupien wert sei. Es war kräftig, schwer von Wolle, und es mußte etwas Besonderes sein, denn es befand sich in dem zum Wohnen bestimmten Teil des Lagers, und seine beiden Hinterbeine waren an einen Pfahl in der Mitte gebunden.
[...]
Ein Esel, gefolgt von zwei oder drei seiner winzigen Artgenossen, kam ins Zelt, um an dem geschnittenen Gras zu knabbern, das wohl für ein wertvolleres Tier aufbewahrt wurde. Der Vater klatschte dem Esel mit der offenen Hand laut auf die Flanke. Aber hinter dem Schlag steckte nicht die Absicht, dem Tier weh zu tun, es wurde nur wegen des dumpfen, abschreckenden Knalls geschlagen. Einer der kleinen Jungen der Familie warf mit Steinen nach den anderen Eseln, aber die Steine waren sehr klein und wurden nicht fest geworfen. Sie gingen alle sanft mit ihren Tieren um. Sie machten große und bedrohliche Gesten mit ihren Stöcken, aber die Stöcke wurden nicht zum Schlagen benutzt; die Stöcke streichelten, lenkten. Der Vater, der sich gegen das zusammengeschnürte Gepäck der Karawane lehnte, begann zu husten. Und dann – mit seinem großartigen Turban, den kajalgeränderten Augen, dem gelockten Bart und gewachsten Schnurrbart – spuckte er genau dahin, wo er ruhte. Ich sah, daß er zwischen Tierkot lag; und daß in der Dunkelheit im hinteren

Teil des Zelts die wertvollen Schafe und Ziegen seiner Herde waren – geschützter als die Menschen.

[...]

Das Afghanenlager hatte mich in die ersten Erdkundestunden meiner Kindheit zurückgeführt, zu den Zeichnungen in meinem Lehrbuch über *Das Heim in fernen Ländern*: Menschen, die sich ihr Heim, Wärme, Schutz unter extremen Bedingungen schafften: Afrikaner mit Pfeil und Bogen hinter ihren Schutzzäunen, die sie vor nächtlichen Gefahren des Waldes schützten; die Kirgisen in ihren Zelten in unendlichen Steppen; die Eskimos in ihren Iglus im Lande des Eises.

Und die Mädchen in dem Zelt waren so schön: eine Sehnsucht nach dem Bauern- oder Nomadenleben rührte sich in mir. In der Wüste Sinds, am Grabmal dieses Heiligen neben dem Indus, hatte das Gespräch über *Murschid* und *Murid* mir Tolstois und Lermontovs Erzählungen aus dem Kaukasus ins Gedächtnis gerufen. Und hier, neben einem der kalten Flüsse, die den Indus speisten (grünes Wasser, das schlammig wurde und in einem begradigten Kanal nach Karatschi zu dem tropischen salzigen Sumpf fast tausend Meilen entfernt transportiert wurde), fühlte ich mich an einen Anfang zurückversetzt: das Leben mit Tieren und Zelten und dem täglichen Marsch. Aber was für mich ein augenblicklicher Impuls war, war ihr Alltag. Ich würde weiterziehen, andere Dinge tun; sie würden so weitermachen, wie ich sie hier sah. Und diese Mädchen, so schön mit ihrer herrlichen Haut, waren in Wirklichkeit weit weg, abgeschlossen in ihren eigenen Stammesphantasien, Schönheiten nun, wohlgenährt und sich ihres steigenden Preises bewußt, bald aber Ehefrauen und Arbeiterinnen. Den ganzen Nachmittag fuhren wir an ihnen vorbei, bemerkten ihre Rücksicht im Umgang mit ihren Tieren, die größer war als ihre Rücksicht gegen sich selbst: diese Gesichter, so zerfurcht und sonnenverbrannt, so alt und doch so jung. Nicht viele hatten die Gesichtsfarbe und Gesundheit der Mädchen in jenem Lager. Einmal sah ich einen Mann eine Ziege tragen, einmal sah ich eine Ziege in Decken gewickelt auf dem Rücken eines Esels.

Naipaul, V. S.: Im Kaghan Tal. In: Ders.: Eine islamische Reise. Unter den Gläubigen. Aus dem Englischen von Monika Noll und Ulrich Enderwitz.
© für die deutsche Ausgabe: 2002 List Verlag in der Ullstein Buchverlage GmbH, Berlin
Titel der Originalausgabe: Among the Believers. An Islamic Journey
© 1981 by V.S. Naipaul

Franz Xaver Kroetz

Franz Xaver Kroetz wird am 25. Februar 1946 als Sohn eines Finanzbeamten in München geboren und wächst in Simbach (Niederbayern) auf. 1961 ist er zuerst Schauspielschüler in München, später am Max-Reinhardt-Seminar in Wien, dieses verlässt er 1964 und verdient sich seinen Lebensunterhalt mit Gelegenheitsarbeiten. In dieser Zeit schreibt er erste Drehbuch- und Dramenentwürfe und übernimmt Engagements an kleineren Theatern. 1971 ist er Regieassistent in Darmstadt und ab 1972 Hauptautor an den Städtischen Bühnen in Heidelberg. Von 1972 bis 1980 ist er DKP-Mitglied und lebt seit 1974 in Kirchberg (Chiemsee) und München.

Werke u.a.:

1971	Heimarbeit
1972	Stallerhof
1980	Der stramme Max
1981-1983	Der Mondscheinknecht

Bauern sterben (1987)

Der Sohn will den Hof des Vaters umstellen, modernisieren und ändern. Jedoch hält ihm der Vater entgegen: „Solang ich leb, wird nicht umgestellt. Nichts wird umgestellt. Gar Nichts. Es bleibt wie es ist und wie es immer war". Die Situation eskaliert. Sohn und Tochter verlassen den Hof und ziehen in die Stadt. Dort werden sie geblendet von Konsumrausch und der scheinbaren Leichtigkeit des Lebens. Doch bald beginnen die existentiellen Probleme: Sie finden keine Arbeit, haben Heimweh. Zuletzt bleibt den beiden nur die Rückkehr auf das Land, wo sie außer dem Grab ihrer Eltern nichts mehr haben, und der Tod.

(ar)

Kroetz, Franz Xaver: Bauern sterben. (Ausschnitt)

Erster Akt

1. Szene

Heimat in der Küche

SOHN *schreit verzweifelt*: Wir brauchen eine Wasserleitung, ohne eine Wasserleitung gehts nirgends mehr. Eine Wasserleitung hat ein jeder. Wir brauchen ein neues Dach, ohne ein neues Dach gehts nirgends mehr. Ein neues Dach hat ein jeder. Wenns alte zusammenfault und es überall hereinregnet. Wir brauchen einen richtigen Strom für die Maschinen. Ohne einen richtigen Strom für die Maschinen gehts heut nirgends mehr. Wir brauchen einen richtigen Strom, weil den heut ein jeder hat.

Sehr laut: Wir brauchen eine Heizung, wir brauchen ein Telefon und ein Auto brauchen wir auch. Und umstellen müssen wir von der Milch auf die Bullenmast, auf die Bullenmast. Mastvieh! Dann haben wir eine Zeit fürs Leben wie die andern auch. Umstelln, modernisieren, ändern! Nur noch füttern und aus, ausmisten und aus! Fertig! Einmal am Tag und fertig. Und vorbei ist es mit dem Raps und den Kartoffeln und dem Hafer und dem Weizen und dem Klee und den Zuckerrüben. *Wild*: Mais will ich sehn, bloß noch Mais will ich sehn. Der Mais ist unser Glück. Der Mais überall. Mastfutter zum Mastvieh. Und fertig! Ausmisten, abspritzen, einfüttern mit dem Traktor. Und fertig sein. *Er schnauft, dann ruhiger weiter*: Ein Weib krieg ich dann auch, wenn umgestellt wär und modernisiert wär, weil dann käm sie, das Weib.

Die käm gern, eine jede, wenn sie sieht: im Stall hat er umgestellt, alles ist total umgestellt und modernisiert!

Gern käm die, wenn sie sieht, daß sie den Strom und das Wasser hernehmen kann wie sie will, grad wie es ihr paßt. Und in den Stall muß sie nicht hinein, als Weib. Keine Stallarbeit denkt sie sich und freut sich. Und wenn ihr zu kalt wird, dann schaltet sie einfach die Heizung weiter auf und die Wärme ist da. *Schreit*: Ein Weib, das noch in den Stall hineingeht, find ich nicht, weils die nicht mehr gibt. Die will haußen bleiben und zuschaun, wie ich allein mit zwei mal zwei Stund am Tag fertig wär. Alle paar Monat kommt der Metzger mit dem Hänger und aufgladn wird, was über zweieinhalb Zentner hat, und fort damit. Und soviel Geld ist da, dass man den Pfennig nicht zweimal umdrehn muß und die Mark auch nicht. Und dann wasch ich mich jeden Tag, und schmier mich ein und riech wie alle andern auch. Und das Weib denkt sich: der Meinige steht nicht bis zum Kragen im Dreck jeden Tag, der riecht gut und sauber ist er auch. Weil er sich nicht abrackern muß den ganzen Tag. Weil er Zeit hat für seinen Körper und für mich. Mein Mann! Und warum? Weil umgestellt ist und modernisiert, wie es heute ein jeder hat, der was auf sich hält. Weil es endgültig aus ist mit den fünf stinkenden Säuen, die nichts bringen und nichts geben, weil es aus ist mit den gottverdammten Hennen und weil es aus ist mit dem Vater seinen Hasen und weil es aus ist mit der Kälberaufzucht, die der Teufel gesehen hat. Weil es aus ist mit allem! Außer mit dem Mastvieh. *Er schnauft, dann weiter:* Umstellen müssen wir, umstellen auf Bullenmast. Die Mast macht den Bauern fett und geldig. Mastvieh und Mastfutter! Mastvieh und Mastfutter sag ich. Aus und vorbei ist es mit der Arbeit den ganzen Tag. Mit dem Rackern, dem Schwitzen. Aus ist es mit dem Bluten und Fluchen. Aus ist es und frei sind wir, weil wir Zeit haben. Zeit für uns! *Pause, er denkt nach, dann leiser:* Und das Weib mag das, und der Mensch auch. Jeder mag das, weil es schön ist, weil es sehr schön ist. *Pause, er* schnauft und fällt zusammen.

VATER Solang ich leb, wird nicht umgestellt. Nichts wird umgestellt. Gar nichts wird umgestellt. Es bleibt alles so, wie es jetzt ist und wie es immer war. Weil das Milchgeld, das ist das, was der Bauer sicher hat. Und wenn er das ausläßt, dann verreckt er. Dann verreckt er.

SOHN *bittend*: Nicht verreckt er, nicht verreckt er. Leben tut er, leben.

VATER Verrecken sag ich, verrecken. *Kleine Pause.* Und gehören tut alles noch mir. Alles gehört noch mir. Mein ist alles noch, alles! Die Milch und der Wald, die Hasen und die Kälber, alles, alles. Und was du frißt, komme aus meinem Teller und was du scheißt, läuft in meine Odelgrube. Alles gehört noch mir. Das Milchgeld und der Fernseher auch. Alles.

SOHN Ich scheiß dir auf dein Milchgeld und deinen Fernseher, ich scheiß drauf. Ich scheiß dir auf alles. Du alter Blutsauger du. Willst, daß ich krepier unter deinen Kühen. Willst, daß ich krummbeinig und bucklig werde unter deinen Kühen. Und blankschädig unter deinen gottverreckten Kühen. Willst, daß mir das Leben krepiert unter deinen Kühen.

VATER Meine Kühe, mein Stall, mein Hof, mein Grund, mein, mein, mein. Alles ist noch mein. Mein Fernseher. Mein.

SOHN Den Hals schneid ich euch durch. Dir und deine Küh, und deinem Hof und deinem Grund und deinem Stall, das Genick brech ich euch.

VATER Werden einmal die deinigen auch sein. Die Kühe und der Wald und das Haus und die Felder und alles. Wird einmal alles das deinige sein, aber jetzt noch nicht. Jetzt noch nicht! Ich übergib noch nicht! Noch nicht!

Kroetz, Franz Xaver: Bauern sterben. Frankfurt am Main: Edition Suhrkamp, Hochdeutsche Fassung, 1985. S. 109-111.
© dieser Ausgabe Suhrkamp Verlag Frankfurt am Main 1987
Erstausgabe. Alle Rechte vorbehalten.

Weitere Textempfehlungen:
Wimschneider, Anna: Herbstmilch, München: R. Piper Verlag, 1989, S. 45-48;
Böll, Heinrich: Ende einer Dienstfahrt. Köln/Berlin. Kiepenheuer und Witsch, 1966, S. 164-169;
Goethe, J.W.v.: Faust. Teil I. In: Derselbe: Werke. Hamburger Ausgabe in 14 Bänden. Bd. 3. Chr. Wegener Verlag, 6. Aufl. 1962, S. 44;
Hofmannsthal, Hugo von: Jedermann. Das Spiel vom Sterben des reichen Mannes. In: Schoeller, Bernd (Hrsg.): Hugo von Hofmannsthal. Gesammelte Werke in zehn Einzelbänden. Dramen III. 1893-1927. Frankfurt am Main: S. Fischer Verlag, S. 16-21;
Keller, Gottfried: Der grüne Heinrich. Zweite Fassung. In: Bönig, Thomas/Kaiser, Georg/Kauffmann, Kai/Müller, Dominik/Villock, Peter (Hrsg.): Gottfried Keller. Sämtliche Werke in sieben Bänden. Band Drei. Frankfurt am Main: Deutscher Klassiker Verlag, 1996. S. 348-351.

Thomas Mann

Thomas Mann wird am 6. Dezember 1875 in Lübeck geboren. Schon als Schüler verfasst er Prosaskizzen. Das Gymnasium verläßt er vorzeitig, beginnt ein Volontariat in der Versicherungsbranche in München, schreibt sich dort an der Technischen Hochschule als Gasthörer ein und arbeitet seit dieser Zeit als freier Schriftsteller. Mit seinem älteren Bruder Heinrich geht er 1898 für zwei Jahre nach Italien. Politische Kontroversen entzweien die Brüder bis sich Thomas als ehemaliger „Kaisertreuer" Anfang der zwanziger Jahre für die Republik ausspricht. 1929 erhält er für „Die Buddenbrooks" den Literaturnobelpreis. Erhebliche Differenzen mit den Nationalsozialisten führen dazu, dass er von einer Europareise nicht nach Deutschland zurückkehrt und sich schließlich in den USA niederlässt. Die Nationalsozialisten erkennen ihm Staatsbürgerschaft und Ehrendoktortitel ab. Nachdem er 1952 in den USA als Anhänger des Kommunismus angeklagt wird, zieht er nach Erlenbach bei Zürich, wo er am 12. August 1955 stirbt.

Werke u.a.:

1899 Tonio Kröger
1901 Die Buddenbrooks
1909 Königliche Hoheit
1912 Der Tod in Venedig
1918 Betrachtungen eines Unpolitischen
1939 Lotte in Weimar
1947 Doktor Faustus
1954 Bekenntnisse des Hochstaplers Felix Krull

(cb)

Buddenbrooks. Verfall einer Familie (1901)

Der Roman beschreibt den Verfall von vier Generationen einer Lübecker Kaufmannsfamilie. Zu Beginn lebt noch der Urgroßvater Johann Buddenbrook, dieser repräsentiert das unerschütterte Lebensgefühl eines Bürgertums, das seinen Besitz klugen Unternehmergeist verdankt. Für seinen Sohn, Konsul Johann Buddenbrook, gelten noch unverändert die Prinzipien bürgerlicher Lebensführung, jedoch ist er im Gegensatz zu seinem Vater, als Kaufmann weniger erfolgreich. Der unaufhaltsame Verfall der Familie tritt unter anderem durch geschäftliche Niederlagen zutage und setzt sich in den Charakteren der vier Kinder des Konsuls fort.

(ar)

Mann, Thomas: Buddenbrooks. (Ausschnitt)

Ja, kurz und gut, wir müssen uns regen! Nichts gegen Oeverdieck, aber er ist eben bei Jahren, und wenn ich Bürgermeister wäre, so ginge alles ein wenig schneller, meine ich. Ich kann nicht sagen, welche Genugtuung ich empfinde, daß nun die Arbeiten für die Gasbeleuchtung begonnen haben und endlich die fatalen Öllampen mit ihren Ketten verschwinden; ich darf mir gestehen, daß ich auch nicht ganz unbeteiligt an diesem Erfolge bin ... Ach, was gibt es nicht alles zu tun! Denn, Wenzel, die Zeiten ändern sich, und wir haben eine Menge von Verpflichtungen gegen die neue Zeit. Wenn ich an meine erste Jugend denke ... Sie wissen besser als ich, wie es damals bei uns aussah. Die Straßen ohne Trottoirs und zwischen den Pflastersteinen fußhoher Graswuchs und die Häuser mit Vorbauten und Beischlägen und Bänken ... Und unsere Bauten aus dem Mittelalter waren durch Anbauten verhäßlicht und bröckelten nur so herunter, denn die einzelnen Leute hatten wohl Geld, und niemand hungerte; aber der Staat hatte gar nichts, und alles wurstelte so weiter, wie mein Schwager Permaneder sagt, und an Reparaturen war nicht zu denken. Das waren ganz behäbige und glückliche Generationen damals, und der Intimus meines Großvaters, wissen Sie, der gute Jean Jacques Hoffstede, spazierte umher und übersetzte kleine unanständige Gedichte aus dem Französischen ... aber beständig so weiter konnte es nicht gehen; es hat sich vieles geändert und wird sich noch immer mehr ändern müssen ... Wir haben nicht mehr siebenunddreißigtausend Einwohner, sondern schon über fünfzig, wie Sie wissen, und der Charakter der Stadt ändert sich. Da haben wir Neubauten, und die Vorstädte, die sich ausdehnen, und gute Straßen und können die Denkmäler aus unserer großen Zeit restaurieren. Aber das ist am Ende bloß äußerlich. Das meiste vom Wichtigsten steht noch aus, mein lieber Wenzel; und nun bin ich wieder bei dem ceterum censeo meines seligen Vaters angelangt: der Zollverein, Wenzel, wir müssen in den Zollverein, das sollte gar keine Frage mehr sein, und Sie müssen mir alle helfen, wenn ich dafür kämpfe ... Als Kaufmann, glauben Sie mir, weiß ich da besser Bescheid als unsere Diplomaten, und die

Angst, an Selbständigkeit und Freiheit einzubüßen, ist lächerlich in diesem Falle. Das Inland, die Mecklenburg und Schleswig-Holstein, würde sich uns erschließen, und das ist um so wünschenswerter, als wir den Verkehr mit dem Norden nicht mehr so vollständig beherrschen wie früher ... genug ... bitte, das Handtuch, Wenzel", schloß der Konsul, und wenn dann noch über den augenblicklichen Kurs des Roggens ein Wort gesagt worden war, der auf fünfundfünfzig Taler stehe und noch immer verflucht zum Fallen inkliniere, wenn vielleicht noch eine Bemerkung über irgendein Familienereignis in der Stadt gefallen war, so verschwand Herr Wenzel durch das Souterrain, um auf der Straße sein blankes Schaumgefäß aufs Pflaster zu entleeren, und der Konsul stieg über die Wendeltreppe ins Schlafzimmer hinauf, wo er Gerda, die unterdessen erwacht war, auf die Stirn küßte und sich ankleidete.

Diese kleinen Morgengespräche mit dem aufgeweckten Barbier bildeten die Einleitung zu den lebhaftesten und tätigsten Tagen, über und über ausgefüllt mit Denken, Reden, Handeln, Schreiben, Berechnen, Hin- und Widergehen ... Dank seinen Reisen, seinen Kenntnissen, seinen Interessen war Thomas Buddenbrook in seiner Umgebung der am wenigsten bürgerlich beschränkte Kopf, und sicherlich war er der erste, die Enge und Kleinheit der Verhältnisse zu empfinden, in denen er sich bewegte. Aber draußen in seinem weiteren Vaterlande war auf den Aufschwung des öffentlichen Lebens, den die Revolutionsjahre gebracht hatten, eine Periode der Erschlaffung, des Stillstandes und der Umkehr gefolgt, zu öde, um einen lebendigen Sinn zu beschäftigen, und so besaß er denn Geist genug, um den Spruch von der bloß symbolischen Bedeutung alles menschlichen Tuns zu seiner Lieblingswahrheit zu machen und alles, was an Wollen, Können, Enthusiasmus und aktivem Schwung sein eigen war, in den Dienst des kleinen Gemeinwesens zu stellen, in dessen Bezirk sein Name zu den Ersten gehörte – sowie in den Dienst dieses Namens und des Firmenschildes, das er ererbt ... Geist genug, seinen Ehrgeiz, es im Kleinen zu Größe und Macht zu bringen, gleichzeitig zu belächeln und ernst zu nehmen.

Kaum hatte er, von Anton bedient, im Speisezimmer das Frühstück genommen, so machte er Straßentoilette und begab sich in sein Kontor an der Mengstraße. Er verweilte dort nicht viel länger als eine Stunde. Er schrieb zwei oder drei dringende Briefe und Telegramme, erteilte diese oder jene Weisung, gab gleichsam dem großen Triebrade des Geschäftes einen kleinen Stoß und überließ dann die Überwachung des Fortganges dem bedächtigen Seitenblick des Herrn Marcus.

Er zeigte sich und sprach in Sitzungen und Versammlungen, verweilte an der Börse unter den gotischen Arkaden am Marktplatz, tat Inspektionsgänge an den Hafen, in die Speicher, verhandelte als Reeder mit Kapitänen ... und es folgten, unterbrochen nur durch ein flüchtiges Frühstück mit der alten Konsulin und das Mittagessen mit Gerda, nach welchem er eine halbe Stunde auf dem Diwan mit einer Zigarre und der Zeitung verbrachte, bis in den Abend hinein eine Menge von Arbeiten: handelte es sich nun um sein eigenes Geschäft oder um Zoll, Steuer, Bau, Eisenbahn, Post, Armenpflege; auch in Gebiete, die ihm eigentlich fernlagen und in der Regel den „Gelehrten" zustanden, verschaffte er sich Einsicht, und besonders in Finanzangelegenheiten bewies er rasch eine glänzende Begabung ...

Er hütete sich, das gesellige Leben zu vernachlässigen. Zwar ließ in dieser Beziehung seine Pünktlichkeit zu wünschen übrig, und beständig erst in der letzten Sekunde, wenn seine Gattin, in großer Toilette, und der Wagen unten schon eine halbe Stunde gewartet hatten, erschien er mit einem „Pardon, Gerda; Geschäfte ...", um sich hastig in den Frack zu werfen. Aber an Ort und Stelle, bei Diners, Bällen und Abendgesellschaften verstand er es doch, ein lebhaftes Interesse an den Tag zu legen, sich als liebenswürdigen Causeur zu zeigen ... und er und seine Gattin standen den anderen reichen Häusern an Repräsentation nicht nach; seine Küche, sein Keller galten für „tipptopp", er war als verbindlicher, aufmerksamer und umsichtiger Gastgeber geschätzt, und der Witz seiner Toaste erhob sich über das Durchschnittsniveau. Stille Abende aber verbrachte er in Gerda's Gesellschaft, indem er rauchend ihrem Geigenspiel lauschte oder ein Buch mit ihr las, deutsche, französische und russische Erzählungen, die sie auswählte ...

Mann, Thomas: Buddenbrooks. Verfall einer Familie. In: Ders.: Gesammelte Werke in zwölf Bänden. Band 1. Berlin: S. Fischer Verlag, 1901. S. 360-361.
© S. Fischer Verlag, Berlin 1901

Robert Musil

Robert Musil wird am 6. November 1880 in Klagenfurt geboren. Für die Offizierslaufbahn vorgesehen besuchte er verschiedene militärische Bildungsinstitute und bricht schließlich die Ausbildung ebenso ab wie danach ein Maschinenbaustudium. In Berlin promoviert er nach einem erfolgreichen Studium der Philosophie, Psychologie, Mathematik und Physik und arbeitet danach als freier Schriftsteller in Wien. 1913 kehrt er nach Berlin als Redakteur beim S. Fischer Verlag zurück. Nach dem 1. Weltkrieg lebt er abwechselnd in Berlin und Wien und arbeitet wieder als Schriftsteller und Theaterkritiker. 1938 emigrieren Musil und seine jüdische Frau nach Zürich, seine Bücher werden verboten. Robert Musil stirbt am 15. April 1942 in Genf. Für sein literarisches Werk erhält er unter anderem den Kleist-Preis und den Gerhart-Hauptmann-Preis. Musils größter Roman „Der Mann ohne Eigenschaften" wurde teilweise erst nach seinem Tod im Jahre 1952 von seiner Frau veröffentlicht.

Werke u.a.:

1906   Die Verwirrungen des Zöglings Törleß
1908   Vereinigungen
1921   Die Schwärmer
1924   Drei Frauen

Der Mann ohne Eigenschaften (1952)

Ulrich ist die zentrale Gestalt des Romans. Die Handlung setzt im August 1913 ein, als Ulrich 32 Jahre alt ist und versucht hat, als Offizier, Ingenieur bzw. Mathematiker ein bedeutender Mann zu werden. Schließlich erkennt er, dass ihm das Mögliche viel mehr bedeutet als das Wirkliche. So zieht er sich ein Jahr in die Passivität zurück, um die „Ursache und den Geheimmechanismus" dieser Wirklichkeit zu begreifen. Er fühlt sich als Mann ohne Eigenschaften, weil er nicht mehr den Menschen, sondern die Materie als Zentrum moderner Wirklichkeit ansieht. Immerhin bewegt er sich in Regierungskreisen und wird Sekretär „der vaterländischen Aktion", die die Feiern zum siebzigjährigen Regierungsjubiläum von Kaiser Franz Josef I. vorbereiten soll. In dieser Funktion lernt er Paul Arnheim kennen, einen häufig in Wien tätigen preußischen Unternehmer.

(cw)

Musil, Robert: Der Mann ohne Eigenschaften. (Ausschnitt)

Arnheim befand sich in einem eigenartigen Zwiespalt. Der sittliche Reichtum ist nah verschwistert mit dem geldlichen; das war ihm wohlbekannt, und es läßt sich leicht erkennen, warum es so ist. Denn Moral ersetzt die Seele durch Logik; wenn eine Seele Moral hat, dann gibt es für sie eigentlich keine moralischen Fragen mehr, sondern nur noch logische; sie fragt sich, ob das, was sie tun will, unter dieses oder jenes Gebot fällt, ob ihre Absicht so oder anders auszulegen sei, und ähnliches mehr, was alles so ist, wie wenn ein wild daherstürmender Menschenhaufen turnerisch diszipliniert wird und auf einen Wink Ausfall rechts, Arme Seitstoßen und tiefe Kniebeuge macht. Logik setzt aber wiederholbare Erlebnisse voraus; es ist klar, wo die Geschehnisse wechseln würden wie ein Wirbel, in dem nichts wiederkehrt, könnten wir niemals die tiefe Erkenntnis aussprechen, daß A gleich A sei, oder daß größer nicht kleiner sei, sondern wir würden einfach träumen; ein Zustand, den jeder Denker verabscheut. Und so gilt das gleiche von der Moral, und wenn es nichts gäbe, das sich wiederholen ließe, dann ließe sich uns auch nichts vorschreiben, und ohne den Menschen etwas vorschreiben zu dürfen, würde die Moral gar kein Vergnügen bereiten. Diese Eigenschaft der Wiederholbarkeit, die der Moral und dem Verstande eignet, haftet aber am Geld im allerhöchsten Maße; es besteht geradezu aus dieser Eigenschaft und zerlegt, solange es wertbeständig ist, alle Genüsse der Welt in jene kleinen Bauklötze der Kaufkraft, aus denen man sich zusammenfügen kann, was man will. Darum ist das Geld moralisch und vernünftig; und da bekanntlich nicht auch umgekehrt jeder moralische und vernünftige Mensch Geld hat, läßt sich schließen, daß diese Eigenschaften ursprünglich beim Geld liegen, oder wenigstens, daß Geld die Krönung eines moralischen und vernünftigen Daseins ist.

Nun gewiß, Arnheim dachte nicht genau auf diese Weise, daß etwa Bildung und Religion die natürliche Folge des Besitzes seien, sondern er nahm an, daß der Besitz zu ihnen verpflichte; aber daß die geistigen Mächte nicht immer genug von den wirkenden Mächten des Seins verstünden und von einem Rest von Lebensfremdheit selten ganz loszusprechen seien, das hob er gern hervor und er, der Mann mit dem Überblick, kam noch zu ganz anderen Erkenntnissen. Denn jedes Abwägen, jedes In-Rechnung-Stellen und Bemessen setzt auch voraus, daß sich der zu ermessende Gegenstand nicht während der Überlegung ändert; und wo dies dennoch geschieht, muß aller Scharfsinn darauf angewendet werden, selbst noch in der Veränderung etwas Unveränderliches zu finden, und so ist das Geld allen Geisteskräften artverwandt, und nach seinem Muster zerlegen die Gelehrten die Welt in Atome, Gesetze, Hypothesen und wunderliche Rechenzeichen, und die Techniker bauen aus diesen Fiktionen eine Welt neuer Dinge auf. Das war dem über das Wesen der ihm dienenden Kräfte gut unterrichteten Besitzer einer Riesenindustrie so geläufig, wie es einem durchschnittlichen deutschen Romanleser die moralischen Vorstellungen der Bibel sind.

Dieses Bedürfnis nach Eindeutigkeit, Wiederholbarkeit und Festigkeit, das die Voraussetzung für den Erfolg des Denkens und Planens bildet, – so dachte Arnheim, auf die Straße hinunterblickend, weiter – wird nun auf seelischem Gebiet immer durch eine Form der Gewalt befriedigt. Wer auf Stein bauen will im Menschen, darf sich nur der niedrigen Eigenschaften und Leidenschaften bedienen, denn bloß was aufs engste mit der Ichsucht zusammenhängt, hat Bestand und kann überall in Rechnung gestellt werden; die höheren Absichten sind unverläßlich, widerspruchsvoll und flüchtig wie der Wind. Der Mann, der wußte, daß man Reiche über kurz oder lang ebenso regieren werde müssen wie Fabriken, sah auf das Gewimmel von Uniformen, stolzen und lauseigroßen Gesichtern unter sich mit einem Lächeln worin sich Überlegenheit und Wehmut mischten. Es konnte kein Zweifel darüber bestehen: Wenn Gott heute zurückkehrte, um das Tausendjährige Reich unter uns aufzurichten, es würde kein einziger praktischer und erfahrener Mann dem Vertrauen entgegenbringen, solange nicht neben dem jüngsten Gericht auch für einen Strafvollzug mit festen Gefängnissen Vorsorge getroffen wäre, für Polizei, Gendarmerie, Militär, Hochverratsparagraphen, Regierungsstellen und was sonst noch dazu gehört, um die unberechenbaren Leistungen der Seele auf die zwei Grundtatsachen einzuschränken, daß der zukünftige Himmelsbewohner nur durch Einschüchterung und Anziehen der Schrauben oder durch Bestechung seines Begehrens, mit einem Wort, nur durch die „starke Methode" verläßlich zu allem zu bringen ist, was man von ihm haben will.

Dann aber würde Paul Arnheim vortreten und zum Herrn sprechen: „Herr, wozu?! Die Ichsucht ist die verläßlichste Eigenschaft des menschlichen Lebens. Der Politiker, der Soldat und der König haben mit ihrer Hilfe deine Welt durch List und Zwang geordnet. Das ist die Melodie der Menschheit; Du und ich müssen es zugeben. Den Zwang abschaffen, hieße die Ordnung verweichlichen; den Menschen zum Großen befähigen, obgleich er ein Bastard ist, das erst ist unsere Aufgabe!"

Dabei würde Arnheim bescheiden zum Herrn lächeln, in ruhiger Haltung, damit man nicht vergesse, wie wichtig es für jeden Menschen bleibt, demütig die großen Geheimnisse anzuerkennen. Und dann würde er seine Rede fortsetzen. „Aber ist das Geld nicht eine ebenso sichere Methode der Behandlung menschlicher Beziehungen wie die Gewalt und erlaubt uns, auf ihre naive Anwendung zu verzichten? Es ist vergeistigte Gewalt, eine geschmeidige, hochentwickelte und schöpferische Spezialform der Gewalt. Beruht nicht das Geschäft auf List und Zwang, auf Übervorteilung und Ausnützung, nur sind diese zivilisiert, ganz in das Innere des Menschen verlegt, ja geradezu in das Aussehen seiner Freiheit gekleidet? Der Kapitalismus, als Organisation der Ichsucht nach der Rangordnung der Kräfte, sich Geld zu verschaffen, ist geradezu die größte und dabei noch humanste Ordnung, die wir zu Deiner Ehre haben ausbilden können; ein genaueres Maß trägt das menschliche Tun nicht in sich!" Und Arnheim würde dem Herrn geraten haben, das Tausendjährige Reich nach kaufmännischen Grundsätzen einzurichten und seine Verwaltung einem Großkaufmann zu übertragen, der natürlich auch philosophische Weltbildung haben müßte. Denn was schließlich das rein Religiöse betrifft, so hat es nun einmal immer zu leiden gehabt, und verglichen mit der Existenzunsicherheit in Kriegerzeiten, würde selbst ihm eine kaufmännische Leitung immer noch große Vorteile bieten.

Musil, Robert: Der Mann ohne Eigenschaften. In: Frisé, Adolf (Hrsg.): Robert Musil. Gesammelte Werke. Reinbek bei Hamburg: Rowohlt Verlag, 1978. S. 506-508.
© 1978 by Rowohlt Verlag GmbH, Reinbek bei Hamburg

Weitere Textempfehlungen:
Schiller, Friedrich: Das Lied von der Glocke. In Thelheim, Hans-Günther: Schiller. Sämtliche Werke in zehn Bänden. Berliner Ausgabe I. Berlin, Weimar: Aufbau-Verlag, 1980. S. 477-489;
Camus, Albert: Die Stummen. In: Ders.: Kleine Prosa. Reinbek bei Hamburg: rororo Taschenbuch-Ausgabe, 1961. S. 119-127.

Elfriede Jelinek

Elfriede Jelinek, geboren am 20. Oktober 1946 in Mürzzuschlag (Steiermark), beginnt noch während der Schulzeit am Wiener Konservatorium Orgel, Blockflöte und später auch Komposition zu erlernen. Ab 1964 studiert Jelinek Theaterwissenschaft, Kunstgeschichte und Musik an der Universität Wien. 1971 beendet sie erfolgreich ihre Ausbildung zur Organistin am Konservatorium. Jelinek verfasst neben den Gedichten und Dramen einige Hörspiele und Drehbücher, z.B. „Malina" (1990). Sie erhält eine Vielzahl von Auszeichnungen, zuletzt den Literaturnobelpreis (2004).

Werke u.a.:

1975 Die Liebhaberinnen
1980 Die Ausgesperrten
1983 Die Klavierspielerin
1998 Sportstück

Was geschah, nachdem Nora ihren Mann verlassen hatte oder Stützen der Gesellschaft (1979)

In diesem Drama führt Elfriede Jelinek die Themen zweier Dramen Henrik Ibsens in eigener Form zusammen. Das erste Thema ist die Emanzipation einer Frau bürgerlicher Herkunft aus Ibsens Drama „Ein Puppenheim" (1879). Das zweite Thema basiert auf Ibsens Drama „Stützen der Gesellschaft" (1877). Hier werden die zweifelhaften unternehmerischen Aktivitäten des Konsul Bernick dargestellt, die zu materiellem Wohlstand einer Stadt führen, der seinem angeblich selbstlosen Schaffen zugeschrieben wird. Sein Kapital beruht jedoch auf Betrug und Ausnutzen von Notlagen anderer.

(nr)

Jelinek, Elfriede: Was geschah nachdem Nora ihren Mann verlassen hatte oder Stützen der Gesellschaft. (Ausschnitt)

Büro des Personalchefs. Der Personalchef sitzt am Schreibtisch, Nora drückt sich ein wenig verspielt herum, faßt alles an, setzt sich mal kurz hin, mal springt sie jäh auf und geht herum. Ihr Verhalten steht im Widerspruch zu ihrer ziemlich heruntergekommenen Kleidung.

NORA: Ich bin keine Frau, die von ihrem Mann verlassen wurde, sondern eine, die selbsttätig verließ, was seltener ist. Ich bin Nora aus dem gleichnamigen Stück von Ibsen. Im Augenblick flüchte ich aus einer verwirrten Gemütslage in einen Beruf.

PERSONALCHEF: An meiner Position können Sie studieren, daß ein Beruf keine Flucht, sondern eine Lebensaufgabe ist.

NORA: Ich will aber mein Leben noch nicht aufgeben! Ich strebe meine persönliche Verwirklichung an.

PERSONALCHEF: Sind Sie in irgend einer Tätigkeit geübt?

NORA: Ich habe die Pflege und Aufzucht Alter, Schwacher, Debiler, Kranker sowie von Kindern eingeübt.

PERSONALCHEF: Wir haben hier aber keine Alten, Schwachen, Debilen, Kranken oder Kinder. Wir verfügen über Maschinen. Vor einer Maschine muß der Mensch zu einem Nichts werden, erst dann kann er wieder zu einem Etwas werden. Ich allerdings wählte von Anfang an den beschwerlicheren Weg zu einer Karriere.

NORA: Ich will weg von meinem Pfleger-Image, dieser kleine Eigensinn sitzt fest in mir. Wie hübsch sich dieser Vorhang von den düster und geschäftlich wirkenden Wänden abhebt! Daß auch unbeseelte Dinge eine Seele besitzen, erkenne ich jetzt, da ich mich aus meiner Ehe befreite.

PERSONALCHEF: Arbeitgeber und Vertrauensleute haben die freie Entfaltung der Persönlichkeit der im Betrieb beschäftigten Arbeitnehmer zu schützen und zu fördern. Haben Sie Zeugnisse?

NORA: Mein Mann hätte mir sicher das Zeugnis einer guten Hausfrau und Mutter ausgestellt, aber das habe ich mir in letzter Sekunde vermasselt.

PERSONALCHEF: Wir verlangen hier Fremdzeugnisse. Kennen Sie denn keine Fremden?

NORA: Nein. Mein Gatte wünschte mich häuslich und abgeschlossen, weil die Frau nie nach den Seiten schauen soll, sondern meistens in sich hinein oder zum Mann auf.

PERSONALCHEF: Es war kein legaler Vorgesetzter, was ich zum Beispiel bin.

NORA: Doch war er ein Vorgesetzter! In einer Bank. Ich gebe Ihnen den Rat, sich nicht, wie er. von Ihrer Stellung verhärten zu lassen.

PERSONALCHEF: Die Einsamkeit, die oben am Gipfel besteht, schafft immer Verhärtung. Warum sind Sie abgehauen?

NORA: Ich wollte mich am Arbeitsplatz vom Objekt zum Subjekt entwickeln. Vielleicht kann ich in Gestalt meiner Person noch zusätzlich einen Lichtstrahl in eine düstere Fabrikshalle bringen.

PERSONALCHEF: Unsere Räume sind hell und gut gelüftet.

NORA: Ich möchte die Menschenwürde und das Grundrecht auf freie Entfaltung der Persönlichkeit hochhalten.

PERSONALCHEF: Sie können überhaupt nichts hochhalten, weil Sie Ihre Hände für etwas Wichtigeres brauchen.

NORA: Das Wichtigste ist, daß ich ein Mensch werde.

PERSONALCHEF: Wir beschäftigen hier ausschließlich Menschen; die einen sind es mehr, die anderen weniger.

NORA: Ich mußte erst mein Heim verlassen, um ein solcher Mensch zu werden.

PERSONALCHEF: Viele unserer weiblichen Angestellten würden kilometerweit laufen, um ein Heim zu finden. Wozu brauchen Sie denn einen fremden Ort?

NORA: Weil ich den eigenen Standort schon kannte.

PERSONALCHEF: Können Sie maschineschreiben?

NORA: Ich kann büroarbeiten, sticken, stricken. nähen.

PERSONALCHEF: Für wen haben Sie gearbeitet? Namen der Firma, Anschrift, Telefonnummer.

NORA: Privat.

PERSONALCHEF: Privat ist nicht öffentlich. Zuerst müssen Sie öffentlich werden, dann können Sie ihre Objektstellung abbauen.

NORA: Ich glaube, ich eigne mich speziell für außergewöhnliche Aufgaben. Das Gewöhnliche verachtete ich stets.

PERSONALCHEF: Wodurch glauben Sie sich zu solcher Außergewöhnlichkeit prädestiniert?

NORA: Weil ich eine Frau bin, in der komplizierte biologische Vorgänge vorgehen.

PERSONALCHEF: Wie sind denn Ihre Qualifikationen auf dem Gebiet, das Sie außergewöhnlich nennen?

NORA: Ich habe ein anschmiegsames Wesen und bin künstlerisch begabt.

PERSONALCHEF: Dann müssen Sie eine weitere Ehe eingehen.

NORA: Ich habe ein anschmiegsames, rebellisches Wesen, ich bin keine einfache Persönlichkeit, ich bin vielschichtig.

PERSONALCHEF: Dann sollten Sie keine weitere Ehe eingehen.

NORA: Ich suche noch nach mir selber.

PERSONALCHEF: Bei der Fabrikarbeit findet jeder früher oder später sich selber, der eine hier, der andre dort. Zum Glück muß *ich* nicht fabrikarbeiten.

NORA: Ich glaube, mein Gehirn sträubt sich noch, weil es bei der Arbeit an der Maschine kaum verwendet werden wird.

PERSONALCHEF: Ihr Gehirn brauchen wir nicht.

NORA: Da es in der Zeit meiner Ehe brach lag, wollte ich jetzt eigentlich ...

PERSONALCHEF *unterbricht:* Sind Ihre Lungen und Ihre Augen gesund? Haben Sie Zahnschäden? Sind Sie zugempfindlich?

NORA: Nein. Auf meinen Körper habe ich geachtet.

PERSONALCHEF: Dann können Sie gleich anfangen. Haben Sie noch weitere Qualifikationen, die Ihnen vorhin nicht eingefallen sind?

NORA: Ich habe seit vielen Tagen nichts mehr gegessen.

PERSONALCHEF: Wie außergewöhnlich!

NORA: Zuerst will ich jetzt das Gewöhnliche tun, doch das ist nur eine Zwischenlösung, bis ich das Außergewöhnliche in Angriff nehmen kann.

Jelinek, Elfriede: Was geschah, nachdem Nora ihren Mann verlassen hatte oder Stützen der Gesellschaften. In: Ders.: Theaterstücke. Köln: Prometh Verlag, 1984. S. 7-9.
© 1984, 1987 by Prometh Verlag KG, Köln
Veröffentlicht 1992 im Rowohlt Taschenbuch Verlag, Reinbek bei Hamburg
Mit freundlicher Genehmigung der Rowohlt Verlag GmbH, Reinbek bei Hamburg

Weitere Textempfehlungen:
Kaiser, Georg: Gas. In: Hunder, Walter (Hrsg.): Georg Kaiser. Werke. Zweiter Band. Stücke 1918-1927. Frankfurt am Main, Berlin, Wien: Propyläen Verlag, 1971. S. 39-42.

Joseph Roth

Joseph Roth wird am 2. September 1894 in Schwabendorf bei Brody (Galizien) geboren. Er beginnt sein Studium in Lemberg und Wien, das er zugunsten der freiwilligen Teilnahme am 1. Weltkrieg abbricht. Ab 1918 ist er als Journalist in Wien tätig. In dieser Zeit entwickelt er ein starkes Interesse am Sozialismus. 1920 siedelt er nach Berlin über, wo er für verschiedene Zeitungen schreibt. Finanzielle Sorgen und die zunehmende politische Verzweiflung angesichts des heraufziehenden Faschismus führen dazu, dass er sein politisches Interesse verliert und sein journalistisches Schaffen einschränkt. Damit beginnt seine dichterische Schaffensphase, die mit seinem Roman „Hiob" (1930) eingeleitet wird. In Voraussicht der kommenden politischen Katastrophe geht er 1933 nach Paris ins Exil, wo er am 27. Mai 1939 an den Folgen seiner Alkoholabhängigkeit stirbt.

Werke u.a.:

1924   Hotel Savoy
1924   Die Rebellion
1927   Die Flucht ohne Ende
1930   Hiob
1932   Radetzkymarsch
1938   Die Kapuzinergruft
1939   Die Legende vom heiligen Trinker

(ar)

Roth, Joseph: Die Telephonzentrale. (Ausschnitt)

Er erlaubte mir den Eintritt in die Zentrale.

Die Telephonzentrale ist ein großes vierstöckiges Amtsgebäude. Nackte Steinfliesen, fröstelnde Treppen. Ein gähnender Portier. In der Vorhalle ist eine Uhr. Eine typische Amtsuhr: groß, robust, mit fürchterlich deutlichen Ziffern und großen, schwarzen Zeigern. Und falsch gehend. Eine typische Amtsuhr. Im zweiten Stockwerk beginnt's, ungemütlich zu werden. Da gibt es eisenbeschlagene, strenge Türen, und alle sagen stolz abweisend: Eintritt verboten. Verboten! Verboten! Es ist verboten, zu rauchen, auszuspucken, einzutreten, laut zu reden. Es ist überhaupt verboten. Im vierten Stock ist die Zentrale. Ein Zimmer.

Nackt, amtlich. Wie ein Schulraum etwa. Ein Zeichensaal. Große, breite Tische. Maschinen und Ziffern, ungefähr wie Schreibmaschinen. Und Frauenköpfe. Blonde, braune, jüngere, ältere, hübsche, vergrämte Gesichter. Ah! Nun hab' ich es! Dieses geheimnisvolle, unbekannte „Es!", dessen Stimme ich nur kannte, das mich zur Verzweiflung bringt, mir das Leben verbittert: das Telephonfräulein. Oh, dieses Telephonfräulein ist ein harmloser Mensch. Es trägt eine seltsame Vorrichtung um Kopf und Brust. Eine Hörmuschel und ein Sprechrohr. Es blickt gebannt auf einen kleinen gläsernen Knopf, der jedes Mal aufleuchtet wie ein Glühwürmchen. Das Fräulein murmelt fortwährend in das Sprechrohr. Nummern, Zahlen. Ein leises, stetes Nummerngeplätscher im Saal. Es ist wie ein geheimnisvoller, unterirdischer See aus Nummern. Ziffern steigen auf und verschwinden wie Wasserblasen.

Diese Frauengesichter sind starr, ausdruckslos, wie die Gesichter von Somnambulen. Seltsames Gefühl: abgeschnitten von aller Welt, von allem, was lebt, sich bewegt. Von der Brandung des Lebens tropfen nur Nummern in die Stille. Man ist durch tausend geheime Fäden verbunden mit Millionen unbekannter Menschen. Irgendwo kurbelt ein Mensch. Der Knopf leuchtet auf. Eine Nummer plätschert. Man wiederholt sie. Man drückt auf einen Taster. Und irgendwo sprechen zwei Menschen miteinander.

Es sieht sich an wie eine mittelalterliche Tortur. Wenn jemand verurteilt würde, vierundzwanzig Stunden Telephonfräulein zu sein, er müßte verrückt werden. Alles Denken ist ausgeschaltet. Das Gehirn wird mechanischer Bestandteil der Telephonzentrale. Man darf nur horchen, Nummern hören, fortwährend Nummern. Und einen kleinen irrsinnigen Knopf abwechselnd aufleuchten und verlöschen sehen. Und murmeln. Zahlen, Zahlen, nichts als Zahlen.

Das Telephonfräulein kann sich nicht unterhalten. Sie kann nicht boshaft sein. Sie kann sich nicht ärgern. Sie kann sich nicht freuen. Sie ist eine Maschine. Wunderbare Dinge erfährt man in der Zentrale: Im Maschinenraum sehe ich eine kleine eiserne Walze, die sich irrsinnig dreht und herumhupft. Sie sucht den Kontakt. Jetzt hängt irgendwo an einem Hörrohr ein Mensch und zappelt ungeduldig nach einer Verbindung. Er schimpft vielleicht auf das Fräulein. Das Fräulein hat pflichtschuldig eingeschaltet. Aber die sogenannte „Vermittlungsleitung" ist nicht frei. Es sind zu wenig Hebel. Zu wenig Vermittlungsleitungen. Die verlangte Nummer ist nicht besetzt und meldet sich dennoch nicht. Denn viel zu viele Nummern kommen auf eine Vermittlungsleitung. Warum meldet das Fräulein nicht „besetzt"? – denkt der Telephonierende. Sie weiß es nicht! Sie hat verbunden, aber die „Vermittlungsleitung" ist nicht frei. Wenn ein Fräulein ihren Platz verlassen soll, muß sie die Hand heben, wie in der Schule. Die „Kontrolle" sitzt auf einem Katheder. Sie hat zwei Apparate. Und sie ist wirklich sehr häufig „besetzt".

In einem Zimmer nebenan sitzt eine Frau und schreibt. Das sind die Noten der Telephonfräulein. Jede hat ihre Rubrik. Die kontrollierende Frau hört alles. Sie schreibt: sehr korrekt; oder ungenau; zu rasch; leichtfertig; unverläßlich. Jedes Fräulein wird genau kontrolliert und empfindlich bestraft, wenn sie nachlässig ist. Gewisse Begünstigungen werden ihr entzogen. Sie darf z.b. nicht „abwechseln", muß fortwährend Dienst machen. Jeder Abonnent hat zwölf Fräulein zu seiner „telephonischen Verfügung". Es ist also nicht „Sektiererei", wenn „sie" sich nicht meldet. Es ist nicht immer dieselbe „sie". Es ist immer eine andere. Es müßte schon ein besonderes Schicksal sein, das einen Abonnenten immer wieder zu demselben Fräulein führen würde. Außerdem spricht man in Wien zu viel. Nicht nur Staatssekretäre und Nationalräte. Nein, alle Wiener sprechen zu viel. Die Zahl der Gespräche steigt täglich. Denn täglich wird das Wetter ärger, die Elektrische eingeschränkter, die Fiaker teurer, die Sohlen schäbiger. Das einzige Verkehrsmittel ist das Telephon. Und es sind nicht genug Zentralen, nicht genug Kabel, kein Rohmaterial, alles abgenützt, verdorben, keine Arbeiter. Das Telephonfräulein ist nicht immer schuld, sie ist nur ein mechanischer Bestandteil der Zentrale.

Als ich fortging, schwor ich, nie mehr auf das Telephonfräulein zu schimpfen. Sechs Stunden lang Nummernplätschern zu hören und dafür vierhundert Kronen monatlich verdienen, ist kein Vergnügen.

Die Telephonverwaltung sollte Kurse für die Abonnenten einrichten. Jeder Abonnent müßte eine halbe Stunde Telephonfräulein sein. So dachte ich. Ich wollte diesen Vorschlag dem Präsidenten Hoheisl telephonisch mitteilen. Aber ich bekam keine Verbindung.

Roth, Joseph: Die Telephonzentrale. In: Siegel, Rainer-Joachim (Hrsg.): Joseph Roth. Unter dem Bülowbogen. Prosa zur Zeit. Köln: Kiepenheuer und Witsch, 1994. S. 70-73.
© 1994 Kiepenheuer und Witsch, Köln und Verlag Allert de Lange, Amsterdam

Dieter Süverkrüp

Der politische Liedermacher Dieter Süverkrüp, wird am 30. Mai 1935 in Düsseldorf als Sohn eines Malers geboren. Er studiert an der Werkkunstschule und arbeitet danach als Werbegraphiker in Düsseldorf. Seit 1955 spielt er Gitarre in einer Jazzband und beginnt 1960 eigene politische Lieder vorzutragen. Seine Tourneen führen ihn durch viele europäische Länder und die frühere UdSSR.

Diskographie u.a.:

1959 „Ça ira"
1963 „Warnung, Rattengift ausgelegt"
1965 „Fröhlich ißt du Wiener Schnitzel"
1971 „Der Baggerführer Willibald"
1972 „Rote Fahne sieht man besser"
1980 „Soweit alles klar"

(ar)

Süverkrüp, Dieter: Lied vom Nutzen.

Denn was dem Unternehmen nützt,
das nützt auch dir, mein Junge.
Und wenn du unterm Arme schwitzt,
weil dir die Angst im Nacken sitzt,
daß dir dein Job verloren geht,
das hebt die Produktivität
und hält's Geschäft im Schwunge.
Und nützt dem Unternehmen sehr
und drum auch dir, mein Junge.

Und was dem Unternehmen nützt,
geht dich nichts an, mein Junge.
Das Unternehmen unternimmt,
damit am End' die Rechnung stimmt.
Es fragt sich höchstens noch für wen?
Wag' du nicht, da hineinzusehn

und hüte deine Zunge!
Was deinem Unternehmen nützt,
nützt schon auch dir, mein Junge!

Denn was dem Unternehmen nützt,
das nützt am Ende allen.
Wenn alle Unternehmen blühn,
dann wird die ganze Wirtschaft grün.
Wovon die Preise aufwärts gehn,
dann darfst du Überstunden drehn
und kannst die Preise zahlen.
Du siehst, was Unternehmern nützt,
das nützt am Ende allen.

Und was am Ende allen nützt.
das sei dir heilig, Junge!
Bist du mit Fünfzig abgenutzt.
So dass du bald die Platte putzt,
sag dankbar röchelnd: „Es war schön
am lebenslangen Band zu stehn
und kaum zu stempeln, Junge."
Von dem, was nämlich allen nützt,
hast du die kranke Lunge.

Und hat's dir etwa nichts genützt,
dann sollst du's nie erwähnen.
Verschleiß dein Leben, wie es ist.
Und werde niemals Kommunist.
Und pfeif aufs Mitbestimmungsrecht!
Es täte den Gewinnen schlecht
und auch die Rüstung lähmen.
Was dir, mein Junge, wirklich nützt,
tangiert das Unternehmen.

Was dir, mein Junge, wirklich nützt,
gefiele wohl euch allen!
Wir haben bestens vorgebaut,
daß ihr uns nicht die Tour versaut.
Solang ihr nicht organisiert

mit Macht den Kampf von unten führt,
hilft euch kein Beitragzahlen!
Was dir, mein Junge, wirklich nützt,
wird nicht vom Himmel fallen!

Süverkrüp, Dieter: Lied vom Nutzen.

Heinrich Böll

Am 21. Dezember 1917 wird Heinrich Böll in Köln als Sohn eines katholischen Schreiners und Bildhauers geboren. Nach dem Abitur beginnt Böll 1938 eine Buchhändlerlehre, wird aber ein Jahr später zur Wehrmacht eingezogen. Nach der Rückkehr aus Krieg und Gefangenschaft veröffentlicht er in Zeitungen und Zeitschriften seine ersten Kurzgeschichten. 1942 heiratet er Annemarie Cech. Im Jahr 1946 liegt der Beginn seines Germanistikstudiums in Köln und auch der intensiven schriftstellerischen Tätigkeit. 1951 erscheint sein Antikriegsroman „Wo warst Du Adam", Böll lebt fortan als freier Schriftsteller mit festem Wohnsitz in Köln. Der Bestseller „Ansichten eines Clowns" wird 1963 veröffentlicht, der sowohl als Theaterstück inszeniert als auch verfilmt wird. 1967 erhält Böll den Georg Büchner-Preis und 1972 wird er mit dem Nobelpreis für Literatur ausgezeichnet. Von 1971 bis 1974 ist Böll Präsident des internationalen PEN-Clubs. Großes Engagement zeigt er in der Friedensbewegung. Am 16. Juli 1985 stirbt Heinrich Böll nach langer Krankheit in seinem Haus in Langenbroich (Eifel).

Werke u.a.:

1949 Der Zug war pünktlich
1958 Dr. Murkes gesammeltes Schweigen
1959 Billard um halbzehn
1971 Gruppenbild mit Dame

Und sagte kein einziges Wort (1953)

Heinrich Böll stellt in seinem Roman den anfänglichen „Zerfall" einer Ehe dar. Die Eheleute Fred und Käte Bogner rekapitulieren in dreizehn Abschnitten in Form innerer Monologe die Erlebnisse ihres letzten Wochenendes der ersten Nachkriegsperiode wie die Erfahrungen ihrer Ehe. Weil Fred Bogner der zermürbenden Enge der Unterkunft in einem gemeinsamen Untermieter-Zimmer nicht mehr gewachsen ist, lebt er von seiner Frau Käte und seinen drei Kindern getrennt. Die Zuweisung einer Wohnung ist nach sechsjährigem Bemühen an der Einflußnahme des nachtragenden Pfarrers und der bigotten Vermieterin gescheitert.

(nr)

Böll, Heinrich: Und sagte kein einziges Wort.(Ausschnitt)

Immer wieder zähle ich das Geld, das Fred mir geschickt hat: dunkelgrüne Scheine, hellgrüne, blaue, bedruckt mit den Köpfen ährentragender Bäuerinnen, vollbusiger Frauen, die den Handel oder den Weinbau symbolisieren, unter dem Mantel eines historischen Helden versteckt ein Mann, der ein Rad und einen Hammer in seinen Händen hält und wahrscheinlich das Handwerk darstellen soll. Neben ihm eine langweilige Jungfrau, die das Modell eines Bankhauses an ihrem Busen birgt, zu deren Füßen eine Schriftrolle und das Handwerkszeug eines Architekten. Mitten auf den grünen Scheinen ein reizloses Luder, das eine Waage in der Rechtem hält und aus seinen toten Augen an mir vorbeiblickt. Häßliche Ornamente umranden diese kostbaren Scheine, in den Ecken tragen sie aufgedruckt die Ziffern, die ihren Wert darstellen, Eichenlaub und Ähre, Weinlaub und gekreuzte Hämmer sind in den Münzen eingeprägt, und auf dem Rücken tragen sie das erschreckende Symbol des Adlers, der seine Schwingen entfaltet hat und ausfliegen wird, jemand zu erobern.

Die Kinder sehen mir zu, während ich die Scheine durch meine Hände gleiten lasse, sie sortiere, die Münzen träufele: das monatliche Einkommen meines Mannes, der Telefonist bei einer kirchlichen Behörde ist: dreihundertzwanzig Mark und dreiundachtzig Pfennige. Ich lege den Schein für die Miete beiseite, einen für Strom und Gas, einen für die Krankenkasse, zähle das Geld ab, das ich dem Bäcker schulde, und vergewissere mich des Restes: zweihundertvierzig Mark. Fred hat einen Zettel beigelegt, daß er zehn Mark entnahm, die er morgen zurückgeben will: Er wird sie vertrinken.

Die Kinder sehen mir zu; ihre Gesichter sind ernst und still, aber ich habe eine Überraschung für sie bereit: Sie dürfen heute im Flur spielen. Frankes sind verreist übers Wochenende zu einer Tagung des katholischen Frauenbundes. Selbsteins, die unter uns wohnen, sind noch für zwei Wochen in Ferien, und die Hopfs, die das Zimmer neben uns gemietet haben, nur durch eine Schwemmsteinmauer von uns getrennt; die Hopfs brauche ich nicht zu fragen. Die Kinder dürfen also im Flur spielen, und das ist eine Vergünstigung, deren Wert nicht zu unterschätzen ist.

„Ist das Geld von Vater?"

„Ja", sage ich.

„Ist er immer noch krank?"

„Ja – ihr dürft heute im Flur spielen, aber macht nichts kaputt und geht auf die Tapete acht." Und ich genieße das Glück, sie froh zu sehen und zugleich von ihnen befreit zu sein, wenn ich die Samstagsarbeit beginne.

Immer noch hängt der Einmachgeruch im Flur, obwohl Frau Franke ihre dreihundert Gläser voll haben dürfte. Der Geruch erhitzten Essigs, der allein genügt, Freds Galle in Aufruhr zu bringen, der Geruch zerkochter Früchte und Gemüse. Die Türen sind abgeschlossen, und auf der Garderobe liegt nur der alte Hut, den Herr Franke aufsetzt, wenn er in den Keller geht. Die neue Tapete reicht bis zu unserer Tür und der neue Anstrich bis auf die Mitte der Türfüllung; die den Eingang zu unserer Wohnung bildet: einem einzigen Raum, von dem wir durch eine Sperrholzwand eine Kabine abgetrennt haben, in der unser Kleinster schläft und wo der Krempel abgestellt wird. Frankes aber haben vier Räume für sich allein: Küche, Wohnzimmer, Schlafzimmer und ein Sprechzimmer, in dem Frau Franke die Besucher und Besucherinnen empfängt. Ich weiß die Zahl der Komitees nicht; kenne nicht die Zahl der Ausschüsse, kümmere mich nicht um ihre Vereine. Ich weiß nur, daß die kirchlichen Behörden ihr die Dringlichkeit dieses Raumes bescheinigt haben, des Raumes, der uns nicht glücklich machen, aber uns die Möglichkeit garantieren würde, eine Ehe zu führen.

Frau Franke ist mit sechzig noch eine schöne Frau, der merkwürdige Glanz ihrer Augen aber, mit denen sie alle fasziniert, flößt mir Schrecken ein: diese dunklen, harten Augen, ihr gepflegtes Haar, das sehr geschickt gefärbt ist, ihre tiefe, leise zitternde Stimme, die nur im Verkehr mit mir plötzlich schrill werden kann, der Sitz ihrer Kostüme, die Tatsache, daß sie jeden Morgen die heilige Kommunion empfängt; jeden Monat den Ring des Bischofs küßt, wenn er die führenden Damen der Diözese empfängt – diese Tatsachen machen sie zu einer Person, gegen die zu kämpfen zwecklos ist. Wir haben es erfahren, weil wir sechs Jahre gegen sie gekämpft und es nun aufgegeben haben.

Die Kinder spielen im Flur: Sie sind so daran gewöhnt, still zu sein, daß sie nicht einmal mehr laut werden, wenn es gestattet ist. Ich höre sie kaum: Sie haben Pappkartons aneinandergebunden, einen Zug, der die ganze Länge des Flurs ausmacht und nun vorsichtig hin und her bugsiert wird. Sie richten Stationen ein, laden Blechbüchsen, Holzstäbchen auf, und ich kann gewiß sein, daß sie bis zum Abendessen beschäftigt sind. Der Kleine schläft noch.

Noch einmal zähle ich die Scheine, die kostbaren, schmutzigen Scheine, deren süßlicher Geruch mich in seiner Sanftheit erschreckt, und ich zähle den Zehner hinzu, den Fred mir schuldet. Er wird ihn vertrinken. Er hat uns vor zwei Monaten verlassen, schläft bei Bekannten oder in irgendwelchen Asylen; weil er die Enge der Wohnung, die Gegenwart von

Frau Franke und die schreckliche Nachbarschaft der Hopfs nicht mehr erträgt. Damals entschied sich die Wohnungskommission, die am Rande der Sadt eine Siedlung baut, gegen uns, weil Fred ein Trinker ist und das Zeugnis des Pfarrers über mich nicht günstig ausfiel. Er ist böse, daß ich mich nicht an den Veranstaltungen kirchlicher Vereine beteilige. Die Vorsitzende dieser Kommission aber ist Frau Franke, die dadurch den Ruf um den einer untadeligen, selbstlosen Frau noch bereichert hat. Denn hätte sie uns die Wohnung zugebilligt, wäre unser Raum, der ihr nun als Eßzimmer fehlt, freigeworden. So entschied sie zu ihrem eigenen Schaden gegen uns.

Mich aber hat seitdem ein Schrecken ergriffen, den ich nicht zu beschreiben wage. Die Tatsache, Gegenstand eines solchen Hasses zu sein, flößt mir Furcht ein, und ich habe Angst, den Leib Christi zu essen, dessen Genuß Frau Franke täglich erschreckender zu machen scheint. Denn der Glanz ihrer Augen wird immer härter. Und ich habe Angst, die heilige Messe zu hören, obwohl die Sanftmut der Liturgie zu den wenigen Freuden gehört, die mir geblieben sind. Ich habe Angst, den Pfarrer am Altar zu sehen, den gleichen Menschen, dessen Stimme ich oft nebenan im Sprechzimmer höre: die Stimme eines verhinderten Bonvivants, der gute Zigarren raucht, sich mit den Weibern seiner Kommissionen und Vereine alberne Scherze erzählt. Oft lachen sie laut nebenan, während ich angehalten bin, achtzugeben, daß die Kinder keinen Lärm machen; weil die Konferenz dadurch gestört werden könnte. Aber ich kümmere mich schon lange nicht mehr darum, lasse die Kinder spielen und beobachte mit Schrecken; daß sie gar nicht mehr fähig sind, zu lärmen. Und manchmal morgens, wenn der Kleine schläft, die Großen zur Schule sind, während des Einkaufens, schleiche ich mich für ein paar Augenblicke in eine Kirche, zu Zeiten, in denen kein Gottesdienst mehr stattfindet, und ich empfinde den unendlichen Frieden, der von der Gegenwart Gottes ausströmt.

Manchmal aber zeigt Frau Franke Regungen von Gefühl, die mich noch mehr erschrecken als ihr Haß. Weihnachten kam sie und bat uns, an einer kleinen Feier im Wohnzimmer teilzunehmen Und ich sah uns durch den Flur gehen, als gingen wir in die Tiefe eines Spiegels hinein: Clemens und Carla vorne, dann Fred; und ich ging mit dem Kleinen auf dem Arm hinterdrein. – Wir gingen in die Tiefe eines Spiegels hinein, und ich sah uns: Wir sahen arm aus.

Böll, Heinrich: Und sagte kein einziges Wort. Köln: Kiepenheuer und Witsch, 1953. S. 25-29.
© 1953 by Verlag Kiepenheuer und Witsch, Köln

Karlheinz Schmidt-Lauzemis

Karlheinz Schmidt-Lauzemis ist 1946 in Berlin geboren. Er studiert Volkswirtschaft und ist bis 1973 bei IBM als Systemanalytiker beschäftigt. Nach einer einjährigen Reise durch Griechenland und die Türkei lässt er sich in Bremen nieder, dort arbeitet er im „Kulturplatz". Seit 1978 lebt er in Berlin als „freier Autor" und Filmer.

Werke u.a.:

1993   Ich war kein Held. Leben in der DDR. Protokolle.

Fred S.: Ich wurde immer kleiner (1971)

In offenen Selbstaussausagen schildern Fred S. und seine Familie wie sie mit dem „Makel" der Arbeitslosigkeit in der Familie, bei den Verwandten und Bekannten, in der Schule, auf dem Arbeitsamt, in der Kneipe und zu Hause, wo kaum einer mit dem anderen klarkommt, umgehen.

(ar)

Schmidt-Lauzemis, Karlheinz: Fred S.: Ich wurde immer kleiner.
(Ausschnitte)

GABI S: Und dann ist meine Tochter nach Hause gekommen und hat mir 'nen Brief mitgebracht, das war schon vorher bei Elternversammlungen besprochen worden: wir fahren zum Schullandheim, und so und so viel Geld kostet das. Ich weiß nicht mehr, das war wohl so in den neunziger Mark, was man zahlen mußte, mit Taschengeld. Ja: wir haben kein Geld. Und dann hat meine Tochter gesagt: ja, Mutti, da gibt es für ganz besondere Fälle, da bezahlt dann das Amt. Sind wir zur Elternversammlung hingegangen, uns ist beiden echt die Muffe gegangen, das kann einem kein anderer Mensch nachfühlen. Dann bin ich reingegangen und hab' gesagt: Frau Lauzemis, können Sie bitte mal rauskommen, dann ist sie rausgekommen. Und dann hab' ich rumgedruckst. Sagt sie: na, was haben sie denn? Die ist sehr vernünftig und so. Ich sage: mein Mann ist arbeitslos. – Ja, das weiß ich. – Ich muß Ihnen leider sagen, meine Tochter kann nicht mitfahren, ich hab' nicht das Geld. Sagt sie: nun machen Sie sich mal keine Gedanken, dann machen wir das eben so, daß ihre Tochter so 'n besonderer Fall ist, daß sie eben das Geld kriegt. – Ich mußte das Taschengeld mitgeben.

CHRISTINE S: Unterhalten hab' ich mich nicht mit meinen Schulkameraden, weil meine Mutter sagt, daß das nicht jeder zu wissen braucht, daß mein Vater arbeitslos ist. Und die gleich über uns wohnen, die sprechen über uns ...

GABI S: Aber ich habe genau gewußt, daß da noch andere Leute aus ihrer Klasse arbeitslos waren. Und dann sagte noch die Lehrerin zum Abschluß der Elternversammlung: So und so viel Reisen sind noch offen für solche, die kein Geld haben und die arbeitslos sind. Es ist keiner aufgestanden, soo peinlich ist einem das. Und ich muß Ihnen ehrlich sagen, wenn ich nicht die Lehrerin draußen gesprochen hätte, ich wäre auch nicht aufgestanden. Ich hätte mich niemals getraut, vor allen Leuten zu sagen: Können Sie mir bitte die Reise geben, wir haben kein Geld.

[...]

FRED S: Und wir konnten uns ja nichts leisten! Wie gesagt, wir haben Bekanntschaften, die haben dann angerufen, kommt ihr mit? Nee, können wir nicht. Praktisch sind wir ja jedes Wochenende mit denen zusammen gewesen.

GABI S: Und dann hatten wir immer Essen gemacht, der eine chinesisch, der andere jugoslawisch und so. Beim letzten Mal, die hatte 'nen spanisches, 'ne Paella hatte sie gemacht, beim Essen sagte auf einmal die Jutta: Na ja, das nächste Mal, da könntet ihr ja dann mal wieder ein Essen geben, wenn wir dann tanzen gehen, dann kommen wir mit zu euch, ne? Ich druckste dann so rum und wollte sagen, das geht nicht. Wir waren ja immer so sechs, acht Mann ungefähr, immer drei oder vier Pärchen. Ich hab' dann gesagt, na können wir denn nicht erstmal zu der Petra hingehen. Und da hat sie denn gesagt, na, warum denn, du bist doch dran und so, wir wollen doch dann zu dir kommen. Und dann hab' ich denn gesagt, na ich hab' das Geld nicht, das reicht nicht für das Essen und so, da haben sie sich alle angeguckt und grienten so. Dann sind wir weggegangen, und beim Tanzen direkt, da war 'n sie so ganz komisch zu uns und hatten uns wohl geschnitten gehabt ...

FRED S: Also, das war das letzte Mal im Joy, in 'ner Diskothek im Europacenter. Und das war dann so üblich, wir haben dann nicht nur diese kleinen Getränke bestellt, weil das mit der Zeit dann doch 'n bißchen teurer war für alle Beteiligten, sondern da wurden immer diese Flaschen gleich bestellt, also richtig eine Flasche bestellt, und jedesmal hat jemand anderer die Flasche bezahlt. Und wo ich das nicht mehr konnte, haben sich die Bekannten dann alleine 'ne Flasche gekauft, und wir, also meine Frau und ich, haben nichts mehr abgekriegt. Die haben gesagt, bezahlt eure Getränke alleine. Und da haben wir das richtig spitzgekriegt: Also, für die sind wir jetzt tabu. Also sind wir unterm Tisch. Aber find' ich auch 'n bißchen gemein. Ich meine, wenn man so jahrelang zusammen ist, und es ist alles aus auf einmal. Wir hatten ja nischt mehr. Da haben wir das richtig mitgekriegt, daß wir jetzt, also praktisch, für die Null sind.

[...]

GABI S: Wir lebten wirklich nur noch von dem Geld, was ich hier habe, denn er bekam keine Arbeit nachgewiesen. Dann bin ich abends immer noch zwei Stunden eben ohne Papiere arbeiten gegangen, was man ja so machen darf. Und er hat dann bei der Hauswartsstelle geholfen, damit wir überhaupt über die Runden kommen.

FRED S: Meine Frau hat im Lokal gearbeitet als Servieren. Erst hat sie angefangen als Reinemachefrau, sollte nur vier Stunden sein, und nachher hat sie auch mal eingeschenkt, also Bier gezapft und alles, und jetzt wurde das 4 Stunden, 5 Stunden, 6 Stunden und dam praktisch nachher 10 Stunden. Erstmal war mir das zulange, weil ich zulange dann hier alleine bin. Von morgens, sie ist morgens um halb neun bis neun so immer losgegangen und kam dann abends, also praktisch 12 Stunden außer Haus.

GABI S: Dann zog mein Mann natürlich einen sagenhaften Flunsch. Weil, ihm zu Hause ist die Decke auf'n Kopf gefallen, er hat nischt zu tun gehabt, und dann, abends hatte man immer 'ne leichte Fahne, weil man ja was mitgetrunken hat.

FRED S: Da bin ich ja von morgens bis abends alleine gewesen, und da hab' ich auch ganz schön zu knabbern gehabt. Morgens aufstehen, die Kinder fertigmachen zur Schule, da hab' ich den Dirk den ganzen Tag hier gehabt, da ging der noch nicht zur Ganztagsschule, und ich war abends immer ganz schön geschafft. Das ist doch'n bisschen schwer gewesen.

CHRISTINE S: Na ja, da haben wir das immer mitgekriegt wenn mein Vater abends getrunken hat, und meine Mutter hat Geld nach Hause gebracht, und dann gab's immer Streit. Meine Mutter hat sich dann immer aufgeregt und so. Sie hat dann immer gesagt: Ich bring' das Geld nach Hause und du, du versäufst es.

GABI S: Er hat bloß immer gesagt: Ja, da sind andere Männer, und wer weiß, warum du nicht nach Hause kommst, du trinkst und ich darf nicht trinken

FRED S: Ich war einmal da und hab' ich gesehn: mal so 'n Klaps auf'n Hintern und alles. Und ich muß sagen, ich bin eifersüchtig, ja. Und da hab' ich ihr 'n paar Szenen gemacht. Hab' gesagt, das gefällt mir nicht, wie sie da mit dir umspringen, und die Arbeitszeit ist zu lange und so. Hab' ich ihr das praktisch vermiest und hab' gesagt: Also, wenn du da jetzt nicht aufhörst, dann will ich dich auch gar nicht mehr sehn, also praktisch, wär' sie dann gestorben für mich.

GABI S: Jede Woche bekam ich 300 Mark auf die Hand, und Ende des Monats kam dann immer die Abrechnung. Und das war natürlich für meinen Mann entschieden zuviel, daß er gesagt hat, also das sieht er nicht ein: Du verdienst zuviel Geld, bist nie zu Hause, und ich steh' hier wie so 'n Hanswurscht da, und ich möchte, daß du da aufhörst.

FRED S: Ich meine, ich hab' nun jahrelang das Geld nach Hause gebracht, ich war nun praktisch der Verdiener, der Ernährer, und jetzt auf einmal ... Vielleicht war es auch das Ausschlaggebende, daß auf einmal 'ne Frau mehr verdient als wie 'n Mann. Das war mir 'n bißchen, also, nicht ganz geheuer. Also, praktisch hab' ich mir so eingebildet, also praktisch selber eingebildet: Ich bin jetzt ein Nichts, meine Frau verdient, ernährt die Familie, was bist du denn noch? Hab' ich so zu mir, hab' ich selbst gedacht ...

CHRISTINE S: Das find' ich Scheiße, daß die sagen, die Frau gehört in' Haushalt und der Mann geht arbeiten. Die Frau hat doch genauso ein Recht, Geld zu verdienen.

GABI S: Na und maßgebend war das: Er hatte immer zu mir gesagt: ich bin der Ernährer, und ich hab' euch gut genug ernährt die ganze Zeit, und du erniedrigst mich so. Und da hab' ich gesagt: Du spinnst ja, alles Einbildung, andere Frauen arbeiten auch, verdienen auch mehr Geld.

FRED S: Und dann eines abends hat sie dann das Geld gekriegt, und dann hat sie es vorgemacht, wie ich das immer früher gemacht habe, da hab' ich ihr das Geld immer so auf'n Tisch geknallt.

GABI S: Da hatt' ich mit meinem Chef 'n bißchen Ärger gehabt, also so 'n bisschen so 'n Kabbeln. Und da hatt' ich also auch was getrunken, da hatten mich die Gäste so eingeladen, hatte gute Gäste gehabt, die haben gesagt, trink' mal mit, trink mal mit, wie das eben so ist, und da hatt' ich 'n ganz schönes Ding zu loofen. Als ich abends nach Hause kam und hatte also den Tag ungefähr 30 Mark Trinkgeld gehabt und dann noch mein' Lohn, 330 Mark, er sitzt so abends da, hat was getrunken, und da fing er wieder an: Ja und ich hab' genug Geld gebracht. Da bin ich so wütend geworden. Da hab' ich so das kleine Geld gehabt, und hab' so das ganze Geld genommen und auf'n Stuhl geworfen. Ich sage: Hier, kannst mal sehen, wieviel Geld ich verdiene, und was bist du schon, wa? Du sitzt hier zu Hause und säufst dir 'n Kanal voll, und ich ernähr' dich!

FRED S: Und da hat sie gesagt, da sagt sie: Hier das hab' ich verdient. Und nimmt so das Geld und schmeißt mir das so am Koppe. Also, das war furchtbar, wie sie auf einmal das Geld genommen hat und mir das an'n Kopp geschmissen hat und sagt, das hab' ich verdient, bin ja genauso gut wie du.

GABI S: Na ja, da ist mein Mann aufgestanden, hat mich ganz böse angeguckt und hat die Tür geknallt und war weg. Und da kam er erst den nächsten Morgen wieder. Aber, voll, voller geht's nicht mehr. Und da hat er ganz doll randaliert und hat hier also rumgebrüllt, Musik ganz laut gemacht und ich bin ihm sonst was und erst hier der Herr im Hause, ich soll' mir das endlich mal merken, und wenn ich da in 'ne Kneipe hingehöre, dann soll ich da gefälligst hingehen und dann soll ich wegbleiben.

FRED S: Also, ich hatte Minderwertigkeitskomplexe, kann man ruhig sagen, weil man, wenn man als Mann immer gearbeitet hat und hat man die Familie von vorne bis hinten ernährt und alles konnt' man sich leisten, jetzt auf einmal ist man zu Hause, jetzt bringt die Frau das Geld. Ja, und ich weiß nicht, ob es jemand, einem andern Mann auch so geht, aber ich fand mich irgendwie – kleiner dadurch. Also jetzt, da hieß es immer, deine Frau ernährt dich ja. Wie gesagt, durch die Arbeitslosigkeit bin ich ein bisschen kleiner geworden. Weil ich immer meine Familie ernährt hab', das war für mich ganz furchtbar, ganz schlimm.

GABI S: Und dann hab' ich gesagt, ich geh' nicht mehr hin. Da sagt er, na, geh doch wieder hin, nun mach doch und so, weil ihm denn auch das Geld leid tat: Und dann bin ich doch wieder hingegangen, wurde aber ganz schwer krank, ich hab's mit'm Rücken gehabt, und da war ich acht

Wochen krankgeschrieben, und dann bekam ich sowieso von meinem Chef die Kündigung. Damit hörte das dann auf.
FRED S: Und heute, ja dann hab' ich auch am 1. Januar hier die Hauswartsstelle übernommen. Nun komm' ich, nun hab' ich wieder Leute, praktisch, ich bin wieder wer. Ja, mein Aufgabenbereich, wo ich mich bestätigt fühle, ja?

Schmidt-Lauzemis, Karlheinz: Fred S.: Ich wurde immer kleiner. Berlin: Oberbaumverlag, 1979. S. 16, S. 24-26, 39-46.
© 1979 Oberbaumverlag Berlin

Weitere Textempfehlungen:
Biermann, Wolf: Arbeitslos. Schöner Mai in Duisburg. In: Ders.: Alle Lieder. Köln: Kiepenheuer und Witsch, 1991. S. 353-355.;
Tucholsky, Kurt: Arbeit für Arbeitslose. In: Gerold-Tucholsky, Mary/Raddetz, Fritz J. (Hrsg.): Kurt Tucholsky. Gesammelte Werke. Band II. 1925-1928. Reinbek bei Hamburg: Rowohlt Verlag, 1961. S. 371-372.;
Moßmann, Walter: Unsere Stimme. Aus: Ders.: Neue Flugblattlieder. LP. München: Trikont Verlag, 1977.

Friedrich Dürrenmatt

Friedrich Dürrenmatt, geboren am 5. Januar 1921 in Konolfingen (Schweiz), ist der Sohn eines protestantischen Pfarrers. Im Jahr 1941 beginnt er ein Studium der Philosophie, Theologie und Germanistik in Zürich. Dürrenmatt arbeitet als Zeichner und Illustrator, 1951 bis 1953 als Theaterkritiker der „Weltwoche" und als freier Schriftsteller. 1952 entsteht sein erstes Theaterstück „Die Ehe des Herrn Mississippi". Weltweiten Erfolg erzielt Dürrenmatt mit seiner Komödie „Der Besuch der alten Dame" (1956). 1970 bis 1972 arbeitet Dürrenmatt als Berater am Züricher Schauspielhaus. „Die Physiker" wird eines seiner erfolgreichsten Theaterstücke. Am 14. Dezember 1990 scheidet dann Friedrich Dürrenmatt in Neuchatel aus dem Leben.

Werke u.a.:

1952 Der Richter und sein Henker
1956 Der Besuch der alten Dame
1958 Das Versprechen
1971 Portrait eines Planeten
1985 Justiz

Die Physiker (1962)

Das Stück (Komödie in zwei Akten) spielt irgendwo in der Schweiz in einem privaten Nervensanatorium, wo die weltbekannte Psychiaterin Mathilde von Zahnd (Leiterin) drei Kernphysiker, liebenswerte Irre, behandelt: Ernst Heinrich Ernesti, der sich für Einstein hält, Herbert Georg Beutler, der sich mit Newton identifiziert, und Johann Wilhelm Möbius, dem König Salomon Erfindungen diktiert. In der Sanatoriums-Villa geschehen in kürzester Zeit drei Morde an Krankenschwestern. Inspektor Voss leitet die Untersuchungen und es stellt sich heraus, dass keiner der drei Patienten wirklich krank ist.

(nr)

Dürrenmatt, Friedrich: Die Physiker. (Ausschnitt)

MÖBIUS: Wir sind drei Physiker. Die Entscheidung, die wir zu fällen haben, ist eine Entscheidung unter Physikern. Wir müssen wissenschaftlich vorgehen. Wir dürfen uns nicht von Meinungen bestimmen lassen, sondern von logischen Schlüssen. Wir müssen versuchen, das Vernünftige zu finden. Wir dürfen uns keinen Denkfehler leisten, weil ein Fehlschluß zur Katastrophe führen müßte. Der Ausgangspunkt ist klar. Wir haben alle drei das gleiche Ziel im Auge, doch unsere Taktik ist verschieden. Das Ziel ist der Fortgang der Physik. Sie wollen ihr die Freiheit bewahren, Kilton, und streiten ihr die Verantwortung ab. Sie dagegen, Eisler, verpflichten die Physik im Namen der Verantwortung der Machtpolitik eines bestimmten Landes. Wie sieht nun aber die Wirklichkeit aus? Darüber verlange ich Auskunft, soll ich mich entscheiden.

NEWTON: Einige der berühmtesten Physiker erwarten Sie. Besoldung und Unterkunft ideal, die Gegend mörderisch, aber die Klimaanlagen ausgezeichnet.

MÖBIUS: Sind diese Physiker frei?

NEWTON: Mein lieber Möbius. Diese Physiker erklären sich bereit, wissenschaftliche Probleme zu lösen, die für die Landesverteidigung entscheidend sind. Sie müssen daher verstehen —

MÖBIUS: Also nicht frei.

Er wendet sich Einstein zu.

MÖBIUS: Joseph Eisler. Sie treiben Machtpolitik. Dazu gehört jedoch Macht. Besitzen Sie die?

EINSTEIN: Sie mißverstehen mich, Möbius. Meine Machtpolitik besteht gerade darin, daß ich zugunsten einer Partei auf meine Macht verzichtet habe.

MÖBIUS: Können Sie die Partei im Sinne ihrer Verantwortung lenken, oder laufen Sie Gefahr, von der Partei gelenkt zu werden?

EINSTEIN: Möbius! Das ist doch lächerlich. Ich kann natürlich nur hoffen, die Partei befolge meine Ratschläge, mehr nicht. Ohne Hoffnung gibt es nun einmal keine politische Haltung.

MÖBIUS: Sind wenigstens Ihre Physiker frei?

EINSTEIN: Da auch sie für die Landesverteidigung ...

MÖBIUS: Merkwürdig. Jeder preist mir eine andere Theorie an, doch die Realität, die man mir bietet, ist dieselbe: ein Gefängnis. Da ziehe ich mein Irrenhaus vor. Es gibt mir wenigstens die Sicherheit, von Politikern nicht ausgenützt zu werden.

EINSTEIN: Gewisse Risiken muß man schließlich eingehen.

MÖBIUS: Es gibt Risiken, die man nie eingehen darf: Der Untergang der Menschheit ist ein solches. Was die Welt mit den Waffen anrichtet, die sie schon besitzt, wissen wir, was sie mit jenen anrichten würde, die ich ermögliche, können wir uns denken. Dieser Einsicht habe ich mein Handeln untergeordnet. Ich war arm. Ich besaß eine Frau und drei Kinder. Auf der Universität winkte Ruhm, in der Industrie Geld. Beide Wege waren zu gefährlich. Ich hätte meine Arbeiten veröffentlichen müssen, der Umsturz unserer Wissenschaft und das Zusammenbrechen des wirtschaftlichen Gefüges wären die Folgen gewesen. Die Verantwortung zwang mir einen anderen Weg auf. Ich ließ meine akademische Karriere fahren, die Industrie fallen und überließ meine Familie ihrem Schicksal. Ich wählte die Narrenkappe. Ich gab vor, der König Salomo erscheine mir, und schon sperrte man mich in ein Irrenhaus.

NEWTON: Das war doch keine Lösung!

MÖBIUS: Die Vernunft forderte diesen Schütt. Wir sind in unserer Wissenschaft an die Grenzen des Erkennbaren gestoßen. Wir wissen einige genau erfaßbare Gesetze, einige Grundbeziehungen zwischen unbegreiflichen Erscheinungen, das ist alles, der gewaltige Rest bleibt Geheimnis, dem Verstande unzugänglich. Wir haben das Ende unseres Weges erreicht. Aber die Menschheit ist noch nicht so weit. Wir haben uns vorgekämpft, nun folgt uns niemand nach, wir sind ins Leere gestoßen. Unsere Wissenschaft ist schrecklich geworden, unsere Forschung gefährlich, unsere Erkenntnis tödlich. Es gibt für uns Physiker nur noch die Kapitulation vor der Wirklichkeit. Sie ist uns nicht gewachsen. Sie geht an uns zugrunde. Wir müssen unser Wissen zurücknehmen, und ich habe es zurückgenommen. Es gibt keine andere Lösung, auch für euch nicht.

EINSTEIN: Was wollen Sie damit sagen?

MÖBIUS: Ihr müßt bei mir im Irrenhaus bleiben.

NEWTON: Wir?

MÖBIUS: Ihr beide.

Schweigen.

NEWTON: Möbius! Sie können von uns doch nicht verlangen, daß wir ewig –

MÖBIUS: Ihr besitzt Geheimsender?

EINSTEIN: Na und?

MÖBIUS: Ihr benachrichtigt eure Auftraggeber. Ihr hättet euch geirrt. Ich sei wirklich verrückt.

EINSTEIN: Dann sitzen wir hier lebenslänglich. Gescheiterten Spionen kräht kein Hahn mehr nach.

MÖBIUS: Meine einzige Chance, doch noch unentdeckt zu bleiben. Nur im Irrenhaus sind wir noch frei. Nur im Irrenhaus dürfen wir noch denken. In der Freiheit sind unsere Gedanken Sprengstoff.

NEWTON: Wir sind doch schließlich nicht verrückt.

MÖBIUS: Aber Mörder.

Sie starren ihn verblüfft an.

NEWTON: Ich protestiere!

EINSTEIN: Das hätten Sie nicht sagen dürfen, Möbius!

MÖBIUS: Wer tötet, ist ein Mörder, und wir haben getötet. Jeder von uns hatte einen Auftrag, der ihn in diese Anstalt führte. Jeder von uns tötete seine Krankenschwester für einen bestimmten Zweck. Ihr, um eure geheime Mission nicht zu gefährden, ich, weil Schwester Monika an mich glaubte. Sie hielt mich für ein verkanntes Genie. Sie begriff nicht, daß es heute die Pflicht eines Genies ist, verkannt zu bleiben. Töten ist etwas Schreckliches. Ich habe getötet, damit nicht ein noch schrecklicheres Morden anhebe. Nun seid ihr gekommen. Euch kann ich nicht beseitigen, aber vielleicht überzeugen? Sollen unsere Morde sinnlos werden? Entweder haben wir geopfert oder gemordet. Entweder bleiben wir im Irrenhaus, oder die Welt wird eines. Entweder löschen wir uns im Gedächtnis der Menschen aus, oder die Menschheit erlischt.

Schweigen. [...]

NEWTON: Gibt es wirklich keinen andern Ausweg?

MÖBIUS: Keinen.

Dürrenmatt, Friedrich: Die Physiker. In: Ders.: Komödien II und frühe Stücke. Stuttgart, Zürich: Verlag der Arche, 1963. S. 340-343.
© 1959, 1960, 1962, 1963 by Peter Schiffeli Verlags AG
Die Arche Zürich

Lord Dunsany

Edward John Moreton Drax Plunkett Dunsany ist am 24. Juli 1878 als irischer Landedelmann in London geboren und wird als irischer Schriftsteller und Dichter bekannt. Baron Dunsany nimmt am Burenkrieg, sowie am 1. Weltkrieg teil. Während des 2. Weltkrieges hält er sich als Professor für englische Literatur in Athen auf und ist dort wahrscheinlich auch in geheimer diplomatischer Mission tätig. Zu seinen Werken gehören anekdotenhafte kurze Dramen und phantasievolle Erzählungen, sowie Lyrik, Prosa und besonders Reiseberichte. Er stirbt am 25. Oktober 1957 in Dublin.

Werke u.a.:

1921 If
1924 The King Of Elflands Daughter
       (Die Königstochter aus Elfenland, 1997)
1924 Charwoman's Shadow (Der Schatten der Scheuermagd, 1996)
1933 The Curse of the Wise Woman
1937 My Ireland
1951 The Last Revolution

(ar)

Lord Dunsany: Eine welterschütternde Erfindung. (Ausschnitt)

Der Präsident des Direktoriums machte ihn darauf aufmerksam, die Wissenschaft habe jetzt solche Fortschritte gemacht, daß jeder gescheite Wissenschaftler in der Lage sein sollte, nachzumachen, was die Natur mache, ja, es sogar noch besser zu machen. Idstein gab ihm begeistert recht. „Sie wissen ja nun auch", fuhr der Präsident fort, „daß verschiedene Tiere Gras fressen. Wenn man einem Kalb Gras zu fressen gibt", sagte er, „dann hat sich nach einer gewissen Anzahl von Jahren das Gras in eine bestimmte Menge Rindfleisch verwandelt. Und außer dem Gras ist nichts weiter nötig, nur noch Luft und Wasser und vielleicht im Winter ein wenig Leinsamenkuchen. Wohlgemerkt also: Gras, Wasser und Luft plus vielleicht ein wenig Leinsamenkuchen vermögen sich in Rindfleisch zu verwandeln. Die Natur weiß, wie es gemacht wird. Und wenn ein Wissenschaftler nicht fähig ist, eine ähnliche Umwandlung zustande zu bringen, und zwar mit einem Hundertstel an Zeitaufwand, dann sieht sich das Direktorium zu seinem Bedauern veranlaßt, auf ..." In diesem Augenblick berührte ihn ein Mitglied des Direktoriums am Arm und hinderte ihn daran, auszusprechen, was er beinahe gesagt hätte. Ich selbst war dort und konnte es genau beobachten. Ich arbeitete damals bei einer Firma in der City, und meine Firma war bereit, das Projekt finanziell zu fördern, und ich war eingeladen worden, an der Besprechung teilzunehmen. [...]

„Gewiß, Sir", erwiderte Idstein. „Gut, dann wäre alles in Ordnung", schloß der Präsident. „Wir haben Ihnen unsere Bedingungen genannt, und wir liefern Ihnen alle Geräte, die Sie benötigen! Der Präsident war schon ziemlich alt und ein wenig vergeßlich; deshalb schrieb ein Mitglied etwas auf einen Briefumschlag und ließ ihn weiterreichen, um ihn an etwas zu erinnern. „Ach ja, richtig", sagte der Präsident. „Das wäre natürlich eine ganz bedeutende Leistung. Aber es ist nur die Hälfte von dem, was Sie für uns zu tun hätten. Wir verlangen auch von Ihnen, daß Sie Gras auf die gleiche Weise erzeugen, wie Sie etwa Hammelfleisch erzeugt haben. Gras ist weiter nichts als cm Bodenprodukt, entstanden aus Erde und von der Natur auf eine Art hervorgebracht, die nachzuahmen der Mensch bisher vernachlässigt hat – oder die nachzuahmen er bisher nicht fähig war. Nun muß aber doch gewiß die Zeit bald reif sein, in der wir zu intelligent geworden sind, um derlei Dinge noch der Natur zu überlassen. Könnten Sie nicht die Methode herausfinden, mittels der die Natur Erde in Gras verwandelt? Sie brauchen weiter nichts zu tun, als Erde und Gras zu analysieren und nachzuschauen, wie die Umwandlung zustande kommt. Unter Mithilfe von Wasser und Luft wiederum, das ist klar. Wir möchten, daß Sie eine Maschine konstruieren, in die unsere Arbeiter Erde hineinschaufeln, die als Hammelfleisch wieder herauskommt, falls wir nicht Rindfleisch vorziehen. Und deshalb müßten wir noch auf einem Schalthebel bestehen, mit dem wir auf eine der beiden Fleischsorten einstellen können – etwa so wie am Radio. Das sollte ganz einfach sein." „Oh, gewiß, Sir", sagte Idstein. „Ich glaube, meine Herren", sagte der Präsident zu den Herren des Direktoriums und räusperte sich, „ich glaube, das wäre alles, wie?" Ein leises Gemurmel am Vorstandstisch bestätigte ihm, daß er nun alles über die neue Erfindung mitgeteilt hatte.

Idstein ging also fort und machte sich an die Ausarbeitung des Projekts. Ein ausgezeichnetes Laboratorium wurde ihm zur Verfügung gestellt, und er arbeitete nur ein knappes Jahr darin.

Ich glaube, die erste Hälfte der Erfindung glückte ihm fast umgehend. Und wie ich hörte, war auch die zweite Hälfte kurz vor der Fertigstellung. Deshalb begab er sich zu einem Spaziergang nach Kent, um sich den Kopf etwas zu lüften und um über den Bericht nachzudenken. Denn ich glaube, die schwere Arbeit, ich meine, der wissenschaftliche Teil, war fertig, und nur noch die schriftliche Arbeit verblieb, nämlich die Abfassung des Berichts. Er fuhr also aufs freie Land hinaus, wo nichts von den Vororten zu sehen war, nur die weiten Felder, die von kleinen Haselnuß-Gebüschen eingefriedet werden. Und so gelangte er zu einer Wiese und lehnte sich an ein Gatter und ruhte sich aus. Es war Sommer, und die Butterblumen und ähnliches Zeugs blühten, und alles glänzte in der Sonne, und das wellige Gelände dehnte sich weithin in grünen Wogen bis zum Horizont. Und auf der Wiese weideten Schafe, und Idstein mußte plötzlich an seine Jugend denken und wurde sentimental. Als Idstein ein Kind war, trugen die Schafböcke noch Glöckchen, und er hatte sie in den Wiesentälern läuten gehört, während er dasaß und Blumen pflückte. Und die Erinnerung daran hatte sich so in seinem Geiste festgesetzt, und dazu noch eine Menge anderer unnützer Dinge: Falter, die um die Blüten schwirren, Glühwürmchen in Sommernächten, Heckenrosen und Brombeerranken und später dann die Brombeeren, die schwarz wie Kobold-Augen funkeln, und kleine Walderdbeeren und Skabiosen, die sich über Grashalmen wiegen, und dazwischen der dunkelgrüne Wiesenknopf mit den scharlachroten Tupfen, und Reseda und Margeriten und noch viele andere Blumen, und Schmetterlinge, ganz besonders die Bläulinge, die über die Kreidefelsen flattern, und dann Nächte voller Eulenschrei, weit über ferne Täler hin. Und dieser ganze Müllkübel voll Erinnerungsfetzen war durch das verdammte Blöken eines Schafes wieder an die Oberfläche gelangt, und Idsteins genialer Geist hörte sofort auf, intelligent zu denken, und statt dessen dachte er, die alten Zeiten mit ihren alten Methoden seien doch besser gewesen, und er wolle wieder die Schafe auf den Wiesen blöken hören, anstatt eine Million für seine eigene Tasche und Tausende von Millionen für das Direktorium zu verdienen, das ihn bisher wirklich hochanständig behandelt hatte. Also ging er schnurstracks heim und zerriß seine Papiere und verbrannte jeden Zettel.

Lord Dunsany: Eine welterschütternde Erfindung. In: Haffmans, Gerd (Hrsg.): Meistererzählungen aus Irland. Geschichten von Frank O'Connor bis Bernard Mac Laverty. Zürich: Diogenes Taschenbuch, 1995. S. 104-106.
© Deutscher Taschenbuch Verlag 1984.

Christa Wolf

Christa Wolf wird am 18. März 1929 in Landsberg/Warthe geboren. Von 1949 bis 1953 studiert sie Germanistik in Jena und Leipzig, arbeitet als wissenschaftliche Mitarbeiterin beim Deutschen Schriftstellerverband in der DDR und ist als Lektorin und Redakteurin der Zeitschrift „Neue Deutsche Literatur" in Ost-Berlin tätig. Christa heiratet 1951 Gerhard Wolf. Seit 1962 arbeitet sie als freie Schriftstellerin, ist 1963 bis 1967 Kandidatin des ZK der SED, bringt sich aber mit ihrem Literaturkonzept der „subjektiven Authentizität" schnell in Gegensatz zur offiziellen Doktrin der kommunistischen Partei. „Kindheitsmuster" ist ihr großes, semiautobiographisches Werk, das 1976 erscheint. Nach der Wende verliert sie ihre herausragende Stellung als Symbolfigur intellektueller Selbstständigkeit.

Werke u.a.:

1963 Der geteilte Himmel
1963 Nachdenken über Christa T.
1976 Kindheitsmuster
1983 Kassandra
1996 Medea

Störfall (1987)

In Störfall schildert die Ich-Erzählerin Ereignisse, Gefühle, Gedanken und Reflexionen desjenigen Tages, an welchem sie die Nachricht von der Reaktorexplosion in Tschernobyl und die Ausbreitung der radioaktiven „Wolke" bis Mitteleuropa empfängt.

(nr)

Wolf, Christa: Störfall. (Ausschnitt)

An jenem Abend haben sie auf mehreren Fernsehkanälen zum ersten Mal den Umriß des verunglückten Reaktors gezeigt, ein Schema, das sich uns mit der Zeit ebenso einprägen müßte wie das Symbol des Atompilzes. Herren haben sie vor die Kameras gesetzt, die allein durch ihre gut geschnittenen grauen oder graublauen Anzüge, durch die dazu passenden Krawatten, den dazu passenden Haarschnitt, ihre besonnene Wortwahl und ihr ganzes amtlich beglaubigtes Dasitzen eine beruhigende Wirkung ausgestrahlt haben – ganz im Gegensatz zu den paar jüngeren, bärtigen Pulloverträgern, die durch ihr aufgeregtes Reden und heftiges Gestikulieren den Verdacht erweckten, sie hätten die Mikrofone widerrechtlich erobert, und ich habe an die Leute im Lande denken müssen, an die arbeitsamen, stillen Leute in den beiden Ländern, die ihre Blicke abends auf dem Bildschirm vereinen, und mir ist klar geworden: Auf die im Pullover werden sie weniger hören als auf die in den Maßanzügen mit ihren maßvollen Meinungen und ihrem maßvollen Verhalten; sie wollen nach den Mühen des Tages am Abend im Sessel sitzen wie ich und ihr Bier trinken – bei mir ist es Wein, na schön –, und sie wollen etwas vorgeführt kriegen, was sie freut, und das kann gerne ein verzwickter Mordfall sein, aber es soll sie nicht zu sehr angehn, und das ist das normale Verhalten, das uns anerzogen wurde, so daß es ungerecht wäre, ihnen dieses Verhalten jetzt vorzuwerfen, bloß weil es dazu beiträgt, uns umzubringen. Auch in mir habe ich einen starken Hang zu diesem Normalverhalten gespürt, mein Wein war gut gekühlt und hat grünlich gefunkelt, wenn ich das Glas gegen die Lampe hielt, und ich habe mich wohl gefühlt in meinem Sessel, in diesem Raum und in dem alten Haus, auch du, Bruder, würdest gesund werden, und warum sollten nicht auch eine ganze Menge anderer Probleme einer gütlichen Lösung zugeführt werden. So hätte meinetwegen eine Weile noch alles so bleiben können, wie es war, und in dieser geheimen Hoffnung habe auch ich den Fernsehherren zugehört. Auf dem einen Kanal haben sie sich ausführlicher mit der Wolke beschäftigt, die ja nun auch schon ein wenig zu unserer großen Fernsehfamilie gehört hat, als das Schmuddelkind, sozusagen, und wenn ich sie recht verstanden habe, muß unsere Wolke sich irgendwann geteilt haben, oder sie ist auf der einen Bahn hin-, auf der anderen zurückgezogen; jedenfalls sind der Norden und der Süden Europas getadelt worden für ihre bedauerlichen radioaktiven Werte, aber den Bauern, die ganz wild in die Kamera geschimpft haben, weil niemand ihnen sagen konnte, wer ihnen den untergepflügten Salat bezahlen würde, habe ich ja auch nicht helfen können; ihr Geld war ihr Problem. Mein Problem dagegen ist die Überlegung gewesen, ob wir uns in einem Ernstfall wie diesem tatsächlich zu Nordeuropa zählen mußten, was wir sonst leichtfertigerweise und eigentlich aus Eitelkeit tun, oder ob wir nicht, genaugenommen, noch zu Mitteleuropa gehören. Inzwischen haben die Herren in den Anzügen sich gegenseitig alle Sicherheitsfaktoren aufgezählt, die einen Reaktorunfall ausschließen, und sie haben sich und uns auch nochmals alle Gründe genannt, welche die sogenannte friedliche

Nutzung des Atoms als unverzichtbar – dies war ihr Wort – erscheinen ließen, und wenn der eine von ihnen auf irgendein Argument nicht gleich gekommen ist, dann hat der andere ihm eingeholfen, es war wie in einer guten Schulstunde, und ich habe ihnen so aufmerksam zugehört, daß ich nach einigen Minuten so weit gewesen bin, ihnen nun meinerseits vorsagen zu können, und das tat ich versuchsweise, und es hat fast immer gestimmt. Aber dann hat der Moderator, der an der Verbreitung einer besonnenen, gefaßten Stimmung interessiert gewesen ist, geglaubt, nun könne er unbesorgt einen der beiden Herren auf die Aussage festnageln, daß also auch bei diesem besonders fortschrittlichen Bereich von Wissenschaft und Technik absolut fehlerfreie Prognosen für die Sicherheit der in Frage kommenden Anlagen zu treffen seien. – Selbstverständlich! habe ich dem Befragten einhelfen wollen, aber da bin ich voreilig gewesen; denn nun haben der Moderator und ich zu unserer schmerzlichen Überraschung erleben müssen, daß der sich bei aller Bereitschaft zum Entgegenkommen auf diese Aussage nicht hat festnageln lassen wollen. Nun, haben wir ihn sagen hören. Absolut fehlerfreie Prognosen – die gebe es für einen so jungen Zweig der Technik allerdings nicht. Da müsse man, wie immer bei neuen technischen Entwicklungen, mit einem gewissen Risiko rechnen, bis man auch diese Technik vollkommen beherrsche. Dies sei ein Gesetz, das auch für die friedliche Nutzung der Atomenergie gültig sei.

Nun hätte mir kalt werden sollen. Nun hätte ich erschrocken oder empört sein sollen. Nichts davon. Ich habe ja gewußt, daß sie es wissen. Nur, daß sie es auch aussprechen würden, und sei es dieses eine Mal – das hätte ich nicht erwartet. Mir ist ein Brieftext durch den Kopf gegangen, in dem ich – beschwörend, wie denn sonst – irgend jemandem mitteilen sollte, daß das Risiko der Atomtechnik mit fast keinem anderen Risiko vergleichbar sei und daß man bei einem auch nur minimalen Unsicherheitsfaktor auf diese Technik unbedingt verzichten müsse. Mir ist für meinen Brief im Kopf keine reale Adresse eingefallen, also habe ich einige Schimpfwörter ausgestoßen und den Kanal abgeschaltet. Das Fernsehen überhaupt auszuschalten, habe ich meistens nicht die Kraft, schon gar nicht an jenem Abend. Das kannst du nun „Sucht" nennen, Bruderherz, und du hast es mit sanftem Tadel so genannt; ich werde dir das nicht bestreiten. Einem jeden seine Taste, wie den Ratten die ihre, einem jeden seine Schwachstelle, an der die Segnungen der Zivilisation in ihn eindringen können.

Wolf, Christa: Störfall. Nachrichten eines Tages. West-Berlin: Luchterhand 2001.
© 2001 Luchterhand Literatur Verlag, München, einem Unternehmen der Verlagsgruppe Random House GmbH

Alejo Carpentier

Der kubanische Schriftsteller, Alejo Carpentier, wird am 26. Dezember 1904 in Havanna als Sohn eines französischen Architekten geboren. Den größten Teil seiner Kindheit verbringt er in Europa und kehrt 1921 nach Kuba zurück. Dort beteiligt er sich aktiv an der literarisch-politischen Erneuerungsbewegung und wird für kurze Zeit sogar inhaftiert. In den Jahren 1928 bis 1939 lebt er als Pressekorrespondent in Paris, später in Venezuela und ist nach der Revolution Fidel Castros Direktor des Staatsverlages. Ab 1966 übt er das Amt des Kulturattachés der kubanischen Botschaft in Paris aus und stirbt dort am 24. April 1980.

In seinen frühen Werken orientiert sich Carpentier an dem französischen Surrealismus, während die späteren im Zeichen des magischen Realismus stehen. Mit seinen Romanen gelingt es ihm ein facettenreiches Fresko der Geschichte und Gegenwart des karibischen Raums zu entwerfen.

Werke u.a.:

1949 El reino de este mundo (Das Reich von dieser Welt, 1964)
1953 Los pasos perdidos (Die Flucht nach Manoa, 1958)
1956 El acoso (Finale auf Kuba, 1960)
1962 El siglo de las Luces (Explosion in der Kathedrale, 1964)
1974 Concierto Barroco (Barockkonzert, 1976)
1979 El Arpa y Sombra (Die Harfe und der Schatten, 1979)

Le sacre du printemps (1993)

„Le sacre du printemps" ist die Geschichte der russischen Tänzerin Vera und des kubanischen Architekten Enrique. Sie lernen sich während des spanischen Bürgerkriegs in den internationalen Brigaden kennen. Ein Teil des Romans handelt von den Erfahrungen, die sie zuvor in verschiedenen europäischen Hauptstädten in künstlerischen und intellektuellen Zirkeln gemacht haben. Nach dem Zusammenbruch der republikanischen Front verlassen sie Spanien und gehen nach Kuba. Vera eröffnet eine Ballettschule und träumt davon, mit einem kubanischen Ensemble „Le Sacre du Printemps" nach der Musik von Strawinsky aufführen zu können.

(ar)

Carpentier, Alejo: Le sacre du printemps. (Ausschnitte).

Das Geld des Teufels stecke in den Taschen aller, es stecke in einem grünlichen Stück Papier (und Grün ist die Farbe des Teufels), das sein Bild zur Schau stelle, verkörpert in der Person eines freundlich blickenden *pater familias* mit Spitzenjabot und lockigem weißem Bart namens George Washington. „Alle tragen wir heute das Bild des Teufels mit uns herum, wie die bigotten alten Weiber ihre Heiligenbildchen. Es ist nur 6,5 Zentimeter hoch und 15,5 Zentimeter breit." Und er zog einen US-Dollar aus der Brieftasche und entfaltete ihn vor meinen Augen: „Dieses Geld, glaube ich, ist das einzige auf der Welt, das so unvorsichtig war, sich auf Gottes Solvenz zu berufen, um seinen Wert zu garantieren. Schau, was auf der Rückseite steht: IN GOD WE TRUST..., daß dies ONE DOLLAR wert ist. Und aus den vier Ecken des grünlichen Dokuments antwortet Gott: ONE, ONE, ONE, ONE. Als ob Gott sich die Bohne um die Stabilität des Dollars scherte – bei der Krise von 1929 hat er es zur Genüge bewiesen! ... Und weil ich Tausende und Tausende dieser miesen Papierchen gegen meine wahre Persönlichkeit getauscht habe, habe ich meine Seele dem Teufel verkauft, auch ohne das Alter des Doktor Faust erreicht zu haben. Allerdings bin ich nicht der einzige.
[...]
Und eines Nachts, in dem Gefühl, zu einem Mann offen sprechen zu können, dem ich mich durch eine leichte *amitié amoureuse* verbunden fühlte, gab ich meiner Verwunderung Ausdruck, daß ein Mensch von seiner Intelligenz die Malerei aufgegeben habe für ein so wenig angesehenes Metier, wie das seine es gegenwärtig war. „Ach, Vera, sagen wir lieber, daß ich auf meine Weise ein Anarchist bin und daß ich via Werbung die Gesellschaft dafür bestrafe, daß sie mich als kreativen Künstler abgelehnt hat." Und da er nun einmal auf die Schiene der Bitterkeit gesetzt war, behauptete er, daß der Versuch, sich der Malerei zu widmen, völlig nutzlos sei in einem Land, wo ein opulentes Bürgertum nichts von Malerei verstehe und von seinen besten Künstlern keine Notiz nehme.
[...]
Das sei der Grund, weshalb er, der junge Maler von damals, eines Tages, überzeugt von der geistigen Undurchlässigkeit des Milieus, sich in den „phönikischen Werbefachmann" verwandelt habe, der heute das Geld nur so scheffle, seine Hemden in London bestelle, ausschließlich Manschettenknöpfe von Tiffany oder Cartier trage und nur das Beste und Teuerste esse, mit der gleichen hemmungslosen Gier nach Kaviar, *foie-*

gras, berühmten Markengetränken, Weinen guter Jahrgänge und guter Rebsorten wie alle, die sich durch ausgiebiges Schlemmen für frühere Entbehrungen schadlos hielten. Wenn er von seinem jetzigen Beruf sprach, gab er sich sarkastisch, wurde in ironischen Aparte-Monologen, durchsetzt mit den für seinen Sprachstil so typischen skurrilen Zitaten und Anspielungen, aberwitzigen Spielen mit Analogien und karikaturistischen Vergleichen, zum Nihilisten und strengen Richter seiner selbst. Die Werbung sei „ein Beruf für Berufslose"; gerissen und allgegenwärtig, bildeten die Werbeleute weltweit die Schelmenzunft der modernen Zeit: Pablos de Segovia, Guzmanes de Alfarache, Estebanillos González, Gil Blases eines neuen Schlages seien diese berufslosen (oder in ihren Berufen gescheiterten) Männer, die heute, erstklassig gekleidet, in ihren mit Araukarien, Kakteen und anderen ausgefallenen Pflanzen ausgestatteten Büros zwischen Möbeln von ausgesuchtem *design* thronten, umtanzt von schönen Sekretärinnen, Schwätzern und wortreichen oder wortkargen Hellsehern, in der Wand die versenkbare Bar, die auf elektronischen Knopfdruck dem erstaunten Besucher die überzeugenden und den vormittäglichen Geschäftsabschluß entscheidenden Getränke vorsetze. Abkömmlinge der früheren Allheilmittelausschreier, der Narrensteinschneider, der Ohne-Schmerz-Zahnzieher, der Verkäufer des Elixiers von Orvieto und der Kantharidenessenz oder des Indischen Wunders, Scharlatane der Mysterienspiele seien die heutigen Werbetexter – Schöpfer einer ganzen Mythologie – Dauererneuerer einer Blendwerksatzung. Abzielend auf die geheimen Wünsche des Don Juan, der in jeder Männerseele schlummere, redeten sie diesem unterschwelligen Don Juan ein, um es ganz zu sein, müsse er eine große Automarke fahren (oder können Sie sich einen Herrn von Mañara, einen echten Don Tenorio am Steuer eines kleinen Volkswagens vorstellen? ...), müsse er Virginia-Zigaretten rauchen (das bevorzugte Kraut des männlichen Mannes, der, Pistolen im Gürtel, über die unendlichen Weiten des nordamerikanischen Westens galoppiert, oder des muskelstrotzenden Athleten, der sich unter der Sonne der Bermudas, seine Mylady neben sich, den Brustkasten bräunt), müsse er den hauteng anliegenden Minislip tragen, der die Konsole seiner Männlichkeit vorteilhaft modelliere („*Vous êtes un homme*", hatte Napoleon zu Goethe gesagt, weil er noch nicht wußte, daß nur der Gebrauch bestimmter *After-shave-lotions* dem Individuum echte menschliche Klasse verleiht...) Was die Frauen angehe („und es gibt keine anständige Frau, die nicht eines Tages davon geträumt hätte, es nicht mehr zu sein", habe La Rochefoucauld sinngemäß gesagt), so mache man sie glauben, daß alle altersbedingten Unschönheiten versteckt, weggezaubert, wo nicht gänzlich getilgt werden könnten und Jugend auf wunderbare Weise wiederzuerlangen sei durch den Gebrauch perfekt aufeinander abgestimmter Salben und Balsame, die wie Josua der Sonne befehlen könnten, stillzustehen, und somit das Wunder bewirkten, daß die Zeit rückläufigen Kalendern anheimfalle, auf welchen in gleichbleibender Gegenwart/Vergangenheit die Daten jederzeit wiederholbarer Siege – ohne Trompeten und einstürzende Mauern auf Schlachtfeldern errungen, die immer auch Kampfplätze der Feder seien – verzeichnet werden könnten, unter genießerischem Vergessen dessen, was Racine „den nie wieder gutzumachenden Schimpf der Jahre" genannt habe. Der Werbemensch bemühe sich nach Kräften („gute Werbung ist Eigenwerbung"), Werbung als eine Wissenschaft hinzustellen, obwohl er genau wisse, daß alles auf diesem Gebiet Wissenswerte sich lässig in einer Woche erlernen lasse. Der Werbemensch gebe seine Reklame für Information aus, als ob eine unverhohlene und manchmal aggressive Aufforderung zum Konsum des einen Produkts auf Kosten eines anderen von vielleicht besserer Qualität eine Information sein könnte. Um sein Ansehen zu heben, habe er – geniale Erfindung! – sein Büro mit abgewrackten Psychologen ausstaffiert, die im richtigen Augenblick wie Springteufel aus der Schachtel vor dem Kunden erschienen, um diesem das Unterfutter einiger „Konsum-Motivationen" zu offenbaren, deren geheime (bisweilen von den Betroffenen selbst nicht wahrgenommene) Mechanismen sich enträtselten, sobald man nur lange genug über die Zauberformeln Freuds, Jungs oder Adlers meditiert habe – womit man auch noch das letzte Widerstreben eines Kunden überwinde, der zutiefst beeindruckt sei von den Welten an Weisheit, die sich ihm in den Worten „Libido", „Ödipuskomplex", „kollektives Unbewußtes", „Wille zur Macht" schlagartig offenbarten, Worte, in blendender Feuerwerksmanier losgelassen auf einen Kaufmann oder Industriellen, der in puncto wissenschaftlicher Lektüre kaum über Dale Carnegies *How to win friends* hinausgekommen sei. Eine ganze Bibliothek ziemlich teurer Abhandlungen meist nordamerikanischer Autoren sei hinter dem Drehsessel des Geschäftsführenden Präsidenten der Werbeagentur aufgestellt, deren Texte die gesundbetende Kraft von Formeln enthalte wie: *Das betrifft Sie, Letzte Gelegenheit, Noch ist es möglich, Die Wahrheit über ... Sie können sich ihr Leben erheblich erleichtern durch ... Denken Sie nicht, Ihre Jugend sei vorbei ... Sie können ... Noch können Sie ...* (O Mädchen, dem alten David ins Bett gelegt, um eine Haut neu zu beleben, die, wie ein Nomadenzelt an Stangen und Gabeln, nur noch an Knochen hing ...) Was das *marketing* angehe (und hier stehe eine zweite Bibliothek auf der anderen Seite des Drehsessels des Geschäftsführenden Präsidenten ...), so erhärteten die Klassiker dieses Fachbereichs die Nutzlosigkeit des Versuchs, Schweinswürste in einer Synagoge zu verkaufen („oder Musik von Johann Sebastian Bach im Haus von Leonidas Trujillo', dachte ich), zeigten andererseits, wie eine berühmte, zur Nachahmung empfohlene Agentur Mittel und Wege gefunden habe, als „gewaltige Arbeitskraft" hinzustellen, was in Wirklichkeit die tragische Arbeitslosigkeit Hunderttausender Männer und Frauen in Puerto Rico war, wodurch Yankee-Industrielle veranlaßt werden sollten, ihre Fabriken auf die (für sie) privilegierte Insel zu verlegen, „wo zur weiteren Expansion Ihres Geschäftes 650000 gelernte Arbeiter *zu Ihrer Verfügung stehen* (sie) ... „Und nun sprach José Antonio von den weltweiten Kriegen, die von Generationen von Werbefachleuten geführt worden seien (denn seit den zwanziger Jahren habe die Welt, starr vor Staunen, das Wirken dreier Generationen von Werbefachleuten erlebt ...), um die Reiche von Pepsi-Cola und Coca-Cola auszudehnen, Reiche, so gewaltig wie früher das Römische Reich oder das Reich Philipps II.: beharrlicher und erbitterter Kampf Achills gegen Hektor, zu dessen täglich in Zeitschriften, Illustrierten, Kurzfilmen sich darstellender Geschichte und Illustration mehr Papier verbraucht worden sei, als seit der Erfindung des Buchdrucks für die Ausgaben der „Ilias" und der „Odyssee" aufgewendet wurden, so daß noch viele Riese für die „Äneis", den „Telemach" und selbst den *Ulysses* von Joyce übrigblieben. Und der epische Kampf der *Fleischmann-Hefe* gegen das *Kruschen-Salz* sei um vieles kostspieliger als die Errichtung eines Forschungszentrums, in welchem man möglicherweise einen Sieg über den Krebs errungen hätte! ... Zehn Millionen Dollar koste heute die Einführung eines Waschmittels allein auf dem nordamerikanischen Markt.

Carpentier, Alejo: Le sacre du printemps. Frankfurt am Main: Suhrkamp Verlag, 1993. S. 364-365, S. 405, S. 406-410.
© 1993 Suhrkamp Verlag Frankfurt am Main

Juan Goytisolo

Juan Goytisolo, am 5. Januar 1931 in Barcelona geboren, erlebt bereits als Kind den Bürgerkrieg mit, was sein literarisches Werk entscheidend prägt. Goytisolo studiert Jura in Barcelona und Madrid und lebt seit 1956 in Paris. Goytisolo gehört zur jüngeren Generation spanischer Schriftsteller. Sein Werk ist in erster Linie durch Kritik an der Francoherrschaft geprägt.

Werke u.a.:

1954 Juegos de Manos (Die Falschspieler, 1958)
1955 Duelo en el paradiso (Trauer im Paradies, 1958)
1966 Señas de Identitidad (Identitätszeichen, 1985)
1970 Reivindicatión del Conde Don Julián (Rückforderung des Conde Don Julián, 1976)
1976 Disidencias (Dissidenten, 1984)
1980 Makbara

Johann ohne Land (1981)

Das Thema, die verlorene Heimat, deutet bereits der Titel an, der sowohl auf den englischen König John Lackland, als auch auf den Autor selbst anspielt, der sich zur Entstehungszeit des Romans außerhalb seines Heimatlandes aufhält. In sieben verschiedenen Textsequenzen lässt Goytisolo verschiedene Zeiten, Räume und Personen auftreten, in denen der Ich-Erzähler unter verschiedenen Masken erscheint. In „Juan sin tierra" versucht Goytisolo die Konsequenzen für Zivilisation und Kultur zu analysieren, die sich seiner Meinung nach aus dem „Zerbrechen der Einheit von Gesicht und Hintern" ergeben.

(cb)

Goytisolo, Juan: Johann ohne Land. (Ausschnitt)

3

in der Mitte des Ehebetts und seiner strahlend weißen Decke wirst du aufmerksam deinen unversöhnlichen Feind betrachten

das lächelnde
frühlingshafte
sich fortpflanzende Pärchen
alle Nationen, ungeachtet ihrer unterschiedlichen Ideologien und Glaubensbekenntnisse, nähren seinen Mythos, Kirchen und Regierungen preisen es einhellig, die verschiedenen Massenmedien bedienen sich seiner zum Zweck der Werbung und Verkaufsförderung: sein Bild beherrscht die Breitleinwand in den Kinos, es wiederholt sich aufdringlich auf den endlosen Seiten der Tageszeitungen, es taucht längs der Autobahnen und auf den Bahnsteigen der U-Bahnen auf, es vervielfacht sich bis zum Delirium im Zyklopenauge des Fernsehapparats: die reine Weiße und der parfümierte Atem der Zahnpaste unterstreichen seine natürliche Harmonie, Gesichtscreme und elektrischer Rasierapparat tragen zu seinem Wohlbehagen bei, der Mentholgeschmack der Zigaretten regt es an und berauscht es, elektrische Haushaltsgeräte stärken die Festigkeit seines Bandes, erstaunliche Schnellwaschmittel sichern ihm strahlendes Glück: Fluglinien und Reisebüros stellen es in einen weiten, anregenden Rahmen von Landschaften, Monumenten und Stränden: auf dem Rükken ausgestreckt, verschönert es durch seine bloße Anwesenheit den verlockenden Dekor irgendeiner paradiesischen Insel: durchsichtiges blaues Meer, anmutige, schmachtende Kokospalmen, lockerer, feiner Sand, polynesische Hütten, die wie vietnamesische Hüte aussehen, irgendein lächelnder Eingeborener in einem Boot mit einem Blumenkranz um den Hals wie auf den Bildern Gauguins: ein exquisites Getränk, das gerade „in" ist, erfrischt köstlich die Kehlen des Paars, eine balsamische Sonnenschutzcreme macht seine goldbraune Haut geschmeidig. Andrékostelanetzsche Transistormusik wiegt es in seine Glücksträume, die symmetrische Lage ihrer Körper begünstigt das beiderseitige selige Entzücken hinter dem doppelten Schutz riesengroßer Sonnenbrillen: vor einer Gruppe edler Ruinen aufgenommen, im diaphanen Vollbesitz seiner pierrecardinschen, clubméditerranégemäßen Ausstaffierung, bietet es das Bild einer für alle Brieftaschen erschwinglichen ungetrübten Freude: Unisex-Hemden und Pullover, Hosen in sinnreich aufeinander abgestimmten Farben, chronometrische Hilfe durch die Schweizer Uhrenindustrie, die neueste Wunderkamera der fruchtbaren Erfindungsgabe Nippons: Eingeborene der dritten Welt ziehen in der Ferne auf Kamelen oder Eseln vorüber und verlieren sich zwischen Palmen oder Ölbäumen hinter braunen Hügeln oder honigfarbenen Sanddünen: denn alles, alles, alles trägt mit bei zu seinem einzigartigen Glanz und fügt sei-

ner beispielhaften Schönheit anmutige Pinselstriche hinzu: Lippenstifte, Kleenex-Tücher, Deodorants: Coca-Cola, eisgekühltes Bier, Whisky on *the* rocks: Kühlschränke, Tonbandgeräte. Autos: Reisen, Psychiater, Kreditkarten: Gymnastik, Diät, Entspannungs-kuren: und anstatt zu altern und zu welken, krank zu werden oder bei einem Unfall umzukommen, gedeiht und verjüngt es sich, wird immer vollkommener und sucht, voll Bewunderung für sich selbst, das Mittel, sich nach den Gesetzen des sakramentalen Ritus fortzupflanzen: das Sortiment von Modellen ist überaus reichhaltig und gewährleistet den Prunk und die Pracht der Zeremonie: die Braut ist bezaubernd mit ihrem Kleid aus weißem Krepp und ihrem Schleier aus feinstem Tüll, der durch einen einfachen und originellen Haaraufsatz gehalten wird: von ihrem Vater begleitet, wird sie in einer künstlerisch gestalteten, von zwei superben Rennern gezogenen Prachtkutsche vor der Kirche ankommen und sich, nach Beendigung der ergreifenden Zeremonie, an der Seite ihres stattlichen Gemahls in das bekannte Restaurant begeben, wo ein preisgekrönter Chef de cuisine ein nahrhaftes und erlesenes Festmahl bereitet hat: und vor den Schaufenstern der Galerías Preciados oder der Samaritaine oder von Macys' oder Bloomingdale's wird die buntgewürfelte Menge, die unter dem für die rush hours typischen Stoßen und Drängeln die Asphaltdschungelgehsteige überschwemmt, stehenbleiben, um neidvoll das Luxusmodell des King-Size-Betts zu betrachten, das dazu bestimmt ist, dem Paar ein langes häusliches Leben voller Liebe, Wohlstand und Glück zu sichern: an extrafirm lace-tied mattress that assures proper support and lasting comfort: Verkauf gegen Barzahlung oder auf Raten: completed with matbalanced foundation boxspring: zögern Sie nicht eine Sekunde: sie lassen Ihre Träume Wirklichkeit werden!: this week only at savings that are terrific: entschließen Sie sich, zum Donnerwetter!: this quilted, extrafirm favorite is for you! die Neugierigen drängen sich auf der anderen Seite der Schaufensterscheibe, und deine Ellbogen gebrauchend bahnst du dir einen Weg und wirst ebenfalls, die Nase an das Glas gedrückt, die übrigen Einzelheiten des sensationellen Schlafzimmers prüfen: eine luxuriöse lederne Sitzgarnitur, ein sechsarmiger venezianischer Lüster, zwei Nachttischchen, jedes mit seiner Lampe darauf, ein exquisiter Toilettentisch, eine Konsole mit einem riesigen Strauß von Narden und weißen Schwertlilien: die Reproduktion einer Madonna von Murillo verleiht dem Ganzen einen Hauch von Eleganz, und als Pendant dazu beherrscht, genau über dem Ehebett aufgehängt, ein Bild des Erlösers die Szene, der jeden, der daran vorbeigeht und ihn betrachtet, mit einem stummen, bedrükkenden Blick der Trauer und des Schmerzes verfolgt: das Pärchen ist soeben eingetroffen: der Bräutigam mit Zylinder und Cut trägt die Braut auf seinen Armen, und ein schamhaftes Erröten färbt, wenngleich durch den hauchzarten Schleier gemildert, sanft ihre Wangen: ernst wird er sie in der Mitte der Daunendecke niederlegen, wo ad majorem Dei gloriam die geheiligte Zeugung stattfinden soll: die Seufzer der Protagonisten unterstreichen die transzendentale Bedeutung des Aktes, und mit unschuldiger Verschämtheit werden sie einander den Rücken zuwenden, während sie sich zu entkleiden beginnen: zur Linken und zur Rechten des königlichen Bettes werden sie die symbolträchtigen Kleidungsstücke, die sie bedecken und schmücken, über den entsprechenden Sessel legen: die Gemütsbewegung, die sie erfaßt, ist offenkundig, und trotz der Brechtschen Verfremdung durch das Glas wird sie auf die Zuschauer übergreifen, die dich umgeben, und dich selbst wie Blitz treffen: alle Dichter haben das Wunder der Fortzeugung besungen, und du, Unglückseliger, was ist mit dir?: unproduktive Liebesaffären, niedrige Vergnügungen, infame Kopulationen, von allem andern ganz zu schweigen!: der Augenblick ist gekommen, ein neues Leben zu beginnen und wohltönend die Leier zu schlagen! [...] los, mein Junge, weiter in diesem Rhythmus, du wirst sehen, wie leicht das geht: aber das Pärchen hat sich nun ausgezogen, und die glorreichen Geschehnisse im Brautbett nehmen seine volle Aufmerksamkeit in Anspruch: in einer Ecke des Bettes, unter dem vereinten Schutz der Madonna und des Erlösers sitzend, werden die Ehegatten laut eine Auswahl von Enzykliken lesen, die sich auf das Sakrament der Ehe und seine Zwecke beziehen, und sodann die illustrierte Ausgabe des „Handbuch des gesunden Geschlechtslebens" konsultieren, das die Neuvermählten von heute mit dem zeitgemäßen Segen des Großen Magiers zu lesen ermächtigt sind.

Goytisolo, Juan: Johann ohne Land. Aus dem Spanischen von Joachim A. Frank. Frankfurt am Main: Suhrkamp Taschenbuch Verlag, 1988. S. 62-67.
© Juan Goytisolo 1975 und 1977
© der deutschen Ausgabe
Suhrkamp Verlag Frankfurt am Main 1981

Max von der Grün

Max von der Grün wird am 25. Mai 1926 in Bayreuth geboren. Er ist von 1943 bis 1944 Soldat im 2. Weltkrieg, bis er 1944 in amerikanische Kriegsgefangenschaft gerät. Von 1948 bis 1963 arbeitet von der Grün zunächst als Bauarbeiter, dann als Bergarbeiter, Hauer und – nach einem schweren Unfall – als Grubenlokführer im Ruhrgebiet. Zwischen 1957 und 1960 schreibt er an seinem ersten Roman „Männer in zweifacher Nacht" (veröffentlicht 1962). Max von der Grün gehört 1961 zu den Mitbegründern der „Gruppe 61", deren Ziel die literarische Auseinandersetzung mit der industriellen Arbeitswelt ist. Seit 1963 lebt er als freier Schriftsteller in der Nähe von Dortmund.

Werke u.a.:

1965 Fahrunterbrechung
1973 Stellenweise Glatteis
1979 Wie war das eigentlich? Kindheit und Jugend im Dritten Reich
1986 Die Lawine

Irrlicht und Feuer (1963)

Jürgen Fohrmann, der verheiratete, aber kinderlose Ich-Erzähler des Romans, ist seit fünfzehn Jahren Hauer in einer Dortmunder Zeche. Im Zuge der allgemeinen Bergbaukrise schließt die Zeche in Dortmund und Fohrmann verliert seinen Job. Zunächst findet er daraufhin Arbeit am Bau, dann auf einem Eisenverladeplatz und schließlich am Fließband einer Elektrofabrik. Sein beruflicher Werdegang ist aber von Problemen mit seiner Frau Ingeborg begleitet, so müssen zur Erfüllung ihrer Ansprüche nun beide Eheleute arbeiten. Sie finden kaum noch Zeit füreinander und stumpfen allmählich ab.

(nr)

Grün, Max von der: Irrlicht und Feuer (Ausschnitte)

Nein, so kann das nicht weitergehen, so nicht. Wenn ich aufwache, bist du nicht da, wenn ich nach Hause komme, bist du nicht da. Das mache ich nicht mehr mit. Ich schrie es Ingeborg ins Gesicht, denn die letzten

Wochen haben mich verbittert. Kam ich von der Arbeit nach Hause, ausgelaugt, durstig, zum Umfallen müde, war sie nicht da, wachte ich nachmittags auf, zerschlagen und mit Schrecken an die kommende Nacht denkend, war sie immer noch nicht im Hause. Was soll ich in dem leeren Haus? Da hilft auch kein Mädchen mit Twistrock und Gazellenbeinen und auch keine Frau, die freitags ihre Schulden bezahlt. Sie hat sie letzten Freitag nicht bezahlt, sie hatte kein Geld, das Gras war zu feucht, die Erde zu kalt, und ich wollte auch nicht wieder meine Schicht versäumen, obwohl das jetzt gleichgültig war.

Schrei nicht so, die Nachbarn müssen nicht jedes Wort mitbekommen.

Das ist mir egal, was die Nachbarn mitbekommen. Ich pfeife auf das Geld, das du nach Hause bringst, wenn ich dabei keine freie Stunde mehr haben soll.

Ach nein. Wer hat denn die fälligen Raten bezahlt, wer hat den Anstreicher zu Ostern bezahlt, wer hat das Essen für die Feiertage bezahlt? Ich. Ich von meinem verdienten Geld. Sei still, du spinnst.

So, jetzt spinne ich. Die paar Kröten, die du bringst, die reichen nicht hinten und vorn, die ...

Auf einmal. All die Jahre haben die paar Kröten ausgereicht. Auf einmal reichen sie nicht mehr aus?

Nein, und wenn du dich auf den Kopf stellst, sie reichen nicht mehr. Wann hast du die letzte Lohnerhöhung bekommen? Wann? Vor zwei oder drei Jahren. Geh mal in den Laden, über Nacht wird alles teurer, davon steht nicht mal was in der Zeitung. Alles ist teurer geworden.

Was kann ich dafür ...

Und was haben wir uns all die Jahre anschaffen können? Sie war nun wütend. Nichts, oder ganz wenig. Guck dir andere an, was haben die alles. Fahren sogar ein Auto. Und was ist mit uns? Wir verträumen die Zeit, weil du nicht begreifen willst, daß man diese Zeit ausnützen muß. Andere haben das längst begriffen.

Ja und? Die essen doch auch nichts. Sieh dir die Männer an, denen kannst du durch die Backen blasen, und wenn du ihnen die Haut an den Fußsohlen aufschneidest und sie an den Haaren hochziehst, dann fällt das ganze Gerippe heraus. So was nennst du leben.

Ja, du kannst auf nichts verzichten, du nicht.

Ich kann auf Angeberei und ein Auto verzichten, schrie ich. Schrei nicht so. Du würdest selbst gern ein Auto fahren.

Was ich will und was ich kann, ist zweierlei, sagte ich leise. Vielleicht war Ingeborg mit weniger Stimmaufwand besser zu überzeugen. Ingeborg, wir können uns doch nicht in ein Abenteuer stürzen, das uns für Jahre unglücklich macht.

Es geht aber, ich habe es mir ausgerechnet. Wenn ich mitverdiene, geht es. Die Raten für die Polstermöbel sind in zwei Monaten weg, ist das kein Fortschritt? Würdest du allein verdienen, müßten wir noch ein Jahr dran 'rumkauen. Ja, ja, ich weiß schon, wie das weitergeht. Dann kommen neue Raten, und nach den abgetragenen neuen Raten kommen wieder neue Raten und so weiter und so weiter. Das wird ein Faß ohne Boden. Und mit Raten quälen wir uns durch unsere jungen Jahre. Was haben wir dann von unserem Leben? Du fällst abgerackert ins Bett, wenn ich zur Arbeit gehe, ich falle müde ins Bett, wenn du zur Arbeit gehst. Das ist also das Leben, das dir vorschwebt und für das du verdienen willst.

Dann such dir doch eine andere Frau, die es besser kann.

Das habe ich nicht gesagt. Wenn es danach ginge, könnte ich jeden Tag eine andere haben, ohne verheiratet zu sein.

Ach! sagte sie und beugte sich über den Tisch.

Ja, daß du es nur weißt. Aber so, wie es die letzten Wochen war, kann es nicht mehr weitergehen, das Gehetze macht uns beide kaputt, man kommt ja kaum mehr zu sich selbst. Jetzt muß ich schon Geschirr spülen und Wäsche waschen. Und ich muß das Mittagessen kochen, damit du etwas Warmes hast, wenn du nach Hause kommst.

Was kann ich dafür, wenn wir die letzten Wochen Überstunden machen mußten. Mache ich nicht mit, stellen Sie mir den Stuhl vor die Tür. Du weißt doch, wie das ist, die sagen nichts, aber bei irgendeiner Gelegenheit bekommt man es zu spüren. Die Überstunden sind ja nicht für dauernd.

Ob Überstunden oder nicht, es geht einfach nicht so weiter. Ach, sagte sie wieder und setzte sich.

Nein, es geht nicht mehr.

[...]

Ja, wir arbeiteten jetzt beide, und für uns beide war die Hausarbeit lästig geworden, weil wir müde und abgespannt an sie herangingen. Wir haben keine Zeit mehr, man durfte sich nicht mehr hinsetzen und eine Stunde dösen. Wir arbeiteten, ohne es besprochen zu haben, gemeinsam nach einem Plan, und obwohl er irgendwie funktionierte, waren wir, ohne es zu besprechen, beide nicht glücklich. Seit einem halben Jahr verdienten wir beide, aber sind wir reicher geworden? Wir haben mehr Dinge für den täglichen Bedarf, wir essen besser und trinken jeden Tag zwei bis drei Flaschen Bier. Das können wir uns leisten. Wir haben mehr Komfort in der Wohnung, aber mit diesem Mehr sind auch die Raten gewachsen in Anzahl und Höhe. Zögen wir Bilanz, würden wir erschrekken, denn es würde uns klarwerden, wie verschuldet wir sind. Aber wir ziehen keine Bilanz, wir fürchten uns davor. Wir machen einfach so weiter, irgendwie wird es schon gehen, auch wenn eines Tages der Gerichtsvollzieher kommen sollte – und er kommt bestimmt. Na ja, das ist heute keine Schande mehr, es gibt unter meinen neuen Arbeitskameraden welche, die prahlen damit, daß bei ihnen der Gerichtsvollzieher aus und ein geht. Vielleicht werden die Raten dann kleiner. Wir essen keine Margarine mehr, nur noch gute Butter kommt auf den Tisch, selten genug essen wir jetzt Eintopf, fast jeden Tag gibt es Fleisch. Ich habe kräftig zugenommen, bekomme langsam einen Bauch. Ingeborg amüsiert sich darüber. Daß ich anfange, dick zu werden, liegt weniger daran, daß ich der zehrenden Arbeit unter Tage entronnen bin, als daran, daß wir nun besser essen und regelmäßig unser Bier trinken. Wir haben viel gewonnen, gewiß, von den Raten abgesehen geht es uns gut. Verloren haben wir nun die Zeit. Wir haben keine Zeit mehr für uns, für den Partner, für den Nachbarn, wir haben auch keine Zeit mehr für die Zeit. Ein Schlagzeugrhythmus treibt uns vom Aufstehen bis zum Zubettgehen.

Grün, Max von der: Irrlicht und Feuer. Erstveröffentlicht Recklinghausen 1963.
© Abdruck mit freundlicher Genehmigung des Rowohlt Verlags, Reinbek bei Hamburg

Michel Houellebecq

Michel Houellebecq, geboren 1958, lebt bis 1964 auf Reunion (ehemaliges französisches Kolonialgebiet) und kommt dann zur Großmutter nach Paris. 1980 beginnt er eine Ausbildung zum Agrartechniker, danach ein EDV-Studium. Ab 1991 arbeitet Houellebecq als Ingenieur und Informatiker für die französische Nationalversammlung. Houellebecq wird für „L'Extension du Domaine de la Lutte" (1994) mit dem „Grand Prix National des Lettres" sowie dem „Prix Flore" für den besten Erstlingsroman ausgezeichnet. Sein Roman „Les Particules élémentaires" (1998) besetzt monatelang Platz eins in der französischen Bestsellerliste.

Werke u.a.:

1994 L'Extension du Domaine de la Lutte (Ausweitung der Kampfzone, 1999)
1998 Interventions (Die Welt als Supermacht. Interventionen, 1999)
1998 Les Particules élémentaires (Elementarteilchen, 1999)

Ausweitung der Kampfzone (1999)

Ein Software-Entwickler steht im Mittelpunkt des Romans. Dieser erfüllt seine Aufgaben nur noch mechanisch, in seinen Kollegen (Freunde hat er nicht) sieht er kaum mehr als Insekten, die es zu sezieren gilt. Seine letzte Freundin hat ihn vor zwei Jahren verlassen. Hinter der Fassade des Zynismus schreit ein verzweifeltes Ich. Wochenlang reist der Erzähler mit einem Kollegen quer durch Frankreich, um ein neues EDV-System einzuführen. Eine Herzattacke und die plötzliche Erkenntnis, im bisherigen Leben nichts wirklich erreicht zu haben, werfen ihn dabei endgültig aus der Bahn.

(nr)/(cw)

Houellebecq, Michel: Ausweitung der Kampfzone. (Ausschnitt)

Später am Nachmittag habe ich an der kleinen Abschiedsfeier für Jean-Yves Fréhaut teilgenommen. Mit ihm verlässt uns, wie der Abteilungsleiter hervorhebt, ein wertvoller Mitarbeiter und hochverdienter Techniker.

Zweifellos werde er auf seiner künftigen Laufbahn mindestens ebenso große Erfolge feiern wie bisher; das jedenfalls wünsche er ihm. Und dass er, wann immer er wolle, in seiner alten Firma auf ein Glas der Freundschaft vorbeikommen möge! Seinen ersten Posten, schließt er in schlüpfrigem Tonfall, könne man ebenso wenig vergessen wie erste Liebe. Ich beginne mich zu fragen, ob er nicht ein wenig zu tief ins Glas geschaut hat.

Kurzer Applaus. Ein sanftes Wogen umgibt J.-Y. Fréhaut. Er dreht sich langsam um die eigene Achse, macht einen zufriedenen Eindruck. Ich kenne diesen Jungen ein bißchen; vor drei Jahren sind wir gleichzeitig in die Firma eingetreten; wir haben im selben Büro gearbeitet. Einmal sprachen wir über die großen Fragen unserer Zeit. Er sagte (und glaubte in gewisser Weise tatsächlich daran), dass die Intensivierung der Informationsflüsse in der Gesellschaft an sich eine gute Sache sei. Dass die Freiheit nichts anderes sei als die Möglichkeit, Verbindungen verschiedenster Art zwischen Individuen, Projekten, Institutionen und Dienstleistungen herzustellen. Das Maximum an Freiheit fiel seiner Meinung nach mit dem Maximum an Wahlmöglichkeiten zusammen. Mit einer der Festkörperphysik entlehnten Metapher nannte er diese Wahlmöglichkeiten „Freiheitsgrade".

Wir saßen, ich erinnere mich, in der Nähe des Großrechners. Die Klimaanlage summte vor sich hin. Er verglich die Gesellschaft gewissermaßen mit einem Gehirn, die Individuen mit Gehirnzellen, für die es tatsächlich wünschenswert ist, so viele Verbindungen wie möglich herzustellen. Darin erschöpfte sich aber die Analogie. Denn er war ein Liberaler und als solcher kein Parteigänger dessen, was für das Gehirn unabdingbar ist: ein Vereinheitlichungsplan.

Sein eigenes Leben war, wie ich später erfuhr, äußerst funktionell. Er bewohnte eine Einzimmerwohnung im 15. Arrondissement. Die Heizung war in den Betriebskosten enthalten. Er hielt sich fast nur zum Schlafen dort auf, denn er arbeitete viel – und las außerhalb der Arbeitsstunden meist eine Zeitschrift namens *Micro-Systèmes*. Die berühmten Freiheitsgrade beschränkten sich, was ihn betraf, auf die Wahl seines Abendessens per Minitel (er hatte ein Abonnement auf eine damals noch neue Dienstleistung, die Zustellung warmer Speisen zu einem genauen Zeitpunkt mit relativ kurzer Lieferzeit).

Abends sah ich gern zu, wie er sein Menü zusammenstellte und dabei das Minitel bediente, das sich in der linken Ecke seines Schreibtischs befand. Ich hänselte ihn wegen der Erothek; aber in Wirklichkeit bin ich überzeugt, dass er noch Jungfrau war.

In gewisser Weise war er ein glücklicher Mensch. Er fühlte sich, nicht zu Unrecht, als Akteur der telematischen Revolution. Er empfand tatsächlich jede Erweiterung der Macht der Informatik, jeden Schritt hin auf die Globalisierung des Netzes als persönlichen Sieg. Er wählte die Sozialisten. Und seltsamerweise bewunderte er Gauguin.

Houellebecq, Michel: Ausweitung der Kampfzone. Roman. Aus dem Französischen von Leopold Federmaier. Berlin: Verlag Klaus Wagenbach, 1999. S. 40-42.
© 1994 Maurice Nadeau
© 1999, NA 2004 Verlag Klaus Wagenbach, Berlin

Weitere Textempfehlungen:
Wolfgruber, Gernot: Niemandsland. Roman. Salzburg, Wien: Residenz Verlag, 2. Auflage, 1979. S. 90-95.

Harald Strätz

Harald Strätz wird 1951 geboren. Er lebt heute in Berlin.

Werke u.a.:

1983   Frosch im Hals

Katastrophal

„Katastrophal" erzählt einige Tage aus dem Leben eines jüngeren Angestellten einer Ministerialverwaltung, den seine Lebensabschnittsgefährtin gerade verlassen hat. Sozial und politisch orientierungslos ist er auf der Suche, ohne zu wissen, was er eigentlich möchte. Seine berufliche Tätigkeit interessiert ihn wenig.

(cw)

Strätz, Harald: Katastrophal. (Ausschnitt)

Diese Jet-set-Dienstreisenden und diese Arbeitsüberlastungslitaneien obendrein. Nein, nicht mit mir. Ich bin kein Dienstreisender. Ich doch nicht. Ich soll und muß es aber verstehen, wenn es denen *auch* mal zuviel wird. Ich und die Sekretärin, wir sind dann das emotionale Scheißhaus. Wir sollen dann die Klageweiber abgeben, die deren Litaneien psalmodieren. Ach, der Zwang der Verhältnisse. Wie werden wir doch alle letztendlich von ihm bezwungen! Vom Zwang der Verhältnisse! Was hab ich mich schon zu beklagen? Mir geht es doch goldgelb. „Sie sehen prächtig aus." Ich sehe also prächtig aus. Was beklag ich mich also? Ich muß mir dieses Gejammere anhören. Wer hört mich denn an? Ja, Herr Regierungsdirektor. Oder: Herr Jansen, wie wir sagen dürfen. Geld verdienen müssen wir alle. Nur bekommen Sie das Dreifache und brauchen laut Tarifvertrag auch nur 8 Stunden zu arbeiten. Warum wettern Sie denn gegen die 35-Stunden-Woche, als könnten Ihnen sonstwelche Nachteile entstehen? Jede Überstunde ist doch Ihr Problem, Sie Laberheini. Ja, ja, ich weiß. Sie haben Frau und Kinder daheim. Na und, warum erzählen

Sie mir denn das? Ich kann mir gut vorstellen, daß Ihre Familie sauer ist, wenn Sie wieder mal auf Dienstreise gehen. Als Pappi kann ich mir Sie überhaupt nicht vorstellen mit Ihrer steilen Beamtenkarriere. Sie sind ja nie da. Die Arbeit frißt Sie auf. Mir ist es scheißegal, wieviel Sie arbeiten. Aber verlangen Sie es dann gefälligst nicht von mir. Für die paar Pißsechser zerreiße ich mich doch nicht. Was machst du denn in Frankfurt, Pappi? Kann ich denn nicht mal mitkommen? Ich möchte auch mal mit dem Flugzeug fliegen. So brrrmmm und auf deinem Schoß sitzen. Bittebitte, Pappi. Warum kann ich denn nicht mitkommen? Mammi, der Pappi will mich nicht mitnehmen. Das hättest du aber nicht sagen dürfen, daß du fliegst. Du weißt doch, daß sie dann immer mit will. Also weißt du!!! Ich würde auch viel lieber in den Wald fahren, Schatzilein, mit euch. Diese Sitzungen sind ja nicht grad ein Zuckerschlecken. Das stellst du dir so schön vor. Ist es aber gar nicht. Immer nur rauchen und abends saufen müssen. Stell dir das mal nicht so einfach vor. Fürs Geld muß man schon mal was tun, Liebes. Jaja, Du bist ja der Ernährer. Ich sag auch nichts mehr. Also wann fliegst du morgen? Soll ich dir noch helfen? Ach nein, laß mal. Ich nehme nur die Aktentasche mit. Macht euch mal zwei schöne Tage ohne mich, ihr beiden. So wehleidig hören sich dann auch Ihre Erzählungen von daheim an, Herr Regierungsdirektor, wenn Sie erschöpft aus Ihrem Zimmer kommen und auf Betriebsklima machen. Wir sollen Sie dann natürlich bedauern. Ich mag das aber nicht, dieses Zuhören müssen als besonderen Beweis des Vertrauens. Ich möchte Ihnen gern mal sagen, daß Sie ein Arschloch sind. Und was für eines, Herr Regierungsdirektor. Ich möchte Sie fragen, Herr Regierungsdirektor, wo Ihr Denkmal steht, wenn ich mal pissen muß.

Dieses ständige Wenn und Aber. Mir ist es doch egal, was der Jansen macht, wenn er sagt, er kommt nach irgendwelchen Terminen nicht wieder. Meinetwegen soll er doch in seinem Garten liegen und sich die Nüsse schaukeln. Nur soll er mich nicht immer zur Rechenschaft ziehen von wegen Arbeitszeit und Pflichtbewußtsein. Wie das immer klingt: Ich gebe mal zur Spritze, wenn jemand nach mir fragt. Eine Spritze, die 3 Stunden dauert – das habe ich auch noch nicht gehört. Ich gehe schließlich auch nach der Arbeitszeit zum Zahnarzt. Der spreizt sich manchmal einen ab. Aber wenn ich endlich mal mehr Geld will: „Wozu brauchen Sie mehr Geld? Geld macht Sie auch nicht zufrieden. Oder macht Sie Geld zufrieden? Das kann ich mir kaum vorstellen." Was soll ich dazu sagen? Meine vornehme aber feige Verschwiegenheit hält mich davon ab. Nein, mehr Geld habe ich wirklich nicht nötig. Es reicht gerade so.

Ja, wirklich. Nein, wirklich. Sie haben recht. Ich sollte zufrieden sein, daß ich überhaupt Arbeit habe. Bedenkt man die wachsende Zahl der Arbeitslosen. Da geht es mir echt goldgelb. Das sage ich ja auch gar nicht. Das habe ich so auch gar nicht gemeint. Äähm... warum bin ich jetzt baff, verfluchter Mist? Ich kann überhaupt nichts mehr sagen. Nicht mal mehr denken. Sie verschlagen mir die Sprache. Sie sind der Zensor meiner Gedanken. Sie sind der Schalter, der meinen Stromkreis unterbricht. Wissen Sie, wie oft Sie schon meinen Stoffwechsel durcheinander gebracht haben? Nur durch Ihre Anwesenheit. Sie sind mein Blutkreislaufinhibitor, das Spurenelement meiner Gastritis. Und das nur, weil Sie mir vorgesetzt wurden als Chef. Jetzt hab ich es wieder, was ich noch sagen wollte: Haben *Sie* denn das viele Geld nötig? Sie verdienen doch dreimal so viel wie ich. Sie müssen ja nicht gerade in Dahlem wohnen und so ein großes Auto fahren. Und Ihre Frau kann doch auch arbeiten gehen, wenn es nicht reicht. Einen Kindergartenplatz, nun ja, bei Ihren Beziehungen! Eine Dreizimmerwohnung in der Gropiusstadt für den halben Preis und einen niedlichen, kleinen Golf, der mit Normal fährt. Was, der ist zu klein? Sie Fatzke. Oder einen französischen. Da können Kinder hinten rein und Monopoly spielen während der Fahrt. Wär denn das nichts? Nein danke, Sie brauchen mir nichts zu spendieren. Damit ich nachher Dankeschön sagen muß. Nein, wirklichechtgehtschonklar. Ich kann das gerade noch bezahlen. Notfalls überziehe ich mein Konto. Die Post gibt mir Kredit. Euro-Scheck, verstehste? Nein, vielen Dank, wirklich sehr großherzig. Aber es muß eben so. Ich brauche nicht unbedingt König-Pilsener mit der silbernen Manschette zu trinken. Pfefferminztee machts auch mal. Bei Aldi, wissen Sie, da kaufe ich den immer engros.

Wer gibt mir das Recht, polemisch zu werden? Ich kenne doch meine Schwierigkeiten. Soll ich bei dieser angespannten Wirtschaftslage nicht doch lieber den Mund halten und meine Arbeit machen und sonst gar nichts? Wie sagten Sie neulich mal zu mir, als ich wieder mal mit Ihrem Ehrgeiz und Ihrer Arbeitswut nicht mitziehen wollte: Dienst ist Dienst und Schnaps ist Schnaps! Sehen Sie, Herr Regierungsdirektor, mehr als meinen Dienst mache ich doch auch gar nicht. Ich habe doch auch noch ein Privatleben. Und das geht Sie nichts an. Ich werde nicht mein Intimleben vor Ihnen ausbreiten. Oder verstehen Sie unter diesem Spruch etwas anderes? Also nee, mein Lieber, wie Sie sich das vorstellen, so läuft das nicht. Ich arbeite für Sie, damit Sie die Leistungsfähigkeit Ihrer Abteilung vorweisen können. Dienst ist Dienst und Schnaps ist

Schnaps. Sie Vollidiot, Sie verpupter. Soll ich genauso wie Sie meine Freizeit opfern, damit ich für Sie die Erfolgserlebnisse vorbereite? Aber nicht doch für die paar Pißsechser, großer Meister. Da werden wir kein Paar. Vor dem Dienstherrn müssen Sie sich alleine profilieren oder sich einen anderen Dummen suchen.

Leider sage ich das nie. Mitten in diese Überlegungen klingelt das Telefon. Die Sekretärin nimmt ab und meldet sich mit ewig wiederkehrender Routine und gleichmäßiger Freundlichkeit. Ein Gespräch für Regierungsdirektor Jansen.

Strätz, Harald: Katastrophal. In: Müller-Schwefe, Hans-Ulrich (Hrsg.): Von nun an. Neue deutsche Erzähler. Frankfurt am Main: edition Suhrkamp, 1980. S. 245-249.
© 1980 Suhrkamp Verlag Frankfurt am Main

Jonathan Franzen

Jonathan Franzen ist 1959 in Western Springs (Illinois) geboren und wächst in Webster Groves (Missouri), einer Vorstadt von St. Louis, auf. Im Jahr 1988 veröffentlicht er den Roman „The Twenty-Seventh City", 1992 einen zweiten, „Strong Motion". Für seinen dritten Roman „The Corrections", in Amerika als literarische Sensation gefeiert und millionenfach verkauft, bekommt er 2001 den National Book Award verliehen. Jonathan Franzen studiert eine Zeit lang in Berlin und München und lebt heute in New York.

Werke u.a.:

1988 The Twenty-Seventh City (Die 27ste Stadt, 2003)
1992 Strong Motion
2001 The Corrections: A Novel (Die Korrekturen, 2002)
2002 How to be Alone (Anleitung zum Einsamsein, 2002)

Die Korrekturen (2002)

Nach fast fünfzig Jahren als Ehefrau und Mutter ist Enid Lambert entschlossen, ihr Leben ein wenig zu genießen. Alles könnte so schön sein, gemütlich, harmonisch. Doch Parkinson hat ihren Mann Alfred immer fester im Griff, und die drei Kinder haben das traute Familienheim längst verlassen, um ihre eigenen tragikomischen Malaisen zu durchleben. Der Älteste, Gary, Abteilungsleiter bei einer Bank, steckt in einer Ehekrise und versucht mit aller Macht, seine Depression klein zu reden. Der Mittlere, Chip, steht am Anfang einer Karriere als Literaturprofessor, aber Liebestollheit wirft ihn aus der Bahn, und er findet sich in Litauen wieder, als verlängerter Arm eines Internet-Betrügers. Und Denise, die erfolgreiche Meisterköchin, geht ihre eigenen Wege und setzt so, in den Augen der Mutter zumindest, Jugend und Zukunft aufs Spiel. In dem Wunsch, es endlich einmal so richtig gut zu haben – und Alfred aus seinem blauen Sessel zu locken, in dem er immer schläft –, verfolgt Enid nur ein Ziel: Sie möchte die ganze Familie zu einem letzten Weihnachtsfest zu Hause um sich scharen.

Franzen, Jonathan: Die Korrekturen. (Ausschnitte)

„Russland ist im August Bankrott gegangen", sagte Gitanas. „Sie haben vielleicht davon gehört? Anders als über unsere Wahlen wurde darüber ausführlich berichtet. Das waren *Wirtschafts*nachrichten. Das ging die Investoren an. Es ging auch Litauen an. Unser Haupthandelspartner hat jetzt Schulden in harter Währung, die ihn lahm legen, und einen wertlosen Rubel. Dreimal dürfen Sie raten, womit unsere Hühnereier bezahlt werden: Dollar oder Rubel. Und die Lkw-Fahrwerke aus unserer Chassis-Fabrik, der einzig guten Fabrik, die wir haben: mit Rubeln natürlich. Aber der Rest des Lkws wird in Wolgograd hergestellt, und diese Fabrik hat dichtgemacht. Also kriegen wir nicht einmal mehr Rubel." [...]
„Interessant, was Sie da erzählen", sagte er zu Gitanas.
„Ist es. Ist es wirklich", stimmte Gitanas zu, die Arme wieder fest um sich geschlungen. „Brodsky hat gesagt: ‚Frischer Fisch stinkt immer, gefrorener nur, wenn er taut.' Also, nach der großen Tauwetterperiode, als die ganzen kleinen Fische aus dem Gefrierschrank kamen, haben wir uns erst mal für alles Mögliche begeistert. Ich auch. Sehr sogar. Aber es wurde Misswirtschaft getrieben. In New York hatte ich noch meinen Spaß, aber wieder zu Hause – da hatten wir eine ordentliche Depression. Dann, viel zu spät, 1995 nämlich, haben wir den Litas an den Dollar gekoppelt und, viel zu schnell, mit der Privatisierung begonnen. Es war nicht meine Entscheidung, aber vielleicht hätte ich dasselbe getan. Die Weltbank hatte Geld, das wir brauchten, und die Weltbank sagte: Los, privatisiert. Also haben wir den Hafen verkauft. Und die Fluggesellschaft. Und die Telefongesellschaft. Das höchste Angebot kam in der Regel aus den USA, manchmal aus Westeuropa. Das war gar nicht so geplant, ergab sich aber so. Niemand in Vilnius hatte Geld. Und die Telefongesellschaft sagte, gut, dann haben wir jetzt eben ausländische Eigentümer mit tiefen Taschen, immerhin sind der Hafen und die Fluggesellschaft ja noch zu hundert Prozent litauisch. Tja, und der Hafen und die Fluggesellschaft dachten genauso. Aber auch das war noch okay. Wenigstens floss jetzt Kapital, es gab besseres Fleisch beim Schlachter, weniger Elektrizitätsengpässe. Sogar das Wetter schien milder. Meistens gelangte die harte Währung in die Hände von Verbrechern, aber das ist postsowjetische Realität. Erst taut's, dann fault's. Das hat Brodsky nicht mehr erlebt. Schön, aber dann brachen die ganzen großen Wirtschaftssysteme zusammen, Thailand, Brasilien, Korea, und das war wirklich ein Problem, denn nun floss das ganze Kapital zurück in die USA. Zum Bei-

spiel fanden wir heraus, dass unsere nationale Fluggesellschaft zu vierundsechzig Prozent dem Quad Cities Fund gehörte. Was das ist? Ein thesaurierender Wachstumsfonds, der von einem jungen Burschen namens Dale Meyers verwaltet wird. Sie haben sicher noch nie was von Dale Meyers gehört, aber in Litauen kennt ihn jeder." [...]

„Dale Meyers lebt im Osten Iowas", sagte Gitanas. „Dale Meyers hat zwei Mitarbeiter, einen großen Computer und ein Drei-Milliarden-Dollar-Portfolio. Dale Meyers behauptet, es sei gar nicht seine Absicht gewesen, eine maßgebliche Beteiligung an unserer nationalen Fluggesellschaft zu erwerben. Angeblich war es ein EDV-gesteuerter Vorgang. Einer seiner Mitarbeiter habe bei der Dateneingabe einen Fehler gemacht, sodass der Computer immer mehr Aktien der Lithuanian Airlines angekauft habe, ohne zwischendurch die Gesamtmenge auszuweisen. Schön, Dale entschuldigt sich bei allen Litauern für das Versehen. Er sagt, er verstehe durchaus, wie wichtig eine Fluggesellschaft für die Wirtschaft und das Selbstwertgefühl eines Landes sei. Doch wegen der Krise in Russland und im Baltikum ist niemand an Flugtickets der Lithuanian Airlines interessiert. Und jetzt entziehen amerikanische Investoren der Firma Quad Cities ihr Geld. Dales einzige Chance, seinen Zahlungsverpflichtungen nachzukommen, besteht darin, den größten Vermögenswert der Lithuanian Airlines zu liquidieren. Ihre Flotte. Er wird die drei YAK 40 an eine Luftfrachtgesellschaft in Miami verkaufen. Und die sechs Aerospatiale-Turbopropmaschinen an eine Startup-Pendelfluggesellschaft in Neuschottland. Besser gesagt, er hat es schon getan, gestern. Zack, und weg ist die Fluggesellschaft."

„Autsch", sagte Chip.

Gitanas nickte heftig. „Ja! Ja! Autsch! Zu dumm, dass Lkw-Chassis nicht fliegen können! Okay, weiter. Als Nächstes liquidiert ein amerikanischer Mischkonzern namens Orfic Midland den Hafen von Kaunas. Ebenfalls über Nacht. Zack! Autsch! Und dann werden sechzig Prozent der Bank von Litauen von einer Vorstadtbank in Atlanta, Georgia, geschluckt. Und eure Vorstadtbank liquidiert die Währungsreserven unserer Bank. Eure Bank verdoppelt über Nacht die Zinsrate für Unternehmenskredite in unserem Land – warum? Um die schweren Verluste aus ihrer fehlgeschlagenen Peanuts-MasterCardserie auszugleichen. Autsch! Autsch! Aber spannend, wie? Litauen ist kein besonders erfolgreicher Spieler, was? Litauen hat richtig Scheiße gebaut!"

„Wie geht's euch Männern?", fragte Eden, als sie mit April im Schlepptau in ihr Büro zurückkam. „Wollt ihr nicht doch ins Sitzungszimmer gehen?"

Gitanas stellte eine Aktentasche auf seinen Schoß und öffnete sie.
„Ich erkläre Cheep gerade, weswegen Amerika mir Bauchschmerzen bereitet."
[...]
„Wir haben den Internationalen Währungsfonds und die Weltbank um Hilfe gebeten", sagte Gitanas. „Da sie uns zur Privatisierung aufgefordert haben, interessiert sie womöglich auch, dass unsere Nation, unser privatisierter Staat, heute eine von Semianarchie, kriminellen Kriegsherren und Subsistenzwirtschaft beherrschte Zone ist? Leider richtet sich die Reihenfolge, in der sich der IWF mit Beschwerden bankrotter Staaten befasst, nach der Größe ihres jeweiligen Bruttosozialprodukts. Letzten Montag war Litauen Nummer sechsundzwanzig auf der Liste. Jetzt sind wir Nummer achtundzwanzig. Paraguay hat uns geschlagen. Immer Paraguay."

„Autsch", sagte Chip.

„Paraguay ist irgendwie der Fluch meines Lebens."

„Gitanas, ich hab's Ihnen doch gesagt, Chip ist Ihr Mann", warf Eden ein, „aber hören Sie – „

„Laut IWF muss man mit Verzögerungen von bis zu sechsunddreißig Monaten rechnen, bevor eine Rettungsaktion überhaupt beginnen kann!"

Eden ließ sich auf ihren Stuhl plumpsen. „Meinen Sie, wir sind hier bald fertig?"

Gitanas zeigte Chip einen Computerausdruck, den er aus seiner Aktentasche geholt hatte. „Sehen Sie diese Internet-Seite hier? ‚Ein Service des US-Außenministeriums, Amt für europäische und kanadische Angelegenheiten'. Dort heißt es: Litauische Wirtschaft schwer angeschlagen, Arbeitslosigkeit bei fast zwanzig Prozent, Strom und fließendes Wasser in Vilnius zeitweise unterbrochen, andernorts knapp. Welcher Unternehmer wird wohl in so ein Land Geld investieren?"

„Ein litauischer?"

„Ja, sehr komisch."

Franzen, Jonathan: Die Korrekturen. Roman. Aus dem Amerikanischen von Bettina Abarbanell. Reinbek bei Hamburg: Rowohlt Verlag, 2002. S. 157-162.
© 2002 by Rowohlt Verlag GmbH, Reinbek bei Hamburg
„The Corrections" © 2001 by Jonathan Franzen

Tom Coraghessan Boyle

Tom Coraghessan Boyle (eigentlich John Boyle) wird am 2. Dezember 1948 in Peekskill (New York) geboren. Boyle's Vater war von Beruf Busfahrer und seine Mutter Sekretärin. Boyle hat seit 1986 an der University of Southern California in Los Angeles eine Professur für Englisch inne. Für seinen Roman „World's End" erhielt er 1987 den PEN/Faulkner-Preis. Boyle ist seit 1974 mit Karen Kvashay verheiratet, die beiden haben drei Kinder und leben in der Nähe von Santa Barbara (Kalifornien).

Werke u.a.:

1982 Water Music (Wassermusik, 1987)
1984 Budding Prospects (Grün ist die Hoffnung, 1993)
1990 East is East (Der Samurai von Savannah, 1992)
1995 The Tortilla Curtain (América, 1996)
2000 A Friend Of The Earth (Ein Freund der Erde, 2001)

América (1995)

Der Zusammenstoß des Mexikaners Cándido mit Delaney Mossbachers wachsgepflegtem Auto ist ein wortwörtlicher: Cándido, auf dem Weg zur Arbeit, rennt Delaney direkt vor die Haube und wird schwer verletzt. Da die Schuldfrage sich nicht klären lässt und Cándido offenbar kein Englisch kann, drückt Delaney ihm eine 20-Dollar-Note in die Hand. Zwei Welten, die sich fremder nicht sein könnten: hier América und Cándido, illegale Einwanderer aus Mexiko, dort das Ehepaar Mossbacher – liberale, umwelt- und ernährungsbewusste Angloamerikaner in Los Angeles.

Boyle, T. Coraghessan: América. (Ausschnitt)

„América saß im Schatten des überdachten Unterstandes, den die Gringos gebaut hatten, um die arbeitslosen Tagelöhner vor der Sonne zu schützen (und damit gleichzeitig auch von der Straße fernzuhalten, vom Parkplatz vor dem Postamt und generell außer Sicht) und dachte über Cándido nach. In seiner Sturheit akzeptierte er nicht, daß auch sie etwas tun konnte. Er war zu sehr der Boss, der Mann, der *patrón*. Behandelte sie wie ein ahnungsloses Kind, wie eine, die man an der Hand führen und vor allem Bösen auf dieser Welt beschützen mußte. Nun, sie hatte Neuigkeiten für ihn: Sie war kein Kind mehr. Bekamen Kinder etwa Kinder? In fünf Monaten würde sie Mutter sein, und was dann? Und wenn ihr dieser unbekannte Ort Angst einjagte – das ganze Land, die Gringos mit ihrer überheblichen Art und ihrem allmächtigen Dollar, mit den brandneuen Kleidern und schicken Frisuren, diesen fremden Sitten und dieser Sprache, die wie das ununterbrochene Geblöke irgendeines vierbeinigen Viehs klang –, so tat sie doch, was getan werden mußte, und sie konnte für sich selbst sorgen. Das konnte sie.

Nachdem sie am Vortag immer nur in der Ecke gesessen und sich nicht getraut hatte, auch nur ein Wort zu sagen, hatte sie an diesem Morgen gleich zu Anfang allen Mut zusammengenommen und war direkt zu dem Mann gegangen, der die Leute zuteilte, um ihren Namen zu sagen und ihn nach Arbeit zu fragen. Sicher, wenn er ein Gringo gewesen wäre, hätte sie nie den Mund aufgemacht – und er hätte sie ja auch gar nicht verstanden –, aber der Mann war ein Campesino aus Oaxaca, der verwaschene Jeans und einen Strohhut wie die Männer in Tepoztlán trug, und er redete sie gleich mit Du an und nannte sie sogar „Tochter".

Mindestens fünfzig oder sechzig Männer saßen im Raum, und sie alle hören zu sprechen auf, als sie zu dem Mann aus Oaxaca trat. Niemand hatte erkennbar von ihr Notiz genommen, solange sie für sich geblieben war, im Morgengrauen an irgendeinen Baumstumpf gekauert saß und sich ebenso elend wie alle anderen fühlte, aber jetzt kam es ihr vor, als stünde sie auf der Bühne. Alle Männer starrten sie an, jeder einzelne, manche offen, manche verstohlen, wobei ihre Blicke sich hinter den Rändern ihrer Sombreros und Baseballmützen verschanzten, sobald sie hinsah. In der ganzen Meute war sie die einzige Frau. Und obwohl sie die Glotzerei verunsicherte – und auch etwas nervös machte, als ihr auffiel, daß es hier wohl gar keine Arbeit für Frauen gab, da sie die einzige war -, wurde ihr seltsam warm ums Herz, als sie mit dem Mann in den zerschlissenen Jeans sprach. Zunächst wußte sie nicht, woran es lag, aber dann wurde es ihr klar: alle Gesichter im Raum wirkten vertraut. Sie waren es natürlich nicht, aber es waren die Gesichter ihres eigenen Volks, ihres Stammes – Gesichter, mit denen sie aufgewachsen war, und das allein war schon beruhigend.

Der Mann hieß Candelario Pérez. Er war untersetzt, etwa Mitte Vierzig und man sah ihm an, daß er zupacken konnte. Die übrigen hatten ihn formlos dazu bestimmt, für Ordnung zu sorgen (zum Beispiel dafür, daß die Männer nicht über jeden Wagen herfielen, der auf den Parkplatz einbog, sondern abwarteten, bis sie an die Reihe kamen), den Unterstand sauber zu halten und zwischen den Arbeitern und den Gringos der Kommunalverwaltung zu vermitteln, die das Grundstück und das Bauholz gestiftet hatten, um etwas für die Arbeits- und Obdachlosen zu tun. „Für Frauen gibt's wenig Arbeit hier, Tochter", sagte er, und sie entdeckte Mitgefühl in seinen Augen. Er kannte sie nicht, und doch ging sie ihm nahe, das spürte sie.

„Braucht denn niemand in den großen Häusern hier jemanden, der den Backofen putzt oder den Fußboden wischt? Passiert so etwas nie?"

Alle Männer beobachteten sie. Der Verkehr – enorm viel Verkehr – brauste auf der Cañonstraße vorbei, mit siebzig, achtzig Kilometern in der Stunde, Stoßstange an Stoßstange, kaum Platz zum Luftholen dazwischen. Candelario Pérez betrachtete sie lange. „Mal sehen, Tochter, mal sehen", sagte er, und dann zeigte er ihr, wo sie sich hinsetzen sollte, deutete auf die Ecke, in der sie nun schon seit über drei Stunden saß.

Ihr war langweilig. Sie hatte Angst. Wenn sie nun keine Arbeit fand – weder heute noch überhaupt jemals? Was sollten sie essen? Woher sollte ihr Baby Kleidung, Wohnung, Nahrung bekommen? Und diese Arbeitsvermittlung – war das nicht der ideale Ort für die Männer in den hellbraunen Hemden von *La Migra*? Die brauchten doch nur mit ihren kotzegrünen Lastwagen vorzufahren und Dokumente zu verlangen, *la tarjeta verde*, die grüne Karte, Geburtsurkunde, Führerschein, Sozialversicherungsnummer. Was hinderte sie daran? Es war wie Fische im Aquarium fangen. Jedesmal, wenn ein Auto auf den Parkplatz fuhr und zwei bis drei Männer sich darum scharten, hielt sie ebenso hoffnungsvoll wie furchtsam den Atem an – sie wollte Arbeit, ganz dringend sogar, und hatte dabei doch schreckliche Angst vor den nichtssagenden blassen Gesichtern der Männer, die sie hinter den Windschutzscheiben anstarrten.

Boyle, T. Coraghessan: América. Roman. Aus dem Amerikanischen von Werner Richter.
© 1995 T. Coraghessan Boyle
Titel der amerikanischen Ausgabe:
„The Tortilla Curtain" (Viking, New York 1995)
© 1996 der deutschsprachigen Ausgabe:
Carl Hanser Verlag, München, Wien

Nadine Gordimer

Nadine Gordimer wird am 20. November 1923 in Springs (Südafrika) geboren. Zu Nadine Gordimers großem Werk zählen Romane, Kurzgeschichten und Essays. Zuletzt erschienen die Romane „Niemand, der mit mir geht" und „Die Hauswaffe" sowie die Essaysammlung „Zwischen Hoffnung und Geschichte". Nadine Gordimer ist eine der bedeutendsten Autorinnen der Gegenwart. 1991 wurde sie mit dem Nobelpreis ausgezeichnet. Sie lebt in Johannesburg (Südafrika).

Werke u.a.:

1979 Burger's Daughter (Burgers Tochter, 1981)
1981 July's People (Judy's Leute, 1983)
1987 A Sport of Nature (Ein Spiel der Natur, 1987)
1990 My Son's Story and her most recent (Die Geschichte meines Sohnes, 1991)
1994 None to Accompany Me. (Niemand, der mit mir geht, 1995)

Ein Mann von der Straße (2001)

Die Frage ist: Wer hat hier wen aufgegabelt? Julies alter Wagen tut es nicht mehr. Mitten im Verkehr von Johannesburg bleibt er stehen. Der Mann, der ihr hilft, ist Mechaniker – er kommt aus einem Land, von dem sie kaum einmal gehört hat. Sein Name ist Abdu, und er erklärt sich bereit, ihr beim Kauf eines neuen Wagens zu helfen. Die beiden kommen sich näher, auch wenn weder Julies Freunde noch ihr wohlhabender Vater sich diese Beziehung erklären können. Abdu lebt und arbeitet als Illegaler in Südafrika. Als er ausgewiesen wird, folgt Julie ihm in sein Heimatland.

Gordimer, Nadine: Ein Mann von der Straße. (Ausschnitt)

„Sie redeten bis spät am Abend; über ihn, sein Leben; ihres war hier, wo sie waren, in ihrer Stadt, die Umstände offen für ihn zu erkennen in den Straßen, den Gesichtern, der Geschäftigkeit – aber er, sein Leben, war verborgen. Keine Spur von ihm auf irgendeiner Lohnliste, keine Adresse außer einer Werkstatt, und unter einem Namen, der nicht der seine war. Ein anderer Name? Sie war bestürzt: aber er war doch hier, eine lebendige Gegenwart in ihrem Zimmer, eine Atmosphäre aus Haut, Ein- und Ausatmen, die sich mit der aus ihren Lebensgewohnheiten mischte, mit dem Essen, den Sachen, die herumlagen, den Kissen im Rücken. Nicht sein Name? Nein – denn er war mit einem befristeten Visum hereingelassen worden, das vor über einem Jahr abgelaufen war, und unter seinem Namen wurde er sicherlich gesucht.

Und dann?

Er machte eine Geste: Raus.

Wohin würde er gehen? Sie sah aus, als überlegte sie sich schon Vorschläge; in dem einflussreichen Milieu, aus dem sie kommt, gibt es immer Lösungen.

Er beugte sich vor, um sich noch Wein einzuschenken, wie er sich zur Zuckerdose vorgebeugt hatte. Er sah sie an und lächelte langsam.

Aber es gibt doch bestimmt...?

Immer noch lächelnd, schüttelte er sanft den Kopf. Dann eine Litanei der Länder, die ihn nicht hereingelassen hatten. Ich bin ein Drogendealer, ich bin ein Mädchenhändler, ich werd dem Staat zur Last fallen, sagen sie, ich werd jemand anders den Job wegnehmen, ich werd für weniger Geld arbeiten als die Einheimischen.

Und darüber konnten sie kurz lachen, denn das war genau, was er tat.

Schrecklich. Das ist unmenschlich. Eine Schande.

Nein. Siehst du sie nicht an den Orten, wo du gerne hingehst, im Café? Der Crack, den man da kaufen kann wie eine Schachtel Streichhölzer, die Straßengangs, die deine Brieftasche stehlen, die Frau, die jeder Mann kaufen kann – für wen arbeiten die? Für die von draußen, die reingelassen worden sind. Meinst du, das ist gut für dein Land?

Aber du ... du bist doch keiner von denen.

Das Gesetz gilt für mich genauso. Wie für die. Nur die sind schlauer, die haben mehr Geld – um zu zahlen. Seine lange Hand öffnete sich, die Finger entfalteten sich vor ihr, Gelenk um Gelenk.

Es gibt Gesten, die das Leben von Menschen entscheiden: der Händedruck, der Kuss; dies war eine Geste, an der Grenze, bei der Passkontrolle, die über ihr Leben keine Macht hatte.

Bestimmt lässt sich etwas tun. Für ihn.

Seine Hand schloss sich wieder, und er ließ sie aufs Knie fallen. Geistesabwesend entzog er sich dem Gespräch und betrachtete den Stapel CDs neben sich. Sie stellten fest, dass sie doch etwas Gemeinsames hatten: eine Begeisterung für Salif Keita, Youssou N'Dour und Rhythm & Blues, und hörten sich Aufnahmen auf ihrer Anlage an, die er in höchsten Tönen lobte. Du fährst einen Gebrauchtwagen, aber für Musik hast du eine erstklassige Anlage.

Wie es schien, spürten beide im selben Augenblick, dass es Zeit für ihn war, zu gehen. Sie fand es selbstverständlich, ihn nach Hause zu fahren, aber er lehnte ab, er würde in einem Kombi-Taxi mitfahren.

Kein Problem? Hast du's weit? Wo wohnst du?

Er sagte es ihr: hinter der Werkstatt war ein Zimmer, das ihm der Besitzer überlassen hatte."

Gordimer, Nadine: Ein Mann von der Straße. Aus dem Englischen von Heidi Zerning
    Berlin: Berlin-Verlag, 2001. S. 25-27.
Die Originalausgabe erschien 2001 unter dem Titel
The Pickup
bei Farrar, Straus & Giroux, New York
© 2001 by Felix Licensing. B.Y.

Für die deutsche Ausgabe:
2001 Berlin Verlag, Berlin

Weitere Textempfehlung:
Arjouni, Jakob: Ein Mann, ein Mord. Ein Kayankaya-Roman. Zürich: Diogenes Verlag,
    1993. S. 6-8.

2. Politische Aspekte

Leo Kißler

Die Dinosaurier werden immer trauriger.
Große Bürokratien und kleine Bürokraten im Fokus von Organisationsforschung, Gesellschaftstheorie und Literatur

Karikatur als Annäherung

Hinter einem überdimensionierten Schreibtisch sitzt, mit Krawatte und Ärmelschonern, ein Dinosaurier, das Telefon hinter das schuppige Ohr geklemmt, dösend. Wer hier auf dem Außencover eines bekannten Hamburger Nachrichtenmagazins karikiert wird, erschließt sich auf den ersten Blick: der Beamte als Bürokrat. Ganz offenkundig bedient das Bild die mit dem Stereotyp verknüpften Eigenschaften, und dem literarisch Gebildeten mag angesichts der einzigen sichtbaren Tätigkeit dieses ansonsten trägen Wesens schon an dieser Stelle einfallen, was dem K. in Kafkas „Schloß" vom „Vorsteher" gesagt wird und was dieser vom Hörensagen weiß: Dort werde „ununterbrochen telefoniert, was natürlich das Arbeiten sehr beschleunigt".

Auf den zweiten und dem wissenschaftlich geschulten Blick erschließt die Karikatur eine weitere Perspektive durch Symbolisierung. Das dargestellte Arbeitsmittel (Telefon) erscheint dann als Machtinstrument, die Büroausstattung (überdimensionierter Schreibtisch) als Herrschaftssymbol. Jetzt wird klar: Es geht nicht um eine Person, sondern um ein System; nicht der Bürokrat, sondern die Bürokratie wird karikiert. Hinter dem Schreibtisch lauert der personifizierte Obrigkeitsstaat. Als Wilhelm Voigt, der spätere Hauptmann von Köpenick, im gleichnamigen Stück von Carl Zuckmayer in die Amtsstube tritt, sieht er sich konfrontiert mit Insignien der Macht (Papier, Akten- und Kassenschrank) und einer ausgeprägten Herrschaftssymbolik (Kaiserbild, Verordnungstafeln, Gendarmeriesäbel und Pickelhauben am Kleiderhaken). Und schließlich fällt ein Weiteres auf: Der Bürokrat und das System, das ihm seinen Namen gibt, stehen offenbar vor ihrem historischen Aus. In Gestalt des Dinosauriers erscheinen sie als Relikte eines versunkenen Zeitalters. Dies deckt sich mit der wissenschaftlichen Prämisse, die Macht nicht situativ, sondern als historisch variablen Vergesellschaftungsmodus begreift und ebenso wie ihre jüngere Schwester, die bürokratische Herrschaft, als Voraussetzung und Folge eines historisch-gesellschaftlichen Entwicklungsprozesses. Es handelt sich deshalb um sozialwissenschaftliche Schlüsselkategorien. Für sie gilt, wie für andere Kernbegriffe der Sozialwissenschaften auch: Sie sind schillernd, mehrdeutig und letztlich „soziologisch amorph" (so Max Weber zum Machtbegriff). Gleichwohl erschließen sie uns eine gesellschaftliche Wirklichkeit, in der Macht ubiquitär und Herrschaft allgegenwärtig ist.

Was die Mächtigen von den Machtlosen unterscheidet: Machtquellen

Sozialwissenschaftlich begründete Vorstellungen, wir lebten in einer „total verwalteten Welt" (Theodor W. Adorno) und die großen Bürokratien seien „eherne Gehäuse der Hörigkeit" (Max Weber), prägten wissenschaftliche Diskurse unterschiedlicher Provenienz und finden bis heute in bürokratiekritischen Abhandlungen ihren Niederschlag. Für eine systematische Annäherung an das Thema und für die Beantwortung der Ausgangsfrage Was ist Macht? empfiehlt es sich, ein soziologisches Wörterbuch oder einen „Klassiker" zu Rate zu ziehen. Beginnen wir bei Letzterem: „Jede Chance innerhalb einer sozialen Beziehung, den eigenen Willen auch gegen Widerstreben durchzusetzen, gleichviel, worauf diese Chance beruht" – so heißt die wohl bekannteste soziologische Definition von Macht. Sie stammt von Max Weber. Träger der Macht können sowohl Personen sein, aber auch Gruppen, Verbände, Parteien oder Staaten, die über die Möglichkeit verfügen, ihren Willen (besser: ihre Interessen) durchzusetzen. Handelt es sich um Individuen, die ihre Interessen gegenüber anderen durchsetzen, dann spricht man von personaler Macht.

Chancen zur Interessensdurchsetzung können in der Persönlichkeit (Attraktion), in Autorität (die auf rationalem Wissen, legalen Rechten, traditionellem Glauben oder auf Charisma beruhen kann) und in Amtsbzw. Befehlsgewalt begründet sein, aber auch in der Verfügung über Organisationsmittel liegen.

Von strukturell verankerter Macht sprechen wir mit Blick auf die strukturell vorgegebenen Sozialbeziehungen, wie z.B. die Einkommensverteilung oder Positionshierarchien bzw. ganz allgemein die sozialen Ungleichheitsstrukturen in einer Gesellschaft, durch die eine Machtausübung von Personen oder Gruppen ermöglicht wird. Macht hat demnach eine mikrosoziologische Komponente (innerhalb einer Sozialbeziehung den Willen durchzusetzen) und eine makrosoziologische Dimension (die gesellschaftlichen Machtasymmetrien auf der Grundlage von sozialer Ungleichheit). Vor allem letztere bergen Machtquellen, die in der ungleichen Verteilung und Verfügung über materielle Ressourcen (des Reichtums), symbolische Ressourcen (z.B. Information, Wissen) und über soziales Kapital (Beziehungen, Netzwerke etc.) liegen und die erklären, was die Mächtigen von den Machtlosen unterscheidet.

Wie Macht aus sozialem Kapital entsteht zeigt, *Leo Tolstoi* am Beispiel seines Protagonisten Stjepan Arkadjitsch. Hineingeboren in ein Milieu, „das die Mächtigen dieser Erde darstellte", bekleidet dieser den „gut bezahlten Posten eines Präsidenten bei einem der Moskauer Gerichte", dank verwandtschaftlicher Vermittlung. Diese ist ihrerseits nur ein Element eines verzweigten Systems von durch Bekanntschaften, Verwandtschaften und seilschaftliche Beziehungen geknüpften Netzwerke mit nepotistischen Zügen. Was den einen nach oben bringt, hält den anderen unten. Die Absicherung der Macht durch soziale Ungleichheit wird flankiert durch deren ideologische Begründung als selbstverschuldet oder als gottgewollt. Dies erklärt unter anderem, warum die einen mehr Chancen haben als andere, ihren Willen durchzusetzen, aber auch: warum Befehle Gehorsam finden.

Die „Chance, für einen Befehl bestimmten Inhalts bei angebbaren Personen Gehorsam zu finden", setzt das Bestehen einer legitimen, als gültig anerkannten Ordnung voraus. Diese unterscheidet Macht von legitimierter Macht und damit (im Verständnis von Max Weber) von Herrschaft. Während Macht in einer hochgradig organisierten Gesellschaft vornehmlich in Organisationen stattfindet, handelt es sich bei Herrschaft um entpersonalisierte, formalisierte und in eine übergreifende Ordnung (z.B. Staat) integrierte Machtverhältnisse. Macht in Organisationen und organisierte Macht stecken die Hauptarbeitsgebiete der soziologisch geprägten Organisationsforschung und Herrschaftssoziologie ab. Sie können uns zeigen,

- warum Befehle Gehorsam finden,
- warum Macht ärgerlich, aber dennoch legitim sein kann, und schließlich vermitteln sie
- einen Eindruck von den Risiken der totalen, gesellschaftlich entgrenzten Macht.

Warum Befehle Gehorsam finden: Herrschaftsformen

Es gibt viele Gründe, warum Befehle Gehorsam finden. Eine generelle Antwort heißt, weil Machtmittel zum Einsatz kommen. Hierzu zählen das Inaussichtstellen von Sanktionen (Vor- und Nachteile) ebenso wie der Einfluß, die Autorität oder Attraktion, die eine Person oder Organisation aufzuweisen haben. Die Gewalt ist demnach nicht identisch mit Macht, sondern ein Machtmittel. Entgegen der landläufigen Ansicht, wonach die Macht aus den Gewehren komme, kommt aus diesen nur Gewalt. Die unterschiedlichen Zwangsmittel der repressiven Macht und Beeinflussungsinstrumente der symbolischen Macht (z.B. Erziehung, Sozialisation etc.) werden komplettiert durch die *Definitionsmacht*. Über jene verfügt, wer die Regeln, nach denen sich die Menschen in ihrem Handeln orientieren, setzt, interpretiert und umsetzt. Die in bürgerlichen Gesellschaften höchste Instanz der Definitionsmacht ist der Staat. Im Zyklus der Regelproduktion ist er in jeder Phase beteiligt: bei der Regelsetzung durch die gesetzgebenden Parlamente, bei der Regelinterpretation durch die Justiz und bei der Regelumsetzung durch die Verwaltung. Die Bürokratie ist demnach das Medium der staatlichen Verwaltung und das Ergebnis einer fortschreitenden Institutionalisierung von Macht durch Normierung, bis zu ihrer Zentrierung in staatlicher Herrschaft. Diese unterscheidet sich weniger durch den Grad an Institutionalisierung, sondern vor allem durch ihre Legitimität von anderen Formen der Machtentfaltung.

Max Weber unterscheidet drei reine Typen legitimer Herrschaft: die legale Herrschaft, die traditionale und die charismatische Herrschaft. Findet letztere ihren Legitimationsglauben in den außeralltäglichen Qualitäten einer „herrschenden" Person, so beruft sich die traditionale Herrschaft auf „die Heiligkeit der geltenden Traditionen". Die Legitimation der legalen, bürokratischen Herrschaft entspringt ihrer „Rationalität". Sie ist Ausdruck eines langen Prozesses der Rationalisierung und Entzauberung der okzidentalen Welt und in ihren Folgen ambivalent. Einerseits löst sie die Menschen aus affektiven und traditionellen Bindungen und ermöglicht dadurch erst auf selbstgesteckte Zwecke gerichtetes Handeln, schafft aber andererseits jenes „stahlharte Gehäuse" der Hörigkeit, das als Herrschaft der Bürokratie nicht nur legitim, sondern auch ein gesellschaftliches Ärgernis ist.

Der gesellschaftliche „Fortschritt" dieser Herrschaftsform besteht darin, dass sie die Willkür des Fürsten durch die Herrschaft des Gesetzes ablöst und damit Herrschaft entpersonalisiert und „herrenlos" macht.

Die legale Herrschaft der Bürokratie ist „Niemandsherrschaft" (Hannah Arendt). Sie ersetzt die Voluntas und damit den politischen Willen, der sich nach außen als Staatsraison verklärt, durch Ratio, die Person des Fürsten, die sich im Arkanverhalten darstellt, durch die dem Transparenzgebot unterworfenen Einrichtungen des politisch-administrativen Systems und die konzentrierte Macht, die keine institutionelle Aufsplitterung duldet (Auctoritas), durch die Institutionen der Gewaltenteilung. Bürokratische Herrschaft im modernen Verfassungsstaat ist demnach das Ergebnis des Kampfes um rechtsstaatliche und demokratische Staatsverfassung und um politische Teilhabe eines wirtschaftlich erstarkten Bürgertums.

Abgesichert in der politischen Philosophie der Aufklärung, birgt diese kämpferische Bewegung nicht nur die Wiege einer Oppositionswissenschaft gegen die herrschenden Verhältnisse, nämlich der frühen Soziologie, sie findet auch ihren Niederschlag in der zeitgenössischen Literatur, ja mehr noch: Mit der Parole „Friede den Hütten, Krieg den Palästen" wird sie (wie z.B. die von *Georg Büchner* und Friedrich Ludwig Weidig verfasste sozialistische Flugschrift „Der Hessische Landbote") zu einem Kampfinstrument gegen Willkürherrschaft, staatliche Knechtschaft und soziale Ungleichheit. Wie das vormoderne Herrschaftssystem durch Geburt und soziale Verortung in der Standesgesellschaft, durch Mobilisierung von symbolischer Macht im Bündnis von Adel, Juristen und Pastoren und in einer entsprechenden Zurichtung der „Volksseele" („Gehorsam gegen die Obrigkeit") abgesichert wird, beschreibt *Gerhart Hauptmann*. Die Herrschaftserfahrung des Emanuel Quint lässt den Schluss zu: Nur als Revolutionär (so Georg Büchner) oder als Narr (in Christo) lässt sich gegen die Obrigkeit aufbegehren. Der moderne Verfassungsstaat stellt eine weitere Rolle zur Verfügung: den Citoyen. Dieser ist zwar kein König, aber auch kein Untertan mehr. Der Staatsbürger räsoniert über die beste der Staatsverfassungen – wie im Gespräch zwischen Ernst und Falk (*Gotthold Ephraim Lessing*). Der Staat erscheint jetzt als Mittel zum Zweck der „menschlichen Glückseligkeit". Gleichwohl bleibt das Verhältnis des Bürgers zur legalen Herrschaft des Staates und seinen Bürokratien prekär. Die öffentliche Verwaltung leidet an den Bürgern und diese an jener. Warum dies so ist, verrät uns die sozialwissenschaftliche Bürokratiekritik.

Organisierte Macht und das bürokratische Dilemma: der Januskopf

Bürokratische Herrschaft ruht auf den Säulen des Bürokratiemodells: Unter- und Überordnung von Behörden, Ämtern und Positionen (Hierarchisierung), Abgrenzung von Tätigkeiten, Funktionen, Verantwortlichkeiten und Zuständigkeiten (Arbeitsteilung und Spezialisierung), Schriftlichkeit aller Vorgänge, Aktenführung und Datenfortschreibung (Standardisierung und Formalisierung). Die Funktionsinhaber und Akteure der bürokratischen Herrschaft werden idealerweise nach fachlichen Qualifikationen ausgesucht. Hauptberufliche Tätigkeit und Aufstieg in geregelten Laufbahnen (Laufbahnprinzip) sowie eine leistungsunabhängige Alimentierung sind kennzeichnend für das besondere Dienst- und Treueverhältnis, in dem den „Amtswaltern" die Ausübung hoheitlicher Befugnisse als ständige Aufgabe übertragen wird.

Dieses im Prinzip auf Max Weber zurückgehende Bürokratiemodell soll eine auf Gesetzlichkeit, Gleichbehandlung und Objektivität beruhende legale Herrschaft garantieren. Präzision und Berechenbarkeit, Stetigkeit und Disziplin sowie Verlässlichkeit und Vorhersehbarkeit sind jene Eigenschaften, die der bürokratischen Organisation auf der Habenseite zugeschrieben werden. Auf der Sollseite weist sie jedoch ein erhebliches internes Konfliktpotential auf und ein bürokratisches Dilemma im Außenverhältnis. Konflikte entstehen durch die Orientierung an Vorschriften statt an Problemen, durch eine eingeschränkte, selektive Problemsicht und durch unkritisches Denken in den Grenzen enger Zuständigkeiten. Disziplin und „geschulte Unfähigkeit", bis zur apathischen Anpassung oder „inneren Kündigung" im Schatten der Hierarchie, stehen anstelle von Mitdenken und Verantwortungsübernahme. Absicherung und Kontrolle statt Delegation und Vertrauen sind kennzeichnend für eine bürokratische (Misstrauens-)Organisation. Und schließlich führt die Kombination von Regelbindung, abgegrenzten Zuständigkeiten und hierarchischer Weisungsbefugnis zu einer suboptimalen Nutzung der Humanressourcen, zu Innovationsschwäche und zur verwaltungstypischen Unwirtschaftlichkeit. Das ist der Humus, aus dem sich das bürokratische Verwaltungssystem der „organisierten Unverantwortlichkeit" (Gerhard Banner) ständig reproduziert.

Aus dieser Janusköpfigkeit der bürokratischen Organisation von Herrschaft ergeben sich nicht nur organisationsinterne Konfliktpotentiale und Paradoxien, sondern auch ein bürokratisches Dilemma im Außenverhältnis. Dieses besteht darin, dass die Interessen der Organisationsumwelt, respektive von Bürgerinnen und Bürgern, in Widerspruch zu herrschenden organisationsinternen Interessen treten, der in einem Nullsummenspiel mit erheblichen Vorteilen auf Seiten der Organisationsinteressen ausgetragen wird. Regelbindung erscheint dann aus Bürgersicht als stereotypes Verhalten, Objektivität als unpersönliche Hochnäsigkeit und die Mobilisierung der dem Amt innewohnenden Autorität als despotische Attitüde der Amtswalter. Das bürokratische Dilemma wird symbolisiert im „Schalterbetrieb". Das deutsche Schicksal sei – so Tucholsky –, vor einem Schalter zu stehen, und das deutsche Ideal, hinter einem Schalter zu sitzen. Der Schalter trennt die administrative Macht der Bürokratie von ihren Adressaten, die Organisationslogik der Behörde von der alltagspraktischen Handlungslogik ihrer Klienten, den „Bürokraten" von seinem „Fall". Er symbolisiert die Grenzen programmgesteuerten Verhaltens für eine Kommunikation, die nicht nur die Mittel, sondern auch die Zwecke des Handelns thematisieren möchte.

Charakteristisch für bürokratische Herrschaft ist, dass ihre Konfliktpotentiale und Dysfunktionalitäten keineswegs Ausdruck einer Organisationspathologie sind, sondern vielmehr Alltagsnormalität bürokratischer Herrschaft. Vielleicht ist aber gerade dies das Erschreckende und stiftet Motivation für einen literarischen Blick in das Reich der Bürokraten, der vor allem von der Ironie lebt. So weist die landgräfliche Behörde bei *Franz Kafka* alle Merkmale einer Misstrauensorganisation auf. Der Beamte Sordini „misstraut nämlich jedem, auch wenn er z.B. irgendjemanden bei unzähligen Gelegenheiten als den vertrauenswürdigsten Menschen kennengelernt hat". „(...) ein Beamter muss so vorgehen". Schriftlichkeitsprinzip und die formelhafte Sprache der Bürokratie werden bei *Vaclav Havel* ironisch gegen die „Entwicklung unartikulierten Gekreisches" der lebenden Sprachen gestellt. Die im Stück „Die Benachrichtigung" vorgestellte neue Amtssprache erscheint dem Leser durchaus als die alte – als Wahnsinn mit Methode: „zufällig zusammengewürfelte Buchstaben", synthetisch und unverständlich. *Erich Kästners* „Fabian" liest die Drucksachen an den Wänden der Behörde (Schriftlichkeitsprinzip). Die Gesetzlichkeit von Verwaltungshandeln findet hier ihren Ausdruck in einer schlichten Doppelcodierung, immer als Mitteilung oder Verbot. Der „Ämtermarathon" des arbeitslosen Fabian und die Formulierung seines Anliegens zum „falschen Zeitpunkt" zeigt, wer den Kürzeren zieht, wenn die Organisationslogik der bürokratischen Herrschaft mit der Handlungsrationalität ihrer Klienten zusammenstößt. Der Bürger erscheint dann – wie dem Vorsteher im „Schloss" von *Franz Kafka* – als

Störfall im reibungslosen Aktenverkehr, der den Anspruch erhebt, „wegen seiner privaten kleinen Sorgen mitten in die wichtigsten und immer rasend vor sich gehenden Arbeiten hineinzuläuten". Wie der Amtsblick auf den Menschen aus der Regelgebundenheit enger Zuständigkeiten aussieht, insbesondere wenn der Bürger als „Antragsteller" daherkommt, zeigt *Carl Zuckmayer* am Schicksal des „stellenlosen Zuchthäuslers" Voigt, der auf Arbeitssuche in die Mühlen der Bürokratie gerät. Regelgebundenheit, Standardisierung und Zuständigkeitsprinzip und nicht etwa die Despotie oder Willkür des Bürokraten bringen ihn in einen doppelten existenzgefährdenden Circulus vitiosus: Ohne Aufenthaltserlaubnis erhält er keine Arbeit und ohne diese keine Aufenthaltserlaubnis (in Folge der Regelgebundenheit an Routineprogramme, die den Entscheidungszweck nicht thematisieren), ohne Aufenthaltserlaubnis wiederum erhält er keinen Pass. Die Ausreisegenehmigung erteilt aber eine andere Behörde (Zuständigkeitsprinzip). Das Stück von *Carl Zuckmayer* liefert darüber hinaus Anschauungsunterricht für die Sprache der Bürokratie und ihre Innovationsblockaden („Da könnte ja jeder kommen", zu ergänzen wäre: „Das haben wir immer schon so gemacht" und, „Das haben wir noch nie so gemacht").

Die hier karikierte Normalität der bürokratischen Herrschaft ist aus Bürgersicht zwar ärgerlich, aber sie ist legal. Dies gilt nicht für ihre Pervertierung im Bürokratismus und ihre Totalisierung auf der Grundlage einer gesellschaftlichen Entgrenzung administrativer Macht.

Bürokratismus und gesellschaftlich entgrenzte Macht: entartete Normalität

Wenn Bürokratie erfolgreich arbeiten soll, muss ein hohes Maß an Verlässlichkeit des Verhaltens und an Konformität mit vorgegebenen Aktionsmustern erzielt werden. Disziplin und Regeltreue sind so gesehen Mittel zur Erreichung von Organisationszwecken. Im Bürokratismus, einer Übersteigerung und Pervertierung der Bürokratie, kommt es nun leicht zu einer Verschiebung von Zielen: ein instrumenteller Wert wird zum Endwert. Disziplin und Regeltreue werden dann nicht mehr als Maßnahme zur Erfüllung bestimmter Zwecke begriffen, sondern zu einem unmittelbaren Wert der Lebensführung. Sie werden dadurch nicht nur zum Selbstzweck, sondern können die ursprünglich intendierten Organisationsziele sogar konterkarieren. Die strikte Beachtung von Zuständigkeiten und die buchstabengetreue Verfolgung von Vorschriften, zum Selbstzweck erhoben, verhindern die bei zunehmend dynamischerer Organisationsumwelt und daraus resultierenden neuen Anforderungen an Organisationsziele und -zwecke erforderliche Anpassungsleistung in bürokratischen Organisationen. Mit dem „Amtsschimmel", einem Produkt des Zielverschiebungsprozesses, schlagen dann gerade jene Elemente, die in der Normalorganisation der bürokratischen Herrschaft im allgemeinen zu deren Effektivität beitragen, in Ineffektivität um. Der Bürokrat, der virtuos niemals eine einzige Regel für seine Amtshandlungen außer Acht lässt, kann gerade deshalb eine Reihe von Fällen gar nicht erledigen und somit nur unzureichend zum Organisationszweck beitragen.

Ein schönes Beispiel hierfür ist die strikte Beachtung der Zuständigkeit und buchstabengetreue Befolgung der Vorschriften durch den „Oberwachtmeister" gegenüber dem Antragsteller Voigt. *Carl Zuckmayer* lässt hier nicht nur den „Amtsschimmel" wiehern, sondern zeigt auch, was die Bürokratieforschung mit „geschulter Unfähigkeit" meint. Handlungen, die auf Qualifikationen beruhen, die ehemals durchaus angemessen und zielführend sein konnten, werden unter veränderten Umständen zum Auslöser von höchst unangemessenen Reaktionen. Diese pervertieren den für die Bürokratie typischen Schalterbetrieb. Der Schalter trennt nicht nur Arbeits- und Lebenswelt, sondern wird nunmehr technizistisch zu einem despotischen Machtmittel umgedeutet. *Wolfgang Koeppen* demonstriert dies am Beispiel eines Fahrkartenschalters der spanischen Eisenbahn, an dem der Fremde zur „Unzeit" versucht, eine Fahrkarte nach Toledo zu lösen. Die Amtsstuben der bürokratistisch entgrenzten Machtentfaltung riechen „nach Akten und nach Angst". Der Antragsteller, Klient bzw. Adressat der bürokratischen Organisation, wird hier zum Opfer. Koeppen führt uns mit dieser Erzählung aus den Behörden und Amtsstuben bürokratistisch übersteigerter Macht auf das Feld ihrer gesellschaftlichen Entgrenzung.

Im Bürokratismus brechen sich die gesellschaftlichen Verhältnisse zur Kenntlichkeit. Die Prinzipien der bürokratischen Herrschaft sind zugleich die Grundlagen für deren Totalisierung. Im Unterschied zur Tyrannis ist die totale Herrschaft keine Willkürherrschaft. Zu ihren Kennzeichen zählt zwar „die Verachtung für Gesetze" (Hannah Arendt), gleichwohl ist sie nicht gesetzlos, da sie sich an einem anderen „Gesetz" orientiert, wie z.B. im Falle der stalinistischen Herrschaft am „Gesetz der Geschichte". Darüber hinaus emanzipiert sich totale Herrschaft von der Wirklichkeit. Zu ihren Merkmalen gehört die systematische Verfälschung von Tatsachen. Die totale Herrschaft findet ihren organisatorischen Ausdruck im totalitären Staat (historisch in stalinistischer und faschistischer Ausprägung) und in gesellschaftlichen Verhältnissen, die Gegenstand kritischer Gesellschaftsanalyse und Herrschaftskritik sind. So steht die gesellschaftlich entgrenzte Macht in der „Dialektik der Aufklärung" hinter der Chiffre einer „total verwalteten Welt" (Theodor W. Adorno/Max Horkheimer) oder gilt als Ferment der „Disziplinar- und Normalisierungsgesellschaft" (Michel Foucault). Beide wissenschaftlichen Zugänge zum Verständnis von gesellschaftlich entgrenzter Macht zeigen, dass es sich bei deren Grundlagen nicht um das ganz Andere, sondern um die konsequente Fortschreibung und Verabsolutierung von Elementen der modernen Gesellschaft handelt („Der Faschismus ist die Wahrheit der modernen Gesellschaft", Max Horkheimer).

Die verwaltete Welt zeichnet sich durch folgende Merkmale aus: Die instrumentelle Rationalität wird verabsolutiert und zur Grundlage der gesellschaftlichen Produktion. Sie erlaubt eine immer perfektere Naturbeherrschung durch wissenschaftlich-technischen „Fortschritt" (Rationalisierung) und eine immer sublimere Unterwerfung der eigenen menschlichen Natur (Selbstbeherrschung). Physischer Zwang einerseits und kulturindustrielle Beeinflussung und Manipulation andererseits standardisieren Bedürfnisse und Meinungen, ebnen Individualität ein und sichern die Verfügungsgewalt der Herrschenden über den gesellschaftlichen Reichtum und die Systemakzeptanz der Beherrschten. Hinter der Chiffre von der total verwalteten Welt verstecken sich demnach die totale Vergesellschaftung, das erdrückende Übergewicht der Verhältnisse über die Menschen, die Einebnung von Differenz und der Verlust von klaren Unterscheidungskriterien für Wahrheit und Schein. Die Gesellschaft verschwindet hinter einem „technologischen Schleier" (Th. W. Adorno). Allein in der künstlerischen Betätigung bleibe den Menschen eine kritische Sicht auf die Verhältnisse und eine Alternative zu Apathie und Resignation.

Die gesellschaftliche Entgrenzung der Macht in der „Disziplinargesellschaft" – einer negativen Utopie, die für ihren Verfasser mit dem Übergang zur modernen Gesellschaft Realität geworden ist – stützt sich auf Disziplinartechniken und Verfahrensweisen der Körperdressur (durchrationalisierte Verhaltensabläufe, Tätigkeitskontrollen etc.), auf Techniken der hierarchischen Überwachung, normierenden Sanktionen und permanenten Prüfung und schließlich auf eine Überwachungs- und Kontrollanstalt (Panopticon), die sämtliche Dressur-, Kontroll- und Überwachungstechniken miteinander kombiniert, dadurch Macht intensiviert und zugleich unsichtbar macht. Die Anonymisierung der Macht, ihre totale Entgrenzung – es gibt keinen Punkt außerhalb der Disziplinarmacht mehr –, ihre Intensivierung im Zuge der gegenseitigen Verstärkung von Macht und Wissen und vor allem ihre produktive Wirkung münden in korrespondierende biopolitische Maßnahmen, die das gesamte gesellschaftliche Leben regulieren und normieren/normalisieren.

In dieser Totalitätsvorstellung kommt die „Dialektik der Aufklärung" mit einer „Mikrophysik der Macht" zusammen, für die das „Andere" zur Macht nicht mehr existiert. Die Apparatur der gesellschaftlich entgrenzten Macht ist danach zugleich der Geburtsort des (modernen) Subjekts. Dieses ist nichts anderes als eine Wirkung der Macht, Produkt der Transformation eines äußeren in ein inneres Disziplinarverhältnis. Damit erledigt sich die Frage nach einem Ausweg bzw. einer Abwehr der totalen Vereinnahmung durch die Machtapparate von selbst. Gesellschaftlich entgrenzte Macht wird nicht mehr als solche wahrgenommen. Konnte die sozialstrukturell verankerte Macht in der Klassengesellschaft noch dem Legitimationsdruck eines nach Emanzipation strebenden Kollektivs (z.B. bürgerlicher Privatleute oder des Proletariats) ausgesetzt werden, ist die solchermaßen kollektiv vorgetragene Herrschaftskritik in der total verwalteten Welt radikal subjektiviert; in der Disziplinargesellschaft fehlt ihr nicht nur das Subjekt, sie ist systematisch nicht mehr vorgesehen. Die Frage nach dem Individuum bzw. politischen Subjekt gehört zu den gleichwohl vernachlässigten Grundfragen gesellschaftskritischer Herrschaftsanalysen. Sie stellt sich um so dringlicher, als mit der Erweiterung und Verfeinerung der Machttechniken, von den Manipulationstechniken der Kulturindustrie bis zu den Reproduktionstechniken der Biowissenschaften, die Antworten nicht nur in der zweiten „soziokulturellen Geburt" (René König), also in der Sozialisation, zu suchen sind. Die gesellschaftliche Entgrenzung der Macht führt nicht nur zur Anonymisierung der Herrschaft, sondern auch zur „Entpersönlichung" der Beherrschten, wobei die Grenze zwischen kulturtechnisch erzeugter und biotechnisch ermöglichter Manipulation fließend wird. Zu den negativen Utopien der gesellschaftlich entgrenzten Macht gehört das manipulativ entkernte Subjekt, ein amöbenhaftes Individuum, dem nicht nur die Vorstellung von einer besseren Gesellschaft verloren gegangen ist, sondern auch ein kohärentes Bild von sich selbst (im Sinne von politischer Identität), ohne dass das Fehlen noch als Verlust wahrgenommen würde.

Verglichen mit diesen radikal weitergedachten wissenschaftlichen Machtanalysen, sieht die literarische Bearbeitung des Themas die Zukunft eher im Rückspiegel. „1984" konnte in der autoritär verfassten, formierten Nachkriegsgesellschaft als bedrückendes Zukunftsgemälde verstanden werden, das mit den Farben der jüngsten Vergangenheit (Führerstaat) und aktuellen Gegenwart (Stalinismus) das Wesen und die Techniken totaler Herrschaft (über-)zeichnet. Die Allgegenwart des „großen Bruders", die Emanzipation von der Wirklichkeit durch Tatsachenverfälschung („Richtigstellungen"), die lückenlose Kontrolle durch die „Gedankenpolizei", die Umdeutung des Sprechens und Denkens durch eine „Neusprache" und schließlich die Vergeblichkeit kollektiven Aufbegehrens der Proles und individueller Rebellion des Protagonisten Winston Smith setzen das Individuum in ein riskantes Verhältnis zur totalitären Herrschaft des Überwachungsstaates, aber politische Identität bleibt möglich. Selbst da, wo „der Weg ins Freie" *(Arthur Schnitzler)* in die ästhetische Unverbindlichkeit führt oder in der Gehirnwäsche endet *(George Orwell):* Alternativen sind nötig, gelegentlich vergeblich, aber möglich. Sie entspringen den Erfahrungen mit totalitärer Staatsmacht, Parteienherrschaft nationalsozialistischer oder realsozialistischer Prägung und später mit einer autoritär formierten westdeutschen Nachkriegsgesellschaft. Literatur thematisiert spezifische Herrschaftstechniken, -folgen und Ansätze von Gegenwehr und Herrschaftskritik.

Wie die „Macht der Gewöhnung" staatlicher Herrschaft gesellschaftliche Akzeptanz verschafft, zeigt *Kurt Kusenberg* am Beispiel der Demoskopie. Dass die „Macht der Gewohnheit" nicht nur die Beherrschten, sondern auch die Herrschenden abstumpfe, vermutet Iwan Dmitritsch in der Novelle von *Anton Tschechow* „Krankenzimmer Nr. 6". Wir können den Titel metaphorisch nehmen. Das Krankenzimmer steht für eine Gesellschaft, in der Angst als politisches Phänomen und individuelle „Krankheit" normal ist und das Verhältnis zwischen Individuum und (totalitärem) Staat bestimmt. Von Angst vor der Staatsmacht handeln auch die „Deutschstunde" von *Siegfried Lenz* und „Jesuskingdutschke" von *Alfred Andersch*. In beiden Fällen wird jedoch das Angstthema subtil erweitert. Den Studenten Marcel ängstigt nicht die autoritär auftretende Staatsmacht als vielmehr deren möglicherweise überzogene Gewaltreaktion auf seine eigene Gegengewalt. Die Angst nährt sich auch aus dem Erschrecken über sich selbst. Dass Angst nicht nur die Beherrschten, sondern auch die Herrschenden ergreift, wenn diese unter den Bedingungen gesichtslos gewordener „Niemandsherrschaft" auswechselbar geworden sind, thematisiert Siegfried Lenz. Beide Texte behandeln zudem unterschiedliche Formen der Selbstbehauptung des Individuums gegenüber staatlich organisierter Herrschaft: Kunstproduktion (bei Lenz) oder Protest (bei Andersch). Von Selbstbehauptung und praktizierter Herrschaftskritik handelt auch „Die Blechtrommel" von *Günter Grass*. Der Trommler Oskar bringt die Herrschaft dadurch aus dem Takt, dass er den Gegentakt schlägt.

In all diesen Texten bekommen nicht nur die Beherrschten subjekthafte Züge, die sich nicht zuletzt in ihrem Protestverhalten äußern, sondern auch die Macht hat ein Gesicht (als Parteiführer, als Geheimpolizist, als Gendarm). Sie wird erkennbar an ihren Symbolen, Uniformen, Ritualen und öffentlichen Präsentationen und steht gewissermaßen auf der „Tribüne", wie im Roman von Grass. Geblendet (und möglicherweise überzeugt) werden nur die Beherrschten vor der Tribüne, dahinter jedoch herrscht freie Sicht auf die hässliche Kehrseite der Macht. Diese distanziert noch im Versuch der totalen Vereinnahmung, sie lässt Raum für die Konstitution des Gegenüber, Gewalt ermöglicht Gegengewalt. Wie sich gesellschaftlich entgrenzte Macht gleichsam wie „Mehltau" über die Verhältnisse legt, allgegenwärtig ist, ein Klima der Angst erzeugt und das Individuum zum „Fremdling" nicht nur in der Fremde macht, beschreibt *Arthur Schnitzler*. Das in der wissenschaftlichen Literatur behandelte Problem der (politischen) Identitätsbildung unter den Bedingungen von Fremdheit im eigenen Land ist, metaphorisch verstanden, die Suche nach „Heimat". Im Gespräch zwischen Georg, Leo und Heinrich wird vordergründig das Streben nach Freiheit und Gleichberechtigung von gesellschaftlichen Minderheiten, hier des jüdischen Bevölkerungsanteils von Wien, behandelt und im übertragenen Sinne die Unbehaustheit des entfremdeten Menschen in der modernen Gesellschaft.

Schluss: Die Dinosaurier werden immer freundlicher

Literatur verleiht den Gedanken Flügeln. Ihre Phantasieproduktionen überzeichnen die Wirklichkeit, machen sie dadurch kenntlich, und sie beschreiben Alternativen. Hier berühren sich literarische und sozialwissenschaftliche Reflexion. Die mit ihnen verfolgten Absichten und Interessen erschließen sich dem Blick auf den historisch-gesellschaftlichen Kontext. Wissenschaft und Literatur sind auch Kinder ihrer Zeit. Dies zeigt sich einmal mehr an dem hier dargestellten Sujet. Macht und Herrschaft erscheinen in der sozialwissenschaftlichen Analytik und in den literarischen

Produkten im Kontext der Erfahrungen mit unterschiedlichen Herrschaftsformen der modernen Gesellschaft und ihren Entartungen. Kennzeichnend für diesen Kontext ist die Differenz: die Dichotomie zwischen Staat und Gesellschaft, zwischen organisierter Macht und Individuum, zwischen bürokratischer Organisation und Klient. Aus dieser Dichotomisierung schöpft Wissenschaft ihre Fragen, z.b. nach der Herrschaftslegitimation, und die Literatur ihre Themen (z.b. die Selbstbehauptung des Einzelnen gegenüber organisierter Macht). Vor dem Hintergrund dieser Konstellation kommt Wissenschaft im Gewande der traditionellen Bürokratiekritik, kritischen Machtanalyse und Gesellschaftstheorie daher, die Literatur als negativ-utopisches Gemälde, Satire oder beißende Ironie.

Doch die Zeit steht nicht still, Verhalten und Verhältnisse haben sich verändert. So erscheint heute die Dichotomie zwischen Staat und Gesellschaft als eine historische und möglicherweise obsolete Konstellation, die nur den Nachtwächterstaat des 19. oder Überwachungsstaat des 20. Jahrhunderts zulässt oder in der staatlichen Light-Version der letzten Jahrzehnte ein politisch-administratives System, das entweder steuert oder stört. Beides scheint wirklichkeitsfremd und wird in der jüngeren sozialwissenschaftlichen Literatur ersetzt durch die Suche nach einem neuen Regulationsmodell zwischen Staat und Gesellschaft, das sowohl die staatlichen Außengrenzen neu auslotet als auch die Binnenstrukturen organisierter Staatlichkeit umgestaltet. Dadurch erhält staatlich organisierte Herrschaft ein neues Gesicht, ihr Gegenüber möglicherweise ein anderes Gewicht. Der Bürger in der dichotomischen Konstellation als Untertan der Obrigkeit oder unter rechtsstaatlichen und demokratischen Verhältnissen als Klient und Staatsbürger begriffen, wird nunmehr zum Kunden der Einrichtungen des Staates und zum Mitproduzenten seiner Leistungen. Neben den Säulen der repräsentativen und plebiszitären Demokratie (Bürgerbegehren, -entscheide) entsteht eine dritte Säule: die kooperative Demokratie. Sie könnte die administrative Macht auf eine erweiterte Legitimationsgrundlage stellen mit weitreichenden Konsequenzen für eine neue wissenschaftliche Sicht auf die Dinge. Die administrative Macht würde eingebunden in Netzwerke zwischen kooperativen Akteuren (z.B. Verbänden, Gewerkschaften) und zivilgesellschaftlichen Kräften (z.B. Bürgerinitiativen und sozialen Bewegungen). Das bürokratische Dilemma löste sich auf zugunsten eines Positivsummenspiels: Unter den Bedingungen der Kooperation gewinnen Bürger *und* Behörden. Diese entwickelten sich zu „kundenorientierten Dienstleistungsunternehmen" (Gerhard Banner). Damit hätte das Bürokratiemodell ausgedient.

Aber auch ein „Staat auf Augenhöhe" bleibt organisierte Herrschaft, sein Handeln (selbst dort wo es hinter Wettbewerbsfassaden stattfindet) ist Staatshandeln und nicht nur auf dem Feld der Hoheits- und Eingriffsverwaltung legitimationsbedürftig. Polizisten, die Namensschilder tragen, und Verwaltungsbeamte, die ihre Klienten als Kunden behandeln, machen bürokratische Herrschaft zwar freundlicher, aber nicht legitimer. Vielleicht sterben die Dinosaurier doch nicht aus...

Literatur aus sozialwissenschaftlichen Beständen

Soziologische Nachschlagewerke und ein Klassiker zum Einstieg

Hartfiel, Günter/Hillmann, Karlheinz (1976): *Wörterbuch der Soziologie*, 2. Aufl., Stuttgart: Alfred Kröner Verlag (darin die Artikel Bürokratie, Bürokratismus)

Korte, Hermann/Schäfers, Bernhard (Hrsg.) (1993*)*: *Einführung in die Hauptbegriffe der Soziologie*, Opladen: Leske + Budrich (darin den Artikel von Dieter Claessens „Macht und Herrschaft")

Weber, Max (1980): *Wirtschaft und Gesellschaft. Grundriss der verstehenden Soziologie*, Bd. I, 5. rev. Aufl., Tübingen: Mohr

Zur Vertiefung: Macht und Herrschaft aus soziologischer, politikwissenschaftlicher und politisch-philosophischer Perspektive

Imbusch, Peter (Hrsg.) (1998): *Macht und Herrschaft. Sozialwissenschaftliche Konzeptionen und Theorien.* Opladen: Leske + Budrich

Jaeggi, Urs (1969): *Macht und Herrschaft in der Bundesrepublik.* Frankfurt a.M.: Fischer

Kreckel, Reinhard (1992): *Politische Soziologie der sozialen Ungleichheit.* Frankfurt a.M./New York: Campus

Zur organisierten Macht: Bürokratie und Bürokratismus

Hegner, Friedhart (1978): *Das bürokratische Dilemma*, Frankfurt a.M./New York: Campus

Mayntz, Renate (Hrsg.) (1968): *Bürokratische Organisation*. Köln, Berlin: Kiepenheuer & Witsch (darin die Beiträge von Alvin W. Gouldner/Esther R. Newcomb, Robert K. Merton, Michel Crozier, Heinz Hartmann, Peter M. Blau, Niklas Luhmann und Reinhard Bendix)

Mayntz, Renate (1978): *Soziologie der öffentlichen Verwaltung.* Heidelberg: Müller Jurist. Verlag

Zur gesellschaftlich entgrenzten Macht und Herrschaftskritik

Horkheimer, Max/Theodor W. Adorno (1969): *Dialektik der Aufklärung.* Amsterdam, Frankfurt a.M.: S. Fischer

Honneth, Axel (1986): *Kritik der Macht. Reflexionsstufen einer kritischen Gesellschaftstheorie.* 2. Aufl., Frankfurt a.M.: Suhrkamp

Foucault, Michel (1981): *Überwachen und Strafen. Geburt des Gefängnisses.* 4. Aufl., Frankfurt a.M.: Suhrkamp

Zum neuen Profil von Staat und bürokratischer Herrschaft

Benz, Arthur (1994): *Kooperative Verwaltung. Funktionen, Voraussetzungen, Folgen.* Baden-Baden: Nomos

Grande, Edgar/Prätorius, Rainer (Hrsg.) (1997): *Modernisierung des Staates?* Baden-Baden: Nomos

Bogumil, Jörg/Kißler, Leo (1998): *Vom Untertan zum Kunden? Möglichkeiten und Grenzen von Kundenorientierung in der Kommunalverwaltung.* 2. Aufl., Berlin: Edition Sigma

Zur Karikatur und zum Schluss: der Dinosaurier

Der Spiegel vom 27. Okt. 1997 (Außencover und Titelgeschichte)

Franz Kafka

Franz Kafka wird am 3. Juli 1883 in Prag als Sohn eines jüdischen Kaufmanns geboren. Von 1901 bis 1906 studiert er an der Deutschen Universität in Prag zunächst Germanistik, danach Jura. 1902 befreundet Kafka sich mit Max Brod, der ihn bei allen seinen Veröffentlichungen unterstützt. Seine früheren Werke vernichtet Kafka später, da sie nicht mehr seiner künstlerischen Intention entsprechen. Nach Abschluß seiner Promotion (1906) im Fach Rechtswissenschaften ist er in verschiedenen Einrichtungen als Jurist tätig. Sein literarischer Durchbruch gelingt Kafka mit dem Roman „Das Urteil" (1912). 1915 bekommt Kafka den Fontane-Preis. Als bei ihm zwei Jahre darauf eine Lungentuberkulose diagnostiziert wird, zieht er zu seiner Schwester nach Ottla. Im Jahre 1923 zieht Kafka nach Berlin, wo er sich mit hebräischer Literatur und dem Judentum beschäftigt. Am Ende des Jahres kehrt er nach Prag zurück. Am 3. Juni 1924 stirbt er in einem Sanatorium in Wien. Trotz Kafkas Wunsch, sein literarisches Erbe zu vernichten, veröffentlicht Max Brod weitere Romane, Briefe und Tagebücher.

Werke u.a.:

1907 Hochzeitsvorbereitungen auf dem Lande
1912 Betrachtung
1915 Die Verwandlung
1919 Brief an den Vater
1919 In der Strafkolonie
1917 Ein Landarzt
1925 Der Prozeß
1927 Amerika

Das Schloß (1926)

In dem Roman reist der Landvermesser K., angeblich auf Gesuch des Schlosses, in ein Dorf. Da er hier darauf hingewiesen wird, dass er keine Aufenthaltsgenehmigung habe, macht er sich auf den Weg zum Schloss, dass er jedoch auf rätselhafte Weise nicht erreicht. Zunächst trifft K. auf zwei Gehilfen, die ihm vom Schloss zugeteilt wurden, danach erreicht ihn eine Botschaft des hohen Schlossbeamten Klamm, aus der K. liest, er sei in „herrschaftliche Dienste aufgenommen". Es stellt sich jedoch heraus, dass das Dorf keinen Landvermesser benötigt.

(cb)

Kafka, Franz: Das Schloß (Ausschnitte)

Seine Auffassung der hiesigen Behörden fand K. zunächst beim Vorsteher sehr bestätigt. Der Vorsteher, ein freundlicher, dicker, glattrasierter Mann, war krank, hatte einen schweren Gichtanfall und empfing K. im Bett. „Das ist also unser Herr Landvermesser", sagte er, wollte sich zur Begrüßung aufrichten, konnte es aber nicht zustande bringen und warf sich, entschuldigend auf die Beine zeigend, wieder zurück in die Kissen. Eine stille, im Dämmerlicht des kleinfenstrigen, durch Vorhänge noch verdunkelten Zimmers fast schattenhafte Frau brachte K. einen Sessel und stellte ihn zum Bett. „Setzen Sie sich, setzen Sie sich, Herr Landvermesser", sagte der Vorsteher, „und sagen Sie mir Ihre Wünsche." K. las den Brief Klamms vor und knüpfte einige Bemerkungen daran. Wieder hatte er das Gefühl der außerordentlichen Leichtigkeit des Verkehrs mit Behörden. Sie trugen förmlich jede Last, alles konnte man ihnen auferlegen, und selbst blieb man unberührt und frei. Als fühle das in seiner Art auch der Vorsteher, drehte er sich unbehaglich im Bett. Schließlich sagte er: „Ich habe, Herr Landvermesser, wie Sie ja gemerkt haben, von der ganzen Sache gewußt. Daß ich selbst noch nichts veranlaßt habe, hat seinen Grund erstens in meiner Krankheit und dann darin, daß Sie so lange nicht kamen, ich dachte schon, Sie seien von der Sache abgekommen. Nun aber, da Sie so freundlich sind, selbst mich aufzusuchen, muß ich Ihnen freilich die volle, unangenehme Wahrheit sagen. Sie sind als Landvermesser aufgenommen, wie Sie sagen; aber, leider, wir brauchen keinen Landvermesser. Es wäre nicht die geringste Arbeit für ihn da. Die Grenzen unserer kleinen Wirtschaften sind abgesteckt, alles ist ordentlich eingetragen. Besitzwechsel kommt kaum vor, und kleine Grenzstreitigkeiten regeln wir selbst. Was soll uns also ein Landvermesser?" K. war, ohne daß er allerdings früher darüber nachgedacht hätte, im Innersten davon überzeugt, eine ähnliche Mitteilung erwartet zu haben. Eben deshalb konnte er gleich sagen: „Das überrascht mich sehr. Das wirft alle meine Berechnungen über den Haufen. Ich kann nur hoffen, daß ein Mißverständnis vorliegt." – „Leider nicht", sagte der Vorsteher, „es ist so, wie ich sage." – „Aber wie ist das möglich!" rief K. „Ich habe doch diese endlose Reise nicht gemacht, um jetzt wieder zurückgeschickt zu werden!" – „Das ist eine andere Frage", sagte der Vorsteher, „die ich nicht zu entscheiden habe, aber wie jenes Mißverständnis möglich war, das kann ich Ihnen allerdings erklären. In einer so großen Behörde wie der gräflichen kann es einmal vorkommen, daß eine Abteilung dieses an-

ordnet, die andere jenes, keine weiß von der anderen, die übergeordnete Kontrolle ist zwar äußerst genau, kommt aber ihrer Natur nach zu spät, und so kann immerhin eine kleine Verwirrung entstehen. Immer sind es freilich nur winzigste Kleinigkeiten wie zum Beispiel Ihr Fall. In großen Dingen ist mir noch kein Fehler bekannt geworden, aber die Kleinigkeiten sind oft auch peinlich genug. Was nun Ihren Fall betrifft, so will ich Ihnen, ohne Amtsgeheimnisse zu machen – dazu bin ich nicht genug Beamter, ich bin Bauer und dabei bleibt es –, den Hergang offen erzählen. Vor langer Zeit, ich war damals erst einige Monate Vorsteher, kam ein Erlaß, ich weiß nicht mehr von welcher Abteilung, in welchem in der den Herren dort eigentümlichen kategorischen Art mitgeteilt war, daß ein Landvermesser berufen werden solle, und der Gemeinde aufgetragen war, alle für seine Arbeiten notwendigen Pläne und Aufzeichnungen bereitzuhalten. Dieser Erlaß kann natürlich nicht Sie betroffen haben, denn das war vor vielen Jahren, und ich hätte mich nicht daran erinnert, wenn ich nicht jetzt krank wäre und im Bett über die lächerlichsten Dinge nachzudenken Zeit genug hätte."
[...]
„Bedenkenlos geschieht hier nichts", sagte der Vorsteher, vergaß sogar den Fußschmerz und setzte sich aufrecht. „Nichts", sagte K., „und wie verhält es sich mit meiner Berufung?" – „Auch Ihre Berufung war wohl erwogen", sagte der Vorsteher, „nur Nebenumstände haben verwirrend eingegriffen, ich werde es Ihnen an Hand der Akten nachweisen." – „Die Akten werden ja nicht gefunden werden", sagte K. „Nicht gefunden?" rief der Vorsteher. „Mizzi, bitte, such ein wenig schneller! Ich kann Ihnen jedoch zunächst die Geschichte auch ohne Akten erzählen. Jenen Erlaß, von dem ich schon sprach, beantworteten wir dankend damit, daß wir keinen Landvermesser brauchen. Diese Antwort scheint aber nicht an die ursprüngliche Abteilung, ich will sie A nennen, zurückgelangt zu sein, sondern irrtümlicherweise an eine andere Abteilung B. Die Abteilung A blieb also ohne Antwort, aber leider bekam auch B nicht unsere ganze Antwort; sei es, daß der Akteninhalt bei uns zurückgeblieben war, sei es, daß er auf dem Weg verlorengegangen ist – in der Abteilung selbst gewiß nicht, dafür will ich bürgen –, jedenfalls kam auch in der Abteilung B nur ein Aktenumschlag an, auf dem nichts weiter vermerkt war, als daß der einliegende, leider in Wirklichkeit aber fehlende Akt von der Berufung eines Landvermessers handle. Die Abteilung A wartete inzwischen auf unsere Antwort, sie hatte zwar Vermerke über die Angelegenheit, aber wie das begreiflicherweise öfters geschieht und bei der Präzisi-

on aller Erledigungen geschehen darf, verließ sich der Referent darauf, daß wir antworten würden und daß er dann entweder den Landvermesser berufen oder nach Bedürfnis weiter über die Sache mit uns korrespondieren würde. Infolgedessen vernachlässigte er die Vormerke, und das Ganze geriet bei ihm in Vergessenheit. In der Abteilung B kam aber der Aktenumschlag an einen wegen seiner Gewissenhaftigkeit berühmten Referenten, Sordini heißt er, ein Italiener; es ist selbst mir, einem Eingeweihten, unbegreiflich, warum ein Mann von seinen Fähigkeiten in der fast untergeordneten Stellung gelassen wird. Dieser Sordini schickte uns natürlich den leeren Aktenumschlag zur Ergänzung zurück. Nun waren aber seit jenem ersten Schreiben der Abteilung A schon viele Monate, wenn nicht Jahre vergangen; begreiflicherweise, denn wenn, wie es die Regel ist, ein Akt den richtigen Weg geht, gelangt er an seine Abteilung spätestens in einem Tag und wird am gleichen Tag noch erledigt; wenn er aber einmal den Weg verfehlt – und er muß bei der Vorzüglichkeit der Organisation den falschen Weg förmlich mit Eifer suchen, sonst findet er ihn nicht –, dann, dann dauert es freilich sehr lange. Als wir daher Sordinis Note bekamen, konnten wir uns an die Angelegenheit nur noch ganz unbestimmt erinnern, wir waren damals nur zwei für die Arbeit, Mizzi und ich, der Lehrer war mir damals noch nicht zugeteilt, Kopien bewahrten wir nur in den wichtigsten Angelegenheiten auf, kurz, wir konnten nur sehr unbestimmt antworten, daß wir von einer solchen Berufung nichts wüßten und daß nach einem Landvermesser bei uns kein Bedarf sei."

Kafka, Franz: Das Schloß. In: Brod, Max (Hrsg): Franz Kafka. Gesammelte Werke. Das Schloß. Frankfurt am Main: S. Fischer Verlag, 1964. S. 87-89, S. 92-94
© 1935 by Schocken Verlag, Berlin
© 1946 by Schocken Books Inc., New York, USA

Carl Zuckmayer

Carl Zuckmayer wird am 27. Dezember 1896 in Nackenheim (Rheinhessen) als Sohn eines Fabrikanten geboren. Nach dem Abitur in Mainz 1914 studierte er in Frankfurt und Heidelberg zunächst Jura und Nationalökonomie, dann Literatur- und Kunstgeschichte. Erste berufliche Tätigkeiten als Dramaturg in Kiel, München und Berlin folgen. Seine literarischen Arbeiten werden große Erfolge. Er erhält den Kleist- und den Büchner-Preis (1925, 1929). Von den Nationalsozialisten verfolgt emigriert er bereits 1933 in die Schweiz, ein Jahr später über Kuba in die USA. 1951 verleiht Frankfurt ihm den Goethepreis. 1958 kehrt er in die Schweiz zurück, wo er am. 18. Januar 1977 in Saas-Fee stirbt.

Werke u.a.:

1921 Der fröhliche Weinberg
1929 Der Hauptmann von Köpenick
1936 Ein Sommer in Österreich
1945 Des Teufels General
1972 Der Rattenfänger

Der Hauptmann von Köpenick (1929)

Der Schuster Voigt – gerade aus dem Gefängnis entlassen – gerät auf der Arbeitssuche in die Mühlen der Bürokratie. Denn ohne Aufenthaltsgenehmigung bekommt er keine Arbeit und ohne Arbeitsnachweis keine Aufenthaltsgenehmigung; einen Paß verweigert ihm der Beamte wegen Nichtzuständigkeit. Kurz entschlossen bricht er ins Potsdamer Polizeirevier ein, um sich einen Paß zu verschaffen; er wird ertappt und wandert für weitere zehn Jahre ins Zuchthaus Plötzensee. Nach seiner Entlassung steht Voigt vor dem gleichen Problem. Nun beschließt er sich die Magie der Uniform und das in Plötzensee erworbene militärische Wissen zu Nutzen zu machen und ersteht beim Trödler eine Hauptmannsuniform.

(nr)

Zuckmayer, Carl: Der Hauptmann von Köpenick. Ein deutsches Märchen in drei Akten. (Ausschnitt)

Erster Akt – Zweite Szene
Personen: Oberwachtmeister, Wachtmeister, Wilhelm Voigt
Polizeibüro in Potsdam. Geschlossene Fenster, muffige Luft, viel Papier, Akten- und Kassenschrank. An der Wand Kaiserbild, Verordnungstafeln, Gendarmeriesäbel und Pickelhauben an Kleiderhaken.
Oberwachtmeister und Wachtmeister sitzen einander gegenüber an Schreibtischen. Wilhelm Voigt, Hut und Paket in der Hand, steht dicht beim Oberwachtmeister hinter einer niedrigen hölzernen Schranke. Der Oberwachtmeister schreibt mit kratzender Feder, der Wachtmeister klebt Marken auf Stempelpapier.
Aus der Ferne erklingt das Potsdamer Glockenspiel.
OBERWACHTMEISTER *zieht seine Taschenuhr, kontrolliert Zwölfe. Er löscht ab, klappt Aktendeckel zusammen.*

VOIGT Pardong, Herr Wachtmeester, ick wollte mir nur mal erkundigen –

OBERWACHTMEISTER Erstens ist von zwölf bis zwei geschlossen, das könnense draußen an der Türe lesen. Zweitens bin ich kein „Wachtmeester", sondern Oberwachtmeister und Reviervorsteher, das erkennt man an den Knöpfen und am Portepee.

VOIGT Na, denn vazeihn se mal, Herr Kommissir, ick warte nun schon seit halber zwelfe –

OBERWACHTMEISTER Drittens tretense mal'n Schritt zurück. In einem Amtsraum hat ein Unbefugter so viel Abstand zur diensttuenden Behörde zu wahren, daß er die Aufschrift auf den Aktendeckeln mit bloßem Auge nicht erkennen kann. Da kann ja jeder kommen und uns einfach über die Schulter kucken. Habense noch nie was vorn Amtsgeheimnis gehört?

VOIGT Pardong, Herr Oberwachtmeester, ick hab ja'n kurzes Ooge, zum Lesen da brauch ick ne Brille. Und mitn Amtsjeheimnis, da mecht ick mir jarnich inkrimmenieren, bei sowat seh'ck ieberhaupt lieber weck. Ich wollte mir nur mal heflichst erkundigt haben, wie det mit meine nachjesuchte Aufenthaltserlaubnis bestellt is, ick warte ja nu schon –

OBERWACHTMEISTER Sie heißen?

VOIGT Voigt, Wilhelm.

OBERWACHTMEISTER Schlickmann, mal rasch die Personalakten U-Z. Alter?

VOIGT Sechsundvierzig Jahre.

OBERWACHTMEISTER Beruf?

VOIGT Schuster.

OBERWACHTMEISTER Geboren in?

VOIGT Klein-Pinchow.

OBERWACHTMEISTER Wo is denn das?

VOIGT Da hintenrum, bei de Wühlheide.

OBERWACHTMEISTER Wo wohnen Sie jetzt?

VOIGT Jarnirgends.

OBERWACHTMEISTER Wieso? Sie müssen doch einen Wohnort angeben können.

VOIGT Nee, kann ick nich.

OBERWACHTMEISTER Na, wo sindse denn gemeldet?

VOIGT Ooch jarnirgends. Ick stehe nämlich unter Polizeiaufsicht. Deshalb bin ick ja hier, weil ick mir hier anmelden mechte, und dafor brauch ick zunechst mal de Aufenthaltserlaubnis.

OBERWACHTMEISTER Wo warense denn zuletzt gemeldet?

VOIGT Wieder jarnirgends. Ick komme gradewegs aus de Strafanstalt Plötzensee.

OBERWACHTMEISTER *hat sich in den Akten zurechtgefunden* Aha! Vorbestraft. Sogar im Wiederholungsfall. Sie sind ja 'n ganz schwerer Junge.

VOIGT Iick weeß nich, Herr Kommissär, ick werde in letzter Zeit immer leichter. Besonders seit ick aus de Plötze raus bin, da hack fast nur noch Luft in de Knochen.

OBERWACHTMEISTER Quasselnse nick. Sie haben wohl auch Luft im Kopp, was? Was wollense denn hier in Potsdam?

VOIGT Arbeeten will ick.

OBERWACHTMEISTER Das kann jeder sagen. Warum habense denn früher nicht gearbeitet? Fuffzehn Jahre Zuchthaus, wegen Posturkundenfälschung.

VOIGT Det is lange her, Herr Kommissär.

OBERWACHTMEISTER Desto schlimmer, desto schlimmer! Mit achtzehn Jahren! Wie habense das denn angestellte

VOIGT Na da war'ck n junger Dachs, Herr Kommissär. Und es hat sich ja alles in allem nur um dreihundert Märker jehandelt.

OBERWACHTMEISTER Das ist gar keine Entschuldigung.

VOIGT Ick will mir auch jarnich entschuldigen, Herr Kommissär, det war nu mal so. Ick bin da mit'n jungen Meedchen gegangen, aus de Hotelkichenbranche. Da war'ck janz weck von. Ick konnte ihr nie was spendieren, vastehnse, un de Spendierer, die hamse mir einfach abjespannt.

OBERWACHTMEISTER Und da sind Sie einfach hingegangen und haben einfach die Reichspost betrügerisch ausgeplündert.

VOIGT Ick dachte, det spürense da jarnich, bei son großen Betrieb. Aber denn habense mir jeschnappt und haben mir gleich fuffzehn Jahre injespunnen. Det is doch 'n bisken ville forn junges Blut.

OBERWACHTMEISTER Darüber steht Ihnen kein Urteil zu. Das Strafmaß entspricht immer ganz genau der Schwere des Delikts.

VOIGT Meintswegen. Et is ja nu lange vorbei.

OBERWACHTMEISTER So was ist nie vorbei, merkense sich das. Was in Ihren Personalakten steht, das ist Ihnen so festgewachsen wie die Nase im Gesicht. Wer einmal auf die schiefe Bahn gerät –

VOIGT Stimmt.

OBERWACHTMEISTER Wieso „stimmt". Was stimmt?

VOIGT Das mit de schiefe Bahn. Da hamse janz recht. Det is, wie wennse ne Laus uff ne Glasscheibe setzen. Da kannse nu krabbeln und krabbeln und rutscht ejal immer wieder runter.

OBERWACHTMEISTER Das sind so Redensarten, die kennt man. *Liest in den Akten* Nach Verbüßung Ihrer Strafe sind Sie ins Ausland gegangen.

VOIGT Jawoll, nach Böhmen und denn nach Bukarest.

OBERWACHTMEISTER Was habense denn dort getrieben?

VOIGT Da ha'ck jearbeetet.

OBERWACHTMEISTER So. Bei wem denn?

VOIGT Bein Schuhfabrikanten namens Wonkrowitz. Det war 'n Jude.

OBERWACHTMEISTER Aha! Macht sich eine Notiz Und warum sindse dann zurückgekommen?

VOIGT Det kann man schwer sagen, Herr Kommissär. Ick hatte mir da neemlich recht scheen rinjesetzt.

OBERWACHTMEISTER Warum sindse darin nicht bei Ihrem Juden geblieben?

VOIGT Weil ick – ick habe mir eben so sehr zu Hause jesehnt. Det war dumm vor, mir. Bei dem Juden, da war'ck neemlich jut unter.

OBERWACHTMEISTER Habense denn in Deutschland noch Familie?

VOIGT Nee, det heißt, haben tu'ck schon noch, ne Schwester zum Beispiel, die is verheiratet. Da trau ick mir aber mit all meine Vorstrafen aufn Puckel jarnich rauf.

OBERWACHTMEISTER Dann möcht ich nun wirklich wissen, warum Sie wieder nach Deutschland zurückgekommen sind.

VOIGT Ick sage ja, det war dumm von mir. Aber ick habe mir Heimjesehnt. Da unten, da sinse alle janz anders, und da redense ooch janz anders. Und da hat nu schließlich der Mensch seine Muttersprache, und wenn er nischt hat, denn hat er die immer noch. Det glaubense jarnich, wie scheen Deutschland is, wenn man weit wech is und immer nur dran denkt. Aber ick sage ja, det war dumm von mir.

OBERWACHTMEISTER *liest in den Akten, ohne zuzuhören* Zuletzt hattense nun wieder eine Freiheitsstrafe zu verbüßen – fünfzehn Monate Gefängnis, wegen Melde- und Paßvergehen, Irreführung der Behörden und versuchter Urkundenfälschung.

VOIGT Da wollt ick mir nu de Neese aus det Jesichte reißen. Aber det hak nick jegangen.

OBERWACHTMEISTER Was redense da?

VOIGT Ick meine, wat Sie vorhin jemeint haben, sone Vorstrafe, die schleppt eener mit rum wie de Neese ins Jesicht. Als Willem Voigt, da hab ick nischt zu jewinnen in de Lotterie. Nu hab ick mir jesacht: Schluß mitn Willem Voigt, fängste als Friedrich Müller von vorne an. Det war doch jar nich so iebel.

OBERWACHTMEISTER Blödsinn. Sie, sehen ja, was dabei rausgekommen ist.

VOIGT Ick hab mir halt nich ausjekannt

OBERWACHTMEISTER Also hoffentlich kennense sich jetzt aus: was'n Gesetz is, und was'n Vergehen is, und was'n Gefängnis is. Lang genug habense ja studiert.

VOIGT Jawoll, det kann ick wohl flüstern. Aber deshalb brauch ick ritt jetzt meine Aufenthaltserlaubnis. Ohne der bin ick ja uffjeschmissen. Ick mechte mir hier in de Schuhfabriken vor Militärstiefel betätigen, det is neemlich meine Spezialitat de Zuchstiebeln un de langen Schefte, und ins Jefängnis da habense mir ooch in de Maschinenarbeet ausjebildet.

OBERWACHTMEISTER Habense sich denn schon nach Arbeit umgesehen?

VOIGT Det mach ick'n janzen Tach, seit ick raus bin. Ick hab mir schon'n paar Sohlen kaputtjeloofen. Die Jefäingnisleitung hat mir ja ne Empfehlung mitjegeben – *er kramt sie aus der Tasche* – aber ick komme jarnich dazu, det ick se vorzeichen kann. Iberall wollense Meldepapiere sehn, und wenn ick in son besseres Jeschäfte fragen will, da glaubense, ick will betteln, da haunse mir gleich raus.

OBERWACHTMEISTER *hat kaum zugehört, ordnet die Akten ein* Also kommense mal wieder, wennse Arbeit haben. Dann können wir weiter sehn.

VOIGT Ick bekomm ja keene Arbeet ohne de Anmeldung. Ick muß ja nu erst mal de Aufenthaltserlaubnis –

OBERWACHTMEISTER Das schlagense sich mal ausm Kopp. Einem stellungslosen Zuchthäusler können wir keine Aufenthaltserlaubnis geben. Nachher denken Sie ja gar nicht mehr dran zu arbeiten und treiben sich hier rum.

VOIGT Ick muß doch arbeeten. Von wat sollt ick denn leben?

OBERWACHTMEISTER Das ist Ihre Sache. Sehnse zu, daß Sie'n ordentlicher Mensch werden. Wenn einer arbeiten will, denn kriegt er auch Arbeit.

VOIGT *schüttelt den Kopf* Nee, nee, det is nu 'n Karussell, det is nu ne Kaffeemihle. Wenn ick nich jemeldet bin, krieg ick keene Arbeet, und wenn ick keene Arbeet habe, da darf ick mir nich melden. Denn will ick wieder raus. Denn jebense mit'n Paß mit'n Grenzvisum, der ick rieber kann.

OBERWACHTMEISTER Dafür sind wir hier nicht zuständig.

VOIGT Se haben doch jetzt mein ganzes Vorleben da in de Hand, un wennse mir hier nick haben wollen, denn jebense doch beim Alex ein, der ick'n Paß krieget!

OBERWACHTMEISTER Ich sage Ihnen doch, dafür sind wir nicht zuständig. Wenn Sie'n Paß wollen, müssense sich an Ihre Heimatbehörde wenden.

VOIGT Da war'ck jrade jewesen! Aber da habense mir jar nich anjehört. Du bist bei uns abjehängt, habense jesacht. Hier kenn wa dich nick mehr, seit zwanzich Jahren biste jestrichen. Jeh mal ne Ortschaft weiter, die Heimat schämt sich deiner, habense jesacht. Na ja, sack ick, ick will ja nu hier noch keen Denkmal jesetzt kriegen, ick will ja nur meine Zuständigkeit. Da habense mir rausjeflammt. Nee, nee, da jeh'ck eich mehr hin.

OBERWACHTMEISTER Na, regense sich mal nicht auf hier.

VOIGT Ick reg mir jarnich uff, ick will nur'n Papier haben. 'n Papier, der is doch mehr wert als de janze menschliche Konstitution, der brauch ick doch neetijer als der tägliche Brot!

OBERWACHTMEISTER *schnallt um, setzt seinen Helm auf* Jetzt machense mal 'n Punkt.

VOIGT Nee, nee ick reg mir jarnich uff, aber't rauf ja nu'n Platz geben, wo der Mensch hingehört! Wenn ick keene Meldung kriege und nich hier bleiben darf, denn will'ck wenigstens ' Paß haben, det ick raus kann! Ick kann ja nun mit de Füße eich in de Luft baumeln, der kann ja nur'n Erhenkter!

OBERWACHTMEISTER Ich werde Ihr Gesuch um Aufenthaltserlaubnis weitergeben.

VOIGT Jebense mir lieber'n Paß! Ick will ja wieder raus. Ick will ja nu gerne wieder raus, und ick komme ooch so bald nich wieder, da kennse janz ruhig sind, da kennse Jift druff nehmen! Ick weiß ja nu Bescheid, mir hamse jebrannt, det langt forn Rest!

OBERWACHTMEISTER Sie haben immer noch unklare Vorstellungen über die Zuständigkeitsgrenzen. Für Ihre Paßangelegenheit kommen wir hier nicht in Frage, merken Sie sich das, is gänzlich ausgeschlossen. Ihr Gesuch um Aufenthaltserlaubnis geb ich weiter, aber befürworten kann ich's nicht, dafür ist ihr Vorleben zu fragwürdig. Wir haben genug unsichere Elemente in der Stadt. Schluß jetzt.

VOIGT Da meeht ick Ihnen'n Vorschlag machen – da mecht'ck Ihnen vorschlagen, det se mir gleich expreß wieder in de Plötze zurücktransportieren lassen!

OBERWACHTMEISTER Raus!! Jetzt wird er auch noch frech! Scherense sich raus!
VOIGT Tja, nu nich. Ick geh ja schon. Jesegnete Mehlzeit. *Ab*
OBERNWACHTMEISTER Dummer Kerl! Stiehlt mir ne Viertelstunde von mein Mittach. Zum Schluß schimpft er noch. Naja. Dem trau ich nicht übern Weg.
WACHTMEISTER Ich auch nicht, Herr Kommissär.
OBERWACHTMEISTER Ich geh jetzt essen. Um, halb zwei lös ich Sie ab. Tach, Schlickmann.
Dunkel

Zuckmayer, Carl: Der Hauptmann von Köpenick. Ein deutsches Märchen in drei Akten. In: Carl Zuckmayer. Gesammelte Werke. Band 3. Dramen. Frankfurt am Main: S. Fischer Verlag, 1960. S. 306-312.
© Carl Zuckmayer 1960

Leo Tolstoi

Der russische Schriftsteller Leo Tolstoi wird am 9. September 1828 in Jasnaja Poljana (bei Tula) als Sohn eines Gutbesitzers aus altem Adelgeschlecht geboren. Er studiert von 1844 bis 1847 orientalische Sprachen und Jura in Kasan. Nach Abbruch seines Studiums ist er in der Verwaltung des Guts Jasnaja Poljana tätig und steht ab 1851 im Dienst der Kaukasusarmee. 1854 bis 1855 nimmt er am Krimkrieg teil. Nach Europa reist er das erste Mal 1857 und dann noch einmal 1860 bis 1861. Nach seiner Hochzeit 1862 mit Sofja Andreevna Bers, lebt er nun ständig auf dem Gut Jasnaja Poljana. Durch seine Schriften kommt es zu Spannungen mit der russisch-orthodoxen Kirche, die ihn 1901 ausschließt. 1910 verlässt Tolstoi heimlich seine Familie, um in Einsamkeit zu leben. Während seiner Flucht stirbt er am 20. September 1910 in Astapovo.

Werke u.a.:

1868/69	Vojna I Mir (Krieg und Frieden, 1885)
1875-1877	Anna Karenina (Anna Karenina, 1885)
1886	Smert'Ivana Il'Iča (Der Tod des Iwan Ilitsch, 1887)
1886	Vlast'T'My (Die Macht der Finsternis, 1887)
1889-1899	Voskresenie (Auferstehung, 1899)
1891	Krejcerova Sonata (Die Kreutzersonate, 1890)
1911	Živoj Trup (Der lebende Leichnam, 1911)

Anna Karenina (1885)

Tolstois Roman ist eine breit angelegten Schilderung der russischen Gesellschaft der 1860er Jahre. Die Titelheldin ist Anna Karenina, eine schöne, warmherzige und kluge Ehefrau eines hohen Beamtens, der in einer erfolgreichen Karriere das höchste Ziel sieht. Für das Gefühlsleben und die geistigen Bedürfnisse seiner Frau hat er kein Verständnis, so dass sich zwischen Anna und dem Offizier Vronskij eine leidenschaftliche Liebesbeziehung entwickelt. Diese lässt Anna über alle Bedenken hinweggehen und führt zum Ehebruch. Die Folge dieser Tat ist für sie mit unsäglichem Leid und gesellschaftlicher Ächtung verbunden.

(ar)

Tolstoi, Leo N.: Anna Karenina I. (Ausschnitte)

Als Stefan Arkadjewitsch mit den Briefen fertig war, zog er die amtlichen Schriftstücke näher an sich heran, durchblätterte rasch zwei Aktenstücke, setzte mit einem großen Bleistift ein paar Randbemerkungen hin, schob die Papiere wieder fort, und machte sich an den Kaffee; während er den Kaffee trank, entfaltete er die noch feuchte Morgenzeitung und begann zu lesen.

Stefan Arkadjewitsch hielt und las eine liberale Zeitung, keine radikale, sondern eine von der Richtung, an die sich die große Mehrheit hielt. Und obschon ihn weder die Wissenschaft, noch die Kunst, noch die Politik besonders interessierte, hielt er doch betreffs aller dieser Gebiete unerschütterlich an den Ansichten fest, zu denen die große Mehrheit wie auch seine Zeitung selbst sich bekannten, und änderte diese Ansichten nur dann, wenn die Mehrheit sie änderte, oder, besser gesagt, er änderte sie nicht, sondern sie änderten sich von selbst in ihm, ohne daß er etwas davon merkte.

Stefan Arkadjewitsch wählte seine Richtungen und seine Ansichten nicht, sondern diese Richtung und diese Ansichten kamen von selbst zu ihm, wie er auch die Fasson seines Hutes oder den Schnitt seines Rockes nicht wählte, sondern eben trug, was gerade Mode war. Ansichten zu haben, war für ihn, der in einem bestimmten Gesellschaftskreise lebte und das Bedürfnis einer gewissen, in den Jahren der Reife gewöhnlich zutage tretenden gedanklichen Tätigkeit hatte, ebenso unerlässlich wie das Tages eines Hutes. Wenn ein Grund vorlag, weshalb er der liberalen Richtung vor der konservativen, zu der sich gleichfalls viele Angehörige seines Gesellschaftskreises bekannten, den Vorzug gab, so lag dieser Grund jedenfalls nicht darin, daß er die liberale Richtung etwa für vernünftiger hielt, sondern vielmehr darin, daß sie seiner persönlichen Lebensführung näher stand. Die liberale Partei behauptete, daß in Russland alles schlecht sei, und in der Tat hatte Stefan Arkadjewitsch viele Schulden, und seine Einkünfte langten nicht hin und nicht her. Die liberale Partei behauptete, die Ehe sei eine überlebte Einrichtung und müsse unbedingt reformiert werden, und in der Tat bereitete das Familienleben Stefan Arkadjewitsch nur sehr wenig Freude und zwang ihn zu Lüge und Verstellung, was seiner Natur im höchsten Grade zuwider war. Die liberale Partei behauptete oder ließ vielmehr durchblicken, daß nach ihrer Meinung die Religion lediglich ein Zügel für den barbarischen Teil der Bevölkerung sei, und in der Tat konnte Stefan Arkadjewitsch keinen noch so kurzen Gottesdienst mitmachen, ohne daß er Schmerzen in den Beinen bekam, und vermochte überhaupt nicht zu begreifen, welchen Zweck alle diese gruseligen, verstiegenen Worte vom Jenseits hatten, wo man doch froh sein sollte, daß wenigstens das Leben im Diesseits einigermaßen erträglich war. Dabei war Stefan Arkadjewitsch ein Spaßvogel, der gern einmal friedlich Leute vor den Kopf stieß, mit Bemerkungen wie etwa: wenn man schon auf seinen Stammbaum sich etwas einbilde, man nicht bei Rurik stehen bleiben dürfe, sondern eben bis auf den ältesten Ahnherrn, den Affen, zurückgehen müsse. So wurde denn die liberale Richtung Stefan Arkadjewitsch zur Gewohnheit, und er liebte seine Zeitung wie die Zigarette nach Tisch, um des leichten Nebels willen, den sie in seinem Kopf hervorbrachte.

[...]

Stepan Arkadjewitsch hatte, dank seiner guten Begabung, in der Schule leicht gelernt, doch war er träg und unartig gewesen und befand sich daher beim Abgange mit unter den Letzten. Trotz des lockeren Lebens jedoch, das er stets geführt, trotz des niedrigen Ranges, den er auf der amtlichen Stufenleiter einnahm, und trotz seiner Jugend nahm er die angesehene, mit einem guten Gehalt verbundene Stellung eines Sektionschefs bei einer wichtigen Moskauer Staatsbehörde ein. Er hatte diesen Posten durch den Gatten seiner Schwester Anna, Alexej Alexandrowitsch Karenin, erhalten, der eine der einflußreichsten Stellen in dem Ministerium bekleidete, von dem die Moskauer Behörde ressortierte. Hätte indes Karenin seinen Schwager nicht auf diesen Posten gebracht, so hätte Stiwa Oblonskij durch hundert andere Leute, Brüder, Schwestern, Verwandte, entfernte Onkel und Tanten diesen oder einen ähnlichen Posten erhalten, mit sechstausend Rubel Gehalt, die er unbedingt brauchte, da seine finanziellen Verhältnisse trotz des ansehnlichen Vermögens seiner Frau ziemlich zerrüttet waren.

Halb Moskau und halb Petersburg waren mit Stepan Arkadjewitsch verwandt und befreundet. Er war in der gesellschaftlichen Schicht jener Leute geboren, die man die Mächtigen dieser Welt zu nennen pflegt. Ein Drittel der alten Staatsmänner waren Freunde seines Vaters gewesen und hatten Stiwa noch im Kinderhemdchen gekannt; ein zweites Drittel war mit ihm auf „du und du", und das dritte Drittel bestand aus lauter guten Bekannten. Die Verteiler der irdischen Güter, als da sind Posten, Pachten, Konzessionen usw., waren durch die Bank seine Freunde und konnten doch einen der Ihrigen nicht leer ausgehen lassen. Ein Oblonskij brauchte sich nicht allzusehr zu bemühen, um einen fetten Posten zu erhalten; er brauchte ihn nur nicht auszuschlagen, nicht neidisch zu sein, sich nicht zu zanken, nicht den Beleidigten zu spielen, was denn auch Stepan Arkadjewitsch, dank der ihm eignen Herzensgüte, niemals tat. Es wäre ihm lächerlich erschienen, wenn ihm jemand gesagt hätte, er würde eine Stelle mit einem Gehalt, wie er es brauchte, nicht erhalten, um so mehr, als er durchaus keine übermäßigen Forderungen stellte; er wollte nur so viel, wie seine Altersgenossen bekamen, und was die dienstlichen Obliegenheiten anbetraf, so vermochte er diese ebensogut zu erfüllen wie jeder andere.

Tolstoi, Leo N.: Anna Karenina. Erster Band. Berlin: Deutsche Buchvertriebs- und Verlagsgesellschaft, 1947. S. 12-13, S. 22-23.
[kein Copyright angegeben]

Georg Büchner

Georg Büchner kommt am 17. Oktober 1813 im hessischen Goddelau als Sohn des Arztes Ernst Karl Büchner und dessen Gattin Louise Caroline Büchner, geborene Reuß, zur Welt. Er studiert ab 1831 Medizin, Naturwissenschaft und Philosophie in Straßburg und Gießen. Er verfasst im Juli 1834 zusammen mit Friedrich Ludwig Weidig die sozialistische Flugschrift „Der Hessische Landbote" mit dem Motto „Friede den Hütten, Krieg den Palästen", begründet die geheime „Gesellschaft für Menschenrechte" und entzieht sich der drohenden Verhaftung durch Flucht nach Straßburg. Seit 1834 entstehen seine berühmten dichterischen Werke, von denen nur das Drama „Dantons Tod" (1835) zu seinen Lebzeiten erscheint. Büchner stirbt am 19. Februar 1837 in Zürich an Typhus.

Werke u.a.:

1834 Der Hessische Landbote
1835 Dantons Tod
1836 Woyzeck
1836 Leonce und Lena

Der Hessische Landbote (1834)

Die sozialrevolutionäre Flugschrift von Georg Büchner und Friedrich Ludwig Weidig, die den Höhepunkt der revolutionären Publizistik im deutschen Vormärz markiert, erscheint 1834 in rund 1000 Exemplaren, anonym und mit fingierter Ortsangabe. Büchners Intention war es, das „Landvolk" zu belehren, in welchem Zustand es lebe und in welchem es leben könnte, um es auf diese Weise zum Aufstand gegen seine Regierungen zu bewegen.

(nr)

Büchner, Georg: Der hessische Landbote. (Ausschnitt)

Das Gesetz ist das Eigentum einer unbedeutenden Klasse von Vornehmen und Gelehrten, die sich durch ihr eignes Machwerk die Herrschaft zuspricht. Diese Gerechtigkeit ist nur ein Mittel, euch in Ordnung zu halten, damit man euch bequemer schinde; sie spricht nach Gesetzen, die ihr nicht versteht, nach Grundsätzen, von denen ihr nichts wißt, Urteile, von denen ihr nichts begreift. Unbestechlich ist sie, weil sie sich gerade teuer genug bezahlen läßt, um keine Bestechung zu brauchen. Aber die meisten ihrer Diener sind der Regierung mit Haut und Haar verkauft. Ihre Ruhestühle stehen auf einem Geldhaufen von 461.373 Gulden (so viel betragen die Ausgaben für die Gerichtshöfe und die Kriminalkosten). Die Fräcke, Stöcke und Säbel ihrer unverletzlichen Diener sind mit dem Silber von 197.502 Gulden beschlagen (so viel kostet die Polizei überhaupt, die Gendarmerie usw.). Die Justiz ist in Deutschland seit Jahrhunderten die Hure der deutschen Fürsten. Jeden Schritt zu ihr müßt ihr mit Silber pflastern, und mit Armut und Erniedrigung erkauft ihr ihre Sprüche.

Denkt an das Stempelpapier, denkt an euer Bücken in den Amtsstuben und euer Wachestehen vor denselben. Denkt an die Sporteln für Schreiber und Gerichtsdiener. Ihr dürft euern Nachbar verklagen, der euch eine Kartoffel stiehlt; aber klagt einmal über den Diebstahl, der von Staats wegen unter dem Namen von Abgabe und Steuern jeden Tag an eurem Eigentum begangen wird; damit eine Legion unnützer Beamten sich von eurem Schweiße mästen; klagt einmal, daß ihr der Willkür einiger Fettwänste überlassen seid und daß diese Willkür Gesetz heißt, klagt, daß ihr die Ackergäule des Staates seid, klagt über eure verlorne Menschenrechte: wo sind die Gerichtshöfe, die eure Klage annehmen, wo die Richter, die Recht sprächen? – Die Ketten eurer Vogelsberger Mitbürger, die man nach Rockenburg schleppte, werden euch Antwort geben.

Und will endlich ein Richter oder ein andrer Beamte von den wenigen, welchen das Recht und das gemeine Wohl lieber ist als ihr Bauch und der Mammon, ein Volksrat und kein Volksschinder sein, so wird er von den obersten Räten des Fürsten selber geschunden.

Für das Ministerium der Finanzen 1.551.502 Fl. Damit werden die Finanzräte, Obereinnehmer, Steuerboten, die Untererheber besoldet. Dafür wird der Ertrag eurer Äcker, berechnet und eure Köpfe gezählt. Der Boden unter euren Füßen, der Bissen zwischen euren Zähnen ist besteuert. Dafür sitzen die Herren in Fräcken beisammen, und das Volk steht nackt und gebückt vor ihnen; sie legen die Hände an seine Lenden und Schaltern und rechnen aus, wie viel es noch tragen kann, und wenn sie barmherzig sind, so geschieht es nur, wie man ein Vieh schont, das man nicht so sehr angreifen will.

Für das Militär wird bezahlt 914.820 Gulden. Dafür kriegen eure Söhne einen bunten Rock auf den Leib, ein Gewehr oder eine Trommel auf die Schulter und dürfen jeden Herbst einmal blind schießen und erzählen, wie die Herren vom Hof und die ungeratenen Buben vom Adel allen Kindern ehrlicher Leute vorgehen und mit ihnen in den breiten Straßen der Städte herumziehen mit Trommeln und Trompeten. Für jene 900.000 Gulden müssen eure Söhne den Tyrannen schwören und Wache halten an ihren Palästen. Mit ihren Trommeln übertäuben sie eure Seufzer, mit ihren Kolben zerschmettern sie euch den Schädel, wenn ihr zu denken wagt, daß ihr freie Menschen seid. Sie sind die gesetzlichen Mörder, welche die gesetzlichen Räuber schützen; denkt an Södel! Eure Brüder, eure Kinder waren dort Bruder- und Vatermörder.

Für die Pensionen 480.000 Gulden. Dafür werden die Beamten aufs Polster gelegt, wenn sie eine gewisse Zeit dem Staate treu gedient haben, d.h. wenn sie eifrige Handlanger bei der regelmäßig eingerichteten Schinderei gewesen, die man Ordnung und Gesetz heißt.

Für das Staatsministerium und den Staatsrat 174.600 Gulden. Die größten Schurken stehen wohl jetzt allerwärts in Deutschland den Fürsten am nächsten, wenigstens im Großherzogtum. Kommt ja ein ehrlicher Mann in einen Staatsrat, so wird er ausgestoßen. Könnte aber auch ein ehrlicher Mann jetzo Minister sein oder bleiben, so wäre er, wie die Sachen stehn in Deutschland, nur eine Drahtpuppe, an der die fürstliche Puppe zieht; und an dem fürstlichen Popanz zieht wieder ein Kammerdiener oder ein Kutscher oder seine Frau und ihr Günstling oder sein Halbbruder – oder alle zusammen.

In Deutschland stehet er jetzt, wie der Prophet Micha schreibt, Kap. 7, V. 3 und 4: ‚Die Gewaltigen raten nach ihrem Mutwillen, Schaden zu tun, und drehen es, wie sie es wollen. Der Beste unter ihnen ist wie ein Dorn, und der Redlichste wie eine Hecke.' Ihr müßt die Dörner und Hecken teuer bezahlen; denn ihr müßt ferner für das großherzogliche Haus und den Hofstaat 827.772 Gulden bezahlen.

Die Anstalten, die Leute, von denen ich bis jetzt gesprochen, sind nur Werkzeuge, sind nur Diener. Sie tun nichts in ihrem Namen, unter der Ernennung zu ihrem Amt steht ein L., das bedeutet *Ludwig* von Gottes Gnaden, und sie sprechen mit Ehrfurcht: ‚Im Namen des Großherzogs.' Dies ist ihr Feldgeschrei, wenn sie euer Gerät versteigern, euer Vieh wegtreiben, euch in den Kerker werfen. Im Namen des Großherzogs sagen sie, und der Mensch, den sie so nennen, heißt: unverletzlich, heilig, souverän, königliche Hoheit. Aber tretet zu dem Menschenkinde und blickt durch seinen Fürstenmantel. Es ißt, wenn es hungert, und schläft, wenn sein Auge dunkel wird. Sehet, es kroch so nackt und weich in die Welt wie ihr und wird so hart und steif hinausgetragen wie ihr, und doch hat es seinen Fuß auf eurem Nacken, hat 700.000 Menschen an seinem Pflug, hat Minister, die verantwortlich sind für das, was es tut, hat Gewalt über euer Eigentum durch die Steuern, die es ausschreibt, über euer Leben durch die Gesetze, die es macht, es hat adliche Herrn und Damen um sich, die man Hofstaat heißt, und seine göttliche Gewalt vererbt sich auf seine Kinder mit Weibern, welche aus ebenso übermenschlichen Geschlechtern sind.

Wehe über euch Götzendiener! – Ihr seid wie die Heiden, die das Krokodil anbeten, von dem sie zerrissen werden. Ihr setzt ihm eine Krone auf, aber es ist eine Dornenkrone, die ihr euch selbst in den Kopf drückt; ihr gebt ihm eine Zepter in die Hand, aber es ist eine Rute, womit ihr gezüchtigt werdet; ihr setzt ihn auf euern Thron, aber er ist ein Marterstuhl für euch und eure Kinder. Der Fürst ist der Kopf des Blutigels, der über euch hinkriecht, die Minister sind seine Zähne und die Beamten sein Schwanz. Die hungrigen Mägen aller vornehmen Herren, denen er die hohen Stellen verteilt, sind Schröpfköpfe, die er dem Lande setzt. Das L., was unter seinen Verordnungen steht, ist das Malzeichen des Tieres, das die Götzendiener unserer Zeit anbeten. Der Fürstenmantel ist der Teppich, auf dem sich die Herren und Damen vom Adel und Hofe in ihrer Geilheit übereinander wälzen – mit Orden und Bändern decken sie ihre Geschwüre, und mit kostbaren Gewändern bekleiden sie ihre aussätzigen Leiber. Die Töchter des Volks sind ihre Mägde und Huren, die Söhne des Volks ihre Lakaien und Soldaten. Geht einmal nach Darmstadt und seht, wie die Herren sich für euer Geld dort lustig machen, und erzählt dann euern hungernden Weibern und Kindern, daß ihr Brot an fremden Bäuchen herrlich angeschlagen sei, erzählt ihnen von den schönen Kleidern, die in ihrem Schweiß gefärbt, und von den zierlichen Bändern, die aus den Schwielen ihrer Hände geschnitten sind, erzählt von den stattlichen Häusern, die aus den Knochen des Volks gebaut sind; und dann kriecht in eure rauchigen Hütten und bückt euch auf euren steinichten Äckern, damit eure Kinder auch einmal hingehen können, wenn ein Erbprinz mit einer Erbprinzessin für einen andern Erbprinzen Rat schaffen will, und durch die geöffneten Glastüren das Tischtuch sehen, wovon die Herren speisen, und die Lampen riechen, aus denen man mit dem Fett der Bauern illuminiert.

Das alles duldet ihr, weil euch Schurken sagen: diese Regierung sei von Gott.

Büchner, Georg: Der hessische Landbote. In: Stapf, Paul (Hrsg.): Sämtliche Werke. Dichtungen. Bd. 1. Berlin, Darmstadt: Tempel Verlag, 1963. S. 213-216.
Alle Rechte vorbehalten.

Gerhart Hauptmann

Gerhart Hauptmann wird am 15. November 1862 in Ober-Salzbrunn (Schlesien) als Sohn des Hotelbesitzers Robert Hauptmann und dessen Frau Maria geboren. Nach dem Besuch der Realschule in Breslau beginnt er eine landwirtschaftliche Ausbildung auf dem Rittergut eines Onkels in Schlesien. Im Oktober 1880 tritt Hauptmann in die Bildhauerklasse an der Breslauer Königlichen Kunst- und Gewerbeschule ein. Die Heirat mit der Großkaufmannstochter Marie Thienemann (1885) sichert Hauptmanns Lebensunterhalt. Im April 1889 gründet sich der Verein „Freie Bühne", der zahlreiche Werke Hauptmanns in nichtöffentlichen und daher zensurfreien Vorstellungen uraufführt, u.a. „Vor Sonnenaufgang". Nach einer Reise ins schlesische Webergebiet stellt er 1892 sein berühmtes gesellschaftskritisches Drama „Die Weber" fertig. 1904 lässt Hauptmann sich von seiner Frau scheiden und heiratet Margarete Marschalk noch im selben Jahr. 1912 erhält er den Nobelpreis für Literatur. Von Februar bis März 1932 unternimmt er eine Amerikareise. Am 6. Juni 1946 stirbt Gerhart Hauptmann in Agnetendorf (Riesengebirge).

Werke u.a.:

1887 Bahnwärter Thiel
1889 Vor Sonnenaufgang
1910 Der Narr in Christo Emanuel Quint
1911 Die Ratten
1932 Vor Sonnenuntergang
1937 Das Abenteuer meiner Jugend

Der Narr in Christo Emanuel Quint (1910)

Der Roman erzählt die um 1890 in Schlesien spielende Geschichte des „Giersdorfer Heilands", eines überaus naiven, einzig mit der Bibel vertrauten Tischlersohns. Nach einigen öffentlichen Strafpredigten und wunderähnlichen Taten schart sich ein kleiner Kreis fanatischer Jünger um ihn, vorwiegend Leute aus der untersten sozialen Schicht.

(nr)

Hauptmann, Gerhart: Der Narr in Christo Emanuel Quint. (Ausschnitt)

An einem Sonntagmorgen im Monat Mai erhob sich Emanuel Quint von seiner Lagerstätte auf dem Boden des kleinen Hüttchens, das der Vater mit sehr geringem Recht sein eigen nannte. Er wusch sich mit klarem Gebirgswasser, draußen am Steintrog, indem er die hohlen Hände unter den kristallenen Strahl hielt, der aus einer hölzernen, vermorschten und bemoosten Rinne floß. Er hatte die Nacht kaum ein wenig geschlafen und schritt nun, ohne die Seinen zu wecken oder etwas zu sich zu nehmen, in der Richtung gegen Reichenbach. Ein altes Weib, das auf einem Feldweg ihm entgegenkam, blieb stehen, als sie von fern seiner ansichtig wurde. Denn Emanuel ging mit seinem langen, wiegenden Schritt und in einer sonderbar würdigen Haltung, die mit seinen unbekleideten Füßen, seinem unbedeckten Kopf sowie mit der Armseligkeit seiner Bekleidung überhaupt im Widerspruch stand.

Bis gegen die elfte Stunde hielt Emanuel sich fern von den Menschen in den Feldern auf. Alsdann überschritt er die kleine Holzbrücke, die über den Bach führte, und ging geradezu bis zum Marktplatz des kleinen Fleckens, der sehr belebt war, weil die protestantische Kirche sich eben leerte. Der arme Mensch stieg nun auf einen Stein, wobei er sich mit der Linken an einem Laternenpfahl festhielt, und nachdem er sich so und durch Zeichen der Menge bemerklich gemacht hatte und alles erstaunt, belustigt oder neugierig herzukam oder wenigstens von fern herübersah, begann er mit lauter Stimme zu sagen: „Ihr Männer, liebe Brüder, ihr Frauen, liebe Schwestern! Tut Buße! Denn das Himmelreich ist nahe herbeigekommen."

Diese Worte, denen viele andere nachfolgten, ließen sogleich erkennen, daß man es mit einem Narren oder Halbnarren zu tun hatte, von einer so eigentümlichen Art, wie sie in dieser weitgedehnten Talgegend seit langem nicht vorgekommen war. Die guten Leute verwunderten sich. Aber als der einfältige und zerlumpte Mensch nicht aufhörte zu reden und seine Stimme mehr und mehr über den ganzen Marktplatz erschallen ließ, da entsetzten sich viele über den unerhörten Frevel des Landstreichers, der gleichsam das Heiligste in den Schmutz der Gasse zog, liefen aufs Amt und zeigten es an.

Als der Amtsvorsteher, mitsamt dem Gendarmen, auf dem Markt erschien, herrschte dort unglaubliche Aufregung: die Hausknechte standen vor den Gasthäusern, die Kutscher der Droschken schrien einander mit lauter Stimme zu und wiesen mit den Stöcken ihrer Peitschen auf einen

Knäuel Menschen, den Quint, predigend, überragte und der mit jeder Sekunde zunahm. Die Jungens gaben einander Zeichen durch laute Signalpfiffe, und wüstes Gebrüll und Gelächter übertönte zuweilen auf lange die Stimme des seltsamen Predigers, der noch immer eifrig und eindringlich sprach.

Er hatte soeben den Propheten Jesaia genannt und gegen Reiche und Herrscher gedonnert, „die die Sache der Armen beugen und Gewalt üben im Recht der Elenden". Er hatte gedroht, Gott werde die Rute der Herrscher zerbrechen, und dann zuletzt rührend und flehentlich alle Welt immer wieder zur Buße gemahnt. Da faßte die unentrinnbare Faust des sechs Fuß hohen Gendarmen Krautvetter ihn hinten am Kragen fest und riß ihn, unter Gejohl und Gelächter der Zuhörer, von seinem erhabenen Standorte herab.

Quer über den Markt ward nun Emanuel von Krautvetter, unter dem Hohngejauchze der Menge, abgeführt.

Der Amtsvorsteher, ein durchgefallener Jurist und Mann von Adel, hatte einen protestantischen Pfarrer der Nachbarschaft bei sich zu Tisch. Und als er ihm, während sie sich zum Essen niederließen, den skandalösen Vorfall mitteilte, äußerte jener Pfarrer den Wunsch, den Verrückten zu sehen. Der Geistliche war ein Mann von gesundem Schrot und Korn, herkulisch gebaut und mit einem Luthergesicht, dessen lutherisches Wesen nur durch den pechschwarzen, geölten Scheitel und durch listige schwarze Augen beeinträchtigt wurde. Er liebte die außerkirchlichen Schwärmer nicht. „Was bringen die Sekten?" sagte er immer: „Spaltung, Verführung, Ärgernis!"

Emanuel hatte kaum eine Stunde im Polizeigewahrsam verbracht, als er herausgeholt und dem Pfarrer vorgestellt wurde. Außer Quint, dem Gendarm, dem Pfarrer und Amtsvorsteher war niemand in der Amtsstube. Emanuel stand da mit herabhängenden Armen und einem unbeweglichen Ausdruck seines blutlosen Gesichtes, der weder herausfordernd noch verschüchtert war. Durch das dünne, rötliche Bartgekräusel um Oberlippe und Kinn sah man die feine Linie seines Mundes, gegen die Winkel herabgezogen, und die, bei Quints Jugend, in auffälliger Weise ausgeprägten Falten von den Nasenflügeln seitlich zum Munde herab. Die Augenlider des jungen Menschen waren entzündet, und die etwas hervortretenden Augen, obgleich groß aufgetan, schienen im Augenblick nichts von dem zu bemerken, was um ihn war. Über die ganze, mit Sommersprossen bedeckte Gesichtshaut, von der klaren Stirn bis zum Kinn herab, gingen die inneren Bewegungen des Gemütes, wie unsichtbare Winde über einen ruhigen, den gelblichen Abendhimmel widerspiegelnden See.

„Wie heißt du?" fragte der Pfarrer. Quint sah zu dem Pfarrer hin und sagte, mit einer hohen, klangvollen Stimme, seinen Namen.

„Was ist dein Beruf, mein Sohn?"

Quint schwieg einen Augenblick. Alsdann begann er, Satz um Satz ruhig hervorbringend, durch kleine Pausen der Überlegung getrennt:

„Ich bin ein Werkzeug. Es ist mein Beruf, die Menschen zur Buße zu leiten! Ich bin ein Arbeiter im Weinberge Gottes! – Ich bin ein Diener am Wort! – Ich bin ein Prediger in der Wüste! – Ein Bekenner des Evangeliums Jesu Christi, unseres Heilands und Herrn, der gen Himmel ist aufgefahren und welcher dereinst wird wiederkehren, wie uns verheißen ist."

„Gut", sagte der Pfarrer – sein Name war Schimmelmann –, „dein Glaube ehrt dich, mein Sohn. Aber es ist dir bekannt, daß in der Bibel steht: Im Schweiße deines Angesichts sollst du dein Brot essen. Was hast du denn sonst für einen Beruf? Ich meine, welches Handwerk betreibst du denn?"

Der Wachtmeister Krautvetter räusperte sich, rückte den Säbel ein wenig, so daß es klirrte, und sagte, als Emanuel schwieg, er habe in Erfahrung gebracht, daß Quint in seinem Dorfe als Nichtstuer gelte und seiner armen, fleißigen Mutter zur Last liege. Im übrigen habe er sich schon früher durch ähnliche Streiche wie den von heute bemerklich gemacht. Nur daß in den Dörfern die Leute an ihn gewöhnt seien und über seine Torheiten sich nicht mehr wunderten.

Jetzt erhob sich der Pfarrer in seiner ganzen Länge und Breite vom Stuhl, auf dem er gesessen hatte, sah Emanuel scharf an und sagte mit Ernst und Gewicht: „Bete und arbeite, heißt es, mein lieber Sohn. Gott hat die Menschen in Stände geteilt. Er hat einem jeden Stand seine Last und einem jeden Stand sein Gutes gegeben. Er hat einen jeden Menschen nach seinem Stand und seinem Bildungsgrad in ein Amt gesetzt. Das meinige ist, ein berufener Diener Gottes zu sein. Nun, als ein berufener Diener Gottes sage ich dir, daß du verführt und auf Irrwegen bist. Ich sage es dir als berufener Diener Gottes. Verstehst du mich? Als einer sage ich das, der in die Pläne und Absichten Gottes durch Amt und Beruf einen tieferen Einblick hat als du. Soll ich vielleicht deinen Hobel führen, mein Sohn, und wolltest du etwa an meiner Statt auf die Kanzel treten? Nun sage mir doch: was hieße denn das? Das hieße Gottes Ordnung mit Füßen treten. – Da haben wir's, lieber Baron" – und hiermit kehrte er sich an den Amtsvorsteher –, „man kann sich gar nicht bestimmt und energisch genug dagegen auflehnen, daß Laien in ungesunder Geschäftigkeit den Dienern am

Worte vorgreifen und eigenmächtigerweise das Volk beunruhigen. Der Laie ist unverantwortlich. Herrnhut in Ehren! Aber ob der Schade, der von dort ausgeht, den Segen nicht überwiegt, bleibe dahingestellt. Man darf nicht Keime in die Volksseele tragen, die ohne das treue Auge des Gärtners wucherisch auswachsen müssen. Wie leicht saugt so ein Wuchertrieb alle edleren Säfte aus der Seele, um schließlich oben in eine Giftblume auszulaufen. Denken Sie an die gefährlichen Schwärmer zu Luthers Zeit! Denken Sie an Thomas Münzer! Denken Sie an die Wiedertäufer! Und wie viele verirrte Schafe, die reißende Wölfe wurden, gab es in allen Ländern, auch während der jüngst verflossenen Zeit. Denken Sie an den Zündstoff, der heut, überall aufgehäuft, gleichsam nur auf den Funken wartet, um mit einer furchtbaren, ganz entsetzlichen Explosion in die Luft zu gehen. Da heißt es, nicht mit dem Feuer spielen. Um Gottes und Christi willen nicht! Ein Pflänzchen gibt es, der zartesten eins, der edelsten eins, das es geben kann, und dies Pflänzchen vor allem sollen wir gießen und nähren in der Volksseele: Gehorsam gegen die Obrigkeit. Und darum lies in der Bibel, mein Sohn, tue das, wenn deine ernste Arbeit dir eine halbe Stunde am Abend übrigläßt! Tue das, wenn du des Sonntags aus der Kirche kommst, tue es, falls du nicht vorziehst, hinaus in Gottes freie Natur zu gehen, aber vergiß nicht, immer und immer wieder die Stelle zu lesen, wo da geschrieben steht: Jedermann soll untertan sein der Obrigkeit. In geistlichen Dingen bin ich deine Obrigkeit, in weltlichen Dingen ist es der Herr Baron, der neben mir steht, ich also, als deine geistliche Obrigkeit, ich sage dir: Bleibe in den dir von Gott gezogenen Grenzen, und zwar bescheidentlich! Das Predigen ist nicht deines Amtes. Das verlangt einen klaren, gebildeten Kopf. Einen klaren, gebildeten Kopf hast du nicht. Den kannst du nicht haben. Den hat man in deinem niedrigen Stande nicht! – Du scheinst mir im Grunde kein böser Mensch zu sein, deshalb rate ich dir aus ehrlichem, gutem Herzen, verblende dich nicht. Überspanne die unentwickelten Kräfte deines schwachen Verstandes nicht. Bohre und verbeiße dich nicht in die Schrift, eine Sünde, deren du mir verdächtig scheinst. Es ist besser, wenn du sie eine Zeitlang beiseitelegst, als daß der Teufel Gelegenheit findet, dich wohl gar durch das lautere, liebe Gotteswort selbst zu verführen und ins Verderben zu ziehn."

Hauptmann, Gerhart: Der Narr in Christo Emanuel Quint. In: Hass, Hans-Egon (Hrsg.): Gerhart Hauptmann. Sämtliche Werke. Band V. Romane. Berlin: Propyläen Verlag, 1962. S. 11-15.
© 1962 by Verlag Ullstein GmbH, Frankfurt am Main, Berlin

Gotthold Ephraim Lessing

Lessing wird am 22. Januar 1729 in Kamenz (Oberlausitz) geboren. Er ist der älteste Sohn des Pastors Johann Gottfried Lessing und dessen Frau Justine Salome. Nach dem Besuch der Fürstenschule in Meißen von 1741 bis 1746 studiert Lessing Medizin und Theologie an der Universität in Leipzig. In dieser Zeit entstehen auch seine ersten Werke „Damon" und „Der junge Gelehrte". 1748 bis 1751 arbeitet Lessing dann als freier Schriftsteller und Journalist in Berlin. Dauernd in Geldnot nimmt er in Breslau eine Stelle als Sekretär beim General Tauentzien an (1760 bis 1765). 1767 erhält Lessing eine Anstellung als Dramaturg, Berater und Kritiker am Deutschen Nationaltheater in Hamburg, 1770 wird er Leiter der Bibliothek des Herzogs von Braunschweig in Wolfenbüttel. 1779 erscheint sein wohl bekanntestes Werk „Nathan der Weise". Es gelingt ihm noch die Fertigstellung von „Die Erziehung des Menschengeschlechts" (1780), bevor Lessing am 15. Februar 1781 in Braunschweig stirbt.

Werke u.a.:

1749	Der Freigeist
1759	Fabeln
1763	Minna von Barnhelm
1766	Laokoon
1767-1769	Hamburgische Dramaturgie
1772	Emilia Galotti

Ernst und Falk. Gespräche für Freymäurer (1778)

Lessing entwickelt seine Gedanken über die Freimaurerei in lebhafter Rede und Gegenrede der beiden Gesprächspartner. Die Freunde Ernst und Falk verbringen einige Tage gemeinsam in Bad Pyrmont, ihre Gespräche bei morgendlichen Spaziergängen führen sie auf die Freimaurer. Falk, Mitglied einer Loge, versucht Ernst die Wesenheit des Ordens zu erklären. Ziel der „wahren Taten" der Freimaurer sei es – so Falk –, einen politischen und sozialen Idealzustand zu schaffen.

(nr)

Lessing, Gotthold Ephraim: Ernst und Falk. (Ausschnitt)

ERNST: Du spottest. – Gut! das bürgerliche Leben des Menschen, alle Staatsverfassungen sind nichts als Mittel zur menschlichen Glückseligkeit. Was weiter?

FALK: Nichts als Mittel! Und Mittel menschlicher Erfindung; ob ich gleich nicht leugnen will, daß die Natur alles so eingerichtet, daß der Mensch sehr bald auf diese Erfindung geraten müssen.

ERNST: Dieses hat denn auch wohl gemacht, daß einige die bürgerliche Gesellschaft für Zweck der Natur gehalten. Weil alles, unsere Leidenschaften und unsere Bedürfnisse, alles darauf führe, sei sie folglich das Letzte, worauf die Natur gehe. So schlossen sie. Als ob die Natur nicht auch die Mittel zweckmäßig hervorbringen müssen! Als ob die Natur mehr die Glückseligkeit eines abgezogenen Begriffs – wie Staat, Vaterland und dergleichen sind – als die Glückseligkeit jedes wirklichen einzeln Wesens zur Absicht gehabt hätte!

FALK: Sehr gut! Du kömmst mir auf dem rechten Wege entgegen. Denn nun sage mir; wenn die Staatsverfassungen Mittel, Mittel menschlicher Erfindungen sind: sollten sie allein von dem Schicksale menschlicher Mittel ausgenommen sein?

ERNST: Was nennst du Schicksale menschlicher Mittel?

FALK: Das, was unzertrennlich mit menschlichen Mitteln verbunden ist; was sie von göttlichen unfehlbaren Mitteln unterscheidet.

ERNST: Was ist das?

FALK: Daß sie nicht unfehlbar sind. Daß sie ihrer Absicht nicht allein öfters nicht entsprechen, sondern auch wohl gerade das Gegenteil davon bewirken.

ERNST: Ein Beispiel! wenn dir eines einfällt.

FALK: So sind Schiffahrt und Schiffe Mittel in entlegene Länder zu kommen; und werden Ursache, daß viele Menschen nimmermehr dahin gelangen.

ERNST: Die nämlich Schiffbruch leiden, und ersaufen. Nun glaube ich dich zu verstehen. – Aber man weiß ja wohl, woher es kömmt, wenn so viel einzelne Menschen durch die Staatsverfassung an ihrer Glückseligkeit nichts gewinnen. Der Staatsverfassungen sind viele; eine ist also besser als die andere; manche ist sehr fehlerhaft, mit ihrer Absicht offenbar streitend; und die beste soll vielleicht noch erfunden werden.

FALK: Das ungerechnet! Setze die beste Staatsverfassung, die sich nur denken läßt, schon erfunden; setze, daß alle Menschen in der ganzen Welt diese beste Staatsverfassung angenommen haben: meinst du nicht, daß auch dann noch, selbst aus dieser besten Staatsverfassung, Dinge entspringen müssen, welche der menschlichen Glückseligkeit höchst nachteilig sind, und wovon der Mensch in dem Stande der Natur schlechterdings nichts gewußt hätte?

ERNST: Ich meine: wenn dergleichen Dinge aus der besten Staatsverfassung entsprängen, daß es sodann die beste Staatsverfassung nicht wäre.

FALK: Und eine bessere möglich wäre? – Nun, so nehme ich diese Bessere als die Beste an: und frage das Nämliche.

ERNST: Du scheinest mir hier bloß von vorne herein aus dem angenommenen Begriffe zu vernünfteln, daß jedes Mittel menschlicher Erfindung, wofür du die Staatsverfassungen samt und sonders erklärest, nicht anders als mangelhaft sein könne.

FALK: Nicht bloß.

ERNST: Und es würde dir schwer werden, eins von jenen nachteiligen Dingen zu nennen

FALK: Die auch aus der besten Staatsverfassung notwendig entspringen müssen? – O zehne für eines.

ERNST: Nur eines erst.

FALK: Wir nehmen also die beste Staatsverfassung für erfunden an; wir nehmen an, daß alle Menschen in der Welt in dieser besten Staatsverfassung leben: würden deswegen alle Menschen in der Welt, nur einen Staat ausmachen?

ERNST: Wohl schwerlich. Ein so ungeheurer Staat würde keiner Verwaltung fähig sein. Er müßte sich also in mehrere kleine Staaten verteilen, die alle nach den nämlichen Gesetzen verwaltet würden.

FALK: Das ist: die Menschen würden auch dann noch Deutsche und Franzosen, Holländer und Spanier, Russen und Schweden sein; oder wie sie sonst heißen würden.

ERNST: Ganz gewiß!

FALK: Nun da haben wir ja schon Eines. Denn nicht wahr, jeder dieser kleinern Staaten hätte sein eignes Interesse? und jedes Glied derselben hätte das Interesse seines Staats?

ERNST: Wie anders?

FALK: Diese verschiedene Interesse würden öfters in Kollision kommen, so wie itzt: und zwei Glieder aus zwei verschiedenen Staaten würden einander eben so wenig mit unbefangenem Gemüt begegnen können, als itzt ein Deutscher einem Franzosen, ein Franzose einem Engländer begegnet.

ERNST: Sehr wahrscheinlich!

FALK: Das ist: wenn itzt ein Deutscher einem Franzosen, ein Franzose einem Engländer, oder umgekehrt, begegnet, so begegnet nicht mehr ein bloßer Mensch einem bloßen Menschen, die vermöge ihrer gleichen Natur gegen einander angezogen werden, sondern ein solcher Mensch begegnet einem solchen Menschen, die ihrer verschiednen Tendenz sich bewußt sind, welches sie gegen einander kalt, zurückhaltend, mißtrauisch macht, noch ehe sie für ihre einzelne Person das geringste mit einander zu schaffen und zu teilen haben.

ERNST: Das ist leider wahr.

FALK: Nun so ist es denn auch wahr, daß das Mittel, welches die Menschen vereiniget, um sie durch diese Vereinigung ihres Glückes zu versichern, die Menschen zugleich trennet.

ERNST: Wenn du es so verstehest.

FALK: Tritt einen Schritt weiter. Viele von den kleinern Staaten würden ein ganz verschiedenes Klima, folglich ganz verschiedene Bedürfnisse und Befriedigungen, folglich ganz verschiedene Gewohnheiten und Sitten, folglich ganz verschiedene Sittenlehren, folglich ganz verschiedene Religionen haben. Meinst du nicht?

ERNST: Das ist ein gewaltiger Schritt!

FALK: Die Menschen würden auch dann noch Juden und Christen und Türken und dergleichen sein.

ERNST: Ich getraue mir nicht, Nein zu sagen.

FALK: Würden sie das; so würden sie auch, sie möchten heißen, wie sie wollten, sich unter einander nicht anders verhalten, als sich unsere Christen und Juden und Türken von je her unter einander verhalten haben. Nicht als bloße Menschen gegen bloße Menschen; sondern als solche Menschen gegen solche Menschen, die sich einen gewissen geistigen Vorzug streitig machen, und darauf Rechte gründen, die dem natürlichen Menschen nimmermehr einfallen könnten.

ERNST: Das ist sehr traurig; aber leider doch sehr vermutlich.

FALK: Nur vermutlich?

ERNST: Denn allenfalls dächte ich doch, so wie du angenommen hast, daß alle Staaten einerlei Verfassung hätten, daß sie auch wohl alle einerlei Religion haben könnten. Ja ich begreife nicht, wie einerlei Staatsverfassung ohne einerlei Religion auch nur möglich ist.

FALK: Ich eben so wenig. – Auch nahm ich jenes nur an, um deine Ausflucht abzuschneiden. Eines ist zuverlässig eben so unmöglich, als das andere. Ein Staat: mehrere Staaten. Mehrere Staaten: mehrere Staatsverfassungen. Mehrere Staatsverfassungen: mehrere Religionen.

ERNST: Ja, ja: so scheint es.

FALK: So ist es. – Nun sieh da das zweite Unheil, welches die bürgerliche Gesellschaft, ganz ihrer Absicht entgegen, verursacht. Sie kann die Menschen nicht vereinigen, ohne sie zu trennen; nicht trennen, ohne Klüfte zwischen ihnen zu befestigen, ohne Scheidemauern durch sie hin zu ziehen.

ERNST: Und wie schrecklich diese Klüfte sind! wie unübersteiglich oft diese Scheidemauern!

FALK: Laß mich noch das dritte hinzufügen. – Nicht genug, daß die bürgerliche Gesellschaft die Menschen in verschiedene Völker und Religionen teilet und trennet. – Diese Trennung in wenige große Teile, deren jeder für sich ein Ganzes wäre, wäre doch immer noch besser, als gar kein Ganzes. – Nein; die bürgerliche Gesellschaft setzt ihre Trennung auch in jedem dieser Teile gleichsam bis ins Unendliche fort.

ERNST: Wie so?

FALK: Oder meinest du, daß ein Staat sich ohne Verschiedenheit von Ständen denken läßt? Er sei gut oder schlecht, der Vollkommenheit mehr oder weniger nahe: unmöglich können alle Glieder desselben unter sich das nämliche Verhältnis haben. – Wenn sie auch alle an der Gesetzgebung Anteil haben: so können sie doch nicht gleichen Anteil haben, wenigstens nicht gleich unmittelbaren Anteil. Es wird also vornehmere und geringere Gliedergeben. – Wenn Anfangs auch alle Besitzungen des Staats unter sie gleich verteilet worden: so kann diese gleiche Verteilung doch keine zwei Menschenalter bestehen. Einer wird sein Eigentum besser zu nutzen wissen, als der andere. Einer wird sein schlechter genutztes Eigentum gleichwohl unter mehrere Nachkommen zu verteilen haben, als der andere. Es wird also reichere und ärmere Glieder geben.

ERNST: Das versteht sich.

FALK: Nun überlege, wie viel Übel es in der Welt wohl gibt, das in dieser Verschiedenheit der Stände seinen Grund nicht hat.

ERNST: Wenn ich dir doch widersprechen könnte! – Aber was hatte ich für Ursache, dir überhaupt zu widersprechen? – Nun ja, die Menschen sind nur durch Trennung zu vereinigen! nur durch unaufhörliche Trennung in Vereinigung zu erhalten! Das ist nun einmal so. Das kann nun nicht anders sein.

FALK: Das sage ich eben!

ERNST: Also, was willst du damit? Mir das bürgerliche Leben dadurch verleiden? Mich wünschen machen, daß den Menschen der Gedanke, sich in Staaten zu vereinigen, nie möge gekommen sein?

FALK: Verkennst du mich so weit? – Wenn die bürgerliche Gesellschaft auch nur das Gute hätte, daß allein in ihr die menschliche Vernunft angebauet werden kann: ich würde sie auch bei weit größern Übeln noch segnen.

ERNST: Wer des Feuers genießen will, sagt das Sprichwort, muß sich den Rauch gefallen lassen.

FALK: Allerdings! – Aber weil der Rauch bei dem Feuer unvermeidlich ist: durfte man darum keinen Rauchfang erfinden? Und der den Rauchfang erfand, war der darum ein Feind des Feuers? – Sieh, dahin wollte ich.

ERNST: Wohin? – Ich verstehe dich nicht.

FALK: Das Gleichnis war doch sehr passend. -- Wenn die Menschen nicht anders in Staaten vereiniget werden konnten, als durch jene Trennungen: werden sie darum gut, jene Trennungen?

ERNST: Das wohl nicht.

FALK: Werden sie darum heilig, jene Trennungen?

ERNST: Wie heilig?

FALK: Daß es verboten sein sollte, Hand an sie zu legen?

ERNST: In Absicht? ...

FALK: In Absicht, sie nicht größer einreißen zu lassen, als die Notwendigkeit erfodert. In Absicht, ihre Folgen so unschädlich zu machen, als möglich.

ERNST: Wie könnte das verboten sein?

FALK: Aber geboten kann es doch auch nicht sein; durch bürgerliche Gesetze nicht geboten! Denn bürgerliche Gesetze erstrecken sich nie über die Grenzen ihres Staats. Und dieses würde nun gerade außer den Grenzen aller und jeder Staaten liegen. –
Folglich kann es nur ein Opus supererogatum sein: und es wäre bloß zu wünschen, daß sich die Weisesten und Besten eines jeden Staats diesem Operi supererogato freiwillig unterzögen.

ERNST: Bloß zu wünschen; aber recht sehr zu wünschen.

FALK: Ich dächte! Recht sehr zu wünschen, daß es in jedem Staate Männer geben möchte, die über die Vorurteile der Völkerschaft hinweg wären, und genau wüßten, wo Patriotismus, Tugend zu sein aufhöret.

ERNST: Recht sehr zu wünschen!

FALK: Recht sehr zu wünschen, daß es in jedem Staate Männer geben möchte, die dem Vorurteile ihrer angebornen Religion nicht unterlägen; nicht glaubten, daß alles notwendig gut und wahr sein müsse, was sie für gut und wahr erkennen.

ERNST: Recht sehr zu wünschen!

FALK: Recht sehr zu wünschen, daß es in jedem Staate Männer geben möchte, welche bürgerliche Hoheit nicht blendet, und bürgerliche Geringfügigkeit nicht ekelt; in deren Gesellschaft der Hohe sich gern herabläßt, und der Geringe sich dreist erhebet.

ERNST: Recht sehr zu wünschen!

Lessing, Gotthold Ephraim: Ernst und Falk. In: Stammler, Wolfgang (Hrsg.): Gotthold
   Ephraim Lessing. Gesammelte Werke. Erster Band. München: Carl Hanser Verlag,
   1964. S. 981-987.
© 1959 Carl Hanser, München

Vaclav Havel

Vaclav Havel wird am 5. Oktober 1936 in Prag geboren. Nach zweijährigem Militärdienst arbeitet er im Prager „Theater am Geländer" als Kulissenschieber, Beleuchter, Sekretär, Lektor und ab 1960 als Dramaturg. Havel macht sich in den sechziger Jahren mit Stücken wie „Zahradni slavnost" (Das Gartenfest) und „Vyrozumeni" (Die Benachrichtigung) als Theaterschriftsteller einen Namen. 1968, nach dem Ende des sogenannten Prager Frühlings, wird Havel in der CSSR mit einem Publikations- und Aufführungsverbot belegt. Er ist Mitbegründer und langjähriger Sprecher der „Charta 77", wird mehrfach verhaftet, vor Gericht gestellt und wiederholt zu Gefängnisstrafen verurteilt. Im Dezember 1989 wird Havel zum Präsidenten der Tschechoslowakei gewählt (bis 1992). Nach der Teilung der Tschechoslowakei im Januar 1993 wird Havel Präsident der neuen Tschechischen Republik.

Werke u.a.:

1963 Zahradni slavnost (Das Gartenfest, 1963)
1965 Vyrozumeni (Die Benachrichtigung, 1965)
1975 Vernissage (Die Vernissage, 1977)

Die Benachrichtigung (1965)

Zu Beginn des Schauspiels erhält Gross, der Direktor einer Behörde, einen Brief in einer ihm unverständlichen Sprache. Die scheinbar unzusammenhängende Anhäufung von Silben und Zeichen erweist sich als eine neue künstliche Sprache namens Ptydepe, die ohne Gross' Wissen eingeführt worden ist zur Erleichterung der Kommunikation innerhalb der Behörde.

(nr)

Havel, Václav: Die Benachrichtigung. (Ausschnitte)

Erstes Bild

*Das Büro des Direktors: In der Mitte ein Schreibtisch, an der Seite ein kleiner Tisch, an der Rückwand ein Feuerlöschgerät, in der Ecke ein Kleiderständer. Gross, der Direktor, tritt auf, legt seinen Mantel ab, setzt sich wie jeden Morgen an seinen Schreibtisch, öffnet gleichgültig die Post, die er auf dem Schreibtisch vorfindet, wirft einige Briefe in den Papierkorb, legt andere wieder weg, nachdem er sie halblaut und undeutlich gelesen hat. („Bestätigen dankend den Erhalt Ihres Schreibens vom ..."
und „Werden auf Ihr Angebot zu gegebener Zeit zurückkommen..." usw.) Bei einem Brief stutzt er, liest ihn laut; zunächst relativ schnell, dann stockend.*

GROSS liest: Ra ko hutu dekotu ely trebomu emusche, vdegar yd, stro renu er gryk kendy, alyv zvyde dezu, kvyndal fer tekonu sely. Degto yl tre entvester kyleg go: orka eply y bodur depydepe emete. Grojto af xedob yd, kyzem ner osonfterte ylem kho dent d de det detrym gynfer bro enomuz fechtal agni laj kys defyi rokuroch bazuk suhelen. Gykvom ch ch lopve rekto elkvestrete. Dyhap zuj bak dygalox ibem nyderix tovah gyp. Yikte juh geboj. Fyx dep butrop go –

Gross hat nicht bemerkt, daß mittlerweile durch die Seitentür Balas und Kubsch leise eingetreten sein. Balas räuspert sich. Gross erschrickt und dreht sich um.

Sie sind hier?

BALAS: Diesen Moment ...

GROSS: Ich habe Sie gar nicht...

BALAS: Wir sind leise hereingekommen.

GROSS: Was gibt es?

BALAS: Wir haben eine Frage.

GROSS *schroff:* Ja, bitte?

BALAS: Wo soll Kubsch die Posteingänge registrieren?

GROSS: Aber Herr Balas, das ist doch klar: im Posteingangsbuch.

BALAS: Das ist vollgeschrieben. Stimmt's, Kubsch?

Kubsch nickt. – Kubsch kennt nur drei Reaktionen: er nickt zustimmend, er schüttelt verneinend den Kopf oder er zeigt durch Achselzucken, daß er sich nicht äußern will.

GROSS: Schon?

BALAS: Leider Gottes.

GROSS: Dann muß eben ein neues angeschafft werden!

BALAS: Für ein neues sind keine Etatmittel vorhanden. Nicht wahr, Kubsch?

Kubsch schüttelt den Kopf.

GROSS: Wieso? War denn für dieses Quartal nicht die Anschaffung von zwei Eingangsbüchern geplant?

BALAS: Stimmt. Aber im Rahmen der Sparmaßnahmen hat man uns alle beantragten Anschaffungen um die Hälfte gekürzt, so dass wir nur ein Buch kaufen konnten, und das ist, wie gesagt, voll. Nicht wahr, Kubsch?

Kubsch nickt, Gross gibt ihm Geld.

GROSS: Da. Für ein neues!

Kubsch sieht Balas vielsagend an und nimmt das Geld; beide verbeugen sich höflich.

BALAS: Danke, Herr Direktor, herzlichen Dank.

Balas und Kubsch gehen durch die Seitentür ab. Gross nimmt wieder den Brief und betrachtet ihn aufmerksam. Durch die hintere Tür kommt Hanna herein, im Mantel und mit Handtasche.

HANNA: Guten Morgen.

GROSS: Guten Morgen.

Hanna hängt ihren Mantel auf den Kleiderständer, zieht sich andere Schuhe an, setzt sich dann an den kleinen Schreibmaschinentisch, nimmt aus der Tasche Kamm und Spiegel, lehnt den Spiegel an die Schreibmaschine und beginnt sich zu kämmen. Das frisieren bleibt ihre Hauptbeschäftigung während des ganzen Stücks. Sie unterbricht es nur in dringenden Fällen, meist für die Einkäufe während der Bürozeit. Gross betrachtet sie verstohlen eine Weile, dann wendet er sich an Hanna.

HANNA: Bitte, Kollege Direktor?

GROSS *zeigt ihr den Brief:* Wissen Sie nicht, was das ist?

HANNA *überfliegt den Brief:* Das ist eine sehr wichtige amtliche Benachrichtigung, Kollege Direktor.

GROSS: Es sieht aus wie zufällig zusammengewürfelte Buchstaben.

HANNA: Das sieht nur so aus, auf den ersten Blick vielleicht. In Wirklichkeit hat es aber sein festes System. Das ist nämlich Ptydepe.

GROSS: Ja, was?

HANNA: Ptydepe.

GROSS: Ptydepe? Was ist das?

HANNA: Die neue Amtssprache, die sie jetzt in unserem Amt einführen. *Im gleichen Tonfall und ohne Pause:* Kann ich mir Milch holen?

GROSS: In unserem Amt wird eine neue Sprache eingeführt? Wieso weiß ich nichts davon?

HANNA: Die werden wohl vergessen haben, es Ihnen zu sagen. Kann ich mir Milch holen?

GROSS: Wer hat sich das ausgedacht?

HANNA: Es ist anscheinend irgendeine höhere Aktion. Hilde sagte mir, dass sie bei ihnen auch damit angefangen haben.

GROSS: Und mein Stellvertreter weiß davon?

HANNA: Ja. Kann ich mir Milch holen?

GROSS: Ja, laufen Sie.

Hanna nimmt aus ihrer Tasche eine leere Milchflasche und geht schnell durch die hintere Tür. Gross geht nachdenklich im Raum auf und ab und bemerkt wieder nicht, dass inzwischen Balas und Kubsch durch die Seitentür eingetreten sein. Balas räuspert sich.

BALAS: Wir wollten Ihnen nur sagen, daß wir soeben ein neues Evidenzbuch gekauft haben. Nicht wahr, Kubsch? Es liegt auf Kubsch Tisch. Stimmt's?

Kubsch nickt.

GROSS: Na also!

BALAS: Die müssen es aber in der Evidenzabteilung in Evidenz nehmen.

GROSS: Weshalb?

BALAS: Das neue Heft ist nicht von der Einkaufsabteilung registriert, weil es nicht mit Amtsgeldern gekauft wurde und deshalb de jure nicht existiert. Nicht wahr, Kubsch?

Kubsch nickt.

GROSS: Sagen Sie ihnen, sie sollen es auf meine Anordnung und auf meine persönliche Verantwortung in Evidenz nehmen. Ich habe jetzt eine sehr gute Position, so dass ich es mir erlauben darf.

BALAS: Ausgezeichnet! Könnten Sie uns das der Einfachheit halber schriftlich geben?

GROSS: Ich riskiere gern etwas, aber ich bin ja schließlich kein Hasardeur, nicht wahr? Die mündliche Anordnung muß Ihnen genügen.

BALAS: Wollen versuchen, das denen begreiflich zu machen. *[oder: sie zu überreden!]*! Komm, Kubsch.

Kubsch und Balas wollen weggehen, Gross hält sie zurück.

GROSS: Kollege Vizedirektor!

BALAS: Bitte, Kollege Direktor.

GROSS: Sie wissen etwas über die neue Sprache?

BALAS: Ich habe davon gehört. ich glaube, Kollege Kubsch hat mir vor einiger Zeit etwas darüber gesagt. Hast du es mir nicht erzählt, Kubsch?

Kubsch nickt.

GROSS: Können Sie mir sagen, wer den Auftrag gegeben hat, sie hier bei uns einzuführen?

BALAS: Wer den Auftrag gegeben hat? Weißt du das, Kubsch?

Kubsch zuckt die Achseln.

GROSS: Ich war es nicht. Also können doch nur Sie es gewesen sein, Kollege Balas.

BALAS: Unsereiner gibt täglich so viele Anweisungen, da kann man sich unmöglich an alles erinnern.

GROSS: Und Sie haben es nicht für nötig gehalten, sich mit mir zu beraten?

BALAS: Ich wollte Sie mit solchem Blödsinn nicht belästigen.

GROSS: Sie sind aber ein Tölpel, Kollege Balas.

BALAS: Es wird nie wieder vorkommen.

GROSS: Weshalb haben Sie das eigentlich eingeführt?

BALAS: Es handelt sich um ein Experiment. Es soll angeblich die amtliche Korrespondenz präzisieren und ihre Terminologie neu ordnen. Sage ich das so richtig, Kubsch?

Kubsch nickt.

GROSS: Und das hat jemand von oben angekündigt?

BALAS: Nicht direkt –

GROSS: Also wenn ich ehrlich sein soll: Das Ganze gefällt mir nicht. Versprechen Sie mir, dass Sie das Ganze noch heute in irgendeiner passenden Form einstellen. Wir lassen uns doch nicht zu Versuchskaninchen machen.

Durch die rückwärtige Tür kehrt Hanna mit der Milch zurück.

HANNA *zu Balas*: Guten Morgen.

Hanna stellt die Milch auf den Tisch, öffnet die Flasche, trinkt und kämmt sich wieder.

BALAS: Ich widerrufe also meine Anweisungen und will versuchen, alle bisher herausgegebenen Ptydepe-Texte einzuziehen und sie wieder in die normale Sprache übersetzen zu lassen.

Zu Hanna: Guten Morgen.

GROSS: Ich bitte darum.

BALAS: Wir lassen uns doch von niemanden zu Versuchskaninchen machen.

GROSS: Na also.

BALAS: Komm, Kubsch.

Balas und Kubsch gehen durch die Seitentür ab. Gross geht zu Hannas Milchflasche.

GROSS: Darf ich?

HANNA: Selbstverständlich, Kollege Direktor.

Gross trinkt, setzt sich dann. Pause.

GROSS: Merkwürdige Beziehung zwischen den beiden.

HANNA: Ich weiß darüber eine Reihe von Einzelheiten.

GROSS: Ich will es nicht hören. Beide sind beispielhafte Mitarbeiter; alles andere interessiert mich nicht. *Pause. Gross betrachtet wieder den Brief, dann wendet er sich an Hanna*: Ein Glück, dass ich das noch rechtzeitig stoppen konnte. Haben Sie denn geglaubt, dass das jemand lernt?

HANNA: In unserem Amt ist ein spezielles Ptydepe-Seminar eingerichtet worden.

GROSS: Was – ein Ptydepe-Seminar? Geht denn da überhaupt jemand hin?

HANNA: Alle – außer Ihnen, Kollege Direktor. [...]

Fünftes Bild

Das Ptydepe-Seminar – wie im zweiten Bild. Perina trägt wieder vier Beamten vor.

PERINA: Vom historischen Standpunkt aus sind die lebenden Sprachen höchstwahrscheinlich durch die Entwicklung unartikulierten Gekreischs entstanden, welches die Primärreaktion primitiver Wesen auf die Umwelt gewesen sein dürfte.

Die älteste Wortgruppe innerhalb der Umgangssprache bilden Ausrufungswörter. Da sie in amtlichen Schriftstücken nur selten vorkommen, brauchen wir uns bei diesem Kapitel nicht lange aufzuhalten. Aus diesem Grund legen die Lehrpläne die Erläuterung der Ausrufungswörter schon in die ersten Lektionen. Also nun zu den Ausrufungswörtern. Wie jedes andere Wort in den natürlichen Sprachen, so hat auch jedes Ausrufungswort in Ptydepe mehrere Bedeutungsäquivalente. Einstweilen werden wir bei jedem Ausrufungswort nur eine, die geläufigste Ptydepe-Form lernen. Trotzdem will ich euch aber durch das Beispiel mit den Ausrufungswort „Baff" zeigen, wie Ptydepe auch in diesem Randgebiet der Sprache präzise und genau ist.

Havel, Václav: Die Benachrichtigung. In: Ders.: Das Gartenfest. Die Benachrichtigung. Zwei Dramen. Essays. Antikoden. Reinbek bei Hamburg: Rowohlt Taschenbuch Verlag GmbH, 1989. S. 88-93, S. 100, S. 121.
© 1989 by Rowohlt Taschenbuch Verlag GmbH, Reinbek bei Hamburg
„Zahradni slavnost" © 1963 Václav Havel
„Die Benachrichtigung" © 1965 und 1983 by Rowohlt Verlag GmbH, Reinbek bei Hamburg

Erich Kästner

Erich Kästner wird am 23. Februar 1899 in Dresden als Sohn eines Sattelmeisters geboren. Durch den 1. Weltkrieg muss er seine Ausbildung zum Volksschullehrer abbrechen, er wird Soldat. Nach dem Krieg studiert er Germanistik in Berlin, Rostock und Leipzig. 1925 promoviert er und lebt seit 1927 als freier Schriftsteller in Berlin. Während des deutschen Faschismus hat Kästner Publikationsverbot, emigriert aber nicht. Seit 1945 wohnt er in München und ist dort von 1945 bis 1948 Feuilletonredakteur der „Neuen Zeitung". 1946 gründet er die Jugendzeitschrift „Der Pinguin", ist Mitwirkender am Kabarett „Die Schaubude" und von 1952 bis 1962 Präsident des deutschen PEN-Zentrums. Er erhält 1952 den Georg-Büchner-Preis. Am 29. Juli 1974 stirbt er in München.

Werke u.a.:

1928   Emil und die Detektive
1930   Ein Mann gibt Auskunft
1932   Gesang zwischen Stühlen
1948   Der tägliche Kram
1949   Das doppelte Lottchen

Fabian (1931)

In dem Roman ist der 32-jährige Dr. phil. Jakob Fabian die Hauptperson. Er ist als Reklametexter bei einer Zigarettenfirma angestellt. Fabian ist Moralist, der das Leben in der Weimarer Republik beobachtet und kommentiert. Dabei lernt er aus allen sozialen Schichten und Klassen Menschen kennen, unter anderem seine Freundin Cornelia. Mit ihr ist er eine kurze Zeit glücklich, dann wird er jedoch arbeitslos und die Beziehung geht in die Brüche.

(ar)

Kästner, Erich: Fabian (Ausschnitt)

Ernst und auf Haltung erpicht, standen sie in Reih und Glied und warteten, bis sie ihre Stempelkarte wieder einstecken durften. Dann gingen sie hinaus, als verließen sie eine zahnärztliche Klinik. Manchmal schimpfte der Beamte und legte eine Karte beiseite. Ein Gehilfe trug sie in den Nebenraum. Dort thronte ein Inspektor und zog unregelmäßige Besucher der Kontrollstelle zur Rechenschaft. Von Zeit zu Zeit trat eine Art Portier aus der Tür und rief einen Namen. Fabian las die Drucksachen, die an den Wänden hingen. Es war verboten, Armbinden zu tragen. Es war verboten, Umsteigebilletts der Straßenbahn von den Erstinhabern zu übernehmen und weiter zu benutzen. Es war verboten, politische Debatten hervorzurufen und sich an ihnen zu beteiligen. Es wurde mitgeteilt, wo man für dreißig Pfennige ein ausgesprochen nahrhaftes Mittagsessen erhalten könne. Es wurde mitgeteilt, für welche Anfangsbuchstaben sich die Kontrolltage verschoben hatten. Es wurde mitgeteilt, für welche Berufszweige die Nachweisadressen und die Auskunftszeiten geändert worden waren. Es wurde mitgeteilt. Es war verboten. Es war verboten. Es wurde mitgeteilt.

Das Lokal leerte sich allmählich. Fabian legte dem Beamten seine Papiere vor. Der Mann sagte, Propagandisten seien hier nicht üblich, und er empfehle Fabian, sich an die Stelle zu wenden, die für freie Berufe, Wissenschaftler und Künstler zuständig sei. Er nannte die Adresse.

Fabian fuhr mit dem Autobus bis zum Alexanderplatz. Es war fast Mittag. Er geriet, in der neuen Filiale, in eine sehr gemischte Gesellschaft. Den Anschlägen entnahm er, daß es sich möglicherweise um Ärzte, Juristen, Ingenieure, Diplomlandwirte und Musiklehrer handelte.

„Ich bin jetzt bei der Krisenfürsorge", sagte ein kleiner Herr. „Ich kriege 24,50 Mark. Auf jeden Kopf meiner Familie kommen in der Woche 2,72 Mark, und auf einen Tag für einen Menschen 38 Pfennige. Ich habe es in meiner reichlichen Freizeit genau ausgerechnet. Wenn das so weitergeht, fange ich nächstens an, einzubrechen."

„Wenn das so leicht wäre", seufzte sein Nachbar, ein kurzsichtiger Jüngling. „Sogar Stehlen will gelernt sein. Ich habe ein Jahr im Gefängnis gesessen. Also, es gibt erfreulichere Milieus."

„Es ist mir egal, wenigstens vorher", erklärte der kleine Herr erregt. „Meine Frau kann den Kindern nicht mal ein Stück Brot in die Schule mitgeben. Ich sehe mir das nicht länger mit an."

„Als ob Stehlen Sinn hätte", sagte ein großer, breiter Mensch, der am Fenster lehnte. „Wenn der Kleinbürger nichts zu fressen hat, will er gleich zum Lumpenproletariat übergehen. Warum denken Sie nicht klassenbewußt, Sie kleine häßliche Figur? Merken Sie noch immer nicht, wo Sie hingehören? Helfen Sie die politische Revolution vorzubereiten."

„Bis dahin sind meine Kinder verhungert."

„Wenn man Sie einsperrt, weil Sie geklaut haben, verhungern Ihre werten Herren Kinder noch rascher", sagte der Mann am Fenster. Der kurzsichtige Jüngling lachte und schaukelte entschuldigend mit der Schulter.

„Meine Sohlen sind völlig zerrissen", sagte der kleine Herr. „Wenn ich jedesmal hierherlaufe, sind die Schuhe in einer Woche hin, und zum Fahren habe ich kein Geld."

„Kriegen Sie keine Stiefel von der Wohlfahrt?" fragte der Kurzsichtige.

„Ich habe so empfindliche Füße", erklärte der kleine Herr.

„Hängen Sie sich auf!" meinte der Mann am Fenster.

„Er hat einen so empfindlichen Hals", sagte Fabian.

Der Jüngling hatte ein paar Münzen auf den Tisch gelegt und zählte sein Vermögen. „Die Hälfte des Geldes geht regelmäßig für Bewerbungsschreiben drauf. Porto braucht man. Rückporto braucht man. Die Zeugnisse muß ich mir jede Woche zwanzigmal abschreiben und beglaubigen lassen. Kein Mensch schickt die Papiere zurück. Nicht einmal Antwort erhält man. Die Bürofritzen legen sich vermutlich mit meinem Rückporto Briefmarkensammlungen an.

„Aber die Behörden tun, was sie tun können", sagte der Mann am Fenster. „Unter anderem haben Sie Gratiszeichenkurse für Arbeitslose eingerichtet. Das ist eine wahre Wohltat, meine Herren. Erstens lernt man Äpfel und Beefsteaks malen, und zweitens wird man davon satt. Die Kunsterziehung als Nahrungsmittel."

Der kleine Herr, dem jeder Humor abhanden gekommen zu sein schien, sagte bedrückt: „Das nützt mir gar nichts. Ich bin nämlich Zeichner."

Dann ging ein Beamter durch den Warteraum, und Fabian erkundigte sich, vorsichtig geworden, ob er Aussicht habe, hier abgefertigt zu werden. Der Beamte frage nach dem Ausweis des regionalen Arbeitsamts. „Sie haben sich noch nicht gemeldet? Das müssen Sie vorher erledigen."

„Jetzt geh ich wieder dorthin, wo ich vor fünf Stunden die Tournee begonnen habe", sagte Fabian. Aber der Beamte war nicht mehr da.

„Die Bedienung ist zwar höflich", meinte der Jüngling, „aber daß die Auskünfte immer stimmen, kann kein Mensch behaupten."

Fabian fuhr mit dem Autobus zu dem Arbeitsamt seines Wohnbezirks. Er hatte bereits eine Mark Fahrgeld verbraucht und blickte vor Wut nicht aus dem Fenster.

Als er ankam, war das Amt geschlossen. „Zeigen Sie mal Ihre Papiere her", sagte der Portier. „Vielleicht kann ich Ihnen behilflich sein."

Fabian gab dem Biedermann das Zettelpaket. „Aha", erklärte der Türsteher nach eingehender Lektüre. „Sie sind ja gar nicht arbeitslos."

Fabian setzte sich auf einen der bronzenen Meilensteine, welche die Einfahrt zierten.

„Sie haben bis zum Monatsende gewissermaßen bezahlten Urlaub. Das Geld haben Sie doch von Ihrer Firma erhalten?"

Fabian nickte.

„Dann kommen Sie mal in vierzehn Tagen wieder", schlug der andere vor. „Bis dahin können Sie es ja mit Bewerbungsschreiben probieren. Lesen Sie die Stellenangebote in den Zeitungen. Viel Sinn hat es nicht, aber man soll's nicht beschreien."

„Glückliche Reise", sprach Fabian, nahm die Papiere in Empfang und begab sich in den Tiergarten, wo er ein paar Brötchen verzehren wollte. Zu guter Letzt verfütterte er sie aber an die Schwäne, die mit ihren Jungen im Neuen See spazieren fuhren.

Kästner, Erich: Fabian. In: Görtz, Franz-Josef (Hrsg.): Erich Kästner. Werke. München: Carl Hanser Verlag, 1998. S. 104-107.
© Carl Hanser Verlag München Wien 1998.
Alle Rechte dieser Gesamtausgabe vorbehalten.

Wolfgang Koeppen

Wolfgang Koeppen wird am 23. Juni 1906 in Greifswald geboren und verbringt seine Jugend in Ostpreußen. Er studiert Theaterwissenschaften, Literatur und Philosophie in Hamburg, Greifswald, Berlin und Würzburg. Nach seinem Studium ist er als Journalist, Dramaturg, Schauspieler und Filmautor tätig. Außerdem unternimmt er ausgedehnte Reisen nach Italien, Frankreich, Spanien, USA und die Sowjetunion. Längere Zeit hält er sich in den Niederlanden auf. 1982 wird er Gastdozent für Poetik in Frankfurt am Main.

Koeppen ist ein sprachgewandter, formal vielseitiger Erzähler, der bisweilen eine filmische Montagetechnik anwendet. In seinen Romanen analysiert er negative Zeiterscheinungen in unerbittlicher und unkonventioneller Form. Nachdem sein Erzählwerk zwiespältig aufgenommen wird, wendet er sich reportagehaften Reiseberichten zu.

Werke u.a.:

1934   Eine unglückliche Liebe
1951   Taube im Gras
1953   Das Treibhaus
1954   Der Tod in Rom
1976   Jugend

(ar)

Koeppen, Wolfgang: Der Reinfelder Mond. (Ausschnitt)

In den Cafés saßen die Fremden wie auf der Piazza in Venedig. Andenkenverkäufer umkreisten sie. In den Arkaden warteten die Geldwechsler. Sie warteten nicht auf mich. Sie warteten vielleicht auf meinen Dieb. Wenn man bestohlen wurde, wird man ungerecht. Was sollte ich noch in Toledo verweilen, ein Fremder, der kein Geld mehr hatte? Selbst die Bettler sahen mich böse an. Ich war abgefertigt. Ich war hier gänzlich überflüssig. Ich fuhr nach Madrid zurück.

Die entwendete Brieftasche führte zu Begegnungen mit der Deutschen Botschaft und mit der spanischen Polizei. Auf der Botschaft war man es gewohnt, daß die Schafe zu ihrem Hirten kamen und um Geld baten. Man tröstete mich mit schönen Diebesgeschichten, mit anderer Leute Mißgeschick; man erlaubte mir, über den Fernschreiber ein SOS auszusenden; der Staat und das Fernmeldewesen funktionierten. Ein freundlicher Diplomat warnte mich, zur Polizei zu gehen. Er sagte, das führe nur zu Scherereien. Aber ein Deutsch-Spanier, dem ich empfohlen war, kannte einen Kriminalbeamten, und dieser Kriminalbeamte nahm sich meines Falles an. Er verbreitete einen Optimismus, dem nicht zu widerstehen war. Schon sah ich meine Brieftasche wieder auftauchen, das Geld zurückkehren. Der Beamte hieß Don Alfonso. Er redete auch mich mit Don mit meinem Vornamen an. Er war eifrig. Er war immer gehetzt. Er kam immer atemlos von irgendwoher wie ein Jagdhund auf der Spur. Er kam in das Hotel, saß in der düsteren Halle, schrieb sich alles auf, den Verlust, die Umstände, meine Vermutungen. Er sprach so schnell, daß ich ihn niemals richtig verstand. Er stürzte einen Kaffee hinunter oder einen Cognac, verschwand dann wieder, wie ich hoffte, meiner Brieftasche nach, war bald wieder da, ohne Erfolg, aber mit großer Zuversicht, und schließlich hatte ich das Gefühl, daß er mich beschattete, mich beobachtete, und er versicherte mir sogar, ich sei ihm schon aufgefallen, bevor ich bestohlen wurde und ihn kennenlernte. Er habe mich in der Straße der Garküchen gesehen, in jener Wirtschaft habe ich Muscheln gegessen, dort einen Sherry getrunken, und es stimmte, er hatte recht, ich hatte die Muscheln gegessen, ich hatte den Sherry getrunken. Warum ich ihm aufgefallen war? Er sah mich mit seinem Kriminalistenblick an, halb wohlwollend, halb lauernd. Ich fühlte mich durchschaut. Wenn ich auch nicht wußte, worin er mich durchschaute. Und wieder sprach er mit der Schnelligkeit einer elektrischen Nähmaschine auf mich ein. Schließlich sagte er, ich müsse auf das für den vermutlichen Ort des Diebstahls zuständige Polizeirevier kommen. Es war später Abend. Wir fuhren mit einem Taxi in die Vorstadt, fuhren durch dunkle menschenvolle Straßen nun unverständlicher Regsamkeit. Es überkam mich ein Gefühl der Verlorenheit. Ich war ein Fremdling, und ich war es nicht nur in Spanien. Ich war in einen Haufen böser Ameisen geraten. Ich hatte einen Mann aus dem Bus nach Toledo, einen Mann mit einem Salvadore-Dali-Schnurrbart verdächtigt. Nun sagte mir Don Alfonso, sie hätten einige Kriminelle verhaftet, Kriminelle mit bedeutenderen Schnurrbärten. Er sagte, wir quetschen sie aus. Und auf einmal war etwas Grausames, etwas Wolfsmäßiges hinter seinem freundlichen Lächeln. Es entsetzte mich. Vor dem Revier saßen zwei Wachtpolizisten in morschen Korbsesseln. Ihre Karabiner hatten sie über die Knie gelegt. Das war gemütlich, das war Feierabendstimmung, und doch waren es geladene Gewehre in der dunklen Nacht. Das Revier roch unangenehm.

Es roch nach Akten und nach Angst. In einem Raum wurde geschrien. Jemand wurde angeschrien. Seine Beteuerungen verhallten. Don Alfonso placierte mich in einen alten Plüschsessel. Dann stürzte er hierhin und dorthin. Wieder war er atemlos, wieder war er auf der Jagd. Ein kleiner, würdiger Herr kam und verneigte sich fast bis zur Erde vor mir. Er war der Jefe, der Chef des Reviers und von vollendeter Höflichkeit. Er führte mich in ein anderes Zimmer und ließ mich auf einem roten Plüschsofa sitzen. Er sprach ein sehr feines Französisch. Wir unterhielten uns wie in einem Salon Ludwigs XV. Es war sehr nett, nur der Caudillo blickte etwas spöttisch mit hochgezogener Lippe von einem Bild zu uns herab. Und mich beunruhigten auch die Schreie, die erregten Stimmen, die Tritte, die ich von draußen hörte. Schließlich führte mich der Jefe in die Amtsstube, wo Don Alfonso inzwischen stolz seine Jagdbeute ausgerichtet hatte: einige, wie ich zugebe, verwegen aussehende Herren mit besonderen Schnurrbärten. Gott sei Dank, mein Salvadore-Dali-Bart war nicht unter ihnen. Die Festgehaltenen blickten mich entrüstet an. Ich bemühte mich, sie freundlich anzusehen, aber ich war zu verlegen, und es gelang mir nicht recht. Ich enttäuschte Don Alfonso; ich hatte die Herren nie vorher gesehen. Vielleicht um mich zu strafen, drückte Don Alfonso mir nun eine Vorladung zum Polizeirichter in die Hand. Die Vorladung lautete auf die Mitternachtsstunde, und wenn ich auch schon begriffen hatte, daß die Madrider nachts nicht schlafen, so ließ mich diese Vorladung doch an Kafkas Prozeß denken, und ich überlegte schon, ob es mir, einmal mit der Polizei in Kontakt, mit den Behörden in Berührung gekommen, wie dem armen K gehen würde, der von geheimnisvollen Dienern des Gesetzes am Ende erwürgt wird. Don Alfonso aber war schon wieder liebenswürdig. Er sagte, er werde mich begleiten, sonst würde ich beim Richter lange warten müssen. Und wirklich, gegen Mitternacht erschien Don Alfonso abgehetzt, frisch von der Menschenjagd, im Hotel, stürzte einen Kaffee, stürzte einen Cognac hinunter, ratterte ein spanisches Wörterbuch über mich, und wir fuhren zum Vernehmungsrichter. Wahrhaftig, die Szene war wie von Kafka. Merkwürdig unübersichtliche Räume lagen in einem fahlen Licht. Wartende, Verhaftete, Bestohlene, Beleidigte, Angeklagte, Rechtsuchende und Advokaten waren hier versammelt, und jeder, der mit einem Aktendeckel durch den Raum ging, sei es nun ein Bote, ein Beamter oder gar ein Richter, war eine Person von Einfluß, die Respekt genoß und umschmeichelt wurde. Don Alfonso hatte ich unterschätzt. Er muß ein sehr mächtiger Mann in diesem Schattenreich gewesen sein, denn nach kurzem Flüstern mit einem der Aktenträger wurden wir schon zum Richter geführt, einem rundbäckigen, freundlichen Herrn in einem modisch blauen Anzug aus leichtem Sommerstoff, der mit großer Genauigkeit und klugen Fragen die Tatsache und die Umstände des Diebstahls protokollierte. Ich versuchte, Salvadore Dali nicht mehr zu beschuldigen. Ich bangte um alle Herren in Madrid, die leichtsinnigerweise ungewöhnliche Schnurrbärte trugen. Nach der Vernehmung ging Don Alfonso mit mir in das Literatencafé Gijon. Es war gegen zwei Uhr morgens. [...]

Am letzten Tag meines Madrider Aufenthaltes kam er und sagte, ich solle mit ihm zur Hauptpost gehen, denn manchmal werfen die spanischen Taschendiebe, was sie nicht brauchen können, in den nächsten Briefkasten, und auf der Post gibt es eine Stelle, die diese Funde registriert und sammelt. Und wirklich, der unermüdliche Don Alfonso war diesmal auf der rechten Fährte. Mein Name stand in den Listen, es war was für mich in den Briefkasten geworfen worden. War es mein Geld, waren es meine Reiseschecks? Don Alfonso und ich jagten hinterdrein. Von Amtszimmer zu Amtszimmer, von der Post zum stolzen Kommandohaus der Sicherheitsbehörden an der Puerta del Sol, und da lag dann auch, was mein Dieb mir wieder zukommen ließ: Meine kleine Mitgliedskarte vom bundesdeutschen Pen-Club. Er hatte sie nicht brauchen können. Er hatte sie nicht haben wollen. Er hatte sie verächtlich und großzügig in den Briefkasten der Diebe geworfen. Das zweitemal fuhr ich mit der Eisenbahn nach Toledo. Vor dem Fahrkartenschalter warteten Reisende. Hinter dem Schalter wartete ein Beamter. Ich verlangte eine Fahrkarte nach Toledo. Mein SOS-Ruf hatte Erfolg gehabt. Man hatte mir Geld geschickt. Ich war wieder ein Reisender und ein Herr. Aber der Beamte schien mich für keinen Caballero zu halten. Der Beamte antwortete mir nicht. Ich verlangte noch einmal die Karte. Der Beamte schüttelte vorwurfsvoll den Kopf. Ich blickte zur Schrift über dem Schalter, da stand Fahrkarten nach Toledo geschrieben. Ich verlangte zum drittenmal ein Billett. Da schlug der Beamte wütend das Fenster seines Schalters zu. Er sah mich böse durch die geschlossene Scheibe an. Die Wartenden redeten erregt auf mich ein. Ich verstand sie nicht. Hatte ich ein Sakrileg begangen? Wie kam man nach Toledo? Nach etwa einer Minute öffnete der Beamte wieder den Schalter. Nun verkaufte er Fahrkarten nach Toledo, – die Zeit hatte sich erfüllt. Der Direktor der spanischen Eisenbahn muß ein Preuße oder Don Quijote persönlich sein. Die Methoden der Bahn schlagen alle bekannten Rekorde der Bürokratie. Ich wollte in der zweiten Klasse reisen. Aus irgendeinem Grunde führt der

Zug aber nur die erste und die dritte Klasse. Der Zug ist langsam und schmutzig. Auch die erste Klasse ist schmutzig. Der Zug fährt über Aranjuez, eine kleine grüne Oase in einem wüstenartigen Land. Große magere gelbe Hunde umschleichen den Park, in dem „die schönen Tage" zu Ende gingen. Wie mag Schiller in seiner Studierstube den Park gesehen haben? Eine englische Dame hatte die Rückfahrkarte von Madrid nach Toledo in ihrem Londoner Reisebüro gekauft. Die Karte war echt, sie war bezahlt; aber es fehlte ihr ein Stempel des Madrider Bahnhofs, es fehlte der Dame eine Zulassungskarte zu diesem lächerlichen Zug mit seiner aufgeblasenen, leeren ersten Klasse, und der Schaffner wollte die Dame in Aranjuez aus dem Zug setzen. Die Dame verstand ihn nicht. Sie hatte ihre Fahrkarte ja in London erworben. Schließlich war der Schaffner so freundlich, der Engländerin in Aranjuez eine neue Fahrkarte zu kaufen. Die Dame mußte die Strecke noch einmal bezahlen. Aber dafür hatte sie diesmal auch alle Stempel, die der Spanier zum Eisenbahnfahren braucht.

Koeppen, Wolfgang: Der Reinfelder Mond. In: Reich-Ranicki, Marcel (Hrsg.): Gesammelte Werke in sechs Bänden. Band 4. Berichte und Skizzen I. Frankfurt am Main: Suhrkamp Verlag, 1986. S. 54-59.
© Suhrkamp Verlag, Frankfurt am Main 1986-1996
Alle Rechte vorbehalten.

George Orwell

George Orwell (eigentlich Eric Arthur Blair) wird am 25. Juni 1903 in Motihari (Bihar) geboren. Er verbrachte seine Schulzeit in Eton und war von 1922 bis 1927 Beamter der britischen Polizeitruppe in Burma. 1937 nahm er auf republikanischer Seite am spanischen Bürgerkrieg teil und wurde dabei schwer verletzt. Während des 2. Weltkrieges arbeitete Orwell als Kriegsberichterstatter für den „Observer". Die Erfahrungen, die Orwell in den Kriegen machte, waren entscheidend für die Auseinandersetzung mit dem Totalitarismus in seinen Werken. Orwell stirbt am 21. Januar 1950 in London an Tuberkulose.

Werke u.a.:

1933 Down and Out in Paris and London
(Erledigt in Paris und London, 1978)
1934 Burmese Days (Tage in Burma, 1982)
1939 Coming Up for Air (Auftauchen um Luft zu holen, 1975)
1945 Animal Farm (Farm der Tiere, 1946)

Neunzehnhundertvierundachtzig (1949)

George Orwell zeichnet in seinem Roman, dessen Handlung in der näheren Zukunft spielt, das Bild eines totalitären Überwachungsstaates auf britischem Boden An der Spitze steht der „Große Bruder", dessen Allgegenwart jedem Bürger durch unzählige Plakate mit der Aufschrift „Der große Bruder sieht dich an!" eingehämmert wird. Für die Einhaltung der Doktrinen sorgt die „Innere Partei" mit ihren nachgeschalteten Stellen, allen voran der „Gedankenpolizei". Um lückenlose Kontrolle zu gewährleisten, ist jede Wohnung und jeder Arbeitsplatz mit einem „Televisor" ausgestattet, der gleichzeitig als Sende- und Empfangsgerät fungiert. Verboten ist Ketzerei aller Art, und darunter ist jegliches Anzweifeln der Staatsspitze und der durch sie verkündeten „Wahrheiten" zu verstehen. Was als „wahr" gelten soll, entscheidet das Regime nach eigenem Gutdünken.

(nr)

Orwell, George: Neunzehnhundertvierundachtzig. (Ausschnitt)

Winston schaltete auf dem Televisor „Frühere Nummern" ein und verlangte die entsprechenden Ausgaben der *Times*, die schon nach ein paar Augenblicken aus der Rohrpostanlage herausglitten. Die Botschaften, die er erhalten hatte, bezogen sich auf Zeitungsartikel oder Meldungen, die aus diesem oder jenem Grunde zu ändern oder, wie die offizielle Phraseologie lautete, *richtigzustellen* für nötig befunden wurde. So ging z.b. aus der *Times* vom 17. März hervor, daß der Große Bruder in seiner Rede am Tage vorher prophezeit hatte, die Südindien-Front würde ruhig bleiben, aber in Nordafrika würde bald eine eurasische Offensive losbrechen. In Wirklichkeit jedoch hatte das eurasische Oberkommando seine Offensive in Südindien angesetzt, und in Afrika hatte Ruhe geherrscht. Deshalb mußte eine neue Fassung von der Rede des Großen Bruders geschrieben werden, die eben das voraussagte, was wirklich eingetreten war. Im zweiten Falle hatte die *Times* vom 19. Dezember die offiziellen Voraussagen der Produktion verschiedener Gebrauchsgüter während des vierten Quartals von 1983 publiziert, das gleichzeitig das 6. Quartal des neunten Dreijahresplans war. Die heutige Ausgabe enthielt einen Bericht der tatsächlichen Produktion, aus dem hervorging, daß die Voraussagen in jeder Sparte grob unrichtig waren. Winstons Aufgabe bestand nun darin, die ursprünglichen Zahlen richtigzustellen, indem er sie mit den späteren in Übereinstimmung brachte. Was die dritte Botschaft betraf, so bezog sie sich auf einen ganz einfachen Irrtum, der in ein paar Minuten eingerenkt werden konnte. Noch im Februar hatte das Ministerium für Überfluß ein Versprechen verlautbaren lassen (eine „kategorische Garantie" hieß der offizielle Wortlaut), daß während des Jahres 1984 keine Kürzung der Schokoladeration vorgenommen werden würde. In Wirklichkeit sollte, wie Winston nun wußte, Ende dieser Woche die Schokoladeration von dreißig auf zwanzig Gramm herabgesetzt werden. Man brauchte nun nichts weiter zu tun, als statt des ursprünglichen Versprechens eine warnende Äußerung zu unterschieben, daß es vermutlich nötig sein würde, die Ration im Laufe des Monats April zu kürzen.

Nachdem Winston von jeder der Botschaften Kenntnis genommen hatte, heftete er seine sehsprechgeschriebenen Korrekturen an die jeweilige Ausgabe der *Times* und steckte sie in den Rohrpostzylinder. Dann knüllte er, mit einer fast völlig unbewußten Bewegung, die ursprüngliche Meldung und alle von ihm selbst gemachten Notizen zusammen und warf sie in das *Gedächtnis-Loch,* um sie von den Flammen verzehren zu lassen.

Was in dem unsichtbaren Labyrinth geschah, in dem die Rohrposttröhren zusammenliefen, wußte er nicht im einzelnen, sondern nur in großen Umrissen. Wenn alle Korrekturen, die in einer Nummer der *Times* nötig geworden waren, gesammelt und kritisch miteinander verglichen worden waren, wurde diese Nummer neu gedruckt, die ursprüngliche vernichtet und an ihrer Stelle die richtiggestellte Ausgabe ins Archiv eingereiht. Dieser dauernde Umwandlungsprozeß vollzog sich nicht nur an den Zeitungen, sondern auch an Büchern, Zeitschriften, Broschüren, Plakaten, Flugblättern, Filmen, Liedertexten, Karikaturen — an jeder Art von Literatur, die irgendwie von politischer oder ideologischer Bedeutung sein konnte. Einen Tag um den anderen und fast von Minute zu Minute wurde die Vergangenheit mit der Gegenwart in Einklang gebracht.

Orwell, George: 1984. Frankfurt am Main, Berlin, Zürich: Ullstein, 1976. S. 38-39
Titel der engl. Originalausgabe:
„Nineteen Eighty-Four"
Ins Deutsche übertragen von Kurt Wagenseil.
© 1949 by the Estate of Eric Blair.
Alle Rechte der deutschen Ausgabe:
Verlag Ullstein GmbH, Berlin, Frankfurt am Main, Wien.
Alle Rechte vorbehalten.

Weiere Textempfehlung:
Ebenda, S. 50-51, S. 185-188, S. 242-243

Arthur Schnitzler

Arthur Schnitzler wird am 15. Mai 1862 in Wien als Sohn eines Arztes geboren. Er studiert nach seinem Abitur in Wien Medizin und ist später Facharzt für Nervenkrankheiten. Jedoch widmet er sich zunehmend literarischen Arbeiten und lebt bald als freier Schriftsteller in Wien. Er ist mit Sigmund Freud bekannt, sowie mit Hugo von Hofmannsthal befreundet. Als Dramatiker und Erzähler gilt er als ein typischer Repräsentant des Wiener Impressionismus. Abgesehen von einigen Reisen hat Schnitzler seine Geburtsstadt Wien nie verlassen, dort ist er am 21. Oktober 1931 gestorben.

Werke u.a.:

1895   Liebelei
1900   Reigen
1901   Leutnant Gustl
1924   Fräulein Else
1926   Traumnovelle
1927   Spiel im Morgengrauen

Der Weg ins Freie (1908)

Der junge, talentierte Musiker, Baron Georg von Wergenthin, hat ein Verhältnis mit Anna Rosner, die aus dem kleinbürgerlichen Milieu stammt. Georg, der in der Wiener Salongesellschaft verkehrt, bekennt sich nicht öffentlich zu ihr. Die Haupthandlung wird bestimmt vom Sterben einer Liebe, parallel dazu wird in einzelnen Episoden das Streben des jüdischen Bevölkerungsteils von Wien nach Freiheit und Gleichberechtigung vorgeführt.

(ar)

Schnitzler, Arthur: Der Weg ins Freie. (Ausschnitt)

Heinrich wandt sich höhnisch zu ihm: „Verzeihen Sie, Leo, ich vergaß einen Augenblick, daß Sie selbst den Wunsch hegen, nur als geduldet zu gelten." „Das wünsche ich keineswegs", erwiderte Leo lächelnd, „und Sie brauchen mich nicht gleich so boshaft mißzuverstehen. Aber diese Leute sich als die Einheimischen ansehen und Sie mich als die Fremden, das kann man ihnen doch nicht übel nehmen. Das ist doch schließlich nur der Ausdruck ihres gesunden Instinkts für eine anthropologisch und geschichtlich feststehende Tatsache. Dagegen und daher auch gegen alles, was daraus folgt, ist weder mit jüdischen noch mit christlichen Sentimentalitäten etwas auszurichten." Und sich zu Georg wendend, fragte er in allzu verbindlichem Ton: „Finden Sie nicht auch?" Georg errötete, räusperte, kam aber nicht dazu zu erwidern, da Heinrich, auf dessen Stirn zwei tiefe Falten erschienen, sofort erbittert das Wort nahm: „Mein Instinkt ist mir mindestens ebenso maßgebend wie der der Herren Jalaudek junior und senior, und dieser Instinkt sagt mir untrüglich, daß hier, gerade hier meine Heimat ist und nicht in irgendeinem Land, das ich nicht kenne, das mir nach den Schilderungen nicht im geringsten zusagt und das mir gewisse Leute jetzt als Vaterland einreden wollen, mit der Begründung, daß meine Urahnen vor einigen tausend Jahren gerade von dort aus in die Welt verstreut worden sind. Wozu noch zu bemerken wäre, daß die Urahnen des Herrn Jalaudek, und selbst die unseres Freundes, des Freiherrn von Wergenthin, gerade so wenig hier zu Hause gewesen sind als die meinen und die Ihrigen."

„Sie dürfen mir nicht böse sein", erwiderte Leo, „aber Ihr Blick in diesen Dingen ist doch ein wenig beschränkt. Sie denken immer an sich und an den nebensächlichen Umstand... pardon für diese Frage nebensächlichen Umstand, daß Sie ein Dichter sind, der zufällig, weil er in einem deutschen Land geboren, in deutscher Sprache und, weil er in Österreich lebt, über österreichische Menschen und Verhältnisse schreibt. Es handelt sich aber in erster Linie gar nicht um Sie und auch nicht um mich, auch nicht um die paar jüdischen Beamten, die nicht avancieren, die paar jüdischen Freiwilligen, die nicht Offiziere werden, die jüdischen Dozenten, die man nicht oder verspätet zu Professoren macht, – das sind lauter Unannehmlichkeiten zweiten Ranges sozusagen; es handelt sich hier um ganz andre Menschen, die Sie nicht genau oder gar nicht kennen, und um Schicksale, über die Sie, ich versichere Sie, lieber Heinrich, über die Sie gewiß, trotz der Verpflichtung, die Sie eigentlich dazu hätten, noch nicht gründlich genug nachgedacht haben. Gewiß nicht... sonst könnten Sie überall diese Dinge nicht in so oberflächlicher und in so... egoistischer Weise reden, wie Sie es tun."

Er erzählte dann von seinen Erlebnissen auf dem Basler Zionistenkongreß, an dem er im vorigen Jahre teilgenommen hatte und wo ihm ein tieferer Einblick in das Wesen und den Gemütszustand des jüdschen Volkes gewährt worden wäre als je zuvor. In diese Menschen, die er zum erstenmal in der Nähe gesehen, war die Sehnsucht nach Palästina, das wußte er nun, nicht künstlich hineingetragen; in ihnen wirkte sie als ein echtes, nie erloschenes und nun mit Notwendigkeit neu aufflammendes Gefühl. Daran konnte keiner zweifeln, der, wie er, den heiligen Zorn in ihren Blicken hatte aufleuchten sehen, als ein Redner erklärte, daß man die Hoffnung auf Palästina vorläufig aufgeben und sich mit Ansiedlungen in Afrika und Argentinien begnügen müsse. Ja, alte Männer, nicht etwa ungebildete, nein, gelehrte, weise Männer hatte er weinen gesehen, weil sie fürchten mußten, daß das Land ihrer Väter, das sie, auch bei Erfüllung der kühnsten zionistischen Pläne, doch keineswegs mehr selbst hätten betreten können, sich vielleicht auch ihren Kindern und Kindeskindern niemals erschließen würde. Verwundert, ja ein wenig ergriffen hatte Georg zugehört. Heinrich aber, der während Leos Erzählungen mit kurzen Schritten auf der Wiese hin und her gegangen war, erklärte, daß ihm der Zionismus als die schlimmste Heimsuchung erschiene, die jemals über die Juden hereingebrochen war, und gerade Leos Worte hatten ihn davon tiefer überzeugt als irgendeine Überlegung oder Erfahrung zuvor. Nationalgefühl und Religion, das waren seit jeher Worte, die in ihrer leichtfertigen, ja tückischen Vieldeutigkeit ihn erbitterten. Vaterland... das war ja überhaupt eine Fiktion, ein Begriff der Politik, schwebend, veränderlich, nicht zu fassen. Etwas Reales bedeutete nur die Heimat, nicht das Vaterland... und so war Heimatsgefühl auch Heimatsrecht. Und was die Religionen anbelangte, so ließ er sich christliche und jüdische Legenden so gut gefallen als hellenische und indische; aber jede war ihm gleich unerträglich und widerlich, wenn sie ihm ihre Dogmen aufzudrängen suchte. Und zusammengehörig fühlte er sich mit niemandem, nein, mit niemandem auf der Welt. Mit den weinenden Juden in Basel gerade so wenig als mit den grölenden Alldeutschen im österreichischen Parlament; mit jüdischen Wucherern so wenig als mit hochadeligen Raubrittern; mit einem zionistischen Branntweinschänker so wenig als mit einem christlich-sozialen Greisler. Und am wenigsten würde ihn je das Bewußtsein gemeinsam erlittener Verfolgung, gemeinsam lastenden Hasses mit Menschen verbinden, denen er sich innerlich fern fühlte. Als moralisches Prinzip und als Wohlfahrtsaktion wollte er den Zionismus gelten lassen, wenn er sich aufrichtig so zu erkennen gäbe; die Idee einer Errichtung des Judenstaates auf religiöser und nationaler Grundlage erscheint ihm wie eine unsinnige Auflehnung gegen den Geist aller geschichtlichen Entwicklung. „Und in der Tiefe Ihrer Seligkeit", rief er aus, vor Leo stehen bleibend, „glauben auch Sie nicht daran, daß dieses Ziel je zu erreichen sein wird, ja, wünschen es nicht einmal, wenn Sie sich auch auf dem Wege bin aus dem oder jenem Grunde behagen. Was ist Ihnen Ihr ‚Heimatland' Palästina? Ein geographischer Begriff. Was bedeutet Ihnen ‚der Glaube Ihrer Väter'? Eine Sammlung von Gebräuchen, die Sie längst nicht mehr halten und von denen Ihnen die meisten gerade so lächerlich und abgeschmackt vorkommen als mir."

Schnitzler, Arthur: Der Weg ins Freie. Berlin: S. Fischer Verlag, 1928. S. 126-129.
© 1922 by S. Fischer Verlag AG, Berlin

Kurt Kusenberg

Kurt Kusenberg wird am 24. Juni 1904 als erster Sohn des Ingenieurs Carl Kusenberg und dessen Frau Emmy in Göteborg geboren. Nach dem Umzug nach Lissabon (1906) zieht die Familie 1917 nach Brühl. 1922 absolviert Kusenberg das Abitur und studiert anschließend Kunstgeschichte an den Universitäten München, Berlin und Freiburg, wo er 1928 auch promoviert. 1929 veröffentlicht Kusenberg „Rosso Fiorentino". Ab 1929 arbeitet Kusenberg im Berliner Kunsthandel, 1932 beginnt er für die Zeitschrift „Weltkunst" zu schreiben, bis sich diese 1933 der Einflussnahme der Nazis beugt. Ab 1933 schreibt er regelmäßig Beiträge für die „Vossische Zeitung" bis zu deren Schließung durch die Nazis im Jahr 1934. 1940 wird der Ledig-Rowohlt-Verlag auf Kusenberg aufmerksam und publiziert die erste Sammlung von Geschichten, „La Botella". 1943 wird der Schriftsteller als Soldat zur Wehrmacht eingezogen, 1945 am Brenner durch die Amerikaner gefangen genommen, bis er 1947 freigelassen wird und seine Arbeit als Lektor beim Rowohlt Verlag erneut aufnimmt. 1952 wird er Mitglied des PEN-Zentrums der Bundesrepublik. Kurt Kusenberg stirbt am 3. Oktober 1983.

Werke u.a.:

1942 Der blaue Traum
1949 Das Krippenbüchlein
1955 Mit Bildern leben
1965 Der ehrbare Trinker
1971 So ist das mit der Malerei
1972 Zucker und Zimt
1974 Heiter bis tückisch

(cw)

Kusenberg, Kurt: Ordnung muß sein. (Ausschnitt)

Es war einmal ein Land, in dem die Regierung über den Stand aller Dinge genau unterrichtet sein wollte. Zählungen und Erhebungen von der Art, wie sie allerorten üblich sind, genügten ihr durchaus nicht; die Wißbegier der Obrigkeit drang tief in das Leben eines jeden Bürgers ein und machte es ihm zur Pflicht, sich selbst scharf zu beobachten, um jederzeit die nötigen Auskünfte erteilen zu können. Kein Tag verging, ohne daß der Briefträger einen oder auch mehrere Fragebogen ins Haus brachte, kein Abend senkte sich nieder, an dem nicht Beauftragte der Regierung die beantworteten Fragebogen wieder abholten. Es war strengstens angeordnet, die Papiere sogleich nach Erhalt mit eigener Hand zu beschriften, und wer sich dieser Weisung entzog, hatte das Schlimmste zu gewärtigen. Auf einmalige Verwarnung, die öffentlich und namentlich bekanntgegeben wurde, folgte beim nächsten Anlaß eine Kerkerstrafe, die selten milde ausfiel; wiederholte sich die Unbotmäßigkeit, so wurde der Sünder vom Leben zum Tode gebracht. Unter solchen Umständen kam es dahin, daß die Bewohner des Landes den Vormittag damit verbrachten, die Fragebogen sorgfältig auszufüllen, und sich erst am Nachmittag, wenn ihnen leichter ums Herz war, ihrer eigentlichen Arbeit zuwandten.

Da mit Ausnahme der Kinder, die noch nicht schreiben konnten, niemand dieses Zwanges entbunden war, nahm das Leben trotz allem einen geregelten Gang. Zwar wurde weniger gearbeitet als in anderen Ländern, doch erwies es sich, daß die verbleibende Arbeit vollauf genügte, um die Menschen zu nähren, zu kleiden und ihnen dieses oder jenes Verlangen zu erfüllen. Wenn den Ansprüchen der Regierung überhaupt ein Nachteil anhaftete, so lag er allenfalls darin, daß die Bürger einen gewissen Teil ihrer Zeit nicht nach eigenem Ermessen vertun oder nutzen konnten, sondern ihn der allgemeinen Ordnung unterstellen mußten. Ob man das aber für einen Nachteil ansehen darf, ist zumindest fraglich. Mochten die täglichen Eintragungen anfangs Manchen, vor allem den Ungeübten, hart angekommen sein, so half auch hier die lindernde und ausgleichende Macht der Gewöhnung weiter. Mit der Zeit mochten die Bürger ihre morgendliche Schreiberei nicht mehr missen, und alle Fremden, die das Land besuchten, waren des Lobes voll über den Sonntagsfrieden, der die erste Hälfte des Tages erfüllte. Solange die Sonne anstieg, saß alt und jung, vornehm und gering am Schreibtisch, erforschte das Herz, sammelte die Gedanken, zählte, rechnete und ließ rasch oder langsam die Feder übers Papier gleiten, damit die Regierung genau unterrichtet sei.

Längst ist der Leser neugierig geworden, worauf sich die Anfragen, denen eine solche Bedeutung zukam, eigentlich bezogen. Es wäre einfacher – oder auch schwieriger –, ihm mitzuteilen, was sie nicht einbegriffen, denn ihre Vielfalt war unermeßlich. Wollten die einen Fragebogen wissen, wieviel Zündhölzer, Raketen und Patronen der Einzelne jährlich verbrauchte, so erkundigten sich die anderen eingehend nach den Träumen, die ihn kurz vor dem Erwachen heimsuchten, verlangten eingehende Schilderung und wollten wissen, ob bestimmte Träume regelmäßig wiederkehrten und, falls solches zutreffe, in welchen Abständen. Kaum hatte man nach bestem Vermögen Auskunft gegeben, so erschienen neue Fragebogen, die jedem Haushalt auftrugen, eine Liste aller mit dem Buchstaben R beginnenden Gegenstände anzufertigen und ausdrücklich zu vermerken, welche unter ihnen von grüner Farbe seien. Farbenblinden stand es frei, Hausgenossen oder Nachbarn beizuziehen, allerdings nur unbescholtene Leute; der Nachweis, daß es sich wirklich um solche handelte, mußte gesondert erbracht werden. [...]

Nach solchen Beispielen könnte man den Eindruck haben, daß die gestellten Fragen überaus spitzfindig waren und keinen rechten Nutzen erkennen ließen. Beides müssen wir entschieden zurückweisen, denn erstens ist einer Frage nie ohne weiteres anzumerken, welchem geheimen Sinn sie dient, und zweitens liegt der Nutzen einer Unternehmung selten auf zwei Seiten, mitunter aber auf eben der Seite, die ihn nicht wahrhaben will. Was die Einwohner unseres Landes betrifft, so maßten sie sich nicht an, die Fragen der Regierung zu zerfasern, sondern beeilten sich, dieselben zu beantworten, schon darum, weil sie vor dem Mittagsmahl ihrer Pflicht nachkommen wollten. Wer eines gerechten und maßvollen Urteils fähig ist, wird ohnedies zugeben müssen, daß die geforderten Auskünfte ihrem ganzen Wesen nach anziehend waren, ein Aufgebot geistiger Kräfte erheischten und die Bürger unablässig dazu anhielten, sich über ihr Tun und Lassen Rechenschaft abzulegen. Denn es kann auf keinen Fall schaden, wenn jemand sich darauf besinnt, wieviel Morgenröten er zeit seines Lebens beobachtet, ob er je einen Apfelstrunk in ein blühendes Fliedergebüsch geschleudert und in welchem Maße er die Gewohnheit hat, sich körperlichen Reinigungen zu unterziehen, wobei anzuführen wäre, welchen Waschmitteln er den Vorzug gibt, ob er den Vorgang durch lautes Singen begleitet und wie oft er dabei begonnene Melodien nicht zu Ende führt, letzteres mit Angabe der vermutlichen Gründe, der durchschnittlichen Temperatur des Waschwassers und seiner aufrichtigen Einstellung zur Seepolitik des Landes. Auch ein Verzeichnis aller rotköpfigen Personen, die dem Ausfüller bekannt sind, und die Anzahl der offensichtlich Leberleidenden unter ihnen, eine kurze, jedoch wahrheitsgemäße Aufstellung der Getränke, derer er sich bisher entschlagen hat, dieses ohne Vermerk der Gründe, ferner Angaben über gelesene Bücher und gegessene Fische, nicht einzeln, sondern in Metern dargelegt, und eine bindende Erklärung, ob einerseits Holzknechte im

Walde häufiger anzutreffen seien als Rotwild, andererseits Förster öfter als Steinpilze, und, drittens, Störche seltener als Eiben – auch all diese Fragen sind nur dazu angetan, die Gedanken beisammenzuhalten und sie, wie es hier geschah, bedingungslos in den Dienst des Staates zu stellen.

Es drängt sich die Frage auf, was mit den eingesammelten Niederschriften zu geschehen pflegte, und wir sind in der glücklichen Lage, darüber berichten zu können. Nachdem die Beauftragten, meist zu später Stunde, die Fragebogen bündelweise abgeliefert hatten, machten sich zahlreiche Beamte daran, das Material noch in der gleichen Nacht zu sichten. Eile tat not, denn auch die Beamten hatten am Vormittag ihrer bürgerlichen Pflicht zu genügen und mußten sich nachmittags, im Hinblick auf die Abendstunden, in ständiger Bereitschaft halten. Das Ordnen der Fragebogen vollzog sich nach ebenso bestimmten wie geheimen Gesichtspunkten. Nur soviel sei verraten, daß nicht der Anfangsbuchstabe, sondern der Endbuchstabe der einzelnen Namen dabei als Leitschnur diente. War die Arbeit getan, so wanderten die Bündel, nunmehr ganz anders zusammengesetzt, in die höheren Kanzleien, wo sie nach noch geheimeren Gesichtspunkten, die jedoch – so versichert man – mit der Himmelsrichtung der Straßen, in denen die Ausfüller wohnten, zusammenhingen, neuerlich bearbeitet und schließlich den Ministerien überantwortet wurden, immer sieben Bündel je Ministerium und bei jedem überschrittenen Hundert eines als Zugabe. Jetzt fiel den Referenten die schwere Aufgabe zu, Stichproben vorzunehmen und aus diesen einen Bericht zu gewinnen, der auf keine Einzelheiten, auch auf keine eigentlichen Tatsachen Bezug nahm, sondern von der Anzahl der Schreibfehler, dem Zustand des Papiers und von der verwendeten Tinte einen ungefähren Eindruck zu geben suchte. Diese Berichte lagen den Ministerien am nächsten Morgen vor, wurden genau überprüft und meistens gutgeheißen. Zwei Wochen später - in der Regel wurden es drei Wochen – gelangten sie an den Präsidenten, der sie ungelesen, jedoch mit großer Sorgfalt in eigens dafür bestimmte Fächer legte.

Kusenberg, Kurt: Ordnung muß sein. aus: Kurt Kusenberg, La Botella und andere Seltsame Geschichten
Copyright © 1940 by Rowohlt Verlag, Stuttgart und Berlin

Anton Pawlowitsch Tschechow

Anton Pawlowitsch Tschechow (Čechov, A. Pavlovič) wird am 29. Januar 1860 in Taganrog als Sohn eines Kaufmanns geboren. Er studiert in Moskau Medizin, ist danach kurz als Arzt tätig und widmet sich dann aber vorwiegend schriftstellerischer Tätigkeit. Von 1880 bis 1887 schreibt er für verschiedene satirische Blätter und wird 1885 Mitarbeiter der Zeitschrift „Novoe vremja". 1890 reist er auf die Insel Sachalin, um über das Leben von Zwangsverschickten zu schreiben. Von 1892 bis 1897 lebt er vorwiegend auf seinem Landgut Melichovo bei Moskau. In den 90er Jahren unternimmt Tschechow Reisen nach Europa und muss 1898 wegen seines tuberkulösen Leidens nach Jalta übersiedeln. Hier trifft er auf Gorki und Tolstoi. Sein Gesundheitszustand verschlechtert sich 1904 immer mehr, so dass er mit seiner Frau, Olga K. Knipper, nach Badenweiler zur Kur reist. Dort stirbt er am 15. Juli 1904.

Werke u.a.:

1895   Ariadna (Ariadna, 1897)
1899   Djadja Vanja (Onkel Vanja, 1902)
1896   Čajka (Die Möwe, 1902)
1899   Dama S Sobačkoj (Die Dame mit dem Hündchen, 1901-1904)
1904   Višëvyj Sad (Der Kirschgarten, 1912)

(ar)

Tschechow, Anton: Krankenzimmer No. 6. (Ausschnitt)

An einem Herbstmorgen schlurfte mit aufgeschlagenem Mantelkragen Iwan Dmitritsch durch den Straßenschmutz und schlängelte sich durch Querstraßen und Hinterhöfe zu einem Kleinbürger, um dort zu vollstrecken. Seine Stimmung war finster, wie stets in der Frühe. In einer der Quergassen begegnete er zwei Sträflingen, die in Ketten geschlossen waren und von vier mit Gewehren bewaffneten Soldaten eskortiert wurden. Schon oft zuvor war Iwan Dmitritsch Sträflingen begegnet, und noch jedes Mal hatten diese ihm ein Gefühl des Mitleids und der Verlegenheit erweckt, diesmal aber löste die Begegnung in ihm eine sehr besondere und seltsame Empfindung aus. Aus irgendeinem Grund war ihm plötzlich, daß man auch ihn in Ketten werfen und auf gleiche Weise durch den Kehricht zum Gefängnis schaffen könnte. Nachdem er bei seinem

Kleinbürger gewesen und von dort heimkehrte, begegnete er in der Nähe der Post einem Polizeiaufseher, den er kannte. Dieser begrüßte ihn und begleitete ihn einige Schritte weit, und dieser Umstand kam ihn verdächtig vor. Zu Hause musste er den ganzen Tag an Sträflinge und an Soldaten mit Gewehren denken, und eine unbegreifliche seelische Unruhe hinderte ihn daran, zu lesen und sich zu konzentrieren. Als es Abend wurde, machte er kein Licht und nachts konnte er nicht schlafen und musste immer nur daran denken, daß man ihn verhaften, in Ketten legen und ihn ins Gefängnis werfen könnte. Er wusste sich keines Vergehens schuldig und er konnte garantieren, daß er auch in Zukunft weder töten, noch brandstiften noch stehlen werde; indes war es denn nicht leicht möglich, ein Verbrechen unbewusst und unverhofft zu begehen, und waren denn Verleumdung oder schließlich Irrtum des Gerichtes nicht denkbar? War denn nicht die jahrhundertealte Erfahrung der Menschen da, die einen jeden lehrte, den Bettelsack oder den Kerker nicht zu verschwören? Und war denn bei der jetzigen Gerichtspflege ein Irrtum des Gerichts nicht durchaus möglich und lag darin etwas ganz Ausgefallenes? All die Menschen, die eine dienstliche und sachliche Beziehung zu fremden Leid haben, zum Beispiel Richter, Polizeibeamte, Ärzte, verhärten sich im Lauf der Zeit kraft der ständigen Gewöhnung so sehr, daß sie, gleichviel ob sie wollen oder nicht, sich zu ihren Klienten nicht anderes als rein formal verhalten; in dieser Hinsicht unterscheiden sie sich in nichts von dem Bauern, der im Hinterhof Hammel und Kälber schlachtet und dabei kein Blut mehr sieht. Und was braucht der Richter bei einem rein formalen und seelenlosen Verhältnis zu einer Persönlichkeit, um einen unschuldigen Menschen all seiner Rechte zu berauben und ihn zum Zuchthaus zu verurteilen, mehr als nur dies eine: Zeit? Es wird nur Zeit zur Durchführung gewisser Formalitäten benötigt, für welche der Richter sein Gehalt erhält, und damit ist dann alles aus. Und such dann Gerechtigkeit oder Schutz in diesem kleinen schmutzigen Städtchen, zweihundert Werst von jeder Eisenbahn entfernt! Und scheint es nicht geradezu komisch, an Gerechtigkeit zu denken, wo doch jede Gewaltmaßnahme von der Gesellschaft als vernünftige und zielbewußte Notwendigkeit begrüßt wird und wo jeder Gnadeakt, zum Beispiel ein Freispruch, geradezu eine Explosion unbefriedigter rachsüchtiger Gefühle hervorruft?

Am Morgen verließ Iwan Dmitritsch sein Bett voller Entsetzen, kalter Schweiß stand auf seiner Stirn, denn er war schon restlos davon überzeugt, daß man ihn jeden Augenblick verhaften könnte. Da ihn seine

203

gestrigen schweren Gedanken solange nicht verlassen wollten – musste er denken – hatte das wohl zu bedeuten, daß in ihnen etwas Wahres lag. Es war doch unwahrscheinlich, daß sie ihm ohne jeden Anlaß in den Kopf kommen konnten.

Langsam schritt ein Polizist an seinen Fenstern vorbei: das musste einen Grund haben. Und dann blieben zwei Menschen unweit von seinem Hause stehen und schwiegen. Warum schwiegen sie?

Und alsbald brachen für Iwan Dmitritsch qualvolle Tage und Nächte an. Alle, die an seinen Fenstern vorbeigingen und seinen Hof betraten, schienen ihm Spione und Häscher zu sein. Der Polizeichef pflegte um die Mittagszeit in einem Zweispänner durch die Straße zu fahren; er fuhr von seiner unweit der Stadt gelegenen Besitzung zur Polizeiverwaltung. Iwan Dmitritsch aber kam es jedes Mal so vor, jener fahre viel zu schnell und mit einer besonderen Miene, als sei er offenbar im Begriff auszuposaunen, daß in der Stadt ein sehr namhafter Verbrecher aufgetreten sei. Iwan Dmitritsch erzitterte bei jedem Klingeln und bei jedem Pochen am Tor, es peinigte ihn, wenn seine Hauswirtin einen neuen Menschen begrüßte; wenn er Polizeibeamten oder Gendarmen begegnete, lächelte er und pfiff vor sich hin, um gleichmütig zu erscheinen. In den Nächten lag er schlaflos, da er eine Verhaftung erwartete, und schnarchte doch laut und stöhnte wie ein Schlaftrunkener, um vor der Hausfrau den Anschein zu erwecken, als schlafe er; denn wenn er nicht schliefe, so musste das bedeuten, daß ihn Gewissensbisse quälten – welch ein Indiz! Tatsachen und gesunde Logik überzeugten ihn zwar, daß all diese Schrecknisse nichts als Unsinn und Psychopathie seien und daß in Haft und Gefängnis, wenn man dies unvoreingenommen ansieht, in Wahrheit nichts Furchterregendes liege, – wenn man ein reines Gewissen hat; indes je vernünftiger und logischer er überlegte, desto stärker und qualvoller wurde seine seelische Unruhe. Das ähnelte fast der Geschichte mit dem Einsiedler, der sich ein Plätzchen in einem jungfräulichen Walde freischlagen wollte; je eifriger er mit dem Beil arbeitete, umso dichter und machtvoller wuchs der Wald um ihn auf. Somit ließ Iwan Dmitritsch schließlich und endlich alle Überlegungen als nutzlos, und gab sich ganz der Verzweiflung und der Furcht hin.

Er begann sich abzusondern und mied die Menschen. Sein Dienst war ihm auch vorher schon zuwider gewesen, jetzt aber war er ihm vollends unerträglich geworden. Er hatte Angst, daß man ihn irgendwie hereinlegen, daß man ihm ein Schmiergeld in die Tasche stecken könnte, ohne daß er es bemerkte, und daß man ihn dann dabei ertappen würde, oder daß er selber unverhofft in den amtlichen Papieren einen Fehler machen könnte, der einer Unterschlagung gleichsehen würde, oder daß er fremdes Geld verlieren könnte. Es war erstaunlich, daß seine Gedanken noch zu keiner Zeit so schmiegsam und erfinderisch gewesen waren, wie jetzt, wo er täglich tausenderlei verschiedene Anlässe zu ersinnen imstande war, ernsthaft um seine Freiheit und seine Ehre zu bangen. Dagegen nahm freilich sein Interesse an der äußeren Welt bedeutend ab, insbesondere seine Neigung für Bücher und sein Gedächtnis begann stark nachzulassen.

Als im Frühling der Schnee verschwand, wurden in der Schlucht neben dem Friedhof zwei halbverweste Leichname entdeckt – die einer alten Frau und eines Knaben – mit den Anzeichen eines gewaltsamen Todes. In der Stadt gab es kein anderes Gespräch als über diese Leichname und die unbekannten Mörder. Damit niemand denke, daß er der Mörder gewesen sein könnte, ging Iwan Dmitritsch lächelnd durch die Straßen, doch wenn er Bekannten begegnete erblasste er, errötete er und erging sich in Beteuerungen, daß es kein schlimmeres Verbrechen gebe als die Ermordung von Schwachen und Schutzlosen. Jedoch war ihm diese Lüge bald zuviel und somit beschloß er nach einigen Überlegungen, daß es in seiner Lage das allerbeste wäre, sich im Keller seiner Wirtin zu verstecken. Im Keller verbrachte er einen Tag, hierauf die Nacht und den anderen Tag, erfror jämmerlich und stahl sich schließlich, als es zu dämmern begann, gleich einem Diebe insgeheim in sein Zimmer. Bis zum Morgengrauen stand er so im Zimmer, ohne sich zu rühren und horchte die ganze Zeit. Noch vor Sonnenaufgang kamen in aller Frühe die Ofensetzer zu seiner Hausfrau. Iwan Dmitritsch wusste nur zu gut, daß sie lediglich deswegen gekommen waren, um in der Küche einen Ofen zu versetzen, allein die Angst flüsterte ihm ein, es könnten als Ofensetzer verkleidete Polizisten sein. In aller Stille verließ er die Wohnung und lief, von Entsetzen gepackt, ohne Mütze und Rock durch die Straßen. Bellend jagten ihm Hunde nach, hinter ihm schrie ein Bauer, um seine Ohren pfiff der Wind, Iwan Dmitritsch aber war es, als hätten die Gewalten der ganzen Erde sich hinter seinem Rücken geballt und jagten ihm nach.

Anton Tschechow: Krankenzimmer No. 6. In: Guenther, Johannes von: Anton Tschechow. Werke in drei Bänden. Novellen. Erzählungen. Dramen. Zweiter Band. Deutsch von Johannes von Guenther. Hamburg, München: Verlag Heinrich Ellermann, 1963. S. 314-318.
©1963 Verlag Heinrich Ellermann Hamburg und München

Siegfried Lenz

Siegfried Lenz wird am 17. März 1926 als Sohn eines Beamten in Lyck (Ostpreußen) geboren. 1943 erlässt man ihm die Reifeprüfung, um ihn zur Marine einzuziehen. Nach kurzer englischer Gefangenschaft lässt sich Lenz 1945 in Hamburg nieder und studiert an der dortigen Universität Philosophie, Anglistik und Literaturgeschichte. Schon während seines Studiums arbeitet er für die „Welt", wird erst Nachrichten-, dann Feuilletonredakteur. Ab 1951 – nach dem Rückzug aus dem Zeitungsberuf – lebt Lenz als Funkautor und freier Schriftsteller in der Hansestadt.

Werke u.a.:

1951 Es waren Habichte in der Luft
1953 Duell mit dem Schatten
1959 Brot und Spiele
1978 Heimatmuseum
1981 Der Verlust

Deutschstunde (1968)

Der Roman gliedert sich in eine Haupthandlung und eine Rahmenerzählung, die im Jahre 1954 spielt. Siggi Jepsen, der Ich-Erzähler, Insasse einer Strafanstalt für schwer erziehbare Jugendliche auf einer Elbinsel bei Hamburg, soll einen Aufsatz über das Thema „Die Freuden der Pflicht" schreiben. Das Aufsatzthema füllt er inhaltlich mit einer Rückblende auf für ihn entscheidende Kindheitserlebnisse. Im Jahre 1943 ergeht ein von den Kulturfunktionären verhängtes Malverbot an den Maler Max Ludwig Nansen. Der Vater von Siggi, Jens Ole Jepsen, ist nördlichster Polizeiposten Deutschlands und erhält den Auftrag, dieses Malverbot zu überbringen und zu überwachen.

(nr)

Lenz, Siegfried: Deutschstunde. (Ausschnitte)

Zuerst merkte ich, daß der Maler der einen Brief in den Händen hielt, einen rotdurchkreuzten Eilbrief, den er offensichtlich gelesen hatte und den er nun meinem Vater zurückreichte, herrisch und außer sich, mit einer kurzen, heftigen Bewegung, und da wußte ich schon, daß mein Vater, vor der Wahl – entweder den Inhalt des Briefes mündlich zu wiederholen oder den Brief selbst sprechen zu lassen – sich wie immer für das entschieden hatte, was ihn am wenigsten beanspruchte. Er hatte den Maler einfach lesen lassen und nahm den Brief nun ruhig an sich mit seinen behaarten Händen und faltete ihn sorgsam, während der Maler sagte: Ihr seid verrückt, Jens, ihr könnt euch das nicht anmaßen.

Mir entging nicht, daß er von einer Mehrzahl sprach, der er meinen Vater jetzt schon ohne weiteres zuzählte. Ihr habt kein Recht dazu, sagte der Maler, und mein Vater darauf: Ich hab das nich geschrieben, Max, ich maß auch nix an, und er konnte seine Hände nicht daran hindern, eine Bewegung unbestimmter Hilflosigkeit zu machen. Nein, sagte der Maler, du maßt dir das nicht an, du sorgst nur dafür, daß sie sich ihre Anmaßung leisten können.

Was soll ich denn machen? fragte mein Vater kühl, und der Maler: Die Bilder von zwei Jahren – weißt du, was das heißt? Ihr habt mir Berufsverbot gegeben. Genügt euch das nicht? Was werdet ihr euch noch ausdenken? Ihr könnt doch nicht Bilder beschlagnahmen, die niemand zu Gesicht bekommen hat. Die nur Ditte kennt und allenfalls Teo. – Du hast den Brief gelesen, sagte mein Vater. Ja, sagte der Maler, ich hab ihn gelesen. – Dann weißt du ja, sagte mein Vater, daß verfügt worden ist, alle Bilder aus den letzten beiden Jahren einzuziehen: ich hab sie morgen verpackt auf der Dienststelle in Husum abzuliefern.

Sie schwiegen, ich blickte durch den Lichtschlitz zur Seite und sah zwei schmale Hosenbeine rund wie Ofenrohre aus der Haustür treten und hörte eine Stimme rufen: Wir vermissen euch, wann kommt ihr? Worauf der Maler und mein Vater zurückriefen: Gleich, wir kommen gleich. Das beruhigte die Ofenrohre, denn sie schritten steif wieder ins Haus hinein, und nach einer Weile hörte ich meinen Vater sagen: Vielleicht, Max, werden die Bilder zurückgeschickt eines Tages? Die Kammer prüft sie nur und schickt sie dir zurück? Es klang sogar glaubwürdig, wenn mein Vater, der Polizeiposten Rugbüll, so etwas fragte oder als Möglichkeit erwähnte, und niemand mochte ihm ein anderes Wissen zutrauen neben dem, das er mit seinen Worten bekanntgab.

Der Maler schien so verblüfft, daß er Zeit brauchte zu einer Antwort. Jens, sagte er dann in einem Ton von Bitterkeit und Nachsicht, mein Gott, Jens, wann wirst du merken, daß sie Angst haben und daß es die Angst ist, die ihnen rät, sowas zu tun: Berufsverbote auszusprechen,

Bilder zu beschlagnahmen. Zurückschicken? Vielleicht in einer Urne. Die Streichhölzer, Jens, sind in den Dienst der Kunstkritik getreten – der Kunstbetrachtung wie sie sagen.

Mein Vater stand dem Maler ohne Verlegenheit gegenüber, es gelang ihm sogar, in seiner Haltung ungeduldiges Begehren auszudrücken, das erkannte ich ohne Schwierigkeit, und ich war nicht überrascht, als er sagte: Is in Berlin verfügt worden, das genügt. Du selbst hast den Brief gelesen, Max. Ich muß dich auffordern, zugegen zu sein bei der Sichtung der Bilder. – Willst du die Bilder verhaften? fragte der Maler, und mein Vater darauf trocken und unnachsichtig: Wir werden feststellen, welche Bilder eingezogen werden müssen. Ich schreib mir alles auf, damit sie morgen abgeholt werden können.

Ich muß mir die Augen wischen, sagte der Maler. Wisch sie nur, sagte mein Vater, dabei wird sich nichts verändern. – Ihr wißt nicht mehr, was ihr tut, sagte der Maler, und da rutschte meinem Vater der Satz raus: Ich tu nur meine Pflicht, Max.

[...] Meine Mutter hörte zu essen auf. Sie stützte die Ellenbogen auf den Tisch. Sie blickte auf den scharfen Scheitel meines Vaters und sagte tatsächlich: Manchmal denke ich, Max soll sich freuen über das Verbot. Wenn man sich so ansieht, welche Leute er malt: die grünen Gesichter, die mongolischen Augen, diese verwachsenen Körper, all dieses Fremde: da malt doch die Krankheit mit. Ein deutsches Gesicht, das kommt bei ihm nicht vor. Früher – ja. Aber heute? Fieber, du mußt denken, alles ist im Fieber gemacht. – Aber im Ausland ist er gefragt, sagte mein Vater, da gilt er was. – Weil sie selber krank sind, sagte meine Mutter, deshalb umgeben sie sich auch mit kranken Bildern. Sieh dir nur mal die Münder seiner Leute an, schief und schwarz sind sie, entweder schreien sie, oder sie lallen, ein besonnenes Wort kommt aus diesen Mündern nicht heraus, zumindest kein deutsches Wort. Ich frag mich manchmal, welche Sprache diese Leute wohl sprechen mögen.

Deutsch jedenfalls nich, sagte mein Vater, da hast du recht.

Lenz, Siegfried: Deutschstunde. Hamburg: Hoffmann und Campe. 1968. S. 89-92, 219-219.
Copyright 1968 Hoffmann und Campe Verlag, Hamburg.

Alfred Andersch

Alfred Andersch wird am 4. Februar 1914 in München als Sohn eines Offiziers geboren. Nach dem Gymnasium beginnt er eine Buchhändlerlehre und wird 1933 wegen seiner Tätigkeit als kommunistischer Jugendleiter im Konzentrationslager Dachau inhaftiert. Er löst sich von der KPD, wird Industrieangestellter und danach Soldat. 1944 gerät er als Kriegsgefangener in die USA und arbeitet nach 1945 als Redaktionsassistent von Erich Kästner am Feuilleton der „Neuen Zeitung" in München. Ferner ist er auch als Rundfunkredakteur und Herausgeber von Zeitschriften, wie „Der Ruf", „Texte und Zeichen", sowie der Buchreihe „studio frankfurt" tätig und zeitweise ein Mitglied der „Gruppe 47". Seit 1958 lebt er als freier Schriftsteller in der Schweiz, wo er am 21. Februar 1980 in Berzona bei Locarno stirbt.

Werke u.a.:

1957 Sansibar oder der letzte Grund
1960 Die Rote
1963 Ein Liebhaber des Halbschattens
1974 Winterspelt
1980 Der Vater eines Mörders

Jesuskingdutschke (1971)

Während der Studentenunruhen in Berlin verletzt ein heftiger Schlag auf den Kopf Marcel so, dass er blutet und nach einem ersten Befund der Medizinstudentin Carla unbedingt in ein Krankenhaus muss. Auf dem Weg dorthin wird Marcel von seinen Freunden begleitet, sie diskutieren über die Entwicklung der Gesellschaft.

(ar)

Andersch, Alfred: Jesuskingdutschke. (Ausschnitte)

„Das ist nur eine Platzwunde", sagte Carla, während sie Marcels Schädeldecke untersuchte. „Nur oberflächlich." Sie schob seine schwarzen Haare auseinander und prüfte den Verlauf der Wunde, so gut es im Licht der Laterne ging. Marcel stand an den Lampenpfahl gelehnt, Blut rann ihm in zwei Bahnen über das Gesicht, er wischte es vorsichtig weg, wenn es ihm in die Augen drang. „Er muß verbunden werden", sagte Carla zu Leo. „Am besten bei mir in der Klinik. Ob wir hier irgendwo ein Taxi auftreiben?" Carla war Medizinstudentin. Sie diente gerade ein Praktikum ab, im Moabiter Krankenhaus. „Du solltest erst einmal nach Hause, dich umziehen", sagte Leo. „Du mußt ja bis auf die Haut naß sein." Sie schüttelte den Kopf. „Nicht nötig", sagte sie, „der Mantel hat das meiste abgehalten. Ich hab in der Klinik Sachen zum Wechseln." Ihre Haare, die genauso schwarz waren wie die von Marcel, klebten ihr am Kopf. Sie trug einen hellen Regenmantel, der mit einem Gürtel geschlossen war. Während sich Leo zwang, das Blut zu betrachten, wie es in Marcels Bart sickerte, hörte er hinter sich die Schritte der Demonstranten, die durch die Kochstraße abzogen. Sie liefen nicht mehr, weil die Polizei nur bis zur Ecke Charlottenstraße angegriffen hatte. Der Wasserwerfer dort war noch immer in Tätigkeit, obwohl die Straße schon leer war. Leo, sich von Marcel und Carla abwendend, sah dem Strahl zu, wie er von den Scheinwerfern jenseits der Mauer illuminiert wurde. Plötzlich wurde er abgedreht. Sekundenlang herrschten nichts als Schweigen und der schwarze Glanz der nassen Fahrbahn. Dann erst wurden die Polizisten im Hintergrund der Straße sichtbar, es wimmelte von ihnen, nichts wie Helme und Mäntel um das Pressehaus, hinter dessen Fenstern alle Lichter brannten. Ungefähr hundert Meter vor dem Wasserwerfer, fast schon an der Ecke zum Checkpoint Charlie, lag ein Mann auf dem Bürgersteig, mit dem Gesicht nach unten. Ein Zivilist, anscheinend ein Arzt, den die Polizisten durchgelassen hatten, die in mehreren Ketten den Sektorenübergang zernierten, ging auf den Liegenden zu.

Möglich, daß trotz der Tumulte ein paar Taxis vor der U-Bahn-Station Kochstraße stehen, dachte Leo, aber in diese Richtung gehen hieße der Polizei direkt in die Fänge laufen.

„Kommt!" sagte er. „Am Askanischen Platz gibt es Taxis." Sie waren unter den letzten, die den Schauplatz verließen. Als sie durch die Anhalter Straße gingen, war die Nacht irgendeine April-Nacht in Berlin, kühl und leer. Jedesmal, wenn sie in einen Lichtkreis gerieten, stellte Leo fest, dass Carla Marcel aufmerksam beobachtete; offenbar befürchtete sie, das Blut würde auf einmal zu quellen beginnen, hell und in Strömen. Am Grün-Rondell des Askanischen Platzes stand eine einzige Taxe. Der Fahrer hatte einen Arm aufs Steuerrad gestützt und den Kopf in die Hand gelegt, er schien zu schlafen, aber als Leo schon die Hand am Türgriff hatte, sagte er, ohne seine Stellung zu verändern: „Lassen Se man die Pfoten wech! Ich fahre keene Studenten." Wie immer, wenn ihm etwas Derartiges zustieß, dachte Leo zuerst einmal an seine Bärenkräfte, daran, daß viele seiner Bekannten ihn einen Bullen nannten. So, wie er gebaut war, würde er den Mann mit einem einzigen Griff aus seinem Auto heben. Aber als er schon nach der Türe neben dem Fahrersitz greifen wollte, fiel ihm ein, wie er vor einer halben Stunde versäumt hatte, den Schlag abzuwehren, der Marcels Kopf getroffen hatte. „Wir haben einen Verletzten bei uns", sagte Carla. „Er muß so schnell wie möglich behandelt werden." Der Mann gab keine Antwort, sondern kurbelte nur das Wagenfenster hoch. Sie sahen, wie er nach dem Mikrophon seines Sprechfunkgeräts griff. „Gehen wir zum Halleschen Tor!" schlug Leo vor. „Mit der U-Bahn bis Wedding und dann umsteigen nach Putlitzstraße." „Und dort müssen wir noch mal in die U-Bahn umsteigen", sagte Carla. „Wenn wir zu Fuß durch den Tiergarten gehen, sind wir schneller da." [...]

Sie hörten plötzlich auf zu sprechen, weil ein Polizei-Jeep neben ihnen hielt. Der Polizist, der neben dem Fahrer saß, sprang heraus und kam auf sie zu. „Darf ich um Ihre Ausweise bitten!" sagte er. „Warum denn?" fragte Leo. „Dürfen wir hier nicht gehen?" „Wenn Sie Schwierigkeiten machen wollen, können Sie gleich einsteigen!" sagte der Beamte. Leo holte seinen Berliner Personalausweis heraus und reichte ihn dem Mann. Als Studenten waren sie daran gewöhnt, ohne Grund kontrolliert zu werden; sie trugen darum immer Ausweispapiere bei sich. Der Polizist sah Marcel an. „Was ist denn mit Ihnen los?" fragte er. „Er ist gestürzt und hat sich den Kopf aufgeschlagen", sagte Carla. „So", sagte der Polizist. „Einfach so gestürzt." „Nein", sagte Carla, „nicht einfach so gestürzt, sondern gestürzt. Das gibt es. Ich arbeite im Moabiter Krankenhaus, und wir bringen ihn gerade dorthin." Sie gab ihm ihren westdeutschen Paß. Er zog ein Notizbuch hervor und begann, ihre Namen einzutragen. „Sie haben nicht das Recht, uns aufzuschreiben", sagte Leo. „Sie würden sich wundern, wenn Sie wüßten, wozu ich das Recht habe", erwiderte er, ganz ruhig. Leo spürte, wie Carla ihre Hand auf seine Schulter legte. „Keine Angst", sagte er laut. „Ich tu ihm schon nichts." Der Polizist sah ihn an. „Sie sollen vorhin einen Taxifahrer bedroht haben", sagte er. „Das ist nicht wahr", sagte Carla. „Er hat sich geweigert, uns zu fahren, und wir haben kein Wort gesagt und sind weggegangen. Kein Wort! Obwohl er gesagt hat, daß er Studenten nicht fährt." Sie schrie es fast. Nicht einmal dieser Polizist überhörte es, daß sich hier jemand sein Recht holen wollte. Er ließ von Leo ab. „Ihren Ausweis noch!" sagte er zu Marcel, während er Carla und Leo die Papiere zurückgab. Als er Marcels Schweizer Paß sah, wurde er beflissen. „Wir bringen Sie zur nächsten Unfallstation, wenn Sie es wünschen", sagte er. „Ich wünsche", sagte Marcel, „daß Sie auch meinen Namen noch in Ihr Buch schreiben." „Das ist nicht nötig", erwiderte er. Marcel schnappte seinen Paß von den Fingern des Polizisten weg, drehte sich um und ging weiter.

[...] Leo war bereit, über Gewalt und Gewaltlosigkeit zu diskutieren, aber als er sich zum Gehen wandte, erblickte er das Taxi, das auf dem Kemperplatz, neben der Philharmonie stand. Er hechtete los. Im Auto sackte Marcel zusammen; mit geschlossenen Augen lehnte er in seiner Ecke. Leo saß vorne neben dem Fahrer. Er drehte sich halb um und streckte seinen Arm nach rückwärts aus, aber Carla ergriff seine Hand nicht. „Nicht", sagte sie leise, „nicht jetzt."

[...] Sie hatten sich in der Bibliothek der Technischen Universität kennengelernt, vergangenen Herbst, während Leo an seiner baugeschichtlichen Examensarbeit schrieb. Er hatte auf seinem Studienplatz eine kleine Handbibliothek angehäuft. Marcel erschien immer erst zwischen elf und zwölf Uhr, nahm rechts oder links von Leo Platz, wenn einer der beiden Stühle noch frei war, und las Zeitungen; gelegentlich schrieb er etwas auf einen Zettel. „Entschuldige, wenn ich dich störe", sagte er eines Tages zu Leo. „Bitte, was heißt ‚Insulae'?" Er deutete auf das Titelblatt von Leos Arbeit. Es war also einfach Neugier gewesen, was ihn veranlaßt hatte, immer den Platz neben Leo aufzusuchen. Er gab es zu. „Das Wort verfolgt mich", sagte er, „seitdem ich es bei dir gesehen habe. Schreibst du einfach über Inseln?" „Nein", sagte Leo. „‚Insulae' hießen die Mietskasernen im antiken Rom." „Ein merkwürdiger Name für Häuser." „Die ‚Insulae' waren die ersten Wohngroßbauten. Man grenzte jedes dieser Häuser durch Straßen und Freizonen ab, um die *plebs*, die in ihnen wohnte, kontrollieren zu können. Die größten ‚Insulae' entstanden unter Nero. Es ist heute so gut wie sicher, daß Nero den neronischen Brand nur veranstaltete, weil er die Slums um das Forum loswerden mußte, die ein Dschungel geworden waren, in dem die *plebs* nicht mehr überwacht werden konnte." Sie sprachen im Flüsterton miteinander, wie es in der Bibliothek vorgeschrieben war. „Bist du in Rom gewesen?" fragte Marcel. „Ja, den ganzen Sommer", antwortete Leo. „Ich hatte ein italienisches Stipendium für diese Arbeit." Da er, wie alle, Marcel sogleich anziehend fand, fragte er: „Und du, was machst du?" Er deutete, vielleicht eine Spur geringschätzig, auf Marcels Zeitung. Marcel schob ihm seinen Zettel hin. „Da", sagte er, „das hab` ich heute gefunden. Nur heute. In einer einzigen Nummer." Leo nahm den Zettel und las erstaunt die Wörter, die Marcel in einer sehr geraden, ordentlichen, die Unterlängen verschluckenden Schrift geschrieben hatte: *Nichtstuer – Gammler – Störenfriede – Pöbel – SA-Methoden – Krawallgier radikaler Halbstarker – Krawallbrüder – Rädelsführer – Politische Phantasten – Politisches Rowdytum – Provokateure – Halbstarke Wirrköpfe – Mob – Terror – Ausschreitungen – Kriminelle.* In einigem Abstand davon standen noch die Wörter Die *Anständigen* und *hart und konsequent.* „Ich arbeite an einer sprachsoziologischen Untersuchung über Mordhetze", flüsterte Marcel. „Titel: *Vor dem Pogrom. Über die Technik der Einrichtung von Ghettos durch Sprache.*"

[...] Er mußte diese Frage Marcel vorlegen. Wenn Marcel keine Fraktur hat, überlegte er, werde ich morgen zu ihm gehen und ihm erzählen, daß ich den Schlag gegen ihn hätte abwehren können. Er stellte sich vor, wie Marcel reagieren würde. „Das ist doch ganz unwichtig", würde er wahrscheinlich sagen. „In jedem Kampf gibt es wechselnde subjektive Situationen."

Leo würde versuchen, es ihm so geduldig wie möglich zu erklären. „Ich habe Angst vor der Gewalt gehabt", hörte er sich sagen. „Da kann ich doch nicht mehr dafür eintreten, daß andere die Gewalt anwenden, zu der mir der Mut fehlt. Und zu denen, die du die Apostel der Gewaltlosigkeit nennst, kann ich mich jetzt auch nicht mehr schlagen – sanft sein, weil man feige ist: also nein!"

Was würde Marcel dagegen vorbringen? Leo fielen keine schlagenden Argumente ein, die er Marcel in den Mund legen könnte. Natürlich, Marcel würde einen methodischen Vortrag halten: über die objektive Bedeutung der Gewalt, über die Zersetzung des revolutionären Denkens durch Psychologie. Und das alles nicht einmal, um Leo zu trösten, um ihm über das Peinliche wegzuhelfen, sondern weil er wirklich an die Macht objektiver Erkenntnisse glaubte, daran, daß ihnen gegenüber subjektive Schwächen gar nicht ins Gewicht fielen.

Andersch, Alfred: Jesuskingdutschke. In: Ders.: Mein Verschwinden in Providence. Neun Erzählungen. Zürich: Diogenes Verlag, 1971. S. 121-124, S. 126-128, S. 133-135, S. 137-139.
Alle Rechte vorbehalten.
© 1971, 1979 by Diogenes Verlag AG, Zürich.

Günter Grass

Als Sohn einer kaufmännischen Familie wird Günter Grass am 16. Oktober 1922 in Danzig geboren. Im Jahre 1944 wird er als Luftwaffenhelfer eingezogen und gerät bis 1946 in amerikanische Gefangenschaft. Nach dem Krieg absolviert er eine einjährige Steinmetzlehre in Düsseldorf. Anschließend studiert Grass Grafik und Bildhauerei an der Düsseldorfer Kunstakademie. Von 1953 bis 1956 ist er Schüler des Bildhauers Karl Hartung an der Hochschule für Bildende Künste in Berlin. In Tempelhof und Stuttgart sind von Grass in den Jahren 1956 und 1957 erste Ausstellungen zu sehen. Zu diesem Zeitpunkt beginnt er zu schreiben, zunächst vor allem Gedichte, Theaterstücke und Kurzprosa. Im Jahre 1958 bekommt er für sein Manuskript „Die Blechtrommel" den Preis der „Gruppe 47", der Roman erscheint ein Jahr später.

Am 10. Dezember 1999 erhält er den Literaturnobelpreis für sein Lebenswerk.

Werke u.a.:

1959 Die Blechtrommel
1963 Hundejahre
1966 Die Plebejer proben den Aufstand
1977 Der Butt
1986 Die Rättin
1992 Unkenrufe
1995 Ein weites Feld

Die Blechtrommel (1959)

Aus einer Heilanstalt heraus erzählt die Hauptfigur Oskar Matzerath seine Geschichte.

Oskar, der von Geburt im Jahre 1924 an alles, was um ihn herum geschieht, versteht, wartet auf seinen dritten Geburtstag, an dem seine Mutter ihm eine Blechtrommel schenken will. Ab diesem Tag beschließt er, nicht mehr zu wachsen. Er verbringt seine Zeit mit Trommeln und lernt es, Glas zu zersingen. Aus der Schule wird er wegen schlechten Benehmens bereits nach einem Tag wieder entlassen.

(cb)

Grass, Günter: Die Blechtrommel. (Ausschnitte)

Nach und nach kaufte sich Matzerath die Uniform zusammen. Wenn ich mich recht erinnere, begann er mit der Parteimütze, die er gerne, auch bei sonnigem Wetter mit unterm Kinn scheuerndem Sturmriemen trug. Eine Zeitlang zog er weiße Oberhemden mit schwarzer Krawatte zu dieser Mütze an oder eine Windjacke mit Armbinde. Als er das erste braune Hemd kaufte, wollte er eine Woche später auch die kackbraunen Reithosen und Stiefel erstehen. Mama war dagegen, und es dauerte abermals Wochen, bis Matzerath endgültig in Kluft war.

Es ergab sich mehrmals in der Woche Gelegenheit, diese Uniform zu tragen, aber Matzerath ließ es mit der Teilnahme an sonntäglichen Kundgebungen auf der Maiwiese neben der Sporthalle genug sein. Hier erwies er sich jedoch selbst dem schlechtesten Wetter gegenüber unerbittlich, lehnte auch ab, einen Regenschirm zur Uniform zu tragen, und wir hörten oft genug eine Redewendung, die bald zur stehenden Redensart wurde. „Dienst ist Dienst", sagte Matzerath, „und Schnaps ist Schnaps!" verließ, nachdem er den Mittagsbraten vorbereitet hatte, jeden Sonntagmorgen Mama und brachte mich in eine peinliche Situation, weil Jan Bronski, der ja den Sinn für die neue sonntägliche politische Lage besaß, auf seine zivil eindeutige Art meine verlassene Mama besuchte, während Matzerath in Reih und Glied stand.

Was hätte ich anderes tun können, als mich verdrücken. Es lag weder in meiner Absicht, die beiden auf der Chaiselongue zu stören, noch zu beobachten. So trommelte ich mich, sobald mein uniformierter Vater außer Sicht war und die Ankunft des Zivilisten, den ich damals schon meinen mutmaßlichen Vater nannte, bevorstand, aus dem Haus in Richtung Maiwiese.

Sie werden sagen, mußte es unbedingt die Maiwiese sein? Glauben Sie mir bitte, daß an Sonntagen im Hafen nichts los war, daß ich mich zu Waldspaziergängen nicht entschließen konnte, daß mir das Innere der Herz-Jesu-Kirche damals noch nichts sagte. Zwar gab es noch die Pfadfinder des Herrn Greff, aber jener verklemmten Erotik zog ich, es sei hier zugegeben, den Rummel auf der Maiwiese vor, auch wenn Sie mich jetzt einen Mitläufer heißen.

Es sprachen entweder Greiser oder der Gauschulungsleiter Löbsack. Der Greiser fiel mir nie besonders auf. Er war zu gemäßigt und wurde später durch den forscheren Mann aus Bayern, der Forster hieß und Gauleiter wurde, ersetzt. Der Löbsack jedoch wäre der Mann gewesen, einen Forster zu ersetzen. Ja, hätte der Löbsack nicht einen Buckel gehabt, wäre es für den Mann aus Fürth schwer gewesen, in der Hafenstadt ein Bein aufs Pflaster zu bekommen. Den Löbsack richtig einschätzend, in seinem Buckel ein Zeichen hoher Intelligenz sehend, machte ihn die Partei zum Gauschulungsleiter. Der Mann verstand sein Handwerk. Während der Forster mit übler bayrischer Aussprache immer wieder „Heim ins Reich" schrie, ging Löbsack mehr ins Detail, sprach alle Sorten Danziger Platt, erzählte Witze von Bollermann und Wullsutzki, verstand es, die Hafenarbeiter bei Schichau, das Volk in Ohra, die Bürger von Emmaus, Schidlitz, Bürgerwiesen und Praust anzusprechen. Hatte er es mit bierernsten Kommunisten und den lahmen Zwischenrufen einiger Sozis zu tun, war es eine Wonne, dem kleinen Mann, dessen Buckel durch das Uniformbraun besonders betont und gehoben wurde, zuzuhören.

Löbsack hatte Witz, zog all seinen Witz aus dem Buckel, nannte seinen Buckel beim Namen, denn so etwas gefällt den Leuten immer. Eher werde er seinen Buckel verlieren, behauptete Löbsack, als daß die Kommune hochkomme. Es war vorauszusehen, daß er den Buckel nicht verlor, daß an dem Buckel nicht zu rütteln war, folglich behielt der Buckel recht, mit ihm die Partei – woraus man schließen kann, daß ein Buckel die ideale Grundlage einer Idee bildet.

Wenn Greiser, Löbsack oder später Forster sprachen, sprachen sie von der Tribüne aus. Es handelte sich um jene Tribüne, die mir der kleine Herr Bebra angepriesen hatte. Deshalb hielt ich längere Zeit den Tribünenredner Löbsack, bucklig und begabt, wie er sich auf der Tribüne zeigte, für einen Abgesandten Bebras, der in brauner Verkleidung seine und im Grunde auch meine Sache auf der Tribüne verfocht.

Was ist das, eine Tribüne? Ganz gleich für wen und vor wem eine Tribüne errichtet wird, in jedem Falle muß sie symmetrisch sein. So war auch die Tribüne auf unserer Maiwiese neben der Sporthalle eine betont symmetrisch angeordnete Tribüne. Von oben nach unten: sechs Hakenkreuzbanner nebeneinander. Dann Fahnen, Wimpel und Standarten. Dann eine Reihe schwarze SS mit Sturmriemen unterm Kinn. Dann zwei Reihen SA, die während der Singerei und Rederei die Hände am Koppelschloß hielten. Dann sitzend mehrere Reihen uniformierte Parteigenossen, hinter dem Rednerpult gleichfalls Pg's, Frauenschaftsführerinnen mit Müttergesichtern, Vertreter des Senates in Zivil, Gäste aus dem Reich und der Polizeipräsident oder sein Stellvertreter.

Den Sockel der Tribüne verjüngte die Hitlerjugend oder genauer gesagt, der Gebietsfanfarenzug des Jungvolkes und der Gebietsspielmannszug der HJ. Bei manchen Kundgebungen durfte auch ein links und rechts, immer wieder symmetrisch angeordneter gemischter Chor entweder Sprüche hersagen oder den so beliebten Ostwind besingen, der sich, laut Text, besser als alle anderen Winde fürs Entfalten von Fahnenstoffen eignete.

[...] Haben Sie schon einmal eine Tribüne von hinten gesehen? Alle Menschen sollte man – nur um einen Vorschlag zu machen – mit der Hinteransicht einer Tribüne vertraut machen, bevor man sie vor Tribünen versammelt. Wer jemals eine Tribüne von hinten anschaute, recht anschaute wird von Stund an gezeichnet und somit gegen jegliche Zauberei, die in dieser oder jener Form auf Tribünen zelebriert wird, gefeit sein. Ähnliches kann man von den Hinteransichten kirchlicher Altäre sagen; doch das steht auf einem anderen Blatt.

Oskar jedoch, der immer schon einen Zug zur Gründlichkeit hatte, ließ es mit dem Anblick des nackten, in seiner Häßlichkeit tatsächlichen Gerüstes nicht genug sein, er erinnerte sich der Worte seines Magisters Bebra, ging das nur für die Vorderansicht bestimmte Podest von der groben Kehrseite an, schob sich und seine Trommel, ohne die er nie ausging, zwischen Verstrebungen hindurch, stieß sich an einer überstehenden Dachlatte, riß sich an einem bös aus dem Holz ragenden Nagel das Knie auf, hörte über sich die Stiefel der Parteigenossen scharren, dann die Schühchen der Frauenschaft und kam endlich dorthin, wo es am drückendsten und dem Monat August am meisten gemäß war: vor dem inwendigen Tribünenfuß fand er hinter einem Stück Sperrholz Platz und Schutz genug, um den akustischen Reiz einer politischen Kundgebung in aller Ruhe auskosten zu können, ohne durch Fahnen abgelenkt, durch Uniformen im Auge beleidigt zu werden.

Unter dem Rednerpult hockte ich. Links und rechts von mir und über mir standen breitbeinig und, wie ich wußte, mit verkniffenen, vom Sonnenlicht geblendeten Augen die jüngeren Trommler des Jungvolkes und die älteren der Hitlerjugend. Und dann die Menge. Ich roch sie durch die Ritzen der Tribünenverschalung. Das stand und berührte sich mit Ellenbogen und Sonntagskleidung, das war zu Fuß gekommen oder mit der Straßenbahn, das hatte zum Teil die Frühmesse besucht und war dort nicht zufriedengestellt worden, das war gekommen, um seiner Braut am Arm etwas zu bieten, das wollte mit dabei sein, wenn Geschichte gemacht wird, und wenn auch der Vormittag dabei draufging.

Nein, sprach sich Oskar zu, sie sollen den Weg nicht umsonst gemacht haben. Und er legte ein Auge an ein Astloch der Verschalung, bemerkte die Unruhe von der Hindenburgallee her. Sie kamen! Kommandos wurden über ihm laut, der Führer des Spielmannszuges fuchtelte mit seinem Tambourstab, die hauchten ihre Fanfaren an, die paßten sich das Mundstück auf, und schon stießen sie in übelster Landsknechtmanier in ihr sidolgeputztes Blech, daß es Oskar weh tat und „Armer SA-Mann Brand", sagte er sich, „armer Hitlerjunge Quex, ihr seid umsonst gefallen!"

Als wollte man ihm diesen Nachruf auf die Opfer der Bewegung bestätigen, mischte sich gleich darauf massives Gebumse auf kalbsfellbespannten Trommeln in die Trompeterei. Jene Gasse, die mitten durch die Menge zur Tribüne führte, ließ von weit her heranrückende Uniformen ahnen und Oskar stieß hervor: „Jetzt, mein Volk, paß auf, mein Volk!"

Die Trommel lag mir schon maßgerecht. Himmlisch locker ließ ich die Knüppel in meinen Händen spielen und legte mit Zärtlichkeit in den Handgelenken einen kunstreichen, heiteren Walzertakt auf mein Blech, den ich immer eindringlicher, Wien und die – Donau beschwörend, laut werden ließ, bis oben die erste und zweite Landsknechttrommel an meinem Walzer Gefallen fand, auch Flachtrommeln der älteren Burschen mehr oder weniger geschickt mein Vorspiel aufnahmen. Dazwischen gab es zwar Unerbittliche, die kein Gehör hatten, die weiterhin Bumbum machten, und Bumbumbum, während ich doch den Dreivierteltakt meinte, der so beliebt ist beim Volk. Schon wollte Oskar verzweifeln, da ging den Fanfaren ein Lichtchen auf, und die Querpfeifen, oh Donau, pfiffen so blau. Nur der Fanfarenzugführer und auch der Spielmannszugführer, die glaubten nicht an den Walzerkönig und schrien ihre lästigen Kommandos, aber ich hatte die abgesetzt, das war jetzt meine Musik. Und das Volk dankte es mir. Lacher wurden laut vor der Tribüne, da sangen schon welche mit, oh Donau, und über den ganzen Platz, so blau, bis zur Hindenburgallee, so blau und zum Steffenspark, so blau, hüpfte mein Rhythmus, verstärkt durch das über mir vollaufgedrehte Mikrophon. Und als ich durch mein Astloch hindurch ins Freie spähte, doch dabei fleißig weitertrommelte, bemerkte ich, daß das Volk an meinem Walzer Spaß fand, aufgeregt hüpfte, es in den Beinen hatte: schon neun Pärchen und noch ein Pärchen tanzten, wurden vom Walzerkönig gekuppelt. Nur dem Löbsack, der mit Kreisleitern und Sturmbannführern, mit Forster, Greiser und Rauschning, mit einem langen braunen Führungsstabschwanz mitten in der Menge kochte, vor dem sich die Gasse zur Tribüne schließen wollte, lag erstaunlicherweise der Walzertakt nicht.

Der war gewohnt, mit gradliniger Marschmusik zur Tribüne geschleust zu werden. Dem nahmen nun diese leichtlebigen Klänge den Glauben ans Volk. Durchs Astloch sah ich seine Leiden. Es zog durch das Loch. Wenn ich mir auch fast das Auge entzündete, tat er mir dennoch leid, und ich wechselte in einen Charleston, „Jimmy the Tiger", über, brachte jenen Rhythmus, den der Clown Bebra im Zirkus auf leeren Selterwasserflaschen getrommelt hatte; doch die Jungs vor der Tribüne kapierten den Charleston nicht. Das war eben eine andere Generation. Die hatten natürlich keine Ahnung von Charleston und „Jimmy the Tiger". Die schlugen – oh guter Freund Bebra – nicht Jimmy und Tiger, die hämmerten Kraut und Rüben, die bliesen mit Fanfaren Sodom und Gomorrha. Da dachten die Querpfeifen sich, gehupft wie gesprungen. Da schimpfte der Fanfarenzugführer auf Krethi und Plethi. Aber dennoch trommelten, pfiffen, trompeteten die Jungs vom Fanfarenzug und Spielmannszug auf Teufel komm raus, daß es Jimmy eine Wonne war, mitten im heißesten Tigeraugust, daß es die Volksgenossen, die da zu Tausenden und Abertausenden vor der Tribüne drängelten, endlich begriffen: es ist Jimmy the Tiger, der das Volk zum Charleston aufruft!

Und wer auf der Maiwiese noch nicht tanzte, der griff sich, bevor es zu spät war, die letzten noch zu habenden Damen. Nur Löbsack mußte mit seinem Buckel tanzen, weil in seiner Nähe alles, was einen Rock trug, schon besetzt war, und jene Damen von der Frauenschaft, die ihm hätten helfen können, rutschten, weit weg vom einsamen Löbsack, auf den harten Holzbänken der Tribüne. Er aber – und das riet ihm sein Buckel – tanzte dennoch, wollte gute Miene zur bösen Jimmymusik machen und retten, was noch zu retten war.

Es war aber nichts mehr zu retten. Das Volk tanzte sich von der Maiwiese, bis die zwar arg zertreten, aber immerhin grün und leer war. Es verlor sich das Volk mit „Jimmy the Tiger" in den weiten Anlagen des angrenzenden Steffensparkes. Dort bot sich Dschungel, den Jimmy versprochen hatte, Tiger gingen auf Sammetpfötchen, ersatzweise Urwald fürs Volk, das eben noch auf der Wiese drängte. Gesetz ging flöten und Ordnungssinn. Wer aber mehr die Kultur liebte, konnte auf den breiten gepflegten Promenaden jener Hindenburgallee, die während des achtzehnten Jahrhunderts erstmals angepflanzt, bei der Belagerung durch Napoleons Truppen achtzehnhundertsieben abgeholzt und achtzehnhundertzehn zu Ehren Napoleons wieder angepflanzt wurde, auf historischem Boden also konnten die Tänzer auf der Hindenburgallee meine Musik haben, weil über mir das Mikrophon nicht abgestellt wurde, weil man mich bis zum Olivaer Tor hörte, weil ich nicht locker ließ, bis es mir und den braven Burschen am Tribünenfuß gelang, mit Jimmys entfesseltem Tiger die Maiwiese bis auf die Gänseblümchen zu räumen.

Selbst als ich meinem Blech schon die langverdiente Ruhe gönnte, wollten die Trommelbuben noch immer kein Ende finden. Es brauchte seine Zeit, bis mein musikalischer Einfluß nachzuwirken aufhörte.

Dann bleibt noch zu sagen, daß Oskar das Innere der Tribüne nicht sogleich verlassen konnte, da Abordnungen der SA und SS über eine Stunde lang mit Stiefeln gegen Bretter knallten, sich Ecklöcher ins braune und schwarze Zeug rissen, etwas im Tribünengehäuse zu suchen schienen: einen Sozi womöglich oder einen Störtrupp der Kommune. Ohne die Finten und Täuschungsmanöver Oskars aufzählen zu wollen, sei hier kurz festgestellt: sie fanden Oskar nicht, weil sie Oskar nicht gewachsen waren.

Grass, Günter: Die Blechtrommel.
© Steidl Verlag, Göttingen 1993
(Erstausgabe: 1959)

3. Kulturelle Aspekte

Dirk Hülst

Kultur und Gesellschaft – wie die Menschen in Gesellschaft in Form kommen und Form in die Gesellschaft.

1. Einleitung

Wie in einem Kraftfeld jeder Ort von Feldlinien, unsichtbar, fließend und lückenlos durchdrungen wird, so wirken auf die in einer Gesellschaft zusammenlebenden Menschen die Impulse der sie umgebenden, aus den Tiefen der Vergangenheit heraufreichenden und immer wieder gewandelten allgegenwärtigen Kultur. Ihre Einflüsse prägen und gestalten, lange bevor die Menschen damit beginnen über sich oder über sie nachzudenken, ihre natürliche und soziale Umwelt, formen ihr Denken, ihr Verhalten, ihren Glauben und ihre gesamte Persönlichkeit.

Die allmähliche Herausbildung kultureller Objektivationen, d.h. Gewohnheiten, Sprache, Werkzeuge u.m., verhilft den ersten prähistorischen Menschen dazu, sich schrittweise von ihrer natürlichen Umgebung, deren Teil ihre Vorfahren während langer Jahrtausende gebildet hatten, abzugrenzen und in einfachen sozialen Zusammenhängen zu organisieren: die menschliche Geschichte beginnt mit der Entwicklung von Kultur, und Kultur erzwingt – während sie die Menschen besser an ihre jeweils zuhandene natürliche Umgebung anpasst – Differenz (von der Natur) und Zusammenhalt (in Gesellschaft) zugleich. Mit der sozialen Geburt des Menschen werden Abgrenzungserfordernisse vor allem auf drei weiteren Ebenen hervorgebracht und aufrechterhalten: gegenüber der eigenen, körperlichen Natur, gegenüber den Mitmenschen und gegenüber anderen Gruppen, Ethnien, Nationen.

Die formbildende Kraft der Kultur emanzipiert die Menschen von der (und ihrer) Natur jedoch um einen hohen Preis, der als Anstoß für viele literarische und andere Kunst gesehen werden kann: Bis heute scheint das ‚Spiel' von Differenz und Integration ohne ein erhebliches Maß an Zwang und Gewalt (soziale Kontrolle, politisch-militärische Gewalt, zunehmend: Selbstzwang) nicht möglich zu sein.

Wer von ‚Kultur' spricht, beruft einen Strudel von unterschichtigen Strömungen, die sich im Laufe der Zeit um den Sinn des Worts angesammelt haben. 1954 wurden mehr als 160 Definitionen gefunden, – ein Verweis auf die zahlreichen Verwendungsmöglichkeiten, die dem Begriff Bedeutung(en) verleihen und diese Bedeutungsvielfalt belegt, wie umfangreich das Gebiet ist, das hier abgesteckt werden soll.

Der Gebrauch des Begriffs zeigt, wie die Konjunktur, immer neue Zyklen des Auf- und Abschwungs. Und je häufiger er in der öffentlichen Diskussion zu finden ist, umso deutlicher wird, dass gar nicht dasselbe meint, wer an einzelne Personen, an Kulturgüter oder wer an Völker, Gruppen oder Ethnien denkt. Bei der Rede von Völkern wird unterschieden nach Epochen oder Jahrhunderten oder gar Reifegraden und bisweilen wird auch von der Kultur der gesamten Menschheit gesprochen, etwa im Zusammenhang historischer Betrachtung über die Steinzeit, Eisenzeit, das Atomzeitalter oder die alles umspannende globale Weltordnung.

Kultur: „Nichts ist unbestimmter als dieses Wort, und nichts ist trüglicher als die Anwendung desselben auf ganze Völker und Zeiten" warnte denn auch bereits zur Zeit der Aufklärung und der heraufziehenden Französischen Revolution Herder in seiner Schrift *Ideen zur Philosophie der Geschichte der Menschheit (1784)*. Damals kamen das Wort und manche seiner Bedeutungsschichten gerade wieder in Mode, nachdem sie lange Zeit in eine Art Dornröschenschlaf gefallen waren. Von kultivierten und weniger kultivierten Völkern (‚Rassen'), Nationen, oder Staaten zu sprechen (Kulturen im Plural), begleitete als Ideologie die zweite Phase des europäischen Kolonialismus (die bekanntlich mit der Eroberung des indischen Subkontinents durch die Engländer im Jahr 1757 beginnt).

Mit der Überlegenheit kultivierter (und entsprechend der Unterlegenheit angeblich rückständiger, unkultivierter, eben: ‚wilder') Völker ließen sich gewalttätige militärische Besetzung, politisch-ökonomische Annexion und imperialistische Raubbeuterei idealistisch rechtfertigen. Die herrschenden Schichten der Kolonialmächte verklärten die Ausbeutung fremder Ressourcen für die Vermehrung des eigenen Wohlstands und propagierten die moralische Verpflichtung, fremden Kulturen die Errungenschaften der (ihrer) Zivilisation (und nicht zuletzt: das Christentum) übertragen zu müssen.

Damals schien es, wie auch heute wieder, als ob zunächst mit Kanone und Schwert Zucht und Ordnung, eben: *Zivilisation* (als ‚basal' erklärte Kulturtechniken der erobernden ‚Hochkultur') und später mit Religion und Bildung, eben: *Kultur* (die höheren Werte und religiösen Ordnungsmodelle) unter die Wilden zu bringen sei. Zivilisation und Kultur wären damit in einen anscheinend plausiblen Gegensatz bzw. Zusammenhang gebracht – *Zivilisation* meint Kultiviertheit im Äußeren und *Kultur* meint Zivilisiertheit im Inneren.

Ganz offenkundig vermehrt es zwar die Vielfalt der Betrachtungsmöglichkeiten, zugleich aber auch die Unklarheiten, wenn Kultur einerseits, als ganzheitliches Gebilde für die Summe von Lebensäußerungen einer Gesellschaft steht, während sie im Zusammenhang mit einzelnen Menschen als Ziel oder Kriterium der Person verstanden wird. Die Kultur einer Gruppe, Ethnie oder eines Volkes wäre ein (wenn auch im einzelnen schwer zu rekonstruierendes) historisch gewachsenes Faktum, während die Kultur (Kultiviertheit) einer Person als Herausforderung, als Ideal, als Erziehungsziel gefasst wird.

Kultur und Gesellschaft bilden eine Einheit in ihren Institutionen (z.B. Familie, Sprache, Kirche, Recht): Institution nennt die Soziologie eine erkennbare und Generationen überdauernde Verhaltensregelmäßigkeit, ein typisches Interaktionsmuster (Struktur), das aus Verhaltensroutinen, wie z.B. Rollen besteht und das für die Gesamtheit der Gesellschaft eine bestimmte Leistung (Funktion) erfüllt. Die sozialen Institutionen eröffnen die Verhaltensräume, in denen die einzelnen Menschen ihr Leben und ihr eigenes Selbst verwirklichen. Sie bilden den Schnittpunkt zwischen allgemeinen gesellschaftlichen Ordnungsvorgaben und individueller Resonanz, persönlicher Eigenart und Selbstbehauptung und es ist anzunehmen, dass künstlerische Produktivität in diesem Spannungsfeld zwischen Person und Sozialstruktur ihre Anstöße gewinnt. Literatur entsteht aus der Empfindsamkeit mancher Menschen gegenüber den Zumutungen der Kultur und aus ihrer Fähigkeit, diesen Erfahrungen sprachliche Bilder und Umschreibungen zu verleihen.

Die folgenden Textauszüge, die auf je unterschiedliche Weise Konflikte mit den Zumutungen der Kultur zum Ausdruck bringen, werden in fünf Bereiche unterteilt. Sie beinhalten:

1. Unterschiedliche Grundeinstellungen gegenüber der ärgerlichen Tatsache kultureller Ordnung
2. Auseinandersetzung mit Religion als Abgrenzung zum Sinnlosen auf Kosten von Toleranz
3. Die Beschreibung der Wirkung unsinnigen moralischen Drucks
4. Die Auseinandersetzung mit Erziehung, den Folgen von Gewalt und Drill
5. Ich-Bildung durch Abgrenzung vom Anderen

Erläuterungen zu diesen Bereichen finden sich jeweils zu Beginn der folgenden Unterabschnitte.

2. Zu den Texten

2.1 Unterschiedliche Grundeinstellungen gegenüber der ärgerlichen Tatsache kultureller Ordnung

Die Texte von Thomas Wolfe, Bert Brecht und Ingeborg Bachmann skizzieren beinahe modellhaft drei grundverschiedene Haltungen, die gegenüber Kultur und ihren Formansprüchen eingenommen werden können: Eine idealistische (Wolfe), eine materialistische (Brecht) und eine antiritualistische, jede Form der unbedachten Ordnung in Frage stellende (Bachmann) Perspektive stehen in jeweils schroffem Gegensatz zueinander.

Ingeborg Bachmann (*Alles*) lenkt den Blick anlässlich der Beobachtung einer Szene, in der drei kleine Jungs ‚Mann' spielen, auf das kulturell eingefahrene Räderwerk von Verhaltensrichtlinien, das droht, die Eigenart, Lebendigkeit und Spontaneität der Kinder zu zerreiben und zeigt auf die lebensfeindliche Gewalt einer Ordnung, die um den Preis der Entfremdung der Menschen von sich selbst Orientierung und Überlegenheit verspricht. Es entsteht ein schemenhaftes Bild der erschreckenden Kehrseite des Eingespielten, die sie – gekränkt von den Einteilungen und konkurrenzorientierten Abgrenzungen der männlich dominierten, auf Leistung und Erfolg gerichteten Kultur – empfindsam und empfindlich bis zur Überreizung wahrnehmen kann (*Gebt meinem Kind, eh es verdirbt eine einzige Chance!*). Ingeborg Bachmann, gezeichnet von einer fast beispiellos ausgeprägten Empfindsamkeit gegenüber kulturellen Formansprüchen, weckt und beruft eine anarchische Ahnung von unberührtem Leben *vor* dieser kulturellen Ordnung, das ohne andauernde Überformung und Entfremdung des natürlichen Lebenstriebs mit einer ‚Existenz um seiner Selbst Willen' auskommen möchte.

Bert Brecht (*Kalendergeschichten: Wenn die Haifische Menschen wären*) versucht mit einer Allegorie zu verdeutlichen, dass Kultur und gesellschaftliche Reproduktion Hand in Hand gehen und wie sich Macht- und Herrschaftspositionen gegenüber den eine Gesellschaft bildenden Menschen verselbständigen (abgrenzen), von einer kleinen Teilgruppe an sich gezogen, dauerhaft besetzt und gegen die Interessen der übrigen Gesellschaftsmitglieder zu ihrer Unterdrückung eingesetzt werden. Auf dem Hintergrund dieser – für alle modernen Gesellschaften typischen Interessenkonstellation – zeigt Brecht einen im Schatten des vordergründigen Glanzes von Vorzeigegegenständen hoher Kultur häufig unbeachtet bleibenden Aspekt auf. Die kulturell umschriebenen Gewohnheiten und die einhergehende Selbstverständlichkeit erzeugt Legitimation: den Burgfrieden mit den Verhältnissen durch Anpassung und Angebote zur Identifikation mit den Inhabern der je vorhandenen Macht- und Herrschaftspositionen (*Kurz: es gäbe erst eine Kultur im Meer, wenn die Haifische Menschen wären*).

Thomas Wolfe (*Es führt kein Weg zurück*). Dieser Text repräsentiert eine eindrückliche, den Gegensatz zwischen Natur und Kultur jedoch stark polarisierende Auslegung der generellen Funktion von Kultur. Der Mensch, biologisch *eine Spottgeburt, ein Falter, der an der Flamme Zeit verbrennt*, ein zerbrechliches Gebilde, das lebt, stirbt und spurlos vergeht, tritt als Schöpfer mit seinen Werken, die sich seiner Orientierung an sozialen Anderen (*seiner Liebesfähigkeit*) verdanken, aus der Natur heraus und vor sie hin.

(Immer in Arbeit, kauft und verkauft er kleinweise die ewige Erde, intrigiert gegen seine Konkurrenten, ein verderbtes, elendes, verabscheuungswürdiges Geschöpf, er stiehlt seinem besten Freund das Weib, man kann ihn nicht schwarz genug malen). Zugleich jedoch bewertet der Autor die von Menschen geschaffenen und zu ihrem Überleben erforderlichen Kulturleistungen als ihre stärkste Errungenschaft, sie werden als kosmisch einmaliges Produkt liebender menschlicher Zuwendung in unvergleichlichen Schöpfungen (der hohen Kultur) vergegenständlicht. Diese schroffe Entgegensetzung von Gut und Böse wird der grundlegenden Dynamik von Kultur (die von manchen Sozialphilosophen als Dialektik gefasst wird) nicht gerecht. Der Autor überschreibt und verdrängt die Einsicht, dass die schlechten Seiten der Menschen ebenso wie ihre guten (sogar ihre Liebesfähigkeit!) kulturell vermittelt sind, dass alle menschlichen Verhaltensweisen, auch und bisweilen: gerade als Reaktion auf unterdrückende Anpassungsleistungen der Kultur (Tabus, Sexualmoral) und der Gesellschaft (Konkurrenz, Leistungsdruck) zu verstehen sind und dass insbesondere wegen der hohen und bisweilen übersteigerten Anforderungen der kulturellen Institutionen die dunklen Seiten menschlichen Verhaltens als (nicht normgerechtes) Versagen und biologisch verankerte Schlechtigkeit gezeichnet werden: Wer würde einem Löwen Bestialität vorwerfen – sie gehört eben zu seiner Natur.

2.2 Auseinandersetzung mit Religion als Abgrenzung zum Sinnlosen auf Kosten von Toleranz

Religion dient vor allem der Abgrenzung vom Unbekannten: indem Diesseits und Jenseits, das aktuelle Leben, Zeit und Ort vor der Geburt und nach dem Tod, indem also Welt und Transzendenz voneinander unterschieden werden, lassen sie sich ausmalen und mit Sinn füllen. In sämtlichen traditionalen Gesellschaften bildet eine Religion mit Riten, symbolischen Ordnungen und Überzeugungen die wohl machtvollste Institution, und nimmt die zentrale Stellung im sozialen Leben ein. Daran hat sich bis heute wenig geändert: So glauben laut einer Untersuchung des „International Social Survey Programme" gegen Ende des 20.Jh. 80,5% der US-Amerikaner an ein Leben nach dem Tod und an die Existenz der Hölle immer noch 74,4%, entsprechend werden sie wohl ihre individuelle Lebensführung (und auch ihre Politik) auf die zentralen moralischen Werte ihrer Religion zu stützen suchen, da diese ihr Heilsversprechen an die Befolgung diesseitiger Verhaltensregeln knüpft.

Carl Zuckmayer (*Der Seelenbräu*) zeichnet nicht ohne Verwunderung eine Gemeinschaft, in der religiöse Werte und Riten weitgehend unbefragt und unbefangen gelten. So unbefangen, dass einzelne Elemente des Ritus verfremdet werden können. Ohne Schuldgefühl oder Angst, ohne Furcht vor Anklage oder Verfolgung wegen Lästerung wird eine Prozession inszeniert, die der Auskehr des Faschings dienen soll. Hier wird nicht gelästert, sondern mit verspieltem Ernst ein religiöses Ritual in den prosaischen folkloristischen Alltagszusammenhang des weltlichen Auskehrs eingemeindet. Trauermarsch im Walzertakt, groteske Verkleidung in ein Priestergewand, Exequien (liturgische Beerdigungsgebete) in phantastischem Narrenlatein, Ansegnung mit Aschefass, Staubwedel und bierbefeuchtetem Aschezeichen – *keinem der Beteiligten kam es in den Sinn, dass sie mit etwas Heiligem ihren Spott trieben* oder gar eine Blasphemie begingen. Nur eine Normalität, die nicht infrage gestellt wird, erträgt den Schalk, den Hanswurst, den Eulenspiegel, der mit seinen Späßen die Wirklichkeit nicht unterminiert, sondern ihr zu einem besseren Ausdruck verhilft. Der Text beschreibt ein soziales Gemeinschaftserlebnis, in dem alle Beteiligten aufeinander abgestimmte Rollen spielen und niemand ausgegliedert wird; die Faszination des Beteiligtseins (Integration) überspielt Distanz.

Dostojewski (*Der Großinquisitor*). Das Geheimnis des menschlichen Daseins besteht darin, in der Abgrenzung vom Chaos Sinn zu finden bzw. zu setzen und aktiv auf ein Ziel hin oder für einen Zweck zu leben. Dabei gewähren religiöse Überzeugungen ihre trügerische Sicherheit vor allem um den Preis der radikalen Ausgrenzung alternativer Sinnsetzungen, fremder Weltdeutungen und Religionen und nicht selten der unbeugsamen und meist gewaltsamen Bekämpfung von Angehörigen anderer Religionsgemeinschaften und Ethnien durch Fanatiker (*klägliche Geschöpfe),* deren hauptsächliche Sorge darin besteht, dass, was sie anbeten auch von allen übrigen Menschen angebetet wird (*Um der gemeinsamen Anbetung willen vernichten sie einander mit dem Schwerte).*

So nimmt Dostojewski die Vergötzung und religiöse Intoleranz der auf fundamentalistische Haltungen eingeschworenen Menschen zum Anlass, eine für ihn angemessenere Glaubensvorstellung zu umreißen. Das Versprechen des Jenseits, der Ewigkeit; dieses feste Gesetz des AT werde durch Christus und sein Liebesgebot aufgelöst. Rätselhaft und unbestimmt bleibe dadurch zu Lebzeiten, wem nach seinem Tode die Gnade der Erlösung gewährt wird. Daher seien die Menschen nun gezwungen, sich selbstverantwortlich zwischen Gut und Böse zu entscheiden.

Goethe (*Faust).* Faust steht für die befreiende Kraft ohne personalisierte Gottesvorstellung zu leben und den daraus folgenden Drang sich den ‚dunklen' Mächten zuzuwenden. In Margaretes bangen Fragen und Vorwürfen (*denn Du hast kein Christentum*) wird die (hier) sanfte Gewalt, mit der gotteslästerlich empfundene Abweichungen geahndet werden (*es tut mir lang schon weh, dass ich Dich in* der *Gesellschaft seh')* und zugleich die Bedrohung sichtbar, die von jemandem ausgeht, der nicht zur Gemeinde der Rechtgläubigen gehört.

In der Gegenüberstellung der Haltungen von Faust und Gretchen fasst Goethe einen für die Moderne charakteristischen Konflikt: in einer Rückzugsposition gegenüber der radikalen glaubenauflösenden Potenz der bürgerlichen Tausch-Gesellschaft und der Aufklärung, der kalten Intelligenz der Zivilisation, wird die christliche Religion mit ihrem zentralistischen Vaterbild als höchster Wert, als Quelle von Herzensbildung, Wärme und Güte verteidigt.

2.3 Die Beschreibung der Wirkung unsinnigen moralischen Drucks

Die Texte beziehen sich auf konfliktträchtige Konstellationen, die innerhalb einer Sozialstruktur, dem Muster von Beziehungen, Positionen und Mengen von Individuen, auftreten können und die als individuelle Leidenserfahrungen das Leben einzelner, aber auch ganzer Gruppen und Schichten von Menschen erheblich belasten können. Soziale Beziehungen, die vornehmlich durch institutionalisierte Verhaltenserwartungen (Sitte, Brauch, Gewohnheit) gesteuert und eintariert werden, entstehen als relativ stabile und zeitüberdauernde Muster ähnlicher (wechselseitig erwartbarer) Interaktionen und wechselseitiger Abhängigkeiten (Ehe, Teams, Arbeitsgruppen, Beschäftigungsverhältnisse usw.). Hier, in einem auf Gegenseitigkeit angewiesenen Geflecht, legen die Einzelnen großen Wert darauf, ihre Identität zu bewahren, weil nur so Verhaltenserwartungen der Partner aneinander auch eindeutig an den Mann oder die Frau, den Vorgesetzten oder Untergebenen usw. gebracht werden können. Verobjektivierte, überpersönlich geltende und sozial bedeutsame Beziehungsmuster überziehen wie ein Netzwerk alle konkreten Lebensäußerungen der Menschen; die Knotenpunkte des Netzes bilden Positionen, den sozialen Status, die von den Einzelnen eingenommen bzw. erreicht werden können (Familienvater, Lehrer, Bürgermeister usw.) und die durch gebündelte Verhaltenserwartungen (Rollen) ausgestattet sind.

Die zur Aufrechterhaltung der sozialen Beziehungen, zur Ausfüllung sozialer Positionen sowie zur Ausbildung von und Orientierung an Lebensstilen erforderlichen individuellen Kompetenzen lassen sich als Habitus (Bourdieu) einer Persönlichkeit bezeichnen: verinnerlichte kulturelle Praxis (Geschmack, Gewissen, Vorlieben, Abneigungen). Diesem inneren Kompass stehen soziale Zwangsmittel entgegen, die entweder direkt (Ächtung, Isolierung, Verweigerung von Rechten und Beziehungsweisen) oder indirekt (Gewissen, Schuldgefühl) Wirkung entfalten. In diesem Zusammenhang werden vor allem Mechanismen thematisiert, die Zugehören (Inklusion) oder Ausgeschlossensein (Exklusion), soziale Anerkennung oder sozialen Tod bewirken.

Henrik Ibsen (*Gespenster*) beschreibt, wie die Fessel der Institution Familie das Unglück der an ihr Beteiligten bis zum Unerträglichen verstärkt: der Ehemann, ein Trinker, der sexuelle Kontakte bei anderen Frauen sucht, bedroht und demütigt die Ehefrau, die dies alles ertragen und nach außen hin (Abgrenzung gegenüber der Öffentlichkeit) vertuschen muss.

Eindrucksvoll entsteht das Bild einer entsagungsvollen Mutter, die sich durch Rollenvorschriften gezwungen fühlt, zum Wohl des Kindes das eigene Unglück zu ertragen, den eigenen Lebensentwurf der Wirklichkeit zu opfern (Pfarrer: *das ist just der Geist des Aufruhrs, hier im Leben Glück zu fordern*). Sie will still aushalten, weil die Konvention, die Normen der sozialen Umgebung, durch den Pfarrer als Gesprächspartner verkörpert, dies von ihr verlangt. Gegen die hermetische, durch religiöse Scheinargumentation bekräftigte Moral (Pfarrer: *Es wäre Ihre Schuldigkeit gewesen, mit demütigem Sinn das Kreuz zu tragen, das Ihnen ein höherer Wille als dienlich erachtet hatte*) kann sie keinen Raum für eigene Wünsche gewinnen und sie entscheidet sich das gemeinsame Kind frühzeitig aus dem Haus zu geben (Abgrenzung) um es vor dem Blick auf den Vater und dessen aggressiven Eskapaden zu schützen (*mir schien, das Kind würde vergiftet allein dadurch, dass es in diesem besudelten Haus atmete*).

Beinahe noch erschütternder zeichnet Theodor Fontane (*Effi Briest*) die lebensfeindliche und widersinnige Gewalt sozialer Konvention, die von symbolischen Begriffen wie Ehre, Selbstwert oder Ansehen transportiert und in der Seele des Mannes als körperliches Gefühl, beinahe als Trieb sich verdichtet. Der Ehrenmann kann eine vergleichsweise harmlose Affäre seiner Ehefrau, die zudem zum Zeitpunkt ihres Bekanntwerdens bereits sieben Jahre zurückliegt, aus Gründen seiner sozialen Außendarstellung nicht ertragen. Er verstößt sie ohne Rücksicht auf sein eigenes noch immer mächtiges Gefühl für sie (*ich bin so sehr im Bann ihrer Liebenswürdigkeit ... dass ich mich, mir selbst zum Trotz, in meinem letzten Herzenswinkel zum Verzeihen geneigt fühle*). Wenn da nicht die Ehre wäre, die Fassade familialer Normalität als unbedingtes Muss und das (vielleicht auch bloß imaginierte) Risiko, seinen Status, seine Position im sozialen Raum zu verlieren und mit ihr die lukrativen Geschäftsbeziehungen. Indem er sie als Ehefrau verstößt, sich von ihr abgrenzt, besiegelt er das Schicksal einer Frau, die vollkommen von ihrem Familienstand (Eltern- und Heiratsfamilie), ihrem sozialen Status abhängig ist und führt sie in den sozialen Tod: weil auch die eigenen Eltern in Kälte und Ablehnung ihr gegenüber versteinert sind und ihr Rückkehr und jegliche Hilfe verweigern, gibt es keinen Ort, an dem sie weiter zu leben vermag.

Ein ähnliches Schicksal widerfährt der jungen Frau, über die Stefan Zweig seine Erzählung (*Die Gouvernante*) ausgearbeitet hat. Nicht dass sie eine Liebesbeziehung mit einem in dem Hause – in dem sie als Erzieherin der jüngeren Kinder angestellt ist – lebenden Verwandten führt, wird ihr zum Verhängnis, sondern die bald unübersehbare Tatsache, dass aus dieser Liaison ein Kind entstanden ist. Damit verstößt sie gegen die Logik der Abgrenzung sozialer Schichten. Die Respektierung der Moral, zumindest nach außen, zur kontrollierenden Öffentlichkeit hin, ist die Bedingung, die es dem Personal gestattet zur Herrschaft, wenn auch in untergeordnetem Rang dazuzugehören; wer die Gebote der abgrenzenden Moral sichtbar verletzt, wird gefeuert und muss den sozialen Raum verlassen, die sozialen Beziehungen aufgeben und kann mit einigem Glück und vielleicht gefälschten Zeugnissen an anderer Stelle neu beginnen. Für die Kinder, die die Gouvernante betreut, bilden die Vorgänge um ihren Rausschmiss einen schweren (sozialen und vor allem) psychischen Schock.

Marie Cardinal (*Der Schlüssel liegt unter der Matte*) erzählt die Geschichte einer Frau, die als Kind einem starken Anpassungsdruck durch die Eltern unterworfen war und Benimmregeln schmerzhaft antrainieren musste, weil ihre Eltern auf diesem Weg Anpassung und das Gefühl zur besseren Gesellschaft zu gehören vermitteln wollten. Wegen dieser leidvollen Kindergeschichte hat die Frau sich vorgenommen in ihrem erwachsenen Leben und ihrer eigenen Tochter gegenüber alles anders zu machen (*Die Schlüssel an den Türen abzuschaffen ist meine erste Geste gewesen*). Aber die Umgebung durchkreuzt ihre Absichten. In einem Schulaufsatz treten ihr aus der Perspektive ihres Kindes, wie in einem Brennglas die sozialen Erwartungen entgegen (*dass ihre Mutter graue, zu einem Knoten geschlungene Haare hätte und dass man sie, wenn die Schule aus ist, strickend in der Kaminecke anträfe*). Die soziale Kontrolle steht gegen die Emanzipation der Mutter, ihr emanzipierter Rollenentwurf und ihre aktuelle Lebenspraxis werden zurückgewiesen (*,Warum hast Du das geschrieben?' Weil die Lehrerin das lieber hört, als wenn ich ihr sage, dass du rasant Auto fährst und mit irren Leuten in der Werbung arbeitest*), weil ihr Kind durch sie mit der ‚Normalität', vertreten durch die vielleicht von ihm nur imaginierten Vorstellungen der Lehrerin, in Konflikt gerät.

Simone de Beauvoir (*Das andere Geschlecht*) verdeutlicht die Kluft zwischen Jungen und Mädchen und erklärt sehr eindrucksvoll, warum die weibliche Sozialisation Abgrenzung erzeugt, wo sie doch beinahe mit allen Mitteln auf Anerkennung gerichtet ist. Ein Junge erfasst seinen Körper als Mittel der Naturbeherrschung, er strotzt vor Stolz auf seine Muskeln wie auf sein Geschlecht, er lernt Hiebe einzustecken, Schmerzen auszuhalten, ist unternehmungslustig, erfinderisch, wagemutig, transzendierend – bei der Frau dagegen besteht von Anfang an ein fast unlösbarer Konflikt zwischen ihrer autonomen Existenz und ihrem ‚Anders-Sein'. Man bringt ihr bei, dass sie, wenn sie gefallen will, zu gefallen suchen muss, man bringt ihr aber nicht bei, dass sie sich damit zum Objekt macht. Es wird sogar – so schildert de Beauvoir – immer andere Frauen, Verwandte oder Freundinnen geben, die ein Mädchen, das etwas günstigere familiäre Ausgangsbedingungen vorfindet (in denen sie nicht zum weitgehend passiven abhängigen Geschöpf geformt wird), mit sanftem, nachhaltigem Druck in ihre innengerichtete, familienorientierte Welt integrieren und eine ‚richtige' Frau aus ihr machen wollen.

Thomas Mann (*Felix Krull*). Wie wenig Chancen im Netz öffentlicher bürokratischer Sozialbeziehungen bestehen auch nur andeutungsweise einen ‚persönlichen' Zugang zu eröffnen, schildert die ausgewählte Szene, die in einem Zugabteil spielt. Es wird schlaglichtartig erhellt, wie eine, jede Neugier verbietende Fremdheit entsteht, wenn das Verhalten allein durch die an Statuspositionen geknüpften Verhaltensanforderungen (*mit welcher der Mitmensch, besonders der beamtete, dem Mitmenschen glaubt begegnen zu sollen*) geregelt wird und wie ohnmächtig die Bemühungen des Fahrgasts erscheinen, den Habitus des Schaffners aufzulösen.

Der Auftritt des Bahnbeamten steht stellvertretend für die durch das bürokratische Regelwerk nahegelegte beinahe gewalttätige Abstraktion, die menschliche Kontakte und freundliche Interaktionen durch überzogenes Ausspielen bürokratischer Normen auf abstrakte Muster, und Vorschriften und die Beteiligten auf Typen reduziert. Durch derartige Gleichmacherei, die Individuelles ausschalten will, entsteht die Gleichgültigkeit bürokratischen Verhaltens gegenüber der Persönlichkeit sowohl der des Bürokraten (dienstliche Marionette), wie der des Klienten (marionettenhafter Fahrgast). Unter dieser Voraussetzung erscheint jeder Versuch des Durchbrechens hölzern, aufdringlich, dümmlich; was werden oberflächliche Frageformeln und unsinnige Grüße an Unbekannte mit der von Felix Krull behaupteten ‚Menschlichkeit' zu tun haben?

2.4 Die Auseinandersetzung mit Erziehung, den Folgen von Gewalt und Drill

Sozialisationsprozesse verhelfen den Menschen zur Integration in ihre gesellschaftliche Umgebung (die *soziale Struktur*, wie sie in der Einleitung zum vorigen Abschnitt umrissen wurde) insoweit sie die erforderlichen Fähigkeiten und Fertigkeiten und die grundlegenden Orientierungen vermitteln, aus denen Sinnordnungen allgemeinster Art (Werte), Motive und konkrete Verhaltensnormen für ihr Handeln abgeleitet werden.

Eine jede Gesellschaft formt ihre Mitglieder und vor allem ihre Kinder nach spezifischen Leitbildern, die ihre Farbe und Form aus Grundwerten der zentralen Kultur beziehen. Wenn auch immer wieder das Verhältnis zwischen biologischen Anlagen und Umwelteinflüssen als Formprinzipien problematisiert wird, also die Frage danach, welche, Information aus welchem Bereich (genetische Information oder Erziehungsinhalte) eine stärkere Wirkung bei der endgültigen Ausprägung individueller Eigenschaften entfaltet, so besteht doch heute kein grundsätzlicher Zweifel mehr an der Bedeutung des Milieus, in dem Kinder aufwachsen, in dem sie gebildet, erzogen, gequält oder ignoriert werden, für ihre künftigen Lebenschancen, Glücksvorstellungen, Kompetenzen und Fertigkeiten.

Obwohl beinahe der gesamte Umfang kultureller Inhalte, vor allem die zentralen Wertmuster, Normen und Orientierungen, der nachkommenden Generation weitgehend in alltäglichen Sozialbezügen (Familie, Freunde, Bezugsgruppen) übergeben wird, so kann doch keine moderne Gesellschaft auf eigens hervorgebrachte Institutionen verzichten, deren Aufgabe vor allem die Bildung und Erziehung der Kinder umfasst. Für diese, durch geplante Erziehungsabsichten geprägte Lebenssituation besteht ein Gegensatz zweier unterschiedlicher Prinzipien. Hier konkurrieren Erwartungen, die die Vergabe der gesellschaftlichen Statuspositionen über das von jedem einzelnen jeweils erworbene Niveau der Qualifikation vermittelt wünschen, mit älteren Verteilungsmechanismen: Qualifizierung geschieht entweder durch eigene in Bildung und Ausbildung erworbene Leistung oder durch Zuschreibung (ascription) allgemeiner, nicht selbst erworbener Eigenschaften im Rückgriff auf traditionelle Merkmale und Vergaberichtlinien (Herkunft; Stand: Position der Familie, Verwandtschaft oder guter Freunde; finanzielles Vermögen). Je mehr traditionelle Beziehungsmuster ihre Bedeutung verlieren desto größerer Raum wird dem Selbstbewusstsein und Selbstwertgefühl der Einzelnen gegeben und Zurücksetzungen werden umso stärker als individuelle Demütigung, Ungerechtigkeit und Krise der Institutionen (Legitimationskrise) gewertet.

Wilhelm Raabe (*Der Hungerpastor*). Der Text stellt dar, wie ein Junge (um 1860) die ersten Jahre seiner Schulzeit in einer Armenschule (*der untersten Stufe der Leiter, die an dem fruchtreichen Baum der Erkenntnis lehnt*) erlebt, dabei geht es dem Autor in der ausgewählten Passage vor allem darum zu zeigen, welch schäbige Welt und für alle Beteiligten (Lehrer wie Schüler) entwürdigender Lebensabschnitt sich hier auftut, wie hart dieses fremde erzieherische Milieu, dessen Verantwortliche weniger an der Bildung ihrer Zöglinge interessiert sind, als an ihrer Zucht und Züchtigung (eine *preiswürdige Staatseinrichtung*, an der sich studieren lasse, *welches Minimum an Wissen den unteren Schichten der Gesellschaft ohne Schaden und Unbequemlichkeit für die höchsten gestattet werden könne*), der Behütetheit seiner Familie gegenübertritt. Die Passage kann exemplarisch dafür genommen werden, wie aus herben Konflikten mit Sozialisationsinstanzen und ihrer reflexiven Betrachtung allmählich Distanzierung und Gesellschaftskritik entstehen kann. Ein ergänzender Blick fällt auf den Wandel der Gefühle eines allmählich in die Vorpubertät geratenden Jungen: Abgrenzung gegenüber den bisherigen Vertrauten und Freunden, Vorahnungen noch unklarer Wünsche an das andere Geschlecht. Nicht selten verändern zu Zeiten konfliktreicher Übergänge im Lebenslauf derartige Distanzierungen und nachfolgende Neuorientierungen das Leben der Menschen.

Friedrich Hebbel (*Aus meiner Jugend*). Die Lehrerin Susanna verteilte ihre Geschenke parteiisch ungerecht (*in treuester Befolgung des Evangeliumswortes :‚Wer da hat, dem wird gegeben'*). Der Grund war, weil Susanna auf Gegengeschenke durch die Eltern der ihr anvertrauten Kinder rechnete, auch wohl rechnen musste. Sobald die Parteilichkeit der Lehrerin gegenüber den Kindern wohlhabender Eltern und die entsprechende Ungerechtigkeit ihrer strafenden Magd in sein Bewusstsein traten, hatte der Erzähler den *Zauberkreis der Kindheit* überschritten; ihm wird die ungerechte Mechanik der auf gepflegte Beziehungen und Vorteilsnahmen der unterschiedlichsten Art gründenden Logik der Erwachsenenwelt schmerzhaft erfahrbar.

Frank McCourt (*Die Asche meiner Mutter*) zeichnet mit hoher Empfindsamkeit Schule als repressive Institution, die den einzelnen Lehrern ein kaum eingeschränktes Maß an gewalttätiger Willkür zubilligt (*An Leamy's National School sind sieben Lehrer und alle haben Lederriemen, Rohrstöcke.... Wenn man nicht weint, hassen einen die Lehrer*). Lernen und Strafen sind eingebettet in den lustvollen Sadismus der Pädagogen. Zucht und Ordnung, Trimmen stehen als Hauptworte über der Pforte der beschriebenen Institution, gegen deren Ausschreitungen auch die Eltern keinen Rückhalt geben. An den Praktiken dieser Anstalt wird sichtbar, wie durch Ausübung ungezügelt strafender Gewalt und mehr oder weniger zaghaften Widerstand dagegen in prototypischer Weise Grenzen zwischen den Schülern der Klasse errichtet und damit Fraktionen befestigt werden, Unterscheidungen, die im späteren Leben als Klassengrenzen auf andere Differenzen übertragbar sein werden.

Und genau diese Abgrenzungslogik wird zum Gegenstand der folgenden Textpassage, in der derselbe Autor den Kommunikationsabbruch zwischen den in einer Kleinstadt zusammenlebenden Iren und Engländern beschreibt (*In jeder Gasse gibt es immer jemanden, der nicht mit je-*

mandem spricht, oder alle sprechen mit jemandem nicht, oder jemand spricht mit allen nicht). Ein kämpferischer Affront folgt, wenn kulturelle Verhaltensunterschiede und Eigenarten beider Gruppen (das Sichtbare) mit realen Ängsten oder politischen Projektionen (Machtphantasien, Besitzansprüchen) aufgeladen werden; die Logik der Abgrenzung verselbständigt sich, bis schließlich alle, die etwas anders beschaffen sind als die Eigengruppe, zu gefahrvollen Fremden stilisiert werden, von denen sich fernzuhalten ist bzw. denen bei Gelegenheit ein Denkzettel für ihre Andersartigkeit verpasst werden muss. Einstmals vielleicht durch Eroberung, Besetzung oder einfachen Raub verursachte reale Konflikte verschwinden hinter dieser Fassade der aufgeladenen Nebensächlichkeiten, die wahren Interessen der beteiligten Gruppierungen werden von Hass überschrieben und geringe, von Fall zu Fall sich ergebende Machtvorteile vergötzt und kaltblütig zu Gewalttaten ausgenutzt.

Eine Facette derartig ansteckender Engstirnigkeit zeigt Bert Brecht (*Kalendergeschichten: Vaterlandsliebe*) mit einer Anekdote über Herrn K. auf, der sich fragt warum er dadurch, dass er einem arrogant auftretendem Nationalisten begegnetet ist, selbst dessen Züge angenommen hat und für einen Augenblick zum Nationalist geworden sei. Manche Verhaltensweisen beleidigen in der Begegnung mit ihnen und fordern ein Pendant, ein Komplement und wer keine Entgegensetzung, keinen Widerspruch wagt, dem bleibt nur die Anpassung.

Die wohl massivste Form der Abgrenzung wird auch heute noch durch die Sozialisation im Rahmen totaler Institutionen (Militär, Anstalten, Gefängnisse) hervorgebracht. Im Militär wird Differenz durch die unbedingte Eigenschaftslosigkeit der Einzelnen garantiert: die Personen, ihre Charaktere und individuellen Eigenarten werden so weit als möglich eingeebnet um dann mit ihnen den Corpus der streng hierarchisch gegliederten Truppe umso schlagkräftiger bilden zu können. Die Einheit erhält ihre Kraft durch ihre korporativ geförderte Unduldsamkeit gegenüber persönlichen Eigenarten und beglückt im Gegenzug die Beteiligten durch im Corpsgeist erst möglich werdende Gemeinschaftsgefühle, die den Tod zum Heldentod wandeln, sofern er als Opfer begriffen werden kann.

John Steinbeck (*Jenseits von Eden*) schildert die gefährliche Dialektik totaler Institutionen am Beispiel der Militärsozialisation (*man wird Dir auch das geringste Gefühl von Würde abziehen ... man wird Dich zwingen in nächster Nähe anderer Menschen zu leben, zu essen, zu schlafen und zu scheißen*). Zuerst wird die Auflösung sämtlicher Grenzen systematisch betrieben, nur die opferbereite Hingabe an die (männlichen) Gemeinschaftsidole, die weitestgehende Zurücksetzung der eigenen Identität, die Unterwerfung unter banale Schablonen, kurz: die Zurichtung zum distanzlosen unkritischen Hordenglied eröffnet die Chance unbehelligt oder auch erfolgreich die militärische Karriere zu durchlaufen. Sodann folgt die bedingungslose Ausrichtung auf ein Zentrum, der unbedingten Geltung einer abstrakten Ordnung des Gehorsams, deren tragende Stützpfeiler aus Befehlsgewalt und Hierarchie bestehen. Und erst in dieser vollkommen gleichgeschalteten und reduzierten, an sich reinen Männergemeinschaft (der zunehmend bedauerlicherweise auch Frauen zugehören wollen) bestehe eine gute Chance – nach der Vertreibung aus dem Paradies, jenseits von Eden eben – mit *heiliger Freude* die Verwirklichung gemeinschaftlicher Werte (Kameradschaft, Solidarität, Kumpanei) zu erleben.

Eine verklärende und törichte, vielleicht auch wahre, auf jeden Fall aber bedenklich idealisierende reductio ad absurdum: wenn schon nicht in der Gesellschaft so doch im *trüben Tang des Soldatentums* sollen sich die für alle verbindlichen Grundwerte finden lassen.

Gegen diese romantisierende Darstellung bildet der Beitrag von Wolfgang Koeppen (*Jugend*) ein ernüchterndes Gegengewicht. Der Autor erzählt, wie ein zwölfjähriger Knabe sich konfrontiert sieht mit Gespenstern deutscher Heldensagen jüngerer Vergangenheit, die ihn und viele Gleichaltrige als letzte Bastion für den gerade akuten Krieg zum ‚Volkssturm' trimmen wollen (*die Erzieher kamen in gesinnungsfesten Joppen, der Institutspfarrer wie ein kranker Mond, der Vorrat an Vogelscheuchen war nach vier Kriegsjahren unerschöpft*). Sie alle wollen ihn schleifen und der abstrakten Ordnung des Gehorsams unterwerfen (*der Dienst begann, Hinwerfen, Aufspringen, Kniebeugen, Melden, Grüßen*). In diesem Milieu zählt nur die Identifikation mit dem militärischen Geist, nur wer die Reste von Ansprüchen auf eigene Identität und Besonderheit aufgibt, übersteht diese Tortur und gewinnt eine beachtenswerte Position innerhalb der abstrakten Ordnung. So erhält der Soldat Wert nur über Rangabzeichen, an die das Recht geknüpft ist, bei einer Begegnung auf dem Hof nicht übersehen zu werden (*dass nur keiner, der eine Schnur, einen Knopf ein Schulterstück sein eigen nannte beim Grüßen übersehen wurde*).

2.5 Ich-Bildung durch Abgrenzung vom Anderen

Im Rahmen von Sozialisationsprozessen werden nicht nur Eigenschaften der Menschen durch den mehr oder weniger sanften Druck von Erziehern, Pädagogen, Ausbildern oder ganzen Institutionen geformt, gefördert oder gehemmt. Während ihres Aufwachsens gewinnen die Menschen zugleich ein mehr oder weniger deutlich umrissenes Bild – ihre Identität – von sich selbst und ihrer Umgebung sowie von den Einwirkungen, Wechselwirkungen, Mächten und Ohnmächten, die sie in diesem Spannungsfeld betreffen bzw. zu ertragen haben. Identität als Form entsteht durch Grenzziehung. In der aktiven Abgrenzung von Anderem (innen und außen) Nicht-identischem werden die Konturen des Selbst allmählich fester und verlässlich. Das was ausgeschlossen wird, gilt im Inneren (Körper, Seele, Triebe) wie im Äußeren (Menschen, Nationen, Kulturen) als ‚fremd' – Selbst-Erfahrung in diesem Sinne ist also nur durch Entfremdung, Konstruktion eines Fremden möglich. Ein erheblicher Teil dieses Geschehens beruht auf einer spezifischen Eigenleistung des Subjekts, der Projektion. Abgrenzung von Fremdem muss – da das Fremde ja per definitionem nicht in die Nähe eigener Erfahrung gebracht werden darf, sofern die Abgrenzung erfolgreich verlaufen soll – in Unkenntnis vollzogen werden und nichts liegt in einer derartigen Situation näher, als die ungeliebten oder verhassten Anteile des bekannten Selbst in die Regionen des Fremden hinein zu verschieben.

Wenn relevante Bezugspersonen, Lehrer, Erzieher die Suchbewegungen, die die Hervorbringung der Identitätsentwürfe begleiten, nun durch den Vergleich mit höheren transzendenten Mächten (Helden, Idealen, Göttern) irritieren und abwerten, und damit eine Verabsolutierung von Werten (Gehorsam, Ehre usw.) oder religiösen Heilsversprechen betreiben, wandelt sich die Situation für ihre Zöglinge in eine bedrohliche Unbestimmtheit, die zumeist durch selbstzerstörerische Überanpassung oder Verwirrung, beides Formen gestörter Identität, beantwortet wird.

Hermann Hesse (*Kinderseele*) beschreibt sehr eindrucksvoll wie ein Halbwüchsiger in einer solchen Situation gefangen zwischen den Polen von Anspruch und Selbstkritik hin- und herpendelt (*Waren die Helden ... alle andere Menschen gewesen als ich, besser, vollkommener, ohne schlechte Triebe?*). Jeder Versuch, eine konsistente Selbsteinschätzung und stabile Verhaltenslage zu gewinnen, bleibt ein kurzer Flatterflug (*Immer wieder fiel man mitten aus den trotzigsten und adligsten Entschlüssen und Gelöbnissen plötzlich un-*

entrinnbar in Sünde und Lumperei, in Alltag und Gewöhnlichkeiten zurück). Die Ideale und Idealisierungen bedrohen vor allem denjenigen, der sich besonders angepasst oder besonders erfolgsorientiert verhalten will und die Überidentifikation (sowohl der Lehrer und auch der Schüler) mit den Wunschvorstellungen macht, dass die Ideale als Mystifikationen ein unkontrollierbares Eigenleben entfalten und zu schwer fassbaren Gespenstern mutieren, die es vor allem darauf abgesehen haben, die Zweifel am eigenen Wert, das Schwanken zwischen Selbstüberschätzung und Mutlosigkeit und überhaupt Angst und Unsicherheit in bedrohlichem Umfang zu steigern.

Genau die gleiche Wirkung verdeutlicht Marieluise Fleißer (*Eine Zierde für den Verein – oder Mehlreisende Frieda Geier*) am Leben in einer Klosterschule. Der selbstauferlegte Triebverzicht der Nonnen macht sie ungnädig gegenüber allen lebendigen Regungen der Novizen (*Linchen muss lernen, was alles verboten ist. Sie kann da nur staunen*). Die unüberprüfbarirrationale Unklarheit der am rechten Glauben ausgerichteten Erziehungsziele gepaart mit dem durchaus aufrechten Willen, die Seele ihrer Zöglinge zu retten, führt zum alltäglichen Terror des Personals in der geschlossenen Anstalt des Klosters, das unbedingten Gehorsam, Unterordnung, und abstrakte Hörigkeit einfordert, die darin besteht, dass nicht einmal nach dem Sinn eines Verbots gefragt werden darf. Linchen soll für etwas um Verzeihung bitten, dessen Unbotmäßigkeit ihr (und dem Leser/der Leserin) nicht einleuchten will (*‚Ich bitte Sie um Verzeihung, aber ich weiß nicht wofür' sagt sie endlich*). Aber schon nach dem Wortlaut eines Verbots zu fragen, muss als Frevel gelten, weil die Frage bereits die Andeutung einer reflexiven Gesprächsebene enthält und folglich das, worüber gesprochen werden kann, nicht mehr unbedingt gilt (*Und du mit dieser Aufsässigkeit, willst einmal in den Himmel kommen?*). Selbstbewusstsein kann (und soll wohl auch) nicht entstehen, wenn bereits der zaghafteste Wunsch zur Thematisierung von Regeln blockiert wird.

Eine Steigerungsform des Widersinns autoritärer Erziehungsinstitutionen findet sich in Heinrich Manns Erzählung (*Der Untertan*). Er führt vor Augen, welche unmenschlichen Folgen für ein Kind entstehen, das durch übermäßig repressive Gewalt des patriarchalischen und sadistisch quälenden Vaters dazu gezwungen wird, die Schwäche und Offenheit seiner Kindheit den strafenden Instanzen in widerstrebender Identifikation mit dem Agressor, mit der Faust, die ihn niederzwingt, zu verbinden (*Diederich Heßling war ein weiches Kind ... Fürchterlicher als Gnom und Kröte war der Vater, und obendrein sollte man ihn lieben... Diederich liebte ihn. Wenn er ge-*

nascht oder gelogen hatte, drückte er sich so lange ... am Schreibpult umher, bis Herr Heßling etwas merkte und den Stock von der Wand nahm). Für den Jungen gibt es nur geringe Chancen zwischen eigenem Erleben, Wünschen, Phantasien, Schuldgefühlen und fremden Zumutungen zu unterscheiden. Er wird – nachdem auch in der Schule an die entwürdigende Tortur der Verherrlichung der Macht angeknüpft wird – Untertan, der schließlich gelernt hat die Strafgewalt selbstquälerisch zu lieben, anzubeten und zu vollziehen *(die Zugehörigkeit zu diesem menschenverachtenden, maschinellen Organismus ... beglückte (ihn), dass die kalte Macht, an der er selbst, wenn auch nur leidend teilhatte, sein Stolz war. Am Geburtstag des Ordinarius bekränzte man Katheder und Tafel. Diederich umwand sogar den Rohrstock ... Aus Klötzen, die zum Zeichnen dienten, erbaute er auf dem Katheder ein Kreuz und drückte den Juden davor in die Knie).* Die inzestuöse Beziehung zur Macht, die Verehrung der Gewalt, die ihn peinigte macht den Menschen schließlich zum quälenden Vollstrecker der Ausgrenzung.

Alejo Carpentier *(Le sacre du printemps)* zeichnet die Wirkungen einer apolitischen Sozialisation, die nur die gegenüber den Alltagsgegebenheiten und sozialen Zuständen vermeintlich wertvolleren Produktionen künstlerischer Kultur gelten lassen will. Der Protagonistin des Romans, eine russische, nach Kuba emigrierte Bürgerstochter, Tänzerin, wurde zwar vieles aus Literatur und Ereignissen der bildenden Kunst gelehrt und nahegebracht, sie musste dafür jedoch – was ihr erst später bewusst wird – den Preis zahlen, die reale Welt der aktuellen politisch-sozialen Verhältnisse und die diese Welt aufschließenden und erklärenden Begriffe wie Diktatur, Pluralismus, Inflation, Monopol ... vollständig auszublenden. *(Ich lese keine Zeitungen, pflegte mein Vater zu sagen ... Wenn es nicht so viele Leute gäbe, die partout die Welt verändern wollten, ... wären die Dinge heute nicht, wie sie sind).* Während sie beginnt sich mit der politischen Wirklichkeit ihres eigenen Landes auseinanderzusetzen, wird ihr allmählich aber unaufhaltsam die Funktion der in konservativer Weltsicht übertriebenen Betonung und Bevorzugung der (von ihr bisher hochgeschätzten) westlichen Kultur verdächtig. Sie begreift, dass die meisten Bezugnahmen auf Kulturwerte immer auch ideologischen Charakter besitzen und dass der Gegenstand dessen, was im Namen der höheren Kultur verteidigt werden soll, zumeist nicht die Kultur (oder die irrtümlicherweise mit Kultur gleichgesetzte Humanität) ausmacht, sondern ungerechte gesellschaftliche Verhältnisse, die mit ausgesuchten symbolisch aufgeladenen Kulturwerten identifiziert werden.

Wie in einem Brennglas konzentriert Haruki Murakami *(Das Fenster)* Tendenzen der Gegenwartsgesellschaft an einem winzigen, eher belanglos erscheinenden Detail. *Lernen auch Sie Briefe schreiben, die zu Herzen gehen* heißt der Slogan einer kleinen Firma ('Le Pen'), die den Ich-Erzähler als Briefpartner nur zu dem einen Zweck angestellt hat, den beim Institut eingeschriebenen KundInnen auf ihre Briefentwürfe zu antworten und sie damit zu animieren, in mehr oder weniger regem Briefwechsel Schreibübungen zu vollziehen, deren Resultate nicht von vorneherein dazu verdammt sind in irgendeinem Papierkorb oder allenfalls der Schublade verschwinden zu müssen (*Alle Männer und Frauen waren sehr einsam; sie wollten sich in ihren Briefen jemandem mitteilen, aber es fehlte der mögliche Adressat*). Der Clou des Angebots bestand, genau betrachtet, darin, dass es eine Hoffnung isolierter Menschen, die die Zerstörung ihrer Lebensgemeinschaften nicht länger tatenlos ertragen wollten, zum Gegenstand nimmt und durch geschickte Lancierung einer bildungsbürgerlichen Fiktion zu überwinden verspricht. Pädagogische Vorbereitung auf den Ernstfall: wenn Du erst einmal gelernt hast zu Herzen gehende Briefe zu schreiben, dann wird es Dir auch nicht länger an sozialen Kontakten mangeln, weil Du als besonderer Mensch erkannt und anerkannt, sprich: begehrt werden wirst. Heute, wo es angesichts der gigantischen Ausdehnung von Industrie, Kapital und Information mitnichten auf 'den Menschen' ankommt, nicht einmal mehr auf 'die Menschen' sofern sie nicht durch ihre Stellung im Weltmarkt Gewicht erhalten, in dieser Situation werden kulturelle Werte, die einstmals zur Identität der Individuen haben beitragen können, zur individuellen Fata Morgana, zur reinen Formsache ohne Inhalt und ohne Anlass. Die Ebene der Wirklichkeit, die mit der verbesserten Schreibkompetenz berührt wird, bleibt weitgehend fiktiv; dennoch lässt sich ein lukratives Geschäft mit der Not der Einsamen machen.

3. *Ausblick*

Kultur beschreibt das normative und praktische Gerüst historisch gewachsener Gesellschaften ('Kulturen'), ihre zweite Natur, aus der sie ihre Kraft beziehen, ihre Unverwechselbarkeit, aber auch ihre Intoleranz.

Im Aufeinandertreffen verschiedener Kulturen entsteht, nach vielen blutigen – letztlich aber immer irgendwie erfolglosen – Kämpfen um kulturelle Vorherrschaft, das Bewusstsein der Relativität von kulturellen Werten: ein Begriff von Kultur im Plural wird auf diese Weise historisch unter Schmerzen und nicht enden wollenden Nachwehen geboren und mit ihm gemeinsam sein nur im Singular sinnvoller Zwilling ‚Zivilisation'. Während also Kulturen den Prozess ihrer historischen Relativierung durchlaufen und dabei – nicht ohne erhebliche Beteiligung ihrer Literatur- und Kunstproduktion – allmählich reflexiv werden, entsteht Zivilisiertheit, das Bewusstsein der Notwendigkeit eines übergeordneten, relativierenden Regelwerks, dem sich die einzelnen Weltsichten aus freien Stücken zu unterwerfen haben. Zivilisatorisches Denken ist universalistisch und zielt auf Befriedung und Zähmung der Kulturen. (was nicht ausschließt, dass es von einer, sich als dominant setzenden Kultur zu Zwecken ihrer Suprematie zur Unterdrückung instrumentalisiert werden kann). Die welthistorische Aufgabe einer jeden heute existenten Kultur und Gesellschaft besteht darin, ihre innere Zivilisierung (durch Modernisierungsaktivität wie Arbeitsteilung, Technisierung, Bildung, Entfaltung von Rechtsgleichheit und sozialer und ökonomischer Sicherheit aller) dahingehend zu fördern, dass aus ihr, der Kultur selbst, aus dem Reichtum ihrer sinnbezogenen Orientierungen, inneren Wertsetzungen und Welterfahrung, die Bereitschaft erwächst, sich einem universellen Regelwerk zu unterwerfen. Multikulturelles wäre dann keine Provokation und Bedrohung, sondern fraglose Bereicherung möglicher Sicht-, Erfahrungs- und Erlebnisweisen.

4. Anhang: Rat zum Lesen

Die Texte sollten nicht – wie gewohnt – aus der Perspektive der/des Handelnden, der ProtagonistInnen des literarischen Werks gelesen werden. Diese Form des einfühlenden, sich identifizierenden Lesens erzeugt zwar Spannung und Unterhaltung, das identifizierende Miterleben geschieht jedoch um den Preis eines Distanzverlusts. Die Lektüre unter soziologischem (reflexivem) Interesse sollte die eigenen gefühlsbezogenen Identifizierungen einklammern: wer den Text als Dokument auffasst, der begreift wie AutorInnen ihre Erfahrungen, Weltsichten, Ängste, Hoffnungen, Wünsche, aber vor allem wohl auch durchlebte Leidensprozesse in die Welt der von ihnen zu genau diesem Zweck konstruierten Personen legen.

Vor allem dies drücken die im einzelnen sehr unterschiedlichen Auseinandersetzungen der AutorInnen der Texte aus: sie schildern menschliche Charaktere und ihre sozialen Beziehungen, sie sprechen über Kultur (ohne den Begriff Kultur zu verwenden), indem sie die Protagonisten ihrer Erzählungen ihre persönlichen Empfindungen und Eindrücke, Ansprüche, Konflikte, Dissonanzen und Zumutungen und die damit verbundenen Bedenken und Schmerzen ausmalen lassen, die sie selbst im Rahmen geltender Deutungsmuster, Wertordnungen und Sinnsetzungen erlitten haben.

Die Empfindsamkeit der SchreiberInnen wird auf diesem Weg in die Erzählung fiktiver Erlebniskonstellationen eingetragen. So lässt sich diese meist sehr persönlich gestaltete Verschlüsselung wohl nur durch distanziertes Lesen entziffern. So wandelt sich Unterhaltung in sorgsam einfühlendes Rekonstruieren der literarisch gefassten Umstände und lebenspraktischen Zwänge (Moral und Unmoral, Freude und Leid, Sinn und Unsinn von Handlung und Verhalten im Rahmen der dargestellten Wirklichkeit). Der soziologische Blick und soziologische Phantasie (die eine analytische Sicht auf die menschlichen Verhältnisse eröffnet) können auf diese Weise angestoßen, aufgeschlossen und entwickelt werden.

5. Literaturhinweise

Zu Abschnitt 2.1

Freud, Sigmund 1967: *Das Unbehagen an der Kultur* (1930). In: Gesammelte Werke, Bd. 14. Frankfurt/M, S. 419-506
Klassischer grundlegender Text, der sehr elementare seelische Prozesse (Trieb, Gewissen, Aggression) und soziale Resonanz miteinander in Beziehung setzt. Leicht zu lesen und zugleich ein guter Einstieg in die Freudsche Art zu denken, zu schreiben und zu begreifen.

Marcuse, Herbert 1965: *Triebstruktur und Gesellschaft*. Frankfurt/M
Der Verfasser beabsichtigt die Überlegungen Freuds aus dem als zu eng empfundenen psychoanalytischen Bezugsrahmen zu lösen und ihren politischen und gesellschaftlichen Kontext stärker herauszustellen. Sehr bedeutsam das Dreieck: Trieb – Kultur/Zivilisation – Repression und seine Geschichtlichkeit.

‚Kultur und Gesellschaft', in: Anthony Giddens 1995: Soziologie. Graz/Wien, S. 35-65
In diesem Beitrag wird der Begriff der Kultur näher bestimmt, die Geschichte der menschlichen Gattung umrissen und die Vielfalt der Kulturen herausgestellt; ein sehr lesenswerter Übersichtsartikel zum wichtigsten Grundbegriff der modernen Soziologie.

Zu Abschnitt 2.2

‚Religion', in: Anthony Giddens 1995: Soziologie. Graz/Wien, S. 482-518
Übersichtsartikel zu Formen und Theorien der Religion, der auch verschiedene Arten religiöser Organisation vorstellt und die Beziehung zwischen Geschlecht und Religion thematisiert. Ausblick auf gegenwärtige religiöse Entwicklungen (Islam, Religion in Großbritannien und in den USA).

‚Religion', in: Lehrbuch der Soziologie (hrsg. von Hans Joas) 2001. Frankfurt/M, Kap. 14, S. 336-362
Guter Überblick über Definitionen von Religion und Typen religiöser Institutionen. Religiöse Anstöße und Reaktionen auf sozialen Wandel werden ebenso angesprochen wie die aktuelle Befindlichkeit von Religion und Kirche im Deutschland nach 1989.

Zu Abschnitt 2.3

Dahrendorf, Ralf 1959 (und spätere Neuauflagen): *Homo Sociologicus*. Köln/Opladen
Ein älterer Text, der die soziale Bestimmtheit der Menschen sehr plastisch herausarbeitet. In der Spannung zwischen verschiedenen sozialen Positionen (Orte in einem gesellschaftlichen Beziehungsfeld) und unterschiedlichen normativen Verhaltenserwartungen (sozial vorgeformten Rollen) muss jeder Mensch die für ihn besondere Fähigkeit erwerben, sich selbst treu zu bleiben und zugleich die Anforderungen seiner zunehmend komplexen sozialen Umwelt zu erfüllen.

Goffman, Erving 1969 (und spätere Neuauflagen): *Wir alle spielen Theater*. Die Selbstdarstellung im Alltag. München
Eines der verbreitetsten soziologischen Bücher. Der Autor erläutert am Beispiel des Modells ‚Theater' und seiner strukturellen Analyse die zentralen Aspekte (Mechanismen) der Selbstdarstellung der Akteure in alltäglichen Handlungsabläufen. Seine Herausstellung der Techniken mehr oder weniger angemessener bzw. effektvoller Selbstpräsentation irritiert die Grundannahmen der Identitätskonzepte: wenn es möglich ist, Ausdruck mehr oder weniger geschickt zu manipulieren, weiß nicht einmal mehr der Akteur zwischen Schein und Wirklichkeit (wer bin ich, wenn ich mich darstelle?) zu unterscheiden. Viele detaillierte Einsichten eröffnen immer wieder überraschende Perspektiven auf das Soziale.

Bourdieu, Pierre 1979: *Die feinen Unterschiede. Kritik der gesellschaftlichen Urteilskraft*. Frankfurt/a.M
Hauptwerk des berühmten Soziologen, in dem die grundlegenden Annahmen und Begriffe seiner originären soziologischen Theorie vorgestellt werden. Für den vorliegenden Zusammenhang dürfte insbesondere der zweite Teil des Buchs von Interesse sein. Hier wird der Begriff ‚Habitus' neu konturiert und als vermittelndes Bindeglied zwischen objektiver Lage (Klassenlage, Position im sozialen Feld) und subjektiver Befindlichkeit (Denk-, Wahrnehmungs- und Handlungsmuster, Geschmack) erläutert. Wenn auch nicht gerade leicht zu lesen – sehr empfehlenswert!

Zu Abschnitt 2.4

„*Sozialisation und Lebenszyklus*", in: Anthony Giddens 1995: Soziologie. Graz/Wien, S. 66-98
Der Artikel vermittelt einen gut verständlichen Überblick über verschiedene Stadien von Sozialisationsprozessen in der persönlichen Biographie des Einzelnen: Frühentwicklung des Kleinkindes, Entwicklungstheorien, Sozialisationsinstanzen, Resozialisation, Lebenszyklus, Generationenfolge werden an plastischen Beispielen vorgestellt

Berger, Peter L./Thomas Luckmann 1969 (und spätere Neuauflagen*): Die gesellschaftliche Konstruktion der Wirklichkeit, Kap III: Gesellschaft als subjektive Wirklichkeit*
Klassiker der Soziologieliteratur, in dem der perspektivische Unterschied zwischen Gesellschaft als objektiver (den Menschen vorgegebener) Wirklichkeit und Gesellschaft als subjektiver (von den Menschen in Sozialisationsprozessen angeeigneter bzw. anzueignender) Wirklichkeit sehr plausibel herausgearbeitet wird. Es werden so die grundlegenden Prozesse der Institutionenbildung verständlich gemacht.

Zu Abschnitt 2.5

Lothar Krappmann 1969: *Soziologische Dimensionen der Identität. Strukturelle Bedingungen für die Teilnahme an Interaktionsprozessen.* Stuttgart (Neuauflage: 2000)
Der klassische Text der deutschen Soziologie zur Identitätsproblematik. Ausgehend von der Unterscheidung (im Anschluss an Goffman) von sozialer Identität (Anforderungen, die dem Individuum im jeweils aktuellen Interaktionsprozess gegenüberstehen, Normen) und persönlicher Identität (dem Individuum zugeschriebene und von ihm zu gestaltende Einzigartigkeit) werden identitätsfördernde Fähigkeiten, Beispiele gestörter Identität und Möglichkeiten empirischer Überprüfung erläutert.

Stanley Cohen/Laurie Taylor 1977: *Ausbruchsversuche. Identität und Widerstand in der modernen Lebenswelt.* Frankfurt/a.M
Der Text diskutiert Möglichkeiten und Grenzen individueller Identitätsfindung und Lebenszufriedenheit im Zusammenhang der sozialen Wirklich der kapitalistischen Industriegesellschaft. Wenn auch die diagnostischen Hinweise bisweilen etwas veraltet erscheinen, behält die behandelte Thematik ihre Bedeutung auch auf dem Hintergrund der neueren gesellschaftlichen Entwicklung zum globalen Empire.

Ingeborg Bachmann

Ingeborg Bachmann wird am 25. August 1926 in Klagenfurt geboren, wo sie auch aufwächst und die Schule besucht. Von 1945 bis 1950 studiert sie Philosophie, Germanistik und Psychologie an den Universitäten Innsbruck, Graz und Wien. 1950 promoviert Bachmann bei Victor Kraft mit einer Arbeit über „Die kritische Aufnahme der Existentialphilosophie Martin Heideggers". Erste Veröffentlichungen von Gedichten erfolgen bereits 1948/49. 1952 wird sie von der „Gruppe 47" erstmals zu einem Treffen eingeladen, deren Preis sie im Mai 1953 erhält. Ende 1953 erscheint der erste Gedichtband „Die gestundete Zeit". Es erfolgen Reisen in die USA. 1959/60 hält Ingeborg Bachmann als erste Dozentin Poetikvorlesungen an der Universität Frankfurt am Main über zeitgenössische Dichtung. 1964 wird Ingeborg Bachmann der Georg-Büchner-Preis verliehen. 1965 siedelt sie nach Rom über. Dort stirbt sie am 17. Oktober 1973 an den Folgen eines Brandunfalls.

Werke u.a.:

1956 Der gute Gott von Manhattan
1961 Das dreißigste Jahr
1971 Malina
1972 Simultan

(ar)

Bachmann, Ingeborg: Alles (Ausschnitt)

Und wenn die Bäume Schatten warfen, meinte ich, eine Stimme zu hören: Lehr ihn die Schattensprache! Die Welt ist ein Versuch, und es ist genug, daß dieser Versuch immer in derselben Weise wiederholt worden ist mit demselben Ergebnis. Mach einen anderen Versuch! Laß ihn zu Schatten gehen! Das Ergebnis war bisher: ein Leben in Schuld, Liebe und Verzweiflung. (Ich hatte begonnen, an alles im allgemeinen zu denken; mir fielen dann solche Worte ein.) Ich aber könnte ihm die Schuld ersparen, die Liebe und jedes Verhängnis und ihn für ein anderes Leben freimachen. Ja, sonntags wanderte ich mit ihm durch den Wienerwald, und wenn wir an ein Wasser kamen, sagte es ich mir: Lehr ihn die Wassersprache! Es ging über Steine. Über Wurzeln. Lehr ihn die Steinsprache! Wurzle ihn neu ein! Die Blätter fielen, denn es war wieder Herbst:

Lehr ihn die Blättersprache! Aber da ich kein Wort aus solchen Sprachen kannte oder fand, nur meine Sprache hatte und nicht über deren Grenze gelangen konnte, trug ich ihn stumm die Wege hinauf und hinunter und wieder heim, wo er lernte, Sätze zu bilden und in die Falle ging. Er äußerte schon Wünsche, sprach Bitten aus, befahl oder redete um des Redens willen. Auf späteren Sonntagsgängen riß er Grashalme aus, hob Würmer auf, fing Käfer ein. Jetzt waren sie ihm schon nicht mehr gleich, er untersuchte sie, tötete sie, wenn sie ihm nicht noch rechtzeitig aus der Hand nahm. Zu Hause zerlegte er Bücher und Schachteln und seinen Hampelmann. Er riß alles an sich, biß hinein, betastete alles, warf es weg oder nahm es an! O eines Tages. Eines Tages würde er Bescheid wissen. Hanna hat mich, in dieser Zeit, als sie noch mitteilsamer war oft auf das, was Fipps sagte, aufmerksam gemacht; sie war bezaubert von seinen unschuldigen Blicken, unschuldigen Reden und seinem Tun. Ich aber konnte überhaupt keine Unschuld in dem Kind entdecken, seit es nicht mehr wehrlos und stumm wie in den ersten Wochen war. Und damals war es wohl nicht unschuldig, sondern nur unfähig zu einer Äußerung gewesen, ein Bündel aus feinem Fleisch und Flachs mit dünnem Atem, mit einem riesigen dumpfen Kopf, der wie ein Blitzableiter die Botschaften der Welt entschärfte.

In einer Sackgasse neben dem Haus durfte der ältere Fipps öfter mit anderen Kindern spielen. Einmal, gegen Mittag, als ich nach Hause wollte, sah ich ihn mit drei kleinen Buben Wasser in einer Konservenbüchse auffangen, das längs dem Randstein abfloß. Dann standen sie im Kreis, redeten. Es sah wie eine Beratung aus. (So berieten Ingenieure, wo sie mit den Bohrungen beginnen, wo den Einstich machen sollten.) Sie hockten sich auf das Pflaster nieder, und Fipps, der die Büchse hielt, war schon dabei, sie auszuschütten, als sie sich wieder erhoben, drei Pflastersteine weitergingen. Aber auch dieser Platz schien sich für das Vorhaben nicht zu eignen. Sie erhoben sich noch einmal. Es lag eine Spannung in der Luft.

Welch männliche Spannung! Es mußte etwas geschehen! Und dann fanden sie, einen Meter entfernt, den Ort. Sie hockten sich wieder nieder, verstummten, und Fipps neigte die Büchse. Das schmutzige Wasser floß über die Steine. Sie starrten darauf, stumm und feierlich. Es war geschehen, vollbracht. Vielleicht gelungen. Es mußte gelungen sein. Die Welt konnte sich auf diese kleinen Männer verlassen, die sie weiter brachten. Sie würden sie weiterbringen, dessen war ich nun ganz sicher. Ich ging ins Haus, nach oben, und warf mich auf das Bett in unserem Schlafzimmer. Die Welt war weitergebracht worden, der Ort war gefunden, von dem aus man sie vorwärtsbrachte, immer in dieselbe Richtung. Ich hatte gehofft, mein Kind werde die Richtung nicht finden. Und einmal, vor langer Zeit, hatte ich sogar gefürchtet, daß es sich nicht zurechtfinden werde. Ich Narr hatte gefürchtet, es werde die Richtung nicht finden! Ich stand auf und schüttete mir ein paar Hände voll kaltes Leitungswasser ins Gesicht. Ich wollte dieses Kind nicht mehr. Ich haßte es, weil es zu gut verstand, weil ich es schon in allen Fußtapfen sah. Ich ging herum und dehnte meinen Haß aus auf alles, was von den Menschen kam, auf die Straßenbahnlinien, die Hausnummern, die Titel, die Zeiteinteilung, diesen ganzen verfilzten, ausgeklügelten Wust, der sich Ordnung nennt, gegen die Müllabfuhr, die Vorlesungsverzeichnisse, Standesämter, diese ganzen erbärmlichen Einrichtungen, gegen die man nicht mehr anrennen kann, gegen die auch nie jemand anrennt, diese Altäre, auf denen ich geopfert hatte, aber nicht gewillt war, mein Kind opfern zu lassen. Wie kam mein Kind dazu? Es hatte die Welt nicht eingerichtet, hatte ihre Beschädigung nicht verursacht. Warum sollte es sich darin einrichten! Ich schrie das Einwohneramt und die Schulen und die Kasernen an: Gebt ihm eine Chance! Ich wütete gegen mich, weil ich meinen Sohn in diese Welt gezwungen hatte und nicht zu seiner Befreiung tat. Ich war es ihm schuldig, ich mußte handeln, mit ihm weggehen, mit ihm auf eine Insel verziehen. Aber wo gibt es diese Insel, von der aus ein neuer Mensch eine neue Welt begründen kann? Ich war mit dem Kind gefangen und verurteilt von vornherein, die alte Welt mitzumachen.

Bachmann, Ingeborg: Alles: In: Roschelt, Christine/von Weidenbaum, Inge/Münster, Clemens (Hrsg.): Ingeborg Bachmann. Gesammelte Werke. Werke. Zweiter Band: Erzählungen. München, Zürich: Piper Verlag. 5. Auflage, 1993. S. 145-147.
© Piper Verlag GmbH, München 1978

Bertolt Brecht

Der am 10. Februar 1898 in Augsburg als Sohn eines Fabrikdirektors geborene Eugen Berthold Friedrich Brecht beginnt im Jahr 1917 ein Literaturstudium in München und besucht auch naturwissenschaftliche und medizinische Lehrveranstaltungen. 1918 muss er aufgrund seiner Arbeit als Sanitätssoldat im Militärlazarett das Studium unterbrechen. 1924 siedelt Brecht nach Berlin über, ist tätig als Dramaturg am Dt. Theater. 1928/29 besucht er dort die Marxistische Arbeiterschule und widmet sich Studien zum Marxismus, seine Uraufführung der „Dreigroschenoper" (1928) wird sensationell erfolgreich. 1933 emigriert er über Prag nach Wien, dann über die Schweiz und Frankreich nach Dänemark (Svendborg). Brecht verfasst u.a. satirische Gedichte und ist Mitherausgeber der Moskauer Zeitschrift „Das Wort". 1941 flieht er in die USA, kehrt aber 1947 nach Europa (Schweiz) zurück, und 1948 begründet Brecht – der überzeugte Marxist – in Ost-Berlin das von seiner Frau Helene Weigel geleitete „Berliner Ensemble", seine Inszenierungen erlangen Weltruhm. 1954 erhält er den Stalin-Friedenspreis. Brecht stirbt am 14. August 1956 in Berlin.

Werke u.a.:

1927   Die Dreigroschenoper
1937   Svendborger Gedichte
1941   Mutter Courage und ihre Kinder
1942   Der gute Mensch von Sezuan
1943   Leben des Galilei
1949   Der kaukasische Kreidekreis

(nr)

Brecht, Bertolt: Wenn die Haifische Menschen wären.

„Wenn die Haifische Menschen wären", fragte Herrn K. die kleine Tochter seiner Wirtin, „wären sie dann netter zu den kleinen Fischen?" „Sicher", sagte er. „Wenn die Haifische Menschen wären, würden sie im Meer für die kleinen Fische gewaltige Kästen bauen lassen, mit allerhand Nahrung drin, sowohl Pflanzen als auch Tierzeug. Sie würden dafür sorgen, daß die Kästen immer frisches Wasser hätten, und sie würden überhaupt allerhand sanitäre Maßnahmen treffen, wenn zum Beispiel ein

Fischlein sich die Flosse verletzten würde, dann würde ihm sogleich ein Verband gemacht, damit es den Haifischen nicht wegstürbe vor der Zeit. Damit die Fischlein nicht trübsinnig würden, gäbe es ab und zu große Wasserfeste; denn lustige Fischlein schmecken besser als trübsinnige. Es gäbe natürlich auch Schulen in den großen Kästen. In diesen Schulen würden die Fischlein lernen, wie man in den Rachen der Haifische schwimmt. Sie würden zum Beispiel Geographie brauchen, damit sie die großen Haifische, die faul irgendwo rumliegen, finden könnten. Die Hauptsache wäre natürlich die moralische Ausbildung der Fischlein. Sie würden unterrichtet werden, daß es das Größte und Schönste sei, wenn ein Fischlein sich freudig aufopfert, und daß sie alle an die Haifische glauben müßten, vor allem, wenn sie sagten, sie würden für eine schöne Zukunft sorgen. Man würde den Fischlein beibringen, daß diese Zukunft nur gesichert sei, wenn sie Gehorsam lernten. Vor allen niedrigen, materialistischen, egoistischen und marxistischen Neigungen müßten sich die Fischlein hüten, und es sofort melden, wenn eines von ihnen solche Neigungen verriete. Wenn die Haifische Menschen wären, würden sie natürlich auch untereinander Kriege führen, um fremde Fischkästen und fremde Fischlein zu erobern. Die Kriege würden sie von ihren eigenen Fischlein führen lassen. Sie würden die Fischlein lehren, daß zwischen ihnen und den Fischlein der anderen Haifische ein riesiger Unterschied bestehe. Die Fischlein, würden sie verkünden, sind bekanntlich stumm, aber sie schweigen in ganz verschiedenen Sprachen und könnten einander daher unmöglich verstehen. Jedem Fischlein, das im Krieg ein paar andere Fischlein, feindliche, in anderer Sprache schweigende Fischlein, tötete, würden sie einen kleinen Orden aus Seetang anheften und den Titel Held verleihen. Wenn die Haifische Menschen wären, gäbe es bei ihnen natürlich auch eine Kunst. Es gäbe schöne Bilder, auf denen die Zähne der Haifische in prächtigen Farben, ihre Rachen als reine Lustgärten, in denen es sich prächtig tummeln läßt, dargestellt wären. Die Theater auf dem Meeresgrund würden zeigen, wie heldenmütige Fischlein begeistert in die Haifischrachen schwimmen, und die Musik wäre so schön, daß die Fischlein unter ihren Klängen, die Kapelle voran, träumerisch, und in allerangenehmste Gedanken eingelullt, in die Haifischrachen strömten. Auch eine Religion gäbe es ja, wenn die Haifische Menschen wären. Sie würde lehren, daß die Fischlein erst im Bauche der Haifische richtig zu leben begännen. Übrigens würde es auch aufhören, daß alle Fischlein, wie es jetzt ist, gleich sind. Einige von ihnen würden Ämter bekommen und über die anderen gesetzt werden. Die ein wenig größeren dürften sogar die kleineren fressen. Dies wäre für die Haifische nur angenehm, da sie dann selber öfter größere Brocken zu fressen bekämen. Und die größern, Posten innehabenden Fischlein würden für die Ordnung unter den Fischlein sorgen, Lehrer, Offiziere, Ingenieure im Kastenbau usw. werden. Kurz, es gäbe erst eine Kultur im Meer, wenn die Haifische Menschen wären."

Brecht, Bertolt: Wenn die Haifische Menschen wären. In: Bertolt Brecht. Werke. Große kommentierte Berliner und Frankfurter Ausgabe.
© Suhrkamp Verlag, 1995

Brecht, Bertolt: Vaterlandsliebe, der Haß gegen Vaterländer.

Herr K. hielt es nicht für nötig, in einem bestimmten Lande zu leben. Er sagte: „Ich kann überall hungern." Eines Tages aber ging er durch eine Stadt, die vom Feind des Landes besetzt war, in dem er lebte. Da kam ihm entgegen ein Offizier dieses Feindes und zwang ihn, vom Bürgersteig herunterzugehen. Herr K. ging herunter und nahm an sich wahr, daß er gegen diesen Mann empört war, und zwar nicht nur gegen diesen Mann, sondern besonders gegen das Land, dem der Mann angehörte, also daß er wünschte, es möchte vom Erdboden vertilgt werden. „Wodurch", fragte sich Herr K., „bin ich für diese Minute ein Nationalist geworden? Dadurch, daß ich einem Nationalisten begegnete. Aber darum muß man die Dummheit ja ausrotten, weil sie dumm macht, die ihr begegnen."

Ebenda, S. 378.

Thomas Clayton Wolfe

Thomas Clayton Wolfe wird am 3. Oktober 1900 als achtes Kind eines Steinmetzes in Ashevill (North Carolina) geboren. Er beginnt englische Literatur an der University North Carolina zu studieren und setzt sein Studiums in Harvard fort. In der Zeit von 1924 bis 1930 unterrichtet er englische Literatur an der University of New York. Seit dem er sich 1931 in Brooklyn niederlässt, widmet er sich ausschließlich der Schriftstellerei und unternimmt zwischen 1924 bis 1936 zahlreiche Europareisen. Am 15. September 1938 stirbt Wolfe an einer Lungenentzündung.

Werke u.a.:

1929   Look Homewards, Angle. A Story of the Buried Life
(Schau heimwärts, Engel! Eine Geschichte vom begrabenen Leben, 1932)
1939   The Web and the Rock (Geweb und Fels, 1953)
1948   Mannerhouse (Herrenhaus, 1953)

Es führt kein Weg zurück (1942)

Mit diesem Roman knüpft Wolfe direkt an „Geweb und Fels" (1953) an, indem er das Schicksal seines autobiographischen Heldens, Georg Webber, in den Jahren 1929 bis 1936 schildert. Zu der Erkenntnis „Es führt kein Weg zurück", die bereits der Romantitel enthält, ist Webber am Ende eines Reifeprozesses gelangt. Dieser führt ihn zu einer objektiveren, illusionslosen Einstellung sich selbst und der Welt gegenüber.

(ar)

Wolfe, Thomas: Es führt kein Weg zurück. (Ausschnitte)

Und was ist der Mensch?
    Zuerst ein Kind mit weichen Knochen, unfähig, sich auf seinen Gummibeinchen aufrecht zu halten; es liegt in seinem eigenen Kot, schreit und lacht, weint ohne Grund und beruhigt sich sofort, wenn es nach der Brust der Mutter schnappt; ein schlafendes, essendes, trinken-

des, schreiendes, lachendes Dummchen, das an seinen Zehen lutscht, ein zartes, kleines Ding, das sich von oben bis unten besabbert und nach jedem Feuer greift – ein geliebter kleiner Narr. Dann der Junge: vor den Kameraden gebärdet er sich laut und derb, und wenn er allein im Dunkeln ist, fürchtet er sich; er rauft mit dem Schwächeren und geht dem Stärkeren aus dem Weg; er schwärmt für Kraft, Roheit und Gewalt, für Kriegs- und Mordgeschichten, tritt immer in „Banden" auf und ist nicht gern allein; er heroisiert Soldaten, Matrosen, Preisboxer, Fußballchampions, Cowboys, Banditen, Detektive und setzt seine Ehre darein, die Kameraden herauszufordern, sie zu reizen, sich mit ihnen zu schlagen und Sieger zu bleiben; er zeigt seine Muskeln vor und läßt sie abfühlen, er prahlt mit seinen Siegen und würde nie eine Niederlage zugeben.

Dann der Jüngling: er läuft den Mädchen nach, führt hinter ihrem Rücken mit seinen Kumpanen in der Kneipe zotige Reden, hat angeblich schon hundert Mädchen verführt und bekommt Pickel im Gesicht; er beginnt auf seine Kleidung zu achten, wird ein Fatzke mit pomadisiertem Haar, raucht eine Unmenge Zigaretten, liest Romane und schreibt heimlich Gedichte. Die Welt besteht für ihn nur noch aus Beinen und Brüsten; er lernt Haß, Liebe und Eifersucht kennen, ist feig und töricht und kann nicht allein sein; er lebt in der Masse, denkt wie die Masse und hat Angst, unter den andern durch etwas Außergewöhnliches aufzufallen. Er gehört einem Klub an und hat ständig Angst, sich lächerlich zu machen; fast immer ist er gelangweilt, unglücklich und bemitleidenswert, stumpf und unausgefüllt. Dann der Mann: immer beschäftigt, voller Pläne und Überlegungen, immer in Arbeit. Er bekommt Kinder, kauft und verkauft kleinweise die ewige Erde, intrigiert gegen seine Konkurrenten und frohlockt, wenn er sie übers Ohr hauen kann. Er vergeudet seine kurzen siebzig Jahre an ein unrühmliches Leben: von der Wiege bis zum Grabe wird er kaum gewahr, daß es Sonne, Mond und Sterne gibt; er weiß nichts von dem unsterblichen Meer, von der ewigen Erde; er redet von der Zukunft, und wenn sie da ist, verschwendet er sie. Wenn er Glück hat, macht er einige Ersparnisse. Schließlich kauft er sich kraft seines geschwollenen Geldbeutels Lakaien, die ihn dorthin bringen, wohin seine Beine ihn nicht mehr tragen wollen; er nimmt schwere Speisen und goldenen Wein zu sich, nach denen sein verdorbener Magen nicht mehr hungert; mit müden, toten Augen betrachtet er die fremden Länder, nach denen sein Herz sich in der Jugend verzehrt hatte. Endlich ein langsamer, durch kostspielige Ärzte künstlich hinausgezögerter Tod, ein Begräbnis erster oder zweiter Klasse, ein parfümierter Kadaver, höflich dienernde Platzanweiser, die Fahrt im schnellen Leichenauto – und schließlich wieder Erde.

So ist der Mensch: er schreibt Bücher, bringt Wörter zu Papier, malt Bilder und denkt sich zehntausend Philosophien aus. Er ereifert sich leidenschaftlich für Ideen, überschüttet das Werk des andern mit Spott und Verachtung, sein Weg ist der einzig wahre, alle anderen Wege sind falsch; aber nicht eins von den Milliarden Büchern in den Bibliotheken kann ihn lehren, wie man einen einzigen flüchtigen Augenblick ruhig und friedlich atmen könnte. Er schreibt Weltgeschichten, lenkt die Geschicke von Nationen und weiß nichts über seine eigene Geschichte; er ist nicht imstande, sein kleines Schicksal auch nur für Minuten lang würdig oder weise zu lenken.

So ist der Mensch: im Ganzen ein verderbtes, elendes, verabscheuungswürdiges Geschöpf, ein der Fäulnis geweihtes Häufchen zerfallenden Gewebes, ein Wesen, das im Alter einen kahlen Schädel und einen stinkenden Atem bekommt, ein Wesen, das seinesgleichen haßt, betrügt, verachtet, verhöhnt und verleumdet, das in der Masse oder allein im Finstern mordet und würgt; ein lärmender Prahler im Kreise seiner Mitmenschen, für sich allein aber feige wie eine Ratte. Für einen Deut verbeugt er sich kriecherisch, um hinter dem Rücken des Gebers knurrend die Zähne zu fletschen; er betrügt für zwei Sous, mordet für vierzig Dollars und kann vor Gericht Ströme von Tränen vergießen, um einen anderen Schurken vor dem Gefängnis zu bewahren.

So ist der Mensch: er stiehlt seinem besten Freund das Weib, greift unter dem Tisch der Frau seines Gastgebers ans Bein, gibt ein Vermögen für seine Huren aus, stirbt in Anbetung vor Scharlatanen und läßt seine Dichter verrecken. So ist der Mensch; er schwört, daß er der Schönheit, der Kunst und dem Geist sein Leben weihen wolle, und er lebt nur für die Mode, und sein Glaube und seine Überzeugung wechseln ebenso rasch wie die Mode. So ist der Mensch: ein großer Kämpfer mit schlechter Verdauung, ein großer Romantiker mit verdorrten Lenden, der ewige Schurke, der den ewigen Narren noch übertrumpft; die höchste Spezies im Tierreich, die ihren Verstand hauptsächlich dazu verwendet, einen abscheulicheren Gestank zu produzieren als Stiere und Füchse, als Hunde, Tiger und Ziegenböcke.

Ja, so ist der Mensch; man kann ihn nicht schwarz genug malen, denn die Schilderung seines obszönen Daseins, seiner Niedrigkeit und Ausschweifung, seiner Grausamkeit und seines Verrats läßt sich ins Unendliche fortsetzen. Sein Leben ist voller Mühe und Plage, voller Aufruhr und Leid. Seine Tage bestehen größtenteils aus einer Million sich idiotisch wiederholender Handlungen: ein Hin und Her auf heißen Straßen, Schwitzen und Frieren, eine sinnlose Anhäufung fruchtloser Tätigkeiten, ein mühsam übertünchter Verfall der Kräfte, lebenslängliche Schinderei um eines schlechten Essens willen und durch das schlechte Essen lebenslänglich eine quälend-schlechte Verdauung. So haust er im verkommenen Gehäuse seines Leibes; nur selten kann er zwischen zwei Atemzügen die bittere Last körperlichen Unbehagens vergessen, die tausend Krankheiten und Qualen seines Fleisches, die immer drückendere Last seines Verfalls. So ist der Mensch: wenn er in seinem ganzen Leben zehn goldene, frohe und glückliche Augenblicke in Erinnerung behält, zehn Augenblicke, die nicht von Sorge gezeichnet und nicht von Schmerz oder Unlust verschattet sind, dann ist er imstande, mit seinem letzten Atemzuge stolz zu bekennen: „Ich habe auf dieser Erde gelebt, und es ist köstlich gewesen!"

So ist der Mensch – man fragt sich, warum er überhaupt am Leben hängt. Ein Drittel seines Lebens geht in dumpfem Schlaf verloren; das zweite Drittel gehört der fruchtlosen Arbeit; ein Sechstel verbringt er mit Kommen und Gehen, mit mühseligem Pflastertreten, mit Schieben, Stoßen und Drängen. Wieviel bleibt ihm noch, um seinen Blick zu den tragischen Sternen hinaufzuwerfen? Wieviel bleibt ihm noch, um sein Auge der ewig währenden Erde zuzuwenden? Wieviel bleibt ihm noch zum Schaffen großer Gesänge, zu unsterblichem Ruhm? Nur ein paar hastig abgestohlene Augenblicke im unfruchtbaren Wirbel des täglichen Lebens.

[...] Wie könnte man dieses Geschöpf verachten? Aus diesem starken Lebensglauben schuf der winzige Mensch die Liebe. Denn das Beste an ihm *ist* die Liebe. Ohne den Menschen gäbe es keine Liebe, keinen Hunger, kein Verlangen.

Das also ist der Mensch – sein Bestes und sein Schlechtestes: ein winziges, zerbrechliches Ding, das lebt, stirbt und vergessen wird wie alle anderen Geschöpfe. Aber das Gute und das Böse seiner Lebenszeit überdauern ihn, darum ist er unsterblich. Wie also sollte ein Lebender sich mit dem Tod verbünden und sich mästen an seines Bruders Blut?

Wolfe, Thomas: Es führt kein Weg zurück. Roman. Deutsch von Susanna Rademacher.
   Reinbek bei Hamburg: Rowohlt Verlag, 1968. S. 361-365.
Copyright by Rowohlt Verlag GmbH, Hamburg, 1950
You Can't Go Home Again © Paul Gitlin, Administrator C.T.A., 1968.

Carl Zuckmayer

Biographische Angaben siehe Kapitel 2, S. 147

Zuckmayer, Carl: Der Seelenbräu. (Ausschnitte)

Drunten war das Fest zu einem kurzen kataklysmischen Aufflackern vor dem Ende erwacht. Es war den Bauern eingefallen, daß längst Aschermittwoch angebrochen sei, und nach altem Köstendorfer Brauch mußte zur Auskehr des Faschings der stock- und steifgetrunkenste Festteilnehmer als Fastenleiche eingeäschert werden. Die Wahl war auf den Postmeister gefallen, der nach dem Verschwinden des Herrn Bräu am Stammtisch eingeschlafen war. Er war ein dicker, freundlicher, phlegmatischer Mensch, der sich weder über verlorene Wertpakete, verspätete Eilbriefe, unleserliche Adressen, verstümmelte Telegramme, noch über irgend etwas anderes in der Welt aufregte. Man hatte ihn auf einen als Bahre improvisierten, umgekehrten Tisch gelegt, die Musik spielte einen Trauermarsch im Walzertakt, eine schwankende, stolpernde Prozession bewegte sich zuerst in die Küche, wo man einen Eimer kalter Herdasche aufkratzte, dann durchs Vorhaus in die Gaststuben und auf den Tanzboden zurück. Der Roisterer Klaus, ein dunkelhäutiger, schwärzlicher Geselle mit Kohleaugen in seinem narbigen Gesicht, das durch das Fehlen sämtlicher Vorderzähne und das Herausstehen zweier eberhafter Eckhauer einen wilden, räubermäßigen Eindruck machte, hatte sich mit langen weißen Küchenschürzen und roten Abwaschtüchern in eine Art Priestergewand vermummt und schritt, Aschenfaß und Staubwedel schwingend, dem Zug voran, wobei er mit rauher, lallender Stimme monotone Exequien in einem wüsten, phantastischen Narrenlatein leierte, von einem plärrenden Ministrantenchor durch Antworten und Wiederholungen assistiert. In der Mitte des Tanzbodens setzten sie die Leich ab, und unter allerlei grotesken Zeremonien wurde der schläfrige Postmeister, der sich auch hierüber nicht aufregte, erst mit Bier angesegnet und dann über und über mit Asche beschmiert. Männer johlten vor Spaß, Weiber kreischten und quietschten, als er sich nun aufrichtete und gemeinsam mit dem Klaus in wallender Schürzenschleppe durch die Stuben wankte, um jeden, der ihm in die Nähe kam, anzuschmutzen. Keinem kam dabei auch nur im entferntesten in den Sinn, daß sie etwa mit etwas Heiligem ihren Spott trieben oder gar eine Blasphemie begingen. Keine Spur von Hohn, von Verlästerung wurde dabei empfunden. Es war der letzte und dreisteste Bocksprung jener aus allen Banden gelösten Maskenfreiheit, wie sie der ernsten Zeit und ihrer tiefen Stille seit Urgedenken vorausging. Dieselben Leute, die sich jetzt noch wie losgelassene Erdgeister und tobende Rüpel gebärdeten, würden in ein paar Stunden ruhig und gelassen ihr Knie vor dem Altar beugen und vom Daumen des Priesters das Aschenkreuz, das Memento der kommenden Passion und aller Vergänglichkeit, auf die Stirn empfangen. Dann würden sie ebenso ruhig und gelassen, wenn auch nicht ohne Brummschädel und Haarwurzelziepen, an ihre Arbeit gehen. Jetzt aber überschlug sich noch einmal die entfesselte Lustbarkeit der späten Stunde. Jeder pumpte seinen Rest von Witz und Stimme aus, man löschte den Gurgelbrand mit frischem, kalten Bier und aß noch eine überfällige Speckwurst zur besseren Bekömmlichkeit.

[...] Die Fastenzeit nahm ihren gewohnten Verlauf, alles ging, wie es die Regel war: zu Reminiscere regnete es, auf Lätare kamen die Weidenkätzchen heraus, Judica brachte Eis und Hagel, zu Oculi strichen die ersten Schnepfen ein, und bis Palmarum schmolz der letzte Schnee. Nur im Bergwald droben und auf der Hochleiten lagen noch alte verharschte Placken. Von den Äckern und Wiesen rings um das Dorf hinunter zum hechtgrau schillernden, schollenbrüchigen Wallersee wehte im lauen Märzwind jener scharfe Geruch der ausgefahrenen Jauchenbrühe, Odel genannt, und mengte sich mit den zarteren Düften von Seidelbast, Veilchen, aufgetauter Erde. Die feuchten Bachmulden und Waldränder färbten sich grünlich-weiß und lichtblau von den Feldern der Schneeglöckchen, wilden Krokusse und kleinen Traubenhyazinthen. Die Stare kamen, schwatzten und flöteten in den Wirtshauslinden, der Tischler Beyerl kletterte in die Kronen, selbst wie ein langschnäbliger Riesenstar, und reparierte die alten brüchigen Nistkästchen. Abends schrien die Amseln, nachts heulte der Kauz, in der Frühdämmerung fauchten und knurrten die Mooshähne. Die Bauern pfiffen laut, wenn sie den langgestreckten, überschwappenden Odelwagen durch die schlammigen Wegrinnen fuhren. Der Roiderfischer legte in der eisfreien Bucht die ersten Grundangeln. Die Knechte striegelten die schweren Bierwagenrösser blank und fochten ihre Mähnen und Schwänze in festliche Zöpfchen.

Zuckmayer, Carl: Der Seelenbräu. In: Ders.: Erzählungen. Frankfurt am Main: S. Fischer Verlag, 1960. S. 255-256, 257-258.
© Carl Zuckmayer 1960

Fedor Michajlovič Dostojewski

Fedor Michajlovič Dostojewski wird am 11. November 1881 in Moskau als Sohn eines Arztes geboren. Seine Ausbildung findet in Privatpension und einer Ingenieurschule statt. 1844 beginnt sein literarisches Wirken. Er ist ein Anhänger des Utopisten und Sozialisten Petraševski. Dadurch wird er zu vier Jahren Zwangsarbeit in Sibirien verurteilt. Nach seiner Rückkehr (1859) ist er ausschließlich literarisch tätig und aufgrund seiner Spielerleidenschaft ist diese Schaffensperiode bis 1871 durch ständige Geldnöte geprägt, jedoch bessert sich seine Lage mit wachsendem Ruhm. Dostojewski stirbt am 9. Februar 1881 in Petersburg.

Werke u.a.:

1846	Bednye Ljudi (Arme Leute, 1887)
1866	Prestuplenie I Nakazanie (Schuld und Sühne, 1882)
1868	Igrok (Der Spieler, 1890)
1868	Idiot (Der Idiot,1889)
1879/80	Brat'ja Karamazovy (Die Brüder Karamazov, 1884)

Die Brüder Karamasov (1981)

In dem Roman „Die Brüder Karamazov" denkt sich Ivan die Legende „Der Großinquisitor" aus. Darin erscheint Christus im mittelalterlichen Spanien. Er wird erkannt und daraufhin sofort auf Geheiß des Großinquisitors eingekerkert. Der Großinquisitor bekennt sich zum Antichrist, mit dessen Hilfe für den entwürdigten Menschen das Paradies auf Erden errichtet und „bloß der Tod" ins Jenseits verwiesen werden soll.

(ar)

Dostojewski, Fedor Michajlovic: Die Brüder Karamasov. (Ausschnitt)

Nichts quält ja den Menschen ohne Unterlaß mehr, als in voller Freiheit sich möglichst rasch darüber zu entscheiden, vor wem er sich beugen soll. Er will sich aber bloß beugen vor dem, was so zweifellos Ehrerbietung erfordert, daß alle Menschen sich vor ihm beugen müssen. Darum quält sich dieses elende Geschöpf vom Beginn der Jahrhunderte an! Der gemeinsamen Anbetung wegen vernichteten die Menschen einander mit dem Schwert, erschufen sie sich Götter, und riefen sie einander zu: ‚Verlasset eure Götter und kommt herbei, die unsrigen anzubeten, oder Tod euch und euren Göttern!' Und so wird es sein bis an der Welt Ende und dann noch, wenn aus der Welt die Götter verschwunden sind: vor Idolen werden sie dann in den Staub sinken! Du wußtest das, du konntest es nicht nicht wissen, dieses Grundgeheimnis der menschlichen Natur. Du aber verschmähtest das einzige Banner, das sich dir bot, um alle zu zwingen, sich ohne Widerrede vor dir zu beugen: das Banner des Erdenbrotes hast du von dir gewiesen im Namen der Freiheit und des himmlischen Brotes. Und was tatest du weiter? Und alles wiederum im Namen der Freiheit! Ich sage dir, der Mensch kennt keine qualvollere Sorge als die, möglichst rasch ausfindig zu machen, wem er jene Gabe der Freiheit zu Füßen legen könnte, mit welcher dies unselige Geschöpf geboren wird. Die Freiheit der Menschen beherrscht aber bloß, wer ihr Gewissen beruhigt. Mit dem Brot wurde dir ein Mittel gegeben: gib Brot, und der Mensch liegt vor dir auf den Knien, denn nichts ist zweifelloser als Brot! Wenn aber zur selben Stunde sich ein anderer des Menschengewissens bemächtigt, oh, dann wirft der Mensch auch dein Brot von sich und folgt dem nach, der sein Gewissen verführt. Hierin warst du im Recht: das Geheimnis des Menschseins besteht nicht darin, daß der Mensch leben will: er will wissen, wofür er leben soll. Ohne eine feste Vorstellung hiervon verschmäht er es, am Leben zu bleiben, und tötet sich selber, mögen auch ringsherum deine Brote liegen. Das ist nun einmal so. Was aber tatest du? Du mehrtest noch der Menschen Freiheit, statt sie einfach an dich zu nehmen! Vergaßest du denn, daß der Mensch Ohnmacht, ja den Tod vorzieht der freien Wahl in der Erkenntnis von Gut und Böse?

Nichts ist verführerischer für den Menschen als Gewissensfreiheit, nichts ist aber auch qualvoller für ihn! Und du? Statt ein für allemal der Menschen Gewissen zu beruhigen, wiesest du ihnen alles, was es Ungewöhnliches, Rätselhaftes und Unbestimmtes gibt, alles, was über Menschenkraft hinausgeht – und damit verfuhrst du so, als ob du die Menschen überhaupt nicht liebtest, und doch warst du gekommen, dein Leben hinzugeben für sie!

Auf Jahrhunderte hinaus hast du des Menschen Seele belastet mit den Qualen deiner Freiheit!

Die freie Liebe des Menschen begehrst du, frei sollte er dir folgen: Wo bisher das alte feste Gesetz herrschte, da soll hinfort der Mensch mit freiem Herzen selber entscheiden, was gut und was böse ist, und als alleinige Richtschnur soll er dein Abbild im Herzen tragen!

Hast du aber wirklich nicht bedacht, daß der Mensch schließlich auch dein Abbild und dein Recht verleugnen und von sich werfen wird, wenn man ihm eine so furchtbare Last aufbürdet wie die freie Wahl? War es überhaupt möglich, die Menschen in größerer Verwirrung und in größerer Qual zurückzulassen, als du es tatest? Da du ihnen so viel Sorgen und unlösliche Aufgaben hinterließest?

Dostojewski, Fedor Michajlovic: Die Brüder Karamasov. In: F.M. Dostojewski. Die großen Romane. Sechster Band. Aus dem Russischen von Karl Nötzel. Frankfurt am Main: Insel Verlag, 1981. S. 436-437.
© Insel Verlag Frankfurt am Main 1921, 1981.
Alle Rechte vorbehalten.

Weitere Textempfehlung:
Goethe, Johann Wolfgang: Faust. Teil I. In: Ders.: Werke. Hamburger Ausgabe in 14 Bänden. Bd. 3, Hamburg: Christian Wagner Verlag, Sechste Auflage 1962. S. 109-110

Theodor Fontane

Theodor Fontane wird am 30. Dezember 1819 in Neuruppin geboren. Er stammt aus einer in Preußen heimisch gewordenen Hugenottenfamilie. Fontane besucht das Gymnasium Neuruppin (1832) und die Gewerbeschule Berlin (1833). 1836 bis 1840 absolviert er eine Apothekerlehre in Berlin. Fontane gibt allerdings 1849 seinen Apothekerberuf auf und arbeitet mit Unterbrechung bis 1859 als freier Mitarbeiter im Büro eines Ministeriums. Von 1855 bis 1859 lebt Fontane als Berichterstatter in England. Von 1860 bis 1870 arbeitete er als Redakteur der Berliner „Kreuz-Zeitung", 1870 bis 1889 ist er Theaterkritiker bei der „Vossischen Zeitung". 1876 wird Fontane Sekretär der Akademie der Künste in Berlin und ab dieser Zeit ist er dann auch als freier Schriftsteller tätig. Seine großen erzählerischen Werke entstehen erst im Alter. Fontane stirbt am 20. September 1898 in Berlin.

Werke u.a.:

1878   Vor dem Sturm
1880   Wanderungen durch die Mark Brandenburg
1888   Irrungen, Wirrungen
1892   Frau Jenny Treibel

Effi Briest (1895)

Nach sorgloser, unbeschwerter Jugend im Haus der Familie von Briest wird die 17-jährige Effi aus Gründen des gesellschaftlichen Ansehens mit dem 21 Jahre älteren, ehemaligen Geliebten der Mutter, Baron von Instetten, verlobt. Eine innere Bindung hat sie kaum zu ihrem Ehegatten. Nach der Hochzeit siedelt das Paar nach Kessin, wo Instetten als Landrat tätig ist, um. Dort fühlt sich Effi häufig einsam, denn trotz der Liebe zu ihr, ist Instetten ein Mann des Ehrgeizes und der Berufspflichten. Effi bleibt alleine die Freundschaft zu einem alten Apotheker bis der neue Landwehrbezirkskommandeur, Major Grampas, ein alter Bekannter des Barons, Abwechslung in ihr Leben bringt. Obwohl Effi vor seiner lockeren Moralauffassung gewarnt ist, kommt es zu einer sehr engen, freundschaftlichen Beziehung.

(nr)

Fontane, Theodor: Effi Briest. (Ausschnitte)

„Es ist", begann er, „um zweier Dinge willen, daß ich Sie habe bitten lassen: erst, um eine Forderung zu überbringen, und zweitens, um hinterher, in der Sache selbst, mein Sekundant zu sein: das eine ist nicht angenehm und das andere noch weniger. Und nun Ihre Antwort."

„Sie wissen, Innstetten, Sie haben über mich zu verfügen. Aber eh ich die Sache kenne, verzeihen Sie mir die naive Vorfrage: muß es sein? Wir sind doch über die Jahre weg, Sie, um die Pistole in die Hand zu nehmen, und ich, um dabei mitzumachen. Indessen mißverstehen Sie mich nicht, alles dies soll kein ‚Nein' sein. Wie könnte ich Ihnen etwas abschlagen. Aber nun sagen Sie, was ist es?"

„Es handelt sich um einen Galan meiner Frau, der zugleich mein Freund war oder doch beinah."

Wüllersdorf sah Innstetten an. „Innstetten, das ist nicht möglich."

„Es ist mehr als möglich, es ist gewiß. Lesen Sie."

Wüllersdorf flog darüber hin. „Die sind an Ihre Frau gerichtet?"

„Ja. Ich fand sie heut in ihrem Nähtisch."

„Und wer hat sie geschrieben?"

„Major Crampas."

„Also Dinge, die sich abgespielt, als Sie noch in Kessin waren?"

Innstetten nickte.

„Liegt also sechs Jahre zurück oder noch ein halb Jahr länger."

„Ja."

Wüllersdorf schwieg. Nach einer Weile sagte Innstetten: „Es sieht fast so aus, Wüllersdorf, als ob die sechs oder sieben Jahre einen Eindruck auf Sie machten. Es gibt eine Verjährungstheorie, natürlich, aber ich weiß doch nicht, ob wir hier einen Fall haben, diese Theorie gelten zu lassen."

„Ich weiß es auch nicht", sagte Wüllersdorf. „Und ich bekenne Ihnen offen, um diese Frage scheint sich hier alles zu drehen."

Innstetten sah ihn groß an. „Sie sagen das in vollem Ernst?"

„In vollem Ernst. Es ist keine Sache, sich in jeu d'esprit oder in dialektischen Spitzfindigkeiten zu versuchen."

„Ich bin neugierig, wie Sie das meinen. Sagen Sie mir offen, wie stehen Sie dazu?"

„Innstetten, Ihre Lage ist furchtbar, und Ihr Lebensglück ist hin. Aber wenn Sie den Liebhaber totschießen, ist Ihr Lebensglück sozusagen doppelt hin, und zu dem Schmerz über empfangenes Leid kommt noch

der Schmerz über getanes Leid. Alles dreht sich um die Frage, müssen Sie's durchaus tun? Fühlen Sie sich so verletzt, beleidigt, empört, daß einer weg muß, er oder Sie? Steht es so?"
„Ich weiß es nicht."
„Sie müssen es wissen."
Innstetten war aufgesprungen, trat ans Fenster und tippte voll nervöser Erregung an die Scheiben. Dann wandte er sich rasch wieder, ging auf Wüllersdorf zu und sagte: „Nein, so steht es nicht."
„Wie steht es dann?"
„Es steht so, daß ich unendlich unglücklich bin: ich bin gekränkt, schändlich hintergangen, aber trotzdem, ich bin ohne jedes Gefühl von Haß oder gar vor Durst nach Rache. Und wenn ich mich frage, warum nicht?, so kann ich zunächst nichts anderes finden als die Jahre. Man spricht immer von unsühnbarer Schuld; vor Gott ist es gewiß falsch, aber vor den Menschen auch. Ich hätte nie geglaubt, daß die Zeit, rein als Zeit, so wirken könne. Und dann als zweites: ich liebe meine Frau, ja, seltsam zu sagen, ich liebe sie noch, und so furchtbar ich alles finde, was geschehen, ich bin so sehr im Bann ihrer Liebenswürdigkeit, eines ihr eignen heiteren Charmes, daß ich mich, mir selbst zum Trotz, in meinem letzten Herzenswinkel zum Verzeihen geneigt fühle."
Wüllersdorf nickte. „Kann ganz folgen, Innstetten, würde mir vielleicht ebenso gehen. Aber wenn Sie so zu der Sache stehen und mir sagen: ‚Ich liebe diese Frau so sehr, daß ich ihr alles verzeihen kann', und wenn wir dann das andere hinzunehmen, daß alles weit, weit zurückliegt, wie ein Geschehnis auf einem andern Stern, ja, wenn es so liegt, Innstetten, so frage ich, wozu die ganze Geschichte?"
„Weil es trotzdem sein muß. Ich habe mir's hin und her überlegt. Man ist nicht bloß ein einzelner Mensch, man gehört einem Ganzen an, und auf das Ganze haben wir beständig Rücksicht zu nehmen, wir sind durchaus abhängig von ihm. Ging' es, in Einsamkeit zu leben, so könnt ich es gehen lassen; ich trüge dann die mir aufgepackte Last, das rechte Glück wäre hin, aber es müssen so viele leben ohne dies ‚rechte Glück', und ich würde es auch müssen und – auch können. Man braucht nicht glücklich zu sein, am allerwenigsten hat man einen Anspruch darauf, und den, der einem das Glück genommen hat, den braucht man nicht notwendig aus der Welt zu schaffen. Man kann ihn, wenn man weltabgewandt weiterexistieren will, auch laufenlassen. Aber im Zusammenleben mit den Menschen hat sich ein Etwas ausgebildet, das nun mal da ist und nach dessen Paragraphen wir uns gewöhnt haben alles zu beurteilen, die

andern und uns selbst. Und dagegen zu verstoßen geht nicht: die Gesellschaft verachtet uns, und zuletzt tun wir es selbst und können es nicht aushalten und jagen uns die Kugel durch den Kopf.

[...] Minuten vergingen. Als Effi sich wieder erholt hatte, setzte sie sich auf einen am Fenster stehenden Stuhl und sah auf die stille Straße hinaus. Wenn da doch Lärm und Streit gewesen wäre; aber nur der Sonnenschein lag auf dem chaussierten Wege und dazwischen die Schatten, die das Gitter und die Bäume warfen. Das Gefühl des Alleinseins in der Welt überkam sie mit seiner ganzen Schwere. Vor einer Stunde noch eine glückliche Frau, Liebling aller, die sie kannten, und nun ausgestoßen. Sie hatte nur erst den Anfang des Briefes gelesen, aber genug, um ihre Lage klar vor Augen zu haben. Wohin? Sie hatte keine Antwort darauf, und doch war sie voll tiefer Sehnsucht, aus dem herauszukommen, was sie hier umgab, also fort von dieser Geheimrätin, der das alles bloß ein „interessanter Fall" war und deren Teilnahme, wenn etwas davon existierte, sicher an das Maß ihrer Neugier nicht heranreichte.

„Wohin?"

Auf dem Tische vor ihr lag der Brief; aber ihr fehlte der Mut, weiterzulesen. Endlich sagte sie „Wovor bange ich mich noch? Was kann noch gesagt werden, das ich mir nicht schon selber sagte? Der, um den all dies kam, ist tot, eine Rückkehr in mein Haus gibt es nicht, in ein paar Wochen wird die Scheidung ausgesprochen sein, und das Kind wird man dem Vater lassen. Natürlich. Ich bin schuldig, und eine Schuldige kann ihr Kind nicht erziehen. Und wovon auch? Mich selbst werde ich wohl durchbringen. Ich will sehen, was die Mama darüber schreibt, wie sie sich mein Leben denkt."

Und unter diesen Worten nahm sie den Brief wieder, um auch den Schluß zu lesen.

„... Und nun Deine Zukunft, meine liebe Effi. Du wirst Dich auf Dich selbst stellen müssen und darfst dabei, soweit äußere Mittel mitsprechen, unserer Unterstützung sicher sein. Du wirst am besten in Berlin leben (in einer großen Stadt vertut sich dergleichen am besten) und wirst da zu den vielen gehören, die sich um freie Luft und lichte Sonne gebracht haben. Du wirst einsam leben und, wenn Du das nicht willst, wahrscheinlich aus Deiner Sphäre herabsteigen müssen. Die Welt, in der Du gelebt hast, wird Dir verschlossen sein. Und was das traurigste für uns und für Dich ist (auch für Dich, wie wir Dich zu kennen vermeinen) – auch das elterliche Haus wird Dir verschlossen sein: wir können Dir keinen stillen Platz in Hohen-Cremmen anbieten, keine Zuflucht in unserem Hause, denn es hieße das, dies Haus von aller Welt abschließen, und das zu tun, sind wir entschieden nicht geneigt. Nicht weil wir zu sehr an der Welt hingen und ein Abschiednehmen von dem, was sich ‚Gesellschaft' nennt, uns als etwas unbedingt Unerträgliches erschiene; nein, nicht deshalb, sondern einfach, weil wir Farbe bekennen und vor aller Welt, ich kann Dir das Wort nicht ersparen, unsere Verurteilung Deines Tuns, des Tuns unseres einzigen und von uns so sehr geliebten Kindes, aussprechen wollen..."

Effi konnte nicht weiterlesen: ihre Augen füllten sich mit Tränen, und nachdem sie vergeblich dagegen angekämpft hatte, brach sie zuletzt in ein heftiges Schluchzen und Weinen aus, darin sich ihr Herz erleichterte.

Fontane, Theodor: Effi Briest. In: Theodor Fontane. Sämtliche Werke. Band VII. Frau Jenny Treibel. Effi Briest. München: Nymphenburger Verlagshandlung, 1959. S. 372-374, 390-391.
© 1959 Nymphenburger Verlagshandlung GmbH, München

Weiere Textempfehlung:
Ibsen, Henrik: Gespenster. Ein Familiendrama in vier Akten. In: Elias, Julius/Schlenther, Paul (Hrsg.): Henrik Ibsen. Sämtliche Werke. Vierter Band. Berlin: S. Fischer Verlag, 1907. S. 120-130

Stefan Zweig

Stefan Zweig wird am 28. November 1881 als Sohn einer großbürgerlichen-jüdischen Familie in Wien geboren und studiert Philosophie, Germanistik, sowie Romanistik in Berlin und Wien. Im 1. Weltkrieg ist er zuerst im Wiener Kriegsarchiv tätig, dann entwickelt er sich zum Kriegsgegner. Von 1919 ab lebt er in Salzburg, emigriert 1934 nach der österreichischen Februarrevolte zunächst nach England und von dort nach Brasilien. Innerlich zerbricht er und wird schwermütig über die Zerstörung des geistigen Europas. Er nimmt sich am 23. Februar 1942 mit seiner zweiten Frau Lotte in Petropolis bei Rio de Janeiro das Leben.

Werke u.a.:

1911   Brennendes Geheimnis
1912   Jeremias
1920   Angst
1922   Der Amokläufer
1927   Sternstunden der Menschheit
1927   Verwirrung der Gefühle
1938   Ungeduld des Herzens
1942   Schachnovelle

Die Gouvernante (1962)

Die Novelle spielt in Österreichs Hauptstadt und erzählt die Geschichte eines zwölf- und eines dreizehnjährigen Mädchen und deren Gouvernante. Sie leben im Haus der Eltern, seit drei Jahren auch mit dem Cousin Otto, der in Wien studiert. Als die Gouvernante von Otto schwanger wird, machen die Eltern der Mädchen ihr schwere Vorwürfe und entlassen sie fristlos.

(ar)

Zweig, Stefan: Die Gouvernante (Ausschnitte)

Am nächsten Morgen reden sie nicht wieder davon, und doch, eine spürt es von der andern, daß ihre Gedanken das gleiche umkreisen. Sie gehen aneinander vorbei, weichen sich aus, aber dann begegnen sich doch unwillkürlich ihre Blicke, wenn sie beide von der Seite her die Gouvernante anschauen. Bei Tisch beobachten sie Otto, den Cousin, der seit Jahren im Hause lebt, wie einen Fremden. Sie reden nicht mit ihm, aber unter den gesenkten Lidern schielen sie immer hin, ob er sich mit ihrem Fräulein verständige. Eine Unruhe ist in beiden. Nach Tisch spielen sie nicht, sondern tun in ihrer Nervosität, hinter das Geheimnis zu kommen, unnütze und gleichgültige Dinge.

[...] Endlich, nach ein paar Tagen, merkt die eine, wie bei Tisch die Gouvernante Otto leise mit den Augen zuwinkt. Er nickt mit dem Kopf Antwort. Das Kind zittert vor Erregung. Unter dem Tisch tastet sie leise an die Hand der älteren Schwester. Als die sich ihr zuwendet, funkelt sie ihr mit den Augen entgegen. Die versteht sofort die Geste und wird auch unruhig.

Kaum daß sie aufstehn von der Mahlzeit, sagt die Gouvernante zu den Mädchen: „Geht in euer Zimmer und beschäftigt euch ein bißchen. Ich habe Kopfschmerzen und will für eine halbe Stunde ausruhen."

Die Kinder sehen nieder. Vorsichtig rühren sie sich an mit den Händen, wie um sich gegenseitig aufmerksam zu machen. Und kaum ist die Gouvernante fort, so springt die kleinere auf die Schwester zu: „Paß auf, jetzt geht Otto in ihr Zimmer."

„Natürlich! Darum hat sie uns doch weggeschickt!"

„Wir müssen vor der Tür horchen!"

„Aber wenn jemand kommt?"

„Wer denn?"

„Mama."

Die Kleine erschrickt. „Ja dann ..."

„Weißt du was? Ich horche an der Tür, und du bleibst draußen im Gang und gibst mir ein Zeichen, wenn jemand kommt. So sind wir sicher."

Die Kleine macht ein verdrossenes Gesicht. „Aber du erzählst mir dann nichts!"

„Alles!"

„Wirklich alles ... aber alles!"

„Ja, mein Wort darauf. Und du hustest, wenn du jemanden kommen hörst."

Sie warten im Gang, zitternd, aufgeregt. Ihr Blut pocht wild. Was wird kommen? Eng drücken sie sich aneinander.

Ein Schritt. Sie stieben fort. In das Dunkel hinein.

Richtig: es ist Otto. Er faßt die Klinke, die Tür schließt sich. Wie ein Pfeil schießt die ältere nach und drückt sich an die Tür, ohne Atemholen horchend. Die jüngere sieht sehnsüchtig hin. Die Neugierde verbrennt sie, es reißt sie vom angewiesenen Platz. Sie schleicht heran, aber die Schwester stößt sie zornig weg. So wartet sie wieder draußen, zwei, drei Minuten, die ihr eine Ewigkeit scheinen. Sie fiebert vor Ungeduld, wie auf glühendem Boden zappelt sie hin und her. Fast ist ihr das Weinen nah vor Erregung und Zorn, daß die Schwester alles hört und sie nichts. Da fällt drüben, im dritten Zimmer, eine Tür zu. Sie hustet. Und beide stürzen sie weg, hinein in ihren Raum. Dort stehen sie einen Augenblick atemlos, mit pochenden Herzen.

Dann drängt die jüngere gierig: „Also ... erzähle mir."

Die ältere macht ein nachdenkliches Gesicht. Endlich sagt sie, ganz versonnen, wie zu sich selbst: „Ich verstehe es nicht!"

„Was?"

„Es ist so merkwürdig."

„Was ... was ...?" Die jüngere keucht die Worte nur so heraus. Nun versucht die Schwester sich zu besinnen. Die Kleine hat sich an sie gepreßt, ganz nah, damit ihr kein Wort entgehen könne.

„Es war ganz merkwürdig ... so ganz anders, als ich mir es dachte. Ich glaube, als er ins Zimmer kam, hat er sie umarmen wollen oder küssen, denn sie hat zu ihm gesagt: ‚Laß das, ich hab mit dir etwas Ernstes zu besprechen.' Sehen habe ich nichts können, der Schlüssel hat von innen gesteckt, aber ganz genau gehört habe ich. ‚Was ist denn los?' hat der Otto darauf gesagt, doch ich hab ihn nie so reden hören. Du weißt doch, er redet sonst gern so frech und laut, das hat er aber so zaghaft gesagt, daß ich gleich gespürt habe, er hat irgendwie Angst. Und auch sie muß gemerkt haben, daß er lügt, denn sie hat nur ganz leise gesagt: ‚Du weißt es ja schon.' – ‚Nein, ich weiß gar nichts.' – ‚So', hat sie da gesagt – und so traurig, so furchtbar traurig -, ‚und warum ziehst du dich denn auf einmal von mir zurück? Seit acht Tagen hast du kein Wort mit mir geredet, du weichst mir aus, wo du kannst, mit den Kindern gehst du nicht mehr, kommst nicht mehr in den Park. Bin ich dir auf einmal so fremd? Oh, du weißt schon, warum du dich auf einmal fernhältst.' Er hat geschwiegen und dann gesagt: ‚Ich steh jetzt vor der Prüfung, ich habe viel zu arbeiten und für nichts anderes mehr Zeit. Es geht jetzt nicht anders.'

Da hat sie zu weinen angefangen und hat ihm dann gesagt, unter Tränen, aber so mild und gut: ‚Otto, warum lügst du denn? Sag doch die Wahrheit, das habe ich wirklich nicht verdient um dich. Ich habe ja nichts verlangt,

aber geredet muß doch darüber werden zwischen uns zweien. Du weißt es ja, was ich dir zu sagen habe, an den Augen seh ich dirs an.' – ‚Was denn?' hat er gestammelt, aber ganz, ganz schwach. Und da sagte sie..."
Das Mädchen fängt plötzlich zu zittern an und kann nicht weiterreden vor Erregung. Die jüngere preßt sich enger an sie. „Was ... was denn?"
„Da sagte sie: ‚Ich hab doch ein Kind von dir!'"
[...] Am nächsten Tag, bei Tisch, erwartet sie eine jähe Nachricht. Otto verläßt das Haus. Er hat dem Onkel erklärt, er ständchen jetzt knapp vor den Prüfungen, müsse intensiv arbeiten, und hier sei er zu sehr gestört. Er würde sich irgendwo ein Zimmer nehmen für diese ein, zwei Monate, bis alles vorüber sei. Die beiden Kinder sind furchtbar erregt, als sie es hören. Sie ahnen irgendeinen geheimen Zusammenhang mit dem Gespräch von gestern, spüren mit ihrem geschärften Instinkt eine Feigheit, eine Flucht. Als Otto ihnen adieu sagen will, sind sie grob und wenden ihm den Rücken. Aber sie schielen hin, als er jetzt vor dem Fräulein steht. Der zuckt es um die Lippen, aber sie reicht ihm ruhig, ohne Wort, die Hand. Ganz anders sind die Kinder geworden in diesen paar Tagen. Sie haben ihre Spiele verloren und ihr Lachen, die Augen sind ohne den munteren, unbesorgten Schein.

[...] Nach Tisch sagte die Mutter leichthin zum Fräulein: „Bitte, kommen Sie dann in mein Zimmer. Ich habe mit Ihnen zu sprechen." Das Fräulein neigt leise den Kopf. Die Mädchen zittern heftig, sie spüren, jetzt wird etwas geschehen. Und sofort, als das Fräulein hineingeht, stürzen sie nach. Dieses An-den-Türen-Kleben, das Durchstöbern der Ecken, das Lauschen und Belauern ist für sie ganz selbstverständlich geworden. Sie spüren, gar nicht mehr das Häßliche und Verwegene daran, sie haben nur einen Gedanken, sich aller Geheimnisse zu bemächtigen, mit denen man ihnen den Blick verhängt.

Sie horchen. Aber nur ein leises Zischeln von geflüsterten Worten hören sie. Ihr Körper zittert nervös. Sie haben Angst, alles könnte ihnen entgehen.

Da wird drin eine Stimme lauter. Es ist die ihrer Mutter. Bös und zänkisch klingt sie: „Haben Sie geglaubt, daß alle Leute blind sind, daß man so etwas nicht bemerkt? Ich kann mir denken, wie Sie ihre Pflicht erfüllt haben mit solchen Gedanken und solcher Moral. Und so jemandem habe ich die Erziehung meiner Kinder anvertraut, meiner Töchter, die Sie, weiß Gott wie, vernachlässigt haben..."

Das Fräulein scheint etwas zu erwidern. Aber zu leise spricht sie, als daß die Kinder verstehen könnten.

„Ausreden, Ausreden! Jede leichtfertige Person hat ihre Ausrede. Das gibt sich dem ersten besten hin und denkt an nichts. Der liebe Gott wird schon weiterhelfen. Und so jemand will Erzieherin sein, Mädchen heranbilden. Eine Frechheit ist das. Sie glauben doch nicht, daß ich Sie in diesem Zustand noch länger im Hause behalten werde?"

Die Kinder horchen draußen. Schauer rinnen über ihre Körper. Sie verstehen das alles nicht, aber es ist ihnen furchtbar, die Stimme ihrer Mutter so zornig zu hören, und jetzt als einzige Antwort das leise, wilde Schluchzen des Fräuleins. Tränen quellen auf in ihren Augen. Aber ihre Mutter scheint nur erregter zu werden.

„Das ist das einzige, was Sie wissen, jetzt zu weinen. Das rührt mich nicht. Mit solchen Personen hab ich kein Mitleid. Was aus Ihnen jetzt wird, geht mich gar nichts an. Sie werden ja wissen, an wen Sie sich zu wenden haben, ich frag Sie gar nicht danach. Ich weiß nur, daß ich jemanden, der so niederträchtig seine Pflicht vernachlässigt hat, nicht einen Tag mehr in meinem Hause dulde."

[...] Abends sieht das Fräulein flüchtig zu ihnen herein und sagt ihnen gute Nacht. Die Kinder zittern, da sie sie hinausgehen sehen, sie möchten ihr gerne noch etwas sagen. Aber jetzt, da das Fräulein schon bei der Tür ist, wendet sie sich selbst plötzlich – wie von diesem stummen Wunsch zurückgerissen – noch einmal um. Etwas glänzt in ihren Augen, feucht und trüb. Sie umarmt beide Kinder, die wild zu schluchzen anfangen, küßt sie noch einmal und geht dann hastig hinaus. In Tränen stehen die Kinder da. Sie fühlen, das war ein Abschied.

„Wir werden sie nicht mehr sehen!" weint die eine.

„Paß auf, wenn wir morgen von der Schule zurückkommen, ist sie nicht mehr da."

[...] Ganz zeitig stehen sie dann auf. Als sie, die schönen vollen Nelken in der leicht zitternden Hand, an die Tür des Fräuleins pochen, antwortet ihnen niemand. Sie glauben das Fräulein schlafend und schleichen vorsichtig hinein. Aber das Zimmer ist leer, das Bett unberührt. Alles liegt in Unordnung herum verstreut, auf der dunklen Tischdecke schimmern ein paar Briefe. Die beiden Kinder erschrecken. Was ist geschehen?

„Ich gehe hinein zu Mama", sagt die Ältere entschlossen. Und trotzig, mit finsteren Augen, ganz ohne Angst pflanzt sie sich vor ihrer Mutter auf und fragt:

„Wo ist unser Fräulein?"

„Sie wird in ihrem Zimmer sein", sagt die Mutter ganz erstaunt.

„Ihr Zimmer ist leer, das Bett ist unberührt. Sie muß schon gestern abend weggegangen sein. Warum hat man uns nichts davon gesagt?"

Die Mutter merkt gar nicht den bösen, herausfordernden Ton. Sie ist blaß geworden und geht hinein zum Vater, der dann rasch im Zimmer des Fräuleins verschwindet. Er bleibt lange aus. Das Kind beobachtet die Mutter, die sehr erregt scheint, mit einem zornigen Blick, dem ihre Augen nicht recht zu begegnen wagen. Da kommt der Vater zurück. Er ist ganz fahl im Gesicht und trägt einen Brief in der Hand. Er geht mit der Mutter hinein ins Zimmer und spricht drinnen mit ihr leise. Die Kinder stehen draußen und wagen auf einmal nicht mehr zu horchen. Sie haben Angst vor dem Zorn des Vaters, der jetzt aussah, wie sie ihn nie gekannt hatten.

Ihre Mutter, die jetzt aus dem Zimmer tritt, hat verweinte Augen und blickt verstört. Die Kinder kommen ihr, unbewußt, wie von ihrer Angst gestoßen, entgegen und wollen sie wieder fragen. Aber sie sagt hart: „Geht jetzt in die Schule, es ist schon spät."

Und die Kinder müssen gehen. Wie im Traum sitzen sie dort vier, fünf Stunden unter all den anderen und hören kein Wort. Wild stürmen sie nach Hause zurück. Dort ist alles wie immer, nur ein furchtbarer Gedanke scheint die Menschen zu erfüllen. Keiner spricht, aber alle, selbst die Dienstboten, haben so eigene Blicke. Die Mutter kommt den Kindern entgegen. Sie scheint sich vorbereitet zu haben, ihnen etwas zu sagen. Sie beginnt:

„Kinder, euer Fräulein kommt nicht mehr, sie ist..."

Zweig, Stefan, Auszüge aus: Die Gouvernante. In: ders., Phantastische Nacht. In: ders., Meisternovellen
© S. Fischer Verlag GmbH, Frankfurt am Main 1962

Marie Cardinal

Marie Cardinal, 1929 geboren, wächst in Algier auf und studiert später dann in Paris u.a. Philosophie. 1953 heiratet sie und bekommt innerhalb von vier Jahren drei Kinder. In der Zeit von 1953 bis 1960 lehrt sie an Auslandgymnasien, u.a. in Griechenland und Kanada. Im Jahre 1972 erscheint ihr Roman „Der Schlüssel liegt unter der Matte".

Werke u.a.:

1962 Ècoutez la mer
1965 La souriciere
1978 Une vie pour deux(Die Irlandreise, 1979)
1998 Amour... amours...

Der Schlüssel liegt unter der Matte (1980)

Marie Cardinal erzählt in diesem Roman von einer nicht alltäglichen Lebensgemeinschaft: Die Protagonistin versucht gleichberechtigt mit drei Kindern zwischen fünfzehn und zwanzig, sowie einigen der zahlreichen Freunde zusammenzuwohnen. Wer bleiben, übernachten, essen möchte, darf es, wer Hilfe braucht, bekommt sie; gemeinsam sind alle dort Wohnenden bemüht, dem Missbrauch des immer bereitliegenden Schlüssels vorzubeugen, Pflichten zu teilen, ein Stück alternatives Leben zu verwirklichen.

(nr)

Cardinal. Marie: Der Schlüssel liegt unter der Matte. (Ausschnitte)

Und ich dazwischen, was mache ich? Ich bin ihre Mutter. Ich bin fünfundzwanzig Jahre älter als der Älteste und neunundzwanzig Jahre älter als die Jüngste. Ich habe sie mir sehr gewünscht, alle drei. Ich kann es immer noch nicht fassen, so lebendige, so schöne, so intelligente, so dumme, so lästige, so selbständige, so verschiedene menschliche Wesen in die Welt gesetzt zu haben. Als sie in meinem Bauch waren, waren sie Fremde. Jetzt fühle ich mich ihnen immer näher, je älter sie werden. Je älter sie werden, desto weniger fühle ich mich für ihren Körper verantwortlich. Je älter sie werden, desto mehr fühle ich mich für ihr Denken verantwortlich.

Meine Erfahrung, die ich keineswegs als beispielhaft hinstellen möchte, hat mich allmählich vom Bankrott der traditionellen Erziehung, wie sie in bürgerlichen Familien üblich ist, überzeugt. Menschlich gesprochen. (Materiell gesehen ist sie nach wie vor das beste „Erfolgsrezept".) Nun bin ich aber bürgerlicher Herkunft und kenne nur das bürgerliche Leben wirklich gut. Selbst wenn ich Arbeiterin würde oder Bäuerin, bliebe ich eine Bürgerliche. Mein Mann ebenfalls. Unsere Kinder sind Kinder von Bürgerlichen. Wie soll man sie zur Freiheit erziehen, ohne Salonlinke oder Militante à la Baden Powell aus ihnen zu machen? Wie soll man ihnen zu ihrem wahren Selbst verhelfen und ihnen die Wahl offen lassen?

Die Schlüssel an den Türen abzuschaffen ist meine erste Geste gewesen. Ich wußte nicht, daß mich das so weit führen würde. Ich glaubte, den Eigentumskult abzuschaffen, und hereinspaziert kam das Leben der Jugendlichen: wirr, vielfältig, einfach, echt, hart. Ich bin die einzige Erwachsene. Von einem Tag zum anderen schwanke ich zwischen Niedergeschlagenheit und Freude, Hoffnung und Verzweiflung, Zweifel und Vertrauen.

[...] Als Dorothee im vierten Schuljahr war, bekam sie folgendes Aufsatzthema gestellt: „Gebt eine Beschreibung eurer Mutter ab." Sie schrieb auf einer Seite, daß ihre Mutter graue, zu einem Knoten geschlungene Haare hätte und daß man sie, wenn die Schule aus ist, strikkend in der Kaminecke anträfe.

„Warum hast du das geschrieben?"

„Weil die Lehrerin das lieber hört, als wenn ich ihr sage, daß du rasant Auto fährst und mit irren Leuten in der Werbung arbeitest."

„Und du, hättest du lieber so eine Mama?"

„Och nein, ich weiß nicht."

Sie wußte es nicht. Sie fand wohl allmählich, daß ihre Familie nicht richtig normal war, und vielleicht schämte sie sich deswegen.

[...] Und dann haben die Kinder die Entwicklung überstürzt. Ich habe mich für ein Leben entschieden, das nicht bürgerlich ist, das übrigens keinerlei Orthodoxie duldet. Anfangs wußte ich nur, was ich nicht wollte: keine Religion, keinen Egoismus, keinen Besitz. Dabei war ich mir sehr wohl bewußt, daß das im Verhältnis zu der Erziehung, die ich genossen hatte, eine negative Einstellung war. Würde ich auf diese Weise eine andere Religion, einen anderen Egoismus, andere Besitzverhältnisse entwickeln? Ich wollte ich selbst sein, mich in meiner Haut wohl fühlen und nicht *gegen* meine Mutter, *gegen* meine Klasse usw. sein. Ich hatte bemerkt, wie empfindlich Kinder im Kleinkinderalter auf die schwankenden Launen ihrer Eltern, insbesondere ihrer Mutter, reagieren. Wenn es mir gut ging, ging alles gut, im anderen Fall ging alles schlecht. Ich mußte so glücklich, so sehr in Übereinstimmung mit mir selbst sein wie möglich, damit sie glücklich, frei und vertrauensvoll sein konnten.

Alle Prinzipien, alle Vorurteile mußten abgelegt werden, angefangen mit: „Es ist verboten, über seine Eltern zu urteilen." Mir fiel auf, daß die einzige Beziehung, die ich in meiner Kindheit zu meiner Mutter hatte, durch den engen Kanal der respektierten oder nicht respektierten Verbote liefen.

Zwischen meiner Mutter und mir gab es nur alltägliche Tagesbefehle, die ich so gut ich konnte auszuführen versuchte, weil ich sie liebte:

„Geh nie ohne Handschuhe aus."

„Auf der Straße dreht man sich nicht um." „Man schlägt die Beine nicht übereinander." „Hier, da ist Geld für die Armen." „Man redet nicht über den Preis von Dingen."

„Iß deinen Teller leer. Denk daran, daß es Leute gibt, die nichts zu essen haben."

„Man urteilt nicht über seine Eltern."

„Man ist höflich zu seinen Hausangestellten."

„Ich verlange gute Noten von dir. Später wirst du mir dafür dankbar sein. Bestandene Prüfungen sind noch das beste Kapital, das man besitzt."

„Hast du vor dem Einschlafen gebetet?"

„Man bürstet sich vor jeder Mahlzeit die Hände und putzt sich danach die Zähne."

„Bei Tisch spricht man nicht."

„Man sagt, ‚ja, Mama', ‚nein, Mama', ‚ja, mein Herr', ‚nein, mein Herr', Menschen sind keine Hunde."

„Man spricht Fremde nicht an, genausowenig wie man ihnen antwortet, wenn sie einen ansprechen."

„Man ist sparsam. Das Geld wächst nicht auf den Bäumen, und deine Familie muß es manchmal hart verdienen." „Wie lange hast du nicht mehr gebeichtet?"

„Empfiehlst du deine Seele jeden Morgen dem Herrn, bevor du deinen Tag beginnst ?"

„Schau dich nicht im Spiegel an. Es ist nicht die äußere Schönheit, auf die es ankommt."
„Ob du an meinem Tisch ißt oder nicht, du darfst deinen Rücken nie an den Stuhl lehnen, das wirkt formlos."
„Man muß Haltung haben."
„Die Lehrer haben immer recht. Man urteilt nicht über seine Eltern."
„Zu meiner Zeit ging man nie ohne Hut und Mantel aus. Daß es heute gestattet ist, ist kein Grund, dich schamlos zu benehmen."
„Geld faßt man nicht an. Es ist äußerst schmutzig, jeder befingert es. Wenn man groß ist, wird es auf eine Bank gebracht, und wenn man klein ist, steckt man es in eine Spardose."
„Und so fort, für jeden Moment des Tages, für jede Geste die kleine Regel, die aus mir ein wohlerzogenes und glückliches Mädchen machen sollte." „Es ist zu deinem Besten. Ich werde es solange wiederholen, bis du es ein für alle Mal im Kopf hast."

Cardinal, Marie: Der Schlüssel liegt unter der Matte. Roman. Deutsch von Uli Aumüller und Renate Kubisch. Reinbek bei Hamburg: Rororo, 1980. S. 14-15, 74-76.
© 1980 by Rowohlt Taschenbuch Verlag GmbH, Reinbek bei Hamburg.
„La Clé sur la porte"
© 1972 by Editions Grasset & fraguette, Paris.

Simone de Beauvoir

Simone Lucie Ernestine Marie Bertrand de Beauvoir wird am 9. Januar 1908 in Paris als Tochter des Anwalts Georges de Beauvoir und der Bibliothekarin Françoise de Beauvoir geboren. Sie erhält eine streng katholische Erziehung. Sie studiert Philologie, Mathematik und Philosophie. 1929 lernt Simone de Beauvoir Jean-Paul Sartre kennen und es entwickelt sich eine Beziehung. Von 1931 bis 1943 ist sie als Lehrerin in Rouen und Paris, ab 1943 nur noch als freie Schriftstellerin tätig. Ab 1945 arbeitet sie an der von Sartre gegründeten politisch-literarischen Zeitschrift „Les Temps Modernes" mit, in welcher sie ihre philosophischen Aufsätze publiziert. 1954 erhält sie den Prix Goncourt für „Les Mandarins" (Die Mandarins von Paris). Nach einer Vielzahl von Veröffentlichungen stirbt Simone de Beauvoir am 14. April 1986 in Paris.

Werke u.a.:

1958   Mémoires d'une jeune fille rangée
        (Memoiren einer Tochter aus gutem Hause, 1961)
1960   La Force de l'âge (In den besten Jahren, 1961)
1963   La Force des choses (Der Lauf der Dinge, 1966)
1972   Tout compte fait (Alles in allem, 1974)

Das andere Geschlecht (1951)

Das Buch versteht sich als universelle Standort-Bestimmung der Frau, die aus jahrtausendealter Abhängigkeit von männlicher Vorherrschaft, aus einer übermächtigen Tradition von Schwächegefühlen, rechtlicher und gesellschaftlicher Benachteiligung aufgebrochen ist, um eine selbstständige Seins- und Wertbestimmung und den ihr angemessenen gleichberechtigten Status dem Mann gegenüber zu gewinnen.

(nr)/(cw)

De Beauvoir, Simone: Das andere Geschlecht. Sitte und Sexus der Frau. (Ausschnitt)

So ist die Passivität, die im wesentlichen ein Charakteristikum der „femininen" Frau sein wird, ein Zug, der sich in ihr von den ersten Jahren an entwickelt. Es ist jedoch falsch, wenn behauptet wird, er sei biologisch bedingt. In Wirklichkeit wird ihr ein Schicksal von ihren Erziehern und der Gesellschaft auferlegt. Die ungeheure Chance des Jungen besteht darin, daß seine Art des Existierens für den andern ihn dazu ermuntert, sich für sich selbst zu „setzen". Er erlernt seine Existenz als freie Bewegung in Richtung auf die Welt. Er wetteifert an Härte und Unabhängigkeit mit den anderen Jungen, er verachtet die Mädchen, setzt sich gegenseitig in heftigen Spielen zur Wehr, erfaßt seinen Körper als ein Mittel, die Natur zu beherrschen, und als ein Werkzeug im Kampf. Er ist stolz auf seine Muskeln wie auf seinen Geschlechtsteil. Durch Spiele, sportliche Betätigungen, Herausforderungen, Prüfungen findet er den Ausgleich in der Anwendung seiner Kräfte. Gleichzeitig lernt er die strengen Lehren der Gewalt kennen. Er lernt von früher Jugend an, Hiebe einzustecken, den Schmerz zu verachten, Tränen zu verbeißen. Er unternimmt, erfindet, wagt. Gewiß empfindet er sich auch in seiner Bestimmung „für den andern", stellt er seine Männlichkeit in Frage, und aus seinen Beziehungen zu Erwachsenen und Kameraden ergeben sich eine Fülle von Problemen. Sehr wichtig ist jedoch hierbei, daß sich bei ihm kein grundsätzlicher Gegensatz zwischen der Sorge um seine eigene objektive Gestalt und dem Willen ergibt, sich in konkreten Entwürfen zu bestätigen. Handelnd schafft er in einer einzigen Bewegung sein Sein. Bei der Frau dagegen findet sich von Anbeginn ein Konflikt zwischen ihrer autonomen Existenz und ihrem „Anders-Sein". Sie wird gelehrt, sie müsse zu gefallen suchen, müsse sich zum Objekt machen, um zu gefallen; sie solle also auf ihre Autonomie verzichten. Man behandelt sie als eine lebendige Puppe und verweigert ihr die Freiheit. So schließt sich ein Circulus vitiosus. Denn je weniger sie ihre Freiheit ausübt, um die Welt ihrer Umgebung zu verstehen, zu ergreifen und zu entdecken, um so weniger Rückhalt wird sie in sich selbst finden, um so weniger wird sie sich als Subjekt zu behaupten wagen. Ermunterte man sie dazu, dann könnte sie die gleiche überströmende Lebendigkeit, die gleiche Wißbegierde, denselben Unternehmungsgeist, dieselbe Kühnheit betätigen wie ein Junge. Das ist auch manchmal der Fall, wenn man sie auf männliche Art heranwachsen läßt. Viele Probleme bleiben ihr dann erspart. Zum mindesten in ihrer frühesten Kindheit. Beim gegenwärtigen Stand der Gesellschaft könnten die Jugendkonflikte eher dadurch noch gesteigert werden. Es ist interessant, festzustellen, daß dies die Art der Erziehung ist, die ein Vater seiner Tochter zukommen lassen möchte. Frauen, die von einem Mann erzogen wurden, entgehen größtenteils den Makeln des Frauentums. Doch es widerspricht den hergebrachten Sitten, Töchter genau wie Söhne zu erziehen. [...] So machen sich die Frauen, wenn ihnen ein Kind anvertraut wird, mit einem Eifer, in dem sich Arroganz mit Trotz mischt, daran, es in eine Frau umzuformen, die ihnen gleicht. Und selbst eine hochherzige Mutter, die ernstlich auf das Wohl ihrer Kinder bedacht ist, wird meist denken, daß es klüger ist, aus ihr eine „richtige Frau" zu machen; denn als solche wird die Gesellschaft sie leichter aufnehmen. Sie erhält also andere kleine Mädchen zu Freundinnen, sie wird Lehrerinnen anvertraut, sie lebt unter Matronen wie zu Zeiten des Gynäzeums, sie bekommt ihre Bücher und Spiele ausgesucht, die sie in ihr Schicksal einführen, die Schätze weiblicher Weisheit werden ihr eingetrichtert, sie wird auf weibliche Tugenden verwiesen, sie erlernt die Küche, das Nähen, den Haushalt ebenso wie Toilette machen, erlernt den Charme, die Scham. Unbequeme und kostbare Kleider werden ihr angezogen, auf die sie sorgsam achten muß, sie bekommt eine komplizierte Frisur, sie erhält Vorschriften, wie sie sich zu benehmen hat: „Halte dich gerade! Wackle nicht wie eine Ente beim Gehen!" Um graziös zu sein, muß sie ihre ursprünglichen Bewegungen unterdrücken. Sie darf keine jungenhaften Manieren annehmen; heftige Übungen werden ihr verboten, Raufen ist ihr untersagt. Kurz, sie muß wie ihre älteren Geschlechtsgenossinnen Dienerin und Idol werden. Dank der Errungenschaften der Frauenbewegung wird es immer mehr üblich, sie zum Studieren, zur sportlichen Betätigung anzuhalten. Aber man sieht es ihr eher als einem Jungen nach, wenn sie dabei nicht mitkommt. Der Erfolg wird ihr dadurch erschwert, daß eine andere Art der Ausführung von ihr gefordert wird. Zum mindesten verlangt man von ihr, daß sie dabei auch Frau bleibt, ihre Weiblichkeit nicht *verliert*.

De Beauvoir, Simone: Das andere Geschlecht. Sitte und Sexus der Frau. Deutsche Übersetzung (Neuübersetzung) von Uli Aumöller. Reinbek bei Hamburg: Rowohlt Taschenbuchverlag, 1990. S. 274-276.
© Rowohlt Verlag GmbH, Reinbek bei Hamburg, 1951
„Le deuxième sexe" © Librairie Gallimard, Paris, 1949

Thomas Mann

Biographische Angaben siehe Kapitel 1, S. 57

Bekenntnisse des Hochstaplers Felix Krull (1954)

In Form von einer fiktiven Autobiographie wird die Lebensgeschichte von Felix Krull erzählt. Dieser ist Sohn eines bankrotten Sektfabrikanten und wird von einer Sehnsucht nach Höherem getrieben. Jeder neuen Situation, in die er gerät, ist er in einem Maße gewachsen, als sei sie ihm nicht fremd. Seine unerschöpfliche Wandlungsfähigkeit führt ihn bis nach Paris. Hier avanciert er vom Liftboy zum Kellner eines Luxushotels. Das entscheidende Ereignis für ihn ist der Existenztausch mit dem Marquis von Venosta. An dessen Stelle er eine Weltreise antritt und dadurch den Paläontologe Professor Kuckuck kennen lernt. In Lissabon macht er dann Bekanntschaft mit dessen Familie und findet dort als Marquis de Venosta Zutritt zur Gesellschaft.

(ar)

Mann, Thomas: Bekenntnisse des Hochstaplers Felix Krull (Ausschnitt)

Meine Fahrkarte, versteht sich, war in bester Ordnung, und ich genoß es auf eigene Art, daß sie so einwandfrei in Ordnung – daß folglich ich selbst so einwandfrei in Ordnung war und daß die wackeren, in derbe Mäntel gekleideten Schaffner, die mich im Lauf des Tages in meinem hölzernen Winkel besuchten, den Ausweis nachprüften und ihn mit ihrer Zwickzange lobten, ihn mir stets mit stummer dienstlicher Befriedigung zurückreichten. Stumm allerdings und ohne Ausdruck, das heißt: mit dem Ausdruck beinahe erstorbener und bis zur Affektation gehender Gleichgültigkeit, der mir nun wieder Gedanken eingab über die jede Neugier ausschaltende Fremdheit, mit welcher der Mitmensch, besonders der beamtete, dem Mitmenschen glaubt begegnen zu sollen. Der brave Mann da, der meine legitime Karte zwickte, gewann damit seinen Lebensunterhalt; irgendwo wartete seiner ein Heim, ein Ehering saß ihm am Finger, er hatte Weib und Kinder. Aber ich mußte mich stellen, als ob mir der Gedanke an seine menschlichen Bewandtnisse völlig fernliege, und jede Erkundigung danach, die verraten hätte, daß ich ihn nicht nur als dienstliche Marionette betrachtete, wäre höchst unangebracht gewesen. Umgekehrt hatte auch ich meinen besonderen Lebenshintergrund, nach dem er sich und mich hätte fragen mögen, was ihm aber teils nicht zukam, teils unter seiner Würde war. Die Richtigkeit meines Fahrscheins war alles, was ihn anging von meiner ebenfalls marionettenhaften Passagierperson, und was aus mir wurde, wenn dieser Schein abgelaufen und mir abgenommen war, darüber hatte er toten Auges hinwegzublicken. Etwas seltsam Unnatürliches und eigentlich Künstliches liegt ja in diesem Gebaren, obgleich man zugeben muß, daß es fortwährend und nach allen Seiten zu weit führen würde, davon abzuweichen, ja schon leichte Durchbrechungen meist Verlegenheit zeitigten. Tatsächlich gab mir gegen Abend einer der Beamten, eine Laterne am Gürtel, meine Karte mit einem längeren Blick auf mich und einem Lächeln zurück, das offenbar meiner Jugend galt.

„Nach Paris?" fragte er, obgleich mein Reiseziel ja klar und deutlich war.

„Ja, Herr Inspektor", antwortete ich und nickte ihm herzlich zu. „Dahin geht es mit mir."

„Was wollen Sie denn da?" getraute er sich weiter zu fragen.

„Ja, denken Sie", erwiderte ich, „auf Grund von Empfehlungen soll ich mich dort im Hotel-Gewerbe betätigen."

„Schau, schau!" sagte er. „Na, viel Glück!"

„Viel Glück auch Ihnen, Herr Oberkontrolleur", gab ich zurück. „Und bitte, grüßen Sie Ihre Frau und die Kinder!"

„Ja, danke – nanu!" lachte er bestürzt, in sonderbarer Wortverbindung, und beeilte sich weiterzukommen, strauchelte und stolperte aber etwas dabei, obgleich am Boden gar kein Anstoß vorhanden war; so sehr hatte die Menschlichkeit ihn aus dem Tritt gebracht.

Mann, Thomas: Bekenntnisse des Hochstaplers Felix Krull. In: Thomas Mann. Gesammelte Werke in dreizehn Bänden. Band VII. Der Erwählte. Roman. Bekenntnisse des Hochstaplers Felix Krull. Der Memoiren erster Teil. Frankfurt am Main: S. Fischer Verlag, 1960. S. 386-387.
© S. Fischer Verlag GmbH, Frankfurt am Main 1960

Wilhelm Raabe

Wilhelm Raabe (Jakob Corvinius) wird am 8. September 1831 in Eschershausen im Herzogtum Braunschweig als Sohn eines Juristen geboren. Nach dem Tod seines Vaters (1845) siedelt die Mutter mit ihren drei Kindern nach Wolfenbüttel über, dort besucht Raabe bis zu seinem Schulabbruch 1849 das Gymnasium. Nach einer Buchhandelslehre in Magdeburg geht er 1854 zu einem zweijährigen Studienaufenthalt (als Gasthörer) nach Berlin. Er will Schriftsteller werden. 1857 erscheint sein erster Roman (Die Chronik der Sperlingsgasse). Nach seiner Heirat mit der Honoratiorentochter Berta Leiste zieht er nach Stuttgart, wo er sich nicht wohl fühlt. 1870 wechselt er nach Braunschweig, wo er, inzwischen mit zahlreichen Ehrungen dekoriert, am 15. November 1910 stirbt.

Werke u.a.:

1857   Die Chronik der Sperlingsgasse
1864   Der Hungerpastor
1868   Abu Telfan oder die Heimkehr vom Mondgebirge
1872   Der Dräumling
1876   Horacker
1896   Die Akten des Vogelsangs

Der Hungerpastor (1864)

Der Hunger ist das Thema dieses Romans, das sich aus den Lebensläufen zweier streng antagonistisch gestalteter Helden veranschaulicht: Der eine ist der Schuhmachersohn Hans Jakob Unwirrsch, der andere Moses Freudenstein, der Sohn eines Trödlers, zwei Freunde, die in Armut aufwachsen, und beide hungern sie nach Wissen und Bildung. Die Lebenswege verlaufen sehr unterschiedlich und enden in innerer Zerrissenheit bzw. gelungener sozialer und persönlicher Identität.

(nr)

Raabe, Wilhelm: Der Hungerpastor. (Ausschnitt)

Johannes Jakob Nikolaus Unwirrsch war in seinem fünften Jahr ein kleiner, plumper Gesell in einer Hose, die auf Wachstum berechnet und zugeschnitten worden war. Er sah aus blaugrauen Augen fröhlich in die Welt und die Kröppelstraße, seine Nase hatte bis jetzt noch nichts Charakteristisches, sein Mund versprach sehr groß zu werden und hielt sein Versprechen. Das gelbe Haar des Jungen kräuselte sich natürlich und war das Hübscheste an ihm. Er hatte in jeder Beziehung einen ausgezeichneten Magen, wie alle die Leute, welche viel Hunger in ihrem Leben dulden sollen; er wurde mit dem größten Stück Schwarzbrot und dem vollsten Suppenteller fast noch leichter und schneller fertig als mit dem Abc. Von den beiden Weibern, der Mutter und der Base, wurde er natürlich sehr verzogen und als Kronprinz, Heros und Weltwunder behandelt und verehrt, so daß es ein Glück war, als der Staat sich ins Mittel legte und ihn für schulpflichtig erklärte. Hans setzte den Fuß auf die unterste Stufe der Leiter, die an dem fruchtreichen Baum der Erkenntnis lehnt; die Armenschule tat sich vor ihm auf, und Silberlöffel, der Armenschullehrer, versprach an ihrer Tür der Base, daß das „Herzenskind" weder von ihm selber noch von den hundertsechzig Rangen, die seiner Zucht untergeben waren, totgeschlagen werden sollte.

[...] In einem dunkeln Sackgäßchen, in einem einstöckigen Gebäude, welches einst als Spritzenhaus diente, hatte die Kommune die Schule für ihre Armen eingerichtet, nachdem sie sich so lange als möglich geweigert hatte, überhaupt ein Lokal zu so überflüssigem Zweck herzugehen. Es war ein feuchtes Loch: fast zu jeder Jahreszeit lief das Wasser von den Wänden; Schwämme und Pilze wuchsen in den Ecken und unter dem Pult des Lehrers. Klebrignaß waren die Tische und Bänke, die während der Ferien stets mit einem leichten Schimmelanflug überzogen wurden. Von den Fenstern wollen wir lieber nicht reden; es war kein Wunder, wenn sich auch in ihrer Nähe die interessantesten Schwammformationen bildeten. Ein Wunder war es auch nicht, wenn sich in den Händen und Füßen des Lehrers die allerschönsten Gichtknoten und in seiner Lunge die prachtvollsten Tuberkeln bildeten. Es war kein Wunder, wenn zeitweise die halbe Schule am Fieber krank lag. Hätte die Kommune auf jedes Kindergrab, welches durch ihre Schuld auf dem Kirchhof geschaufelt wurde, ein Marmordenkmal setzen müssen, so würde sie sehr bald für ein anderes Schullokal gesorgt haben.

Karl Silberlöffel unterschrieb sich der Lehrer auf den Quittungen für die stupenden Geldsummen, die ihm der Staat quatemberweise auszahlte. Ach, der Arme führte seinen Namen nur der Ironie wegen; er war nicht mit einem silbernen Löffel im Munde geboren worden. Er hätte dem Kultusministerium viel Stoff zum Nachdenken geben müssen, wenn nicht diese verehrliche und hochlöbliche Behörde durch Wichtigeres abgezogen gewesen wäre. Wie kann sich die hohe Behörde um den Lehrer Silberlöffel bekümmern, wenn die Frage, welches Minimum von Wissen den untern Schichten der Gesellschaft ohne Schaden und Unbequemlichkeit für die höchsten gestattet werden könne, noch immer nicht gelöst ist? Noch lange Zeit werden die mit der Lösung dieser Frage beauftragten Herren die Volkslehrer als ihre Feinde betrachten und es als eine höchst abgeschmackte und lächerliche Forderung auffassen, wenn böswillige, revolutionäre Idealisten verlangen, auch ein hohes Ministerium möge seinen Feinden Gutes tun und sie zum wenigsten anständig kleiden und notdürftig füttern. O du gute alte Zeit, wo die Menschheit noch aus der Hand des einen Unteroffiziers in die des andern überging! O du gute alte Zeit, wo nicht allein die Armee unter dem Korporalstock stand!

[...] In dem Spritzenhause zu Neustadt saßen rechts die Mädchen, links die Knaben. Zwischen diesen beiden Abteilungen lief ein Gang von der Tür zum Pult des Lehrers, und in diesem Gange hustete Silberlöffel auf und ab, ohne daß es irgendeinen in der jugendlichen Schar rührte. Lang, sehr lang war der Arme; hager, sehr hager war er; sehr melancholisch sah er aus, und das mit Recht. Ein anderer an seiner Stelle hätte sich in dem feuchten, kalten Raume munter und warm geprügelt; aber selbst dazu war er nicht mehr imstande. Seine schwachen Versuche in dieser Hinsicht galten nur für gute Späße; seine Autorität stand unter Null. Ein herzzerreißender Vorwurf für alle Wohlgekleideten war der Anzug dieses verdienstvollen Mannes; der Hut führte mit seinem Besitzer eine wahre Tragödie auf. Zwischen beiden handelte es sich darum, wer den andern überdauern würde, und der Hut schien zu wissen, daß er gewinnen müsse. Ein diabolischer Hohn grinste aus seinen Beulen und Schrammen. Das Scheusal wußte, daß es auch noch den Nachfolger des armen, schwindsüchtigen Mannes überleben könne; es machte sich nicht das geringste aus dem Schimmel und Schwamm des Spritzenhauses.

Hans Unwirrsch trat mit keineswegs sentimentalen Gefühlen in die Gemeinschaft und das Gewimmel der Armenschule. Nachdem die erste Verblüffung und Blödigkeit überwunden war, nachdem er sich halbwegs hereingefunden hatte, zeigte er sich nicht besser als jeder andere Schlingel und nahm nach besten Kräften teil an allen Leiden und Freuden dieser preis-würdigen Staatseinrichtung. Er orientierte sich bald. Die Freunde und Feinde unter den Knaben waren schnell herausgefunden: gleichgeartete Gemüter schlossen sich an ihn, entgegenstehende Naturen suchten ihn an den Haaren aus seiner Weltanschauungsweise herauszuziehen, und im Einzelkampf wie in der allgemeinen Prügelei kam manches Leid über ihn, das er aber als anständiger Junge ertrug, ohne sich hinter dem Lehrer zu verkriechen. Als anständiger Junge hatte er in dieser Lebensepoche gegen das weibliche Geschlecht auf den Bänken zur Rechten des Ganges im allgemeinen eine heilsame Idiosynkrasie. Er klebte den Mädchen gern Pech auf ihre Plätze und knüpfte ihnen noch lieber paarweise verstohlen die Zöpfe zusammen; er verachtete sie höchlichst als untergeordnete Geschöpfe, die sich nur durch Geschrei wehrten und durch die der Lehrer mehr über die linke Hälfte seiner Schule erfuhr, als den Buben lieb war. Von ritterlichen Regungen und Gefühlen fand sich anfangs in seiner Brust keine Spur, doch die Zeit, wo es in dieser Hinsicht anfing zu dämmern, war nicht fern, und bald machte wenigstens ein kleines Geschöpfchen von der andern Seite der Schule her seinen Einfluß auf Hans Unwirrsch geltend. Es kam die Zeit, wo er eine kleine Mitschülerin nicht weinen sehen konnte und wo er einen unbestimmten Hunger empfand, der nicht auf die großen Butterbrote und Kuchenstücke der benachbarten Straßenjugend gerichtet war. Doch für jetzt steckte er frech die Hände in die Taschen der Pumphose, spreizte die Beine voneinander, stellte sich fest auf den Füßen und suchte sich soviel als möglich von der absoluten Herrschaft der Weiber zu befreien. Nicht mehr wie sonst saß er still und artig zu den Füßen der Base Schlotterbeck und horchte andächtig ihren Lehren und Ermahnungen, ihren Märchen und Kalendergeschichten, ihren biblischen Vorlesungen. Zum großen Mißbehagen der guten Alten fing er an, täglich mehr Kritik zu üben.

[...] Kurz, Hans Jakob Nikolaus Unwirrsch hatte jetzt eine Lebensstufe erreicht, auf welcher liebende Verwandte ihren hoffnungsvollsten Sprößlingen und jugendlichen Bekannten mit finster-melancholischen Blicken und warnenden Hand-bewegungen eine düstere Zukunft, den Bettelstab, das Gefängnis, das Zuchthaus und zuletzt, zum angenehmen Beschluß, den schimpflichen Tod am Galgen vorhersagen, Es ist auch in diesem Falle ein Glück, daß Prophezeiungen gewöhnlich nicht in Erfüllung gehen.

Raabe, Wilhelm: Der Hungerpastor. In: Hoppe, Karl (Hrsg.): Wilhelm Raabe. Sämtliche Werke. Braunschweiger Ausgabe. Sechster Band. Freiburg, Braunschweig: Verlagsanstalt Herman Klemm, 1953. S. 29-34.
[kein copyright]

Christian Friedrich Hebbel

Christian Friedrich Hebbel wird am 18. März 1813 als Sohn eines tagelöhnernden Maurers in Wesselburen (Dithmarschen) geboren und verlebt eine ärmliche Jugend. Er arbeitet nach dem Besuch der Volksschule kurzzeitig als Maurerlehrling. Nach dem Tod des Vaters (1827) beginnt seine Boten- und Schreibertätigkeit beim Kirchspielvogt Mohr. Durch dessen Bibliothek erlangt Hebbel eine zufällige autodidaktische Bildung. 1836 bis 1839 studiert er unter äußerst dürftigen Verhältnissen Jura, Geschichte, Literatur und Philosophie in Hamburg, Heidelberg und München. Um 1840 beginnt Hebbels dramatisches Schaffen. Von 1842 bis 1843 verbringt Hebbel die Zeit in Kopenhagen und erhält ein zweijähriges Reisestipendium des dänischen Königs Christian VIII. So bricht Hebbel 1843 nach Paris auf, wo er die Bekanntschaft mit Heinrich Heine macht, bevor er 1844 seine Italienreise antritt. Ab 1845 lebt Hebbel in Wien, wo er am 13. Dezember 1863 stirbt.

Werke u.a.:

1841 Judith
1850 Herodes und Marianne
1851 Julia
1855 Agnes Bernauer
1862 Die Nibelungen

(cw)

Hebbel, Friedrich: Aus meiner Jugend (Ausschnitt)

In meinem vierten Jahre wurde ich in eine Klippschule gebracht. Eine alte Jungfer, Susanna mit Namen, hoch und männerhaft von Wuchs, mit freundlichen blauen Augen, die wie Lichter aus einem graublassen Gesicht hervorschimmerten, stand ihr vor. Wir Kinder wurden in dem geräumigen Saal, der zur Schulstube diente und ziemlich finster war, an den Wänden herumgepflanzt, die Knaben an der einen Seite, die Mädchen auf der andern. Susannas Tisch, mit Schulbüchern beladen, stand in der Mitte, und sie selbst saß, ihre weiße tönerne Pfeife im Munde und eine Tasse Tee vor sich, in einem respekteinflößenden, urväterlichen Lehnstuhl dahinter. Vor ihr lag ein langes Lineal, das aber nicht zum Linienziehen, sondern zu unserer Abstrafung benutzt wurde, wenn wir mit

Stirnerunzeln und Räuspern nicht länger im Zaum zu halten waren- eine Tüte voll Rosinen, zur Belohnung außerordentlicher Tugenden bestimmt, lag daneben. Die Klapse fielen jedoch regelmäßiger als die Rosinen, ja die Tüte war, so sparsam Susanna auch mit dem Inhalt umging, zuweilen völlig leer- wir lernten daher Kants kategorischen Imperativ zeitig genug kennen. An den Tisch wurde groß und klein von Zeit zu Zeit herangerufen, die vorgerückteren Schüler zum Schreibunterricht, der Troß, um seine Lektion aufzusagen und, wie es nun kam, Schläge auf die Finger mit dem Lineal oder Rosinen in Empfang zu nehmen. Eine unfreundliche Magd, die sich hin und wieder sogar einen Eingriff ins Strafamt erlaubte, ging ab und zu und ward von dem jüngsten Zuwachs mitunter auf äußerst unerfreuliche Weise in Anspruch genommen, weshalb sie scharf darüber wachte, daß er nicht zu viel von den mitgebrachten Süßigkeiten zu sich nahm. Hinter dem Hause war ein kleiner Hof, an den Susannas Gärtchen stieß, auf dem Hof trieben wir in den Freistunden unsere Spiele. Das Gärtchen wurde vor uns verschlossen gehalten. Es stand voll Blumen, deren phantastische Gestalten ich noch im schwülen Sommerwind schwanken sehe. Von diesen Blumen brach Susanna uns bei guter Laune wohl hin und wieder einige ab, jedoch erst dann, wenn sie dem Welken nah waren. Früher raubte sie den sauber angelegten und sorgfältig gejäteten Beeten, zwischen denen sich Fußsteige hinzogen, die kaum für die hüpfenden Vögel breit genug schienen, nichts von ihrem Schmuck. Susanna verteilte ihre Geschenke übrigens sehr parteiisch. Die Kinder wohlhabender Eltern erhielten das Beste und durften ihre oft unbescheidenen Wünsche laut aussprechen, ohne zurechtgewiesen zu werden, die Ärmeren mußten mit dem zufrieden sein, was übrigblieb, und bekamen gar nichts, wenn sie den Gnadenakt nicht stillschweigend abwarteten. Das trat am schreiendsten zu Weihnachten hervor. Dann fand eine große Verteilung von Kuchen und Nüssen statt, aber in treuster Befolgung der Evangeliumsworte: ‚Wer da hat, dem wird gegeben!' Die Töchter des Kirchspielschreibers, einer gewaltigen Respektsperson, die Söhne des Arztes usw. wurden mit halben Dutzenden von Kuchen, mit ganzen Tüchern voll Nüssen beladen; die armen Teufel dagegen, deren Aussichten für den Heiligen Abend im Gegensatz zu diesen ausschließlich auf Susannas milder Hand beruhten, wurden kümmerlich abgefunden. Der Grund war, weil Susanna auf Gegengeschenke rechnete, auch wohl rechnen mußte, und von Leuten, die nur mit Mühe das Schulgeld aufzubringen wußten, keine erwarten durfte. Ich wurde nicht ganz zurückgesetzt, denn Susanna erhielt im Herbst regelmäßig von unserem

Birnbaum ihren Tribut, und ich genoß ohnehin meines ‚guten Kopfes‘ wegen vor vielen eine Art von Vorzug, aber ich empfand den Unterschied doch auch und hatte besonders viel von der Magd zu leiden, die mir das Unschuldigste gehässig auslegte, das Ziehen eines Taschentuches zum Beispiel als ein Zeichen, daß ich es gefüllt haben wolle, was mir die glühendste Schamröte auf die Wangen und die Tränen in die Augen trieb. Sobald Susannas Parteilichkeit und die Ungerechtigkeit ihrer Magd mir ins Bewußtsein traten, hatte ich den Zauberkreis der Kindheit überschritten. Es geschah sehr früh.

Hebbel, Friedrich: Aus meiner Jugend. In: Deutsche Erzähler des 19. Jahrhunderts. Ausgewählt und eingeleitet von Hugo von Hofmannsthal. Frankfurt am Main: Suhrkamp Taschenbuch Verlag, 1994. S. 64-66.
© Insel-Verlag Frankfurt am Main 1987.

Frank McCourt

Frank McCourt wird 1930 in New York geboren. Im Alter von vier Jahren siedelt er mit seinen Eltern von Amerika nach Irland um und wächst dort auf. Mit 19 Jahren hat er genügend Geld gespart, um nach Amerika zurückzukehren. In New York unterrichtet er an einer High School. 1995 geht er in Pension und schreibt seine Erinnerungen auf.

Die Asche meiner Mutter: Irische Erinnerungen (1996)

Franks Vater ist ein Säufer, der aus dem Norden Irlands stammt. Er muss er das Land verlassen und trifft in New York auf Angela, die von ihrer eigenen Mutter wegen ihrer Nutzlosigkeit in die Emigration geschickt wurde. Die beiden heiraten und Angela bringt in vier Jahren Ehe fünf Kinder zur Welt. Die Familie ist völlig mittellos und muss dadurch nach Irland zurückkehren. Seine neue Heimat kennt Frank, der Älteste, bisher nur aus den Erzählungen seines Vaters. Er lernt sie daraufhin aber schnell in den Slums von Limerick kennen und weiß, was es heißt, arm, katholisch und Ire zu sein.

(ar)

McCourt, Frank: Die Asche meiner Mutter (Ausschnitte)

An Leamy's National School sind sieben Lehrer, und alle haben Lederriemen, Rohrstöcke und Schwarzdornzweige. Damit schlagen sie einem auf die Schultern, den Rücken und, ganz besonders, auf die Hände. Wenn sie einem auf die Hände schlagen, nennt man das einen Tatzenhieb. Sie schlagen einen, wenn man zu spät kommt, wenn die Feder vom Federhalter tropft, wenn man lacht, wenn man redet und wenn man was nicht weiß.

Sie schlagen einen, wenn man nicht weiß, warum Gott die Welt erschaffen hat, wenn man den Schutzheiligen von Limerick nicht weiß, wenn man das Apostolische Glaubensbekenntnis nicht aufsagen kann, wenn man nicht neunzehn und siebenundvierzig addieren kann, wenn man neunzehn nicht von siebenundvierzig subtrahieren kann, wenn man die wichtigsten Städte und Erzeugnisse der zweiunddreißig Grafschaften von Irland nicht weiß, wenn man Bulgarien auf der großen Wandkarte nicht findet, die fleckig von Spucke und Rotz ist und von Tinte aus Tintenfässern, von wütenden Schülern geschmissen, nachdem sie von der Schule geflogen sind. Sie schlagen einen, wenn man seinen Namen nicht auf irisch sagen kann, wenn man das Ave-Maria nicht auf irisch aufsagen kann, wenn man nicht auf irisch Darf ich mal austreten? fragen kann. Es ist gut, den großen Jungens eine Klasse höher zuzuhören. Sie können einem von dem Lehrer berichten, den man jetzt hat, was er mag und was er haßt. Ein Lehrer wird einen schlagen, wenn man nicht weiß, daß Eamon De Valera der bedeutendste Mann ist, der je gelebt hat. Ein anderer Lehrer wird einen schlagen, wenn man nicht weiß, daß Michael Collins der bedeutendste Mann war, der je gelebt hat.

Mr. Benson haßt Amerika, und man darf nicht vergessen, Amerika zu hassen, sonst schlägt er einen. Mr. O'Dea haßt England, und man darf nicht vergessen, England zu hassen, sonst schlägt er einen. Sie alle schlagen einen, wenn man irgendwas Günstiges über Oliver Cromwell sagt. Selbst wenn sie einem mit dem Eschenzweig oder dem Schwarzdorn mit den Knubbeln sechsmal auf jede Hand schlagen, darf man nicht weinen. Es gibt Jungens, die einen vielleicht auf der Straße auslachen und verspotten, aber sie müssen vorsichtig sein, denn der Tag wird kommen, da schlägt und prügelt der Lehrer sie auch, und dann müssen sie die Tränen hinter den Augen halten, oder sie sind für alle Zeiten blamiert.

[...] Oma spricht nicht mehr mit Mam, weil ich das mit Gott auf ihrem Hinterhof gemacht habe. Mam spricht nicht mit ihrer Schwester, Tante Aggie, und nicht mit ihrem Bruder, Onkel Tom. Dad spricht mit niemandem in Mams Familie, und sie sprechen nicht mit ihm, weil er aus dem Norden kommt und weil er diese komische Art hat. Niemand spricht mit der Frau von Onkel Tom, Jane, weil sie aus Galway kommt und so spanisch aussieht. Jeder spricht mit Mams Bruder, Onkel Pat, weil er auf den Kopf gefallen ist, weil er ein einfacher Mensch ist und weil er Zeitungen verkauft. Alle nennen ihn Abt oder Ab Sheehan, und keiner weiß, warum. Alle sprechen mit Onkel Pa Keating, weil er im Krieg Gas abgekriegt und Tante Aggie geheiratet hat, und wenn sie nicht mit ihm sprächen, würde ihn das sowieso keinen feuchten Fiedlerfurz kümmern.

So wäre ich auch gern auf der Welt: Nichts kümmert mich einen feuchten Fiedlerfurz, und das sage ich auch dem Engel auf der siebten Stufe, aber dann fällt mir ein, daß man in Gegenwart eines Engels nicht Furz sagt. Onkel Tom und Galway-Jane haben Kinder, aber mit denen sollen wir nicht sprechen, weil unsere Eltern nicht miteinander sprechen. Mam schreit uns an, wenn wir mit Gerry und Peggy Sheehan sprechen, aber wir wissen nicht, wie man das macht, daß man nicht mit seinem Cousin und seiner Cousine spricht.

Die Menschen in den Familien in unserem Stadtteil wissen, wie man nicht miteinander spricht, und das erfordert jahrelange Übung. Es gibt welche, die nicht miteinander sprechen, weil ihre Väter im Bürgerkrieg von neunzehnhundertzweiundzwanzig auf verschiedenen Seiten standen. Wenn ein Mann in die englische Armee eintritt, kann seine Familie gleich in einen anderen Stadtteil von Limerick ziehen, wo Familien wohnen, die Männer in der englischen Armee haben. Wenn man jemanden in der Familie hat, der in den letzten siebenhundert Jahren auch nur ein bißchen nett zu den Engländern war, wird das ausgegraben und einem um die Ohren gehauen, und dann kann man auch gleich nach Dublin ziehen, wo das den Leuten wurscht ist. Es gibt Familien, die sich schämen, weil ihre Vorfahren ihre Religion wegen eines Tellers protestantischer Suppe während der Großen Kartoffelhungersnot aufgaben, und diese Familien sind für alle Zeiten als Suppenseelen bekannt. Es ist schrecklich, eine Suppenseele zu sein, weil man auf ewig in den Suppenseelenteil der Hölle verbannt ist, aber noch schlimmer ist es, ein Informant zu sein. Der Lehrer in der Schule hat gesagt, daß jedesmal, wenn die Iren die Engländer gerade in einem fairen Kampf vernichten wollten, ein dreckiger Informant sie betrogen hat. Ein Mann, von dem sich herausstellt, daß er ein Informant ist, verdient, gehängt zu werden oder, noch schlimmer, daß niemand mit ihm spricht.

In jeder Gasse gibt es immer jemanden, der nicht mit jemandem spricht, oder alle sprechen mit jemandem nicht, oder jemand spricht mit allen nicht. Wenn Leute nicht miteinander sprechen, merkt man das immer daran, wie sie aneinander vorbeigehen. Die Frauen klappen die Nase hoch, machen den Mund klein und wenden sich ab. Wenn die Frau einen Umhang trägt, nimmt sie eine Ecke des Umhangs und wirft ihn sich über die Schulter, als wollte sie sagen, ein Wort oder Blick von dir, du schafsgesichtige Zicke, und ich reiß dir das Antlitz vorne vom Kopf ab.

McCourt, Frank: Die Asche meiner Mutter. München: Luchterhand Verlag, 1996. S. 101-103, S. 173-174.
© 1996 Luchterhand Verlag München

John Ernst Steinbeck

John Ernst Steinbeck wird am 27. Februar 1902 in Salinas (Kalifornien) als Sohn eines Schatzmeisters und einer Lehrerin geboren. Er ist deutsch-irischer Abstammung und wächst in Kalifornien auf. An der Stanford University studiert er ab 1918 Naturwissenschaften (Meeresbiologie) und schreibt bereits sein ersten Roman. Neben seinem Studium arbeitet er als Reporter und kurzzeitig auch als Maurer in New York. Im Zweiten Weltkrieg ist er als Berichterstatter tätig und lebt seit 1936 als Schriftsteller wieder in Kalifornien. Seine Arbeit wird 1962 mit dem Nobelpreis für Literatur gewürdigt. Steinbeck stirbt am 20. Dezember 1968 in New York City.

Werke u.a.:

1935   Tortilla Flat (Tortilla Flat, 1943)
1936   In Dubious Battle (Stürmische Ernte, 1955)
1937   Of Mice and Men (Von Mäusen und Menschen, 1940)
1939   The Grapes of Warth (Die Früchte des Zorns, 1940)
1952   East of Eden (Jenseits von Eden, 1953)

Jenseits von Eden (1953)

In der turbulenten Zeit Amerikas, zwischen Bürgerkrieg und erstem Weltkrieg, entwickelt Steinbeck eine Familiensaga, die eine Mischung aus Realismus und romantisierendem Mythos ist. Der Autor erzählt im Rahmen des biblischen Kainsmythos das Schicksal, der aus Irland eingewanderten Familien Trask und Hamilton.

(ar)

Steinbeck, John Ernst: Jenseits von Eden. (Ausschnitt)

Eines Spätnachmittags machte Cyrus mit Adam einen Spaziergang, und da brachen aus ihm die düsteren Schlußfolgerungen seines Forschens und Denkens heraus und ergossen sich wie eine Welle des Schreckens über seinen Sohn. Er sagte: „Du sollst wissen, daß der Soldat das heiligste aller Menschenwesen ist, weil er auf die schwerste Probe gestellt wird, die allerschwerste Probe. Ich werde versuchen, dir das zu erklären. Sieh her: während ihrer ganzen Geschichte ist den Menschen gelehrt worden, Menschen zu töten sei eine Missetat, die nicht gestattet oder gar gefördert werden darf. Ein Mensch, der einen andern Menschen tötet, muß ausgerottet werden, denn das ist eine große Sünde, wohl die schlimmste, die wir kennen. Und dann geben wir dem Soldaten die Mordwaffe in die Hand und sagen zu ihm: ‚Mache guten, mache klugen Gebrauch davon.' Wir erlegen ihm keine Schranken auf. ‚Geh hin und töte von einer bestimmten Art oder Kategorie deiner Brüder so viele, wie du nur kannst. Wir werden dich dafür belohnen, weil es deiner früheren Erziehung ins Gesicht schlägt."

Adam netzte sich die trocken gewordenen Lippen, wollte etwas fragen, brachte es nicht heraus und versuchte es noch einmal. „Warum müssen sie denn das tun?" fragte er. „Warum denn?"

Cyrus war stark bewegt und sprach, wie er bisher nie gesprochen hatte. „Ich weiß nicht", sagte er. „Ich habe geforscht und wohl auch gelernt, wie die Dinge sind, aber warum sie so sind, dem bin ich noch nicht einmal nahe gekommen. Und du darfst nicht darauf hoffen, jemals zu finden, daß Menschen begreifen, was sie tun. Gar vieles wird rein triebmäßig getan, so wie die Biene Honig bereitet oder der Fuchs die Pfoten ins Wasser taucht, um die Hunde irre zu führen. Der Fuchs vermag nicht zu sagen, warum er das tut, und welche Biene entsinnt sich des Winters oder weiß, daß er wieder kommt? Als ich erkannte, daß du hingehen müßtest, wollte ich erst die Zukunft offen lassen, damit du deine eigenen Erfahrungen machst, aber dann schien es mir doch angebracht, dir mittels des Wenigen, das ich weiß, Schutz angedeihen zu lassen. Du wirst bald eintreten ... du bist nun in dem Alter dazu."

„Ich will nicht", sagte Adam hastig.

„Du wirst bald eintreten", fuhr der Vater fort, ohne auf ihn zu hören.

„Aber ich will dich vorbereiten, damit du nicht erstaunt bist. Zuerst wird man dir deine Kleider ausziehen, aber man wird noch viel weiter gehen. Man wird dir auch das geringste Gefühl von Würde abziehen, das du hast ... du wirst das verlieren, was du für das dir zukommende Recht hältst, daß du in Anstand dein Leben führen darfst und daß man dich dein Leben für dich allein führen läßt. Man wird dich zwingen, in nächster Nähe anderer Menschen zu leben, zu essen, zu schlafen und zu scheißen. Und wenn man dich dann neu eingekleidet hat, dann wirst du dich selbst nicht von den andern unterscheiden können. Du darfst nicht einmal einen Fetzen tragen oder einen Zettel an deine Brust heften, um auszudrücken: ‚Das bin ich ... ich bin anders als die andern ...'"

„Ich will nicht hin", sagte Adam.

„Nach einiger Zeit", sagte Cyrus, „wirst du keinen Gedanken haben, den die andern nicht haben. Du wirst kein Wort wissen, das die andern nicht sagen könnten. Und du wirst dies und das tun, weil die andern es tun. Du wirst merken, welche Gefahr in jeglichem Unterschied beschlossen liegt, eine Gefahr für die ganze Masse gleichdenkender, gleichhandelnder Menschen."

„Und wenn ich es nicht tue?" fragte Adam.

„Ja", sagte Cyrus, „das kommt manchmal vor. Hin und wieder tritt einmal einer auf, der nicht tun will, was von ihm verlangt wird. Weißt du, was dann geschieht? Dann widmet sich der ganze Apparat kalt der Ausrottung dieser Regelwidrigkeit. Mit Stahlruten geißeln sie deine Seele und dein Nervensystem, dein Leib und dein Geist werden geschlagen, bis die gefährliche Regelwidrigkeit aus dir herausgeprügelt ist. Wenn du dann noch immer nicht klein beigibst, dann speien sie dich aus und lassen dich stinkend draußen liegen, weder zu ihnen gehörig noch freigelassen. Es ist gescheiter, sich ihnen anzugleichen. Sie tun das ja bloß zum Selbstschutz.

Etwas so sieghaft Unlogisches, etwas so herrlich Sinnloses wie eine Armee darf keine Frage zulassen, die sie schwächen könnte. Wenn du sie nicht zur Vergleichung oder Verspottung gegen andere Dinge hältst, so wirst du langsam aber sicher Vernunft und Logik, ja etwas wie eine schauerliche Schönheit in ihr beschlossen finden. Es sind nicht immer die Schlechteren, die sich damit abfinden, manchmal sind es auch die viel Besseren. Wenn du so tief hinuntersteigen kannst, dann wirst du höher zu steigen vermögen, als du dir vorstellen kannst, und wirst eine heilige Freude erleben, eine Kameradschaft wie in der Kumpanei der Engel im Himmel. Dann wirst du den Wert von Männern erleben, auch wenn sie keine Worte machen können. Aber wenn du nicht hinuntersteigst, dann wirst du das nie erleben."

Steinbeck, John Ernst: Jenseits von Eden. Aus dem Amerikanischen übertragen von Harry Kahn. Wien: Zsolnay Verlag, 1993. S. 33-35.
© Paul Zsolnay Verlag Wien 1992

Wolfgang Koeppen

Biographische Angaben siehe Kapitel 2, S. 186

Jugend (1976)

In dem Prosawerk „Jugend" wird die Entwicklung eines Jugendlichen in der Zeit des 1. Weltkriegs und der frühen Nachkriegszeit thematisiert. Koeppen beleuchtet in stark autobiographisch geprägten und mosaikartig zusammengesetzten Erinnerungen und Fragmenten die Schulzeit, verschiedene Gelegenheitsarbeiten, die ersten schauspielerischen Versuche, Not und Arbeit des jungen Menschen. Der Ausschnitt handelt von seiner Zeit im Militär-Knaben-Erziehungs-Institut.

(ar)

Koeppen; Wolfgang: Jugend (Ausschnitt)

den zur Dienstleistung kommandierten Offizieren sind je zwei Kompanien der Knabenschule unterstellt, stellten sich unter im Sperrfeuer, es gab einen Moloch, der hieß Westfront, es gab kleine Moloche nicht weniger hungrig, sie hießen Ostfront Isonzofront Dardanellenfront auch die Seefront kannte den Leviathan und vom Himmel warf die Sonne den Ikarus

wegen leichterer Vergehen können sie als Strafen verhängen den einfachen Verweis Verweis vor versammelter Abteilung oder Kompanie Strafputzen Verrichtung von Strafdiensten außer der Reihe Strafrapport dreimal und Anweisung von Strafplätzen, dies war das Geschäft der schäbigen Seelen, der verkniffenen Streber, die unten blieben selbst wenn sie oben waren, der samentrocknen hämischen Pflege-Ordnung-liebe-sie-Männer, die sich der schirmenden Wehr untertänigster Diener attachierten und in ihrem Glanz buchführten, auch das ehrsame Konto des Todes, immer korrekt, allein von Befehlen trunken, die Hand zitterte nicht, aber bewegt von der großen Zeit und in stiller Freude

ihr Wirkungskreis umfaßt die körperliche Ausbildung der Knaben die Erteilung des Turn- und Schwimmunterrichts sowie die Aufsicht über Anzug und körperliche Reinlichkeit Schlafsäle Putz- und Wasch-

räume, waren Pöstchen für Invertierte, das wahre Eldorado, keine rosa Bar, klassisches Sparta der Pädagogen, der ehrenwerte Altar der alten striemigen Göttin Artemis, Bettdeckenheber, zeigt, was ihr habt und wie ihr gewaschen seid, eine Phalanx junger Rücken, beugt euch tief tief zwei glatte feste Säulen die grade saubere Rinne qualvoller entzückter Schauer den eigenen Leib hinunter, die Militär-Schwimmanstalt weißer Zehnmeterturm graupelnder Regen algengrünes Wasser Gänsehaut, die naßmäulige Militärschwimmhose dreieckig rot roter Schamlappen rote verschwimmende Flecke in den Augen, Trillerpfeife des Aufsichtsführenden
 der Institutspfarrer – evangelisch – hat die Militärseelsorge über alle Angehörigen des Institutes, dessen Lehrer ihm unterstellt sind, er leitet den Schulunterricht erteilt den Konfirmandenunterricht und führt die Aufsicht über die Unterrichtsräume und Lehrmittel, Mann der Schrift, wehrte sich tapfer gegen die üble Nachrede, Alter Herr des Corps Pommerania, vaterländischer Gottesstreiter, Heiland der Hausvaterpflicht, christlicher Jahve, die Kürassierstiefel stulpten, er übersetzte die Lutherbibel ins Preußische, liebte die Kernsprüche, seid untertan der Obrigkeit gebt dein Kaiser was des Kaisers ist und wer sein Kind lieb hat der züchtigt es
 Ich blickte auf den Kasernenhof, ich sah auf den Kasernenhof hinunter, ich fand ihn leer, ein kahles Rechteck, die von Strammstehen und Stechschritt gestampfte wüste Fläche zwischen den Ziegelbauten der Unterkünfte. Der Hof lag verschreckt. Die Soldaten hatten ihn verlassen, Regen und Wind ihn besucht. Seit Tagen schon. Der Hof war sauber. Er glänzte wie frisch gewaschen. Ich schmeckte die ungewöhnliche Stille, ich kaute sie, Watte, polsternde blähende stopfende wollweiche Knäuel, mit einem Betäubungsmittel betupft, von einem Erregungsstoff getränkt. Glocken hätten läuten sollen, das Tedeum klingen, ein neues Leben beginnen, doch selbst die Sirenen schwiegen. Ich hatte den Exerzierplatz noch nie so friedsam gesehen, ohne Gebrüll, ohne Gewalt, ohne Angst, so ganz ohne einen erniedrigten Menschen, der befahl oder dem befohlen wurde, allenfalls in der Nacht, bei Mondschein, aber in der Nacht hätte ich nicht gewagt, an das Fenster zu treten, ich hätte den Platz nicht betrachten dürfen, ich hatte zu schlafen, auch wenn ich nicht schlief und mich graulte, und der Platz wäre selbst dann nicht unbegangen gewesen, die Wachen hätten ihn abgeschritten, wie hatte ich gespannt ihrem gerüsteten Tritt gelauscht, die Runden bis zum Morgen gezählt, ich wußte die Männer in knöchellange graue Mäntel gekleidet, den Mantelkragen hochgeschlagen, aufgeblasene Knechte, gesichtslose Puppen eines bösen Ma-

rionettentheaters, ihr aufgepflanztes Seitengewehr funkelte im Sternenlicht, ihre gedehnten Schatten leckten den Exerzierboden, Schatten von Wölfen, Wolfsmäulern, Wolfzähnen, Wolfskrallen, und ach, sie bewachten meinen Schlaf, mein Leid, meine Wut, meine Gefangenschaft, Wolfatem hüllte mich ein. Auf den nun verratenen, verwaschenen, auf dem unfruchtbaren blutigen Sand hatten breitbeinig bewaffnete Riesen gestanden. Die Riesen hatten gegen mich gekämpft. Die furchtbaren Riesen waren gegen mich angetreten. Die Riesen hatten Tag für Tag an mir genagt. Ein Jahr lang hatten die ungeheuren menschenfressenden Titanen die Schlacht gegen mich geschlagen, aber Gott hatte sich meiner erbarmt, er hatte sie hinweggeführt, und ich wünschte ihnen ein Heldengrab.

Ich stand am Fenster des Krankenreviers. Es war ein Traum, den ich erlebte, aber ich traute den Träumen nicht mehr. Jeden Augenblick konnte ich in die erbärmliche Wirklichkeit zurückfallen, konnte das Gekläff der Höllenhunde mich anspringen. Verkaufte, Versklavte wie ich, die aber des Dienstes Möglichkeiten schon wollüstig empfanden, die sich angebiedert, die sich gebückt, sich ausgezeichnet hatten, die sich den Waffenrock oder den grauen Arbeitsdrillich mit Baumwollschnüren dekorieren ließen, eine schwarzweiße Schnur für den Kompanieführer, eine gelbe für den Saalaufseher und den Schulterknopf für den Korporalschaftsersten, meine Kameraden, sie rissen uns aus dem Schlaf, sie warfen uns aus den Betten, mich brauchten sie nicht zu jagen, ich bangte in der Nacht ihrem Geschrei entgegen, ich hatte den Morgen grauen sehen, wie er kalt über die Reihen der Betten kroch, Morgenrot zum frühen Tod, ein beliebtes Lied, und marsch in den Waschsaal, marsch zu den Latrinen, eine getriebene Schar, am Ende das Schlachthaus wie für alle Herden, eine alte Walze die ratterte, Meldungen, die nichts sagten, wurden erstattet und gnädig entgegengenommen, Kaffee wurde nicht getrunken, eine angebrannt riechende schwarze Brühe wurde gefaßt, Kartoffelbrot und Rübenmarmelade heißhungrig verschlungen, das gaste in den flachen Knabenbäuchen, raus in den Hof, angetreten, abgezählt, daß keiner verlorenging, in Abteilungen marschiert, der heilige Fahnenappell, die Reichskriegsflagge am Mast, der Herr Major im Heimkriegerschmuck, die Leutnants feldgrau, Verdun war nicht genommen, die Unteroffiziere trugen den bunten Friedensrock, was taten sie hier, die Erzieher kamen in gesinnungsfesten Joppen, der Institutspfarrer wie ein kranker Mond, der Vorrat an Vogelscheuchen war nach vier Kriegsjahren unerschöpft, der Dienst begann, Hinwerfen, Aufspringen, Kniebeugen, Melden, Grüßen, vor allem mit dem Grüßen hatten sie es, das saß tief in ihnen, war des stolzen Reiches Wehr und Glanz, selbst Verdun und die Eroberung von Verdun schienen daran zu hängen, daß keiner, der eine Schnur, einen Knopf, ein Schulterstück sein eigen nannte, beim Grüßen übersehen wurde. Das Lazaretthemd aus blauweißgestreiftem Barchent fiel mir wie ein Sack über die Füße. Ich war in dem Sack wie ein Irrsinniger in seine Zwangsjacke gefesselt. Ich war zwölf Jahre alt. Sie hatten mich kahl geschoren. In der beschlagenen Fensterscheibe des Krankenreviers sah ich mir als kahlgeschorener alter Sträfling entgegen. Ich war Zögling der vierten Kompanie der Militärischen Knabenerziehungsanstalt. Ich war Deutschlands Zukunft. Die eisernen Betten standen hinter mir vor der gekalkten Wand wie ein ausgerichtetes Glied. Die Betten waren Staatsbetten, sie waren vorschriftsmäßig gebaut, sie waren eckig, kantig, platt, hart. Nur das Bett, in dem ich gelegen hatte, war zerwühlt und fiel auf. Das holzwollharte Kopfkissen, der rauhe geflickte Wollach dunstete nach Fieber. Der Fußboden stank nach Salmiak und Tornisterfett. [...] Ich hatte gesiegt. An der gekalkten Wand hing das Bild des Kaisers, hingen Hindenburg und Ludendorff. Der Kaiser und seine Feldherrn beugten sich malerisch über die Generalstabskarte. Sie hatten Großes mit mir vor. Die feuerroten Aufschläge ihrer Uniformen hatten das Fieber meiner Grippe angeheizt. Der Heldentod war ein glühender Moloch mit drei helmbestückten Köpfen. Aspirin, hatte der stramme Stabsarzt gerufen und war noch in der Nacht an meiner Grippe gestorben. Auch gegen den Stabsarzt hatte mich Gott beschützt. Über dem Tor der Kaserne wehte die rote Fahne. Sie schlappte nebeltriefend, schwer, armselig im kalten Wind. Natürlich stand sie auch grell und verheißungsvoll im grauen Novembertag. Mir bedeutete das Zeichen nichts, aber es verkündete mir, daß es Wunder gab, daß ich frei war, daß ich den Heldentod und den Grippetod besiegt, daß ich nachhause durfte und den Krieg gewonnen hatte.

Koeppen, Wolfgang: Jugend. In: Reich-Ranicki, Marcel (Hrsg.): Wolfgang Koeppen. Gesammelte Werke in sechs Bänden. Band 3. Erzählende Prosa. Frankfurt am Main: Suhrkamp Verlag, 1996. S. 32-37.
Gesammelte Werke © Suhrkamp Verlag Frankfurt am Main 1986-1996
Alle Rechte vorbehalten.

Hermann Hesse

Hermann Hesse wird am 2. Juli 1877 in Calw (Württemberg) als Sohn des baltischen Missionars und späteren Leiter des „Calwer Verlagshaus" Johannes Hesse und dessen Frau Marie geboren. Von 1881 bis 1886 wohnt Hesse mit seinen Eltern in Basel. 1890/91 besucht Hesse die Lateinschule in Göppingen zur Vorbereitung auf das Württembergische Landesexamen (Juli 1891). Von 1895 bis 1898 absolviert Hesse eine Buchhändlerlehre in Tübingen. Es erfolgt die erste Buchpublikation „Romantische Lieder" (1898). 1912 verlässt Hesse Deutschland für immer und siedelt mit seiner Familie nach Bern über. Zur Zeit des 2. Weltkrieges werden Hesses Werke in Deutschland als unerwünscht erklärt.

1946 wird er mit dem Goethe-Preis der Stadt Frankfurt am Main und dem Literaturnobelpreis ausgezeichnet. 1955 erhält er den Friedenspreis des Deutschen Buchhandels. Hermann Hesse stirbt am 9. August 1962 in Montagnola (Tessin).

Werke u.a.:

1899 Eine Stunde hinter Mitternacht
1904 Peter Camenzind
1919 Demian
1920 Klingsors letzter Sommer
1927 Der Steppenwolf
1930 Narziß und Goldmund
1943 Das Glasperlenspiel

(cw)

Hesse, Hermann: Kinderseele. (Ausschnitte)

Überhaupt, das Leben schmeckte an jenem Tage hoffnungslos fade, der Tag hatte etwas von einem Montag an sich, obwohl er ein Samstag war, er roch nach Montag, dreimal so lang und dreimal so öde als die anderen Tage. Verdammt und widerwärtig war dies Leben, verlogen und ekelhaft war es. Die Erwachsenen taten, als sei die Welt vollkommen und als seien sie selber Halbgötter, wir Knaben aber nichts als Auswurf und Abschaum. Diese Lehrer -! Man fühlte Streben und Ehrgeiz in sich, man nahm redliche und leidenschaftliche Anläufe zum Guten, sei es nun zum Lernen der griechischen Unregelmäßigen oder zum Reinhalten seiner

Kleider, zum Gehorsam gegen die Eltern oder zum schweigenden, heldenhaften Ertragen aller Schmerzen und Demütigungen – ja, immer und immer wieder erhob man sich, glühend und fromm, um sich Gott zu widmen und den idealen, reinen, edlen Pfad zur Höhe zu gehen, Tugend zu üben, Böses stillschweigend zu dulden, anderen zu helfen – ach, und immer und immer wieder blieb es ein Anlauf, ein Versuch und kurzer Flatterflug! Immer wieder passierte schon nach Tagen, o schon nach Stunden etwas, was nicht hätte sein dürfen, etwas Elendes, Betrübendes und Beschämendes. Immer wieder fiel man mitten aus den trotzigsten und adligsten Entschlüssen und Gelöbnissen plötzlich unentrinnbar in Sünde und Lumperei, in Alltag und Gewöhnlichkeiten zurück! Warum war es so, daß man die Schönheit und Richtigkeit guter Vorsätze so wohl und tief erkannte und im Herzen (die Erwachsene einbegriffen) nach Gewöhnlichkeit stank und überall darauf eingerichtet war, das Schäbige und Gemeine triumphieren zu lassen? Wie konnte es sein, daß man morgens im Bett auf den Knien oder nachts vor angezündeten Kerzen sich mit heiligem Schwur dem Guten und Lichten verbündete, Gott anrief und jedem Laster für immer Fehde ansagte- und daß man dann, vielleicht bloß ein paar Stunden später, an diesem selben heiligen Schwur und Vorsatz den elendesten Verrat üben konnte, sei es auch nur durch das Einstimmen in ein verführerisches Gelächter, durch das Gehör, das man einem dummen Schulbubenwitze lieh? Warum war das so? Ging es anderen anders? Waren die Helden, die Römer und Griechen, die Ritter, die ersten Christen waren diese alle andere Menschen gewesen als ich, besser, vollkommener, ohne schlechte Triebe, ausgestattet mit irgendeinem Organ, das mir fehlte, das sie hinderte, immer wieder aus dem Himmel in den Alltag, aus dem Erhabenen ins Unzulängliche und Elende zurückzufallen? War die Erbsünde jenen Helden und Heiligen unbekannt? War das Heilige und Edle nur Wenigen, Seltenen, Auserwählten möglich? Aber warum war mir, wenn ich nun also kein Auserwählter war, dennoch dieser Trieb nach dem Schönen und Adligen eingeboren, diese wilde, schluchzende Sehnsucht nah Reinheit, Güte, Tugend? War das nicht zum Hohn? Gab es das in Gottes Welt, daß ein Mensch, ein Knabe, gleichzeitig alle hohen und alle bösen Triebe in sich hatte und leiden und verzweifeln mußte, nur so als eine unglückliche und komische Figur zum Vergnügen des zuschauenden Gottes? Gab es das? Und war dann nicht – ja war dann nicht die ganze Welt ein Teufelsspott, gerade wert, sie anzupacken?! War dann nicht Gott ein Scheusal, ein Wahnsinniger, ein dummer, widerlicher Hanswurst? – Ach, und während ich mit einem Beigeschmack von Empörerwollust diese Gedanken dachte, strafte mich schon mein banges Herz durch Zittern für die Blasphemie! Wie deutlich sehe ich, nach dreißig Jahren, jenes Treppenhaus wieder vor mir, mit den hohen, blinden Fenstern, die gegen die nahe Nachbarmauer gingen und so wenig Licht gaben, mit den weißgescheuerten, tannenen Treppen und Zwischenböden und dem glatten, harthölzernen Geländer, das durch meine tausend sausenden Abfahrten poliert war! So fern mir die Kindheit steht, und so unbegreiflich und märchenhaft sie mir im ganzen erscheint, so ist mir doch alles genau erinnerlich, was schon damals, mitten im Glück, in mir an Leid und Zwiespalt vorhanden war. Alle diese Gefühle waren damals im Herzen des Kindes schon dieselben, die sie immer blieben: Zweifel am eigenen Wert, Schwanken zwischen Selbstschätzung und Mutlosigkeit, zwischen weltverachtender Idealität und gewöhnlicher Sinneslust – und wie damals, so sah ich auch hundertmal später noch in diesen Zügen meines Wesens bald verächtliche Krankheit, bald Auszeichnung, habe zu Zeiten den Glauben, daß mich Gott auf diesem qualvollen Wege zu besonderer Vereinsamung und Vertiefung führen wolle, und finde zu anderen Zeiten wieder in alledem nichts als die Zeichen einer schäbigen Charakterschwäche, einer Neurose, wie Tausende sie mühsam durch Leben schleppen.

Hesse, Hermann: Kinderseele. In: Michels, Volker (Hrsg.): Hermann Hesse. Werke. Band 8. Die Erzählungen. 1911-1954. Frankfurt am Main: Suhrkamp Verlag, 2001. S. 182-184.
© Suhrkamp Verlag Frankfurt am Main 2001

Marieluise Fleißer

Marieluise Fleißer wird am 23. November 1901 in Ingoldstadt geboren. Sie studiert Theaterwissenschaft in München und ist dort bekannt mit Lion Feuchtwanger und Bertolt Brecht. Bis 1933 lebt sie als freie Schriftstellerin in Berlin und gehört dort zur literarischen Gruppe, die Brecht um sich versammelt. Im dritten Reich erhält sie Schreibverbot und kehrt zurück nach Ingoldstadt. Dort stirbt sie am 2. Februar 1974. Bis in die sechziger Jahre ist sie nahezu unbekannt und wird erst dann als Vorläuferin der Modernen und Neuen Sachlichkeit gewürdigt.

Werke u.a.:

1926 Fegefeuer
1929 Pioniere in Ingoldstadt
1931 Mehlreisende Frieda Geier
1932 Andorranische Abenteuer
1946 Der starke Stamm
1963 Avantgarde
1969 Abenteuer aus dem Englischen Garten

Eine Zierde für den Verein (1972)

Der 1931 erschienene Roman „Mehlreisende Frieda Geier" hat Marieluise Fleißer 1972 neu bearbeitet und unter dem Titel „Eine Zierde für den Verein" publiziert.

Gustl Amricht lebt in der vermeintlichen Idylle einer deutschen Provinzkleinstadt. Dort betreibt er in den Jahren vor 1933 einen Zigarrenladen und ist Schwimmphänomen im hiesigen Verein. Er sucht die Nähe von Frieda Geier, erobert und heiratet sie. Frieda ist eine selbständige Frau, die sich nicht durch die „natürlichen Machtmittel des Mannes" einschränken lässt und läuft deshalb Gustl davon. Nachdem ihn Frieda verlassen hat, ist er enttäuscht und stürzt sich mit großem Entschluss auf die wichtige Aufgabe, wieder der erstklassige Krauler für seinen Verein zu werden.

(ar)

Fleißer, Marieluise: Eine Zierde für den Verein. (Ausschnitt)

Das ist für Frieda gar nicht so einfach, das Geld für die Fürbittenden Fräulein aufzutreiben. Damals, als sie für Linchen auf einen Schlag die Aussteuer fürs Kloster richten mußte, hat sie sich genug abgezappelt und keinen geschont.

Dafür hat Linchen alles erhalten, wie es auf dem Prospekt steht. Sie hat ihre drei hochgeschlossenen Kleider aus Wolle mit langen Ärmeln; eines darf einen Ausputz aus gleichfarbiger Seide haben. Sie hat sechs Kammtäschchen aus weißem Wollpikee, eine kleine Zinkwanne um sich am Vorplatz zum gewissen Örtchen die Füße zu waschen. Sie hat ein Badehemd, das hinten zu öffnen geht, damit die Badeschwester ihr durch den Schlitz den Rücken reinigen kann, wo Linchen nicht hinkommt. Sie hat alles mitgebracht, wie es im Buch steht, die ganze Wäscheaussteuer, darunter sechs Nachthemden oder Nachtjacken nach Belieben.

Frieda hat sich für Jacken entschieden, weil sie weniger Stoff verschneiden, mußte aber auf Linchens Hilferufe aus dem Kloster lange Nachthemden nacharbeiten lassen. Wer eine Jacke hat, muß im Schlafsaal erst einen Unterrock anziehn, bevor er aus dem Bett steigen darf. Linchen, die nur Prinzeßunterröcke trägt, würgt sich jeden Morgen im Bett damit ab und kommt zu spät in die Kapelle.

Hier steht es im ersten Brief, den Frieda wie alle anderen aufhebt. Linchens ganze Not ist darin beschrieben. Die Vorschriften sind unnötig schamhaft.

Was nicht alles hat Linchen, nach den Briefen zu schließen, in der Klausur des Klosters durchmachen müssen! Jedenfalls hat Frieda das alles schriftlich. Sie kann ordentlich nachfühlen, wie Linchen im Kloster lebt, wenn sie auch selber nicht drin war.

Damit geht es an, Linchen muß lernen, was alles verboten ist. Sie kann da nur staunen.

Es ist verboten, Haarschleifen oder einen schiefen Scheitel zu tragen. Es ist verboten, auf den Gängen oder Treppen ein Wort zu sprechen, im Speisesaal zu sprechen, solange noch die Suppe gegessen wird. Es ist verboten sich abzusondern und heimlich in einem leeren Klassenzimmer zu lernen. Es ist verboten, sich untereinander Zettel zu schreiben oder hinter den geöffneten Türen der Kleiderkästen zu küssen. Es ist verboten, sich den Anfangsbuchstaben eines Namens ins Bein zu schneiden. Es ist verboten, bei einem anderen als dem vom Kloster dafür vorgesehenen Geistlichen zu beichten. Es ist verboten, während der Lernzeit in nicht zum Unterricht gehörigen Büchern zu lesen, seinen Bleistift fallen zu lassen oder öfter wie einmal am Anfang der Stunde seinen Pultdeckel zwecks Auswechselns der Lehrgegenstände zu öffnen.

Aus den übertriebenen Freiheitsbeschneidungen entstehen in den jungen Menschen seltsame Süchte.

[...] Die Aufsichtsdamen werden gegen Ende jeden Winters gereizt. Eine seltsame Unduldsamkeit ist zwischen all den festgehaltenen Personen entstanden. Ein Zögling wird verwarnt, weil sie sich im Garten hinter den gehäuften Schnee gelegt hat, um eine heimliche Zigarette zu rauchen.

Linchen Geier muß Fräulein Matutina um Verzeihung bitten, weil sie sich abends im dunklen Klassenzimmer aufgehalten hat.

„Ich habe nichts getan, was nicht recht ist," sagt Linchen.

„Du lügst obendrein. Man geht nicht in ein dunkles Zimmer, um nichts zu tun."

Ach, Linchen ist nur hineingegangen, um am Fenster zu stehn und mit den Wolken am Himmel zu flüstern. Niemand darf wissen, daß sie imstande ist, mit Wesen Zwiesprache zu halten, die keine Antwort geben.

„Und da weißt du nicht, was du zu tun hast?"

Fräulein Matutina hält sie am Arm fest und läßt sie nicht aus dem Zimmer.

„Ich bitte Sie um Verzeihung, aber ich weiß nicht wofür," sagt Linchen endlich.

„Und du mit dieser Aufsässigkeit willst einmal in den Himmel kommen?"

Fräulein Matutina sieht unsäglich bitter aus im verzehrenden Drang, ihren Nächsten an seiner Seele zu bessern.

Zur Strafe muß Linchen an drei Sonntagen neben der Treppe knien, wo die Zöglinge in geschlossener Reihe auf ihrem Weg zum Speisesaal vorbeigehn.

Fleißer, Marieluise: Eine Zierde für den Verein. Roman vom Rauchen, Sporteln, Lieben und Verkaufen. In: Rühle, Günther (Hrsg.): Marieluise Fleißer. Gesammelte Werke. Zweiter Band. Roman. Erzählende Prosa. Aufsätze. Frankfurt am Main: Suhrkamp Verlag, 1972. S. 59-62.
Gesammelte Werke © Suhrkamp Verlag Frankfurt am Main 1972. Alle Rechte vorbehalten.

Heinrich Mann

Am 27. März 1871 wird Heinrich Mann als Sohn des Speditionskaufmanns und späteren Senators Heinrich Mann und dessen Frau Julia (geb. Bruns) in Lübeck geboren. Neben einem Volontariat beim S. Fischer Verlag 1890/91 in Berlin, belegt Mann Kurse an der Berliner Universität, er beginnt seine Tätigkeit als freier Schriftsteller. Nach Beginn des Ersten Weltkriegs protestiert Mann mit dem Essay „Zola" (1915) gegen die allgemeine Kriegsbegeisterung und die Haltung seines Bruders Thomas. Dieser weltanschauliche Konflikt trennt die Brüder für einige Jahre. Im Februar 1933 emigriert Mann nach Frankreich und im August desselben Jahres wird ihm durch die Nationalsozialisten die deutschen Staatsbürgerschaft aberkannt. Er wird 1936 tschechoslowakischer Staatsbürger. 1940 flieht er in die USA, wo er u.a. als Drehbuchautor tätig ist. Am 12. März 1950 stirbt Heinrich Mann in Santa Monica (USA).

Werke u.a.:

1900	Im Schlaraffenland. Ein Roman unter freien Leuten
1905	Professor Unrat oder Das Ende eines Tyrannen
1909/10	Die kleine Stadt
1918	Der Untertan
1935-1938	König Henri Quatre
1945	Zeitalter wird besichtigt

Der Untertan (1918)

Der Roman erzählt die Lebensgeschichte des Bürgers Diederich Heßling von seiner frühen Kindheit bis zur Sicherung seiner Stellung in seiner Heimatstadt Netzig, seine Entwicklung zum Tyrann und Untertan.

(nr)

Mann, Heinrich: Der Untertan. (Ausschnitt)

Diederich Heßling war ein weiches Kind, das am liebsten träumte, sich vor allem fürchtete und viel an den Ohren litt. Ungern verließ er im

Winter die warme Stube, im Sommer den engen Garten, der nach den Lumpen der Papierfabrik roch und über dessen Goldregen- und Fliederbäumen das hölzerne Fachwerk der alten Häuser stand. Wenn Diederich vom Märchenbuch, dem geliebten Märchenbuch, aufsah, erschrak er manchmal sehr. Neben ihm auf der Bank hatte ganz deutlich eine Kröte gesessen, halb so groß wie er selbst! Oder an der Mauer dort drüben stak bis zum Bauch in der Erde ein Gnom und schielte her!

Fürchterlicher als Gnom und Kröte war der Vater und obendrein sollte man ihn lieben. Diederich liebte ihn. Wenn er genascht oder gelogen hatte, drückte er sich so lange schmatzend und scheu wedelnd am Schreibpult umher, bis Herr Heßling etwas merkte und den Stock von der Wand nahm. Jede nicht herausgekommene Untat mischte in Diederichs Ergebenheit und Vertrauen einen Zweifel. Als der Vater einmal mit seinem invaliden Bein die Treppe herunterfiel, klatschte der Sohn wie toll in die Hände – worauf er weglief.

Kam er nach einer Abstrafung mit gedunsenem Gesicht und unter Geheul an einer Werkstätte vorbei, dann lachten die Arbeiter. Sofort aber streckte Diederich nach ihnen die Zunge aus und stampfte. Er war sich bewußt: „Ich habe Prügel bekommen, aber von meinem Papa. Ihr wäret froh, wenn ihr auch Prügel von ihm bekommen könntet. Aber dafür seid ihr viel zuwenig."

Er bewegte sich zwischen ihnen wie ein launenhafter Pascha; drohte ihnen bald, es dem Vater zu melden, daß sie sich Bier holten, und bald ließ er kokett aus sich die Stunde herausschmeicheln, zu der Herr Heßling zurückkehren sollte. Sie waren auf der Hut vor dem Prinzipal: er kannte sie, er hatte selbst gearbeitet. Er war Büttenschöpfer gewesen in den alten Mühlen, wo jeder Bogen mit der Hand geformt ward; hatte dazwischen alle Kriege mitgemacht und nach dem letzten, als jeder Geld fand, eine Papiermaschine kaufen können. Ein Holländer und eine Schneidmaschine vervollständigten die Einrichtung. Er selbst zählte die Bogen nach. Die von den Lumpen abgetrennten Knöpfe durften ihm nicht entgehen. Sein kleiner Sohn ließ sich oft von den Frauen welche zustecken, dafür, daß er die nicht angab, die einige mitnahmen. Eines Tages aber hatte er so viele beisammen, daß ihm der Gedanke kam, sie beim Krämer gegen Bonbons umzutauschen. Es gelang – aber am Abend kniete Diederich, indes er den letzten Malzzucker zerlutschte, sich ins Bett und betete, angstgeschüttelt, zu dem schrecklichen lieben Gott, er möge das Verbrechen unentdeckt lassen. Er brachte es dennoch an den Tag. Dem Vater, der immer nur methodisch, Ehrenfestigkeit und

Pflicht auf dem verwitterten Unteroffiziersgesicht, den Stock geführt hatte, zuckte diesmal die Hand, und in die eine Bürste seines silberigen Kaiserbartes lief, über die Runzeln hüpfend, eine Träne. „Mein Sohn hat gestohlen", sagte er außer Atem, mit dumpfer Stimme, und sah sich das Kind an wie einen verdächtigen Eindringling. „Du betrügst und stiehlst. Du brauchst nur noch einen Menschen totzuschlagen."

[...] Nach so vielen furchtbaren Gewalten, denen man unterworfen war, den Märchenkröten, dem Vater, dem lieben Gott, dem Burggespenst und der Polizei, nach dem Schornsteinfeger, der einen durch den ganzen Schlot schleifen konnte, bis man auch ein schwarzer Mann war, und dem Doktor, der einem im Hals pinseln durfte und schütteln, wenn man schrie – nach allen diesen Gewalten geriet Diederich unter eine noch furchtbarere, den Menschen auf einmal ganz verschlingende: die Schule. Diederich betrat sie heulend und auch die Antworten, die er wußte, konnte er nicht geben, weil er heulen mußte. Allmählich lernte er den Drang zum Weinen gerade dann ausnützen, wenn er nicht gelernt hatte – denn alle Angst machte ihn nicht fleißiger oder weniger träumerisch -, und vermied so, bis die Lehrer sein System durchschaut hatten, manche üblen Folgen. Dem ersten, der es durchschaute, schenkte er seine ganze Achtung; er war plötzlich still und sah ihn, über den gekrümmten und vors Gesicht gehaltenen Arm hinweg, voll scheuer Hingabe an. Immer blieb er den scharfen Lehrern ergeben und willfährig. Den gutmütigen spielte er kleine, schwer nachweisbare Streiche, deren er sich nicht rühmte. Mit viel größerer Genugtuung sprach er von einer Verheerung in den Zeugnissen, von einem riesigen Strafgericht. Bei Tisch berichtete er: „Heute hat Herr Behneke wieder drei durchgehauen." Und wenn gefragt ward, wen: „Einer war ich."

Denn Diederich war so beschaffen, daß die Zugehörigkeit zu einem unpersönlichen Ganzen, zu diesem unerbittlichen, menschenverachtenden, maschinellen Organismus, der das Gymnasium war, ihn beglückte, daß die Macht, die kalte Macht, an der er selbst, wenn auch nur leidend teilhatte, sein Stolz war. Am Geburtstag des Ordinarius bekränzte man Katheder und Tafel. Diederich umwand sogar den Rohrstock.

Mann, Heinrich: Der Untertan.
© 1995 S. Fischer Verlag GmbH, Frankfurt am Main

Alejo Carpentier

Biographische Angaben und Inhalt siehe Kapitel 1, S. 95

Le sacre du printemps (1993)

„Le sacre du printemps" ist die Geschichte der russischen Tänzerin Vera und des kubanischen Architekten Enrique. Sie lernen sich während des spanischen Bürgerkriegs in den internationalen Brigaden kennen. Ein Teil des Romans handelt von den Erfahrungen, die sie zuvor in verschiedenen europäischen Hauptstädten in künstlerischen und intellektuellen Zirkeln gemacht haben. Nach dem Zusammenbruch der republikanischen Front verlassen sie Spanien und gehen nach Kuba. Vera eröffnet eine Ballettschule und träumt davon, mit einem kubanischen Ensemble „Le Sacre du Printemps" nach der Musik von Strawinsky aufführen zu können.

(ar)

Carpentier, Alejo: Le sacre du printemps (Ausschnitt)

„Ich lese keine Zeitungen", pflegte mein Vater in überheblichem Ton zu erklären, wenn ich ihn in Tagen meiner Kindheit fragte, ob er über einen bestimmten Vorfall nicht aus der Presse Bescheid wisse. Und „Ich lese keine Zeitungen", wiederholte er, zu seinem Unglück, in dem unübersichtlichen, aufgewühlten Petrograd Kerenskis und des Fürsten Lwow – und das während des Jahres 1917! Er sei Kaufmann, fügte er hinzu, und Kaufleute hätten mit Politik nichts zu schaffen, und wenn er sich auch in Sachen Stoffe und Gewebe für einen „Doktor" hielte – einen unschlagbaren Sachverständigen -, nehme er sich doch nicht das Recht heraus, „zur Rechten Gottes zu sitzen und über die Menschen zu richten". „Wenn es nicht so viele Leute gäbe, die partout die Welt verändern wollten", sagte er, „wären die Dinge heute nicht, wie sie sind." Jeder Schulmeister Gernegroß, jeder Caféhaus-Philosoph oder spintisierende Sozialistenfreund halte sich heute für befähigt, das Bestehende einzureißen und auf den Trümmern der Gegenwart bessere Welten zu errichten, wobei sie völlig übersähen, daß Könige und Kaiser erzogen, unterrichtet, ausgebildet worden seien, um die gewaltige Verantwortung der Macht zu übernehmen, und daß die Throne, die schließlich und endlich auf einer jahrhundertealten Tradition beruhten, nicht umsonst dort weiterbestünden, wo die Menschen noch einen Funken Verstand hätten – und dumm sei, wer nicht den Unterschied sehe zwischen den langen Perioden des Friedens, der Stabilität, des allgemeinen Wohlergehens, die sich der Autorität eines Ludwig XIV., einer Katharina der Großen oder einer Königin Victoria verdankt hätten, und der ständigen Unruhe in den schwachen, turbulenten Republiken, die, wie die französische in diesem Jahrhundert (von den mulattischen und krummbeinigen Demokratien Amerikas ganz zu schweigen), unter einem Zustand endemischer Anarchie litten ... (Und stundenlang konnte mein Vater über derartige Vorstellungen räsonieren.) In diesen Ideen war ich erzogen worden, von den Zeitungen auch deshalb immer ferngehalten, weil sie oft von „häßlichen Dingen" berichteten, von denen ein „anständiges Mädchen" nichts wissen durfte. So hatte ich mich daran gewöhnt, durch die Jahre zu gehen, ohne von Zeitungen und Zeitschriften Notiz zu nehmen, es sei denn, um eine Musik- oder eine Ballettkritik zu lesen, die an diesem oder jenem Tag auf einer Druckseite erschienen war. Außerdem dachte ich, daß Menschen, denen die Betrachtung der Schönheit das höchste Ideal war, ihre Zeit für etwas viel zu Kostbares und Flüchtiges hielten, um sie mit der Lektüre kurzlebiger Prosa, an den Tag gebundener Reportagen, aufgedonnerter Polemiken oder demagogischer Predigten zu vergeuden. Niemand in meinen Kindertagen konnte sich Gabriele d'Annunzio, Pierre Louÿs, Dante Gabriel Rossetti oder Remy de Gourmont (oder gar Dorian Gray, der für uns eine nahezu reale Gestalt war) mit einer Zeitung in der Hand vorstellen – erst recht nicht Anna Pawlowa, schwereloser Schwan, stolzer Albatros, ungreifbare Alkyone, die hoch über unserer niedrigen und schäbigen, täglich durch inhaltsleere Diskussionen, Parteiengezänk, Finanzskandale und schauerliche Verbrechen aufgewühlten Welt schwebte. Nicht umsonst hatte ein englischer Ästhet behauptet, daß kein wahrhaft vornehmer Mensch in einer Wohnung leben könne, deren Fenster auf die Straße gingen. Verächtlich waren Fenster, die uns eine dicht gedrängte, wie ein Karussell im Kreis herumlaufende, von einem Feuerwehrauto auseinandergesprengte oder den martialischen Klängen einer Militärkapelle mitgerissene städtische Plebs zeigten. Hohe und edle Fenster hingegen waren die, die in vergoldeten Rahmen einem überlegenen Geist den Anblick einer Landschaft von Patinir, die stillen

Innenhöfe Vermeers oder die mit herrlichen Denkmälern ausgestatteten öffentlichen Plätze eines Antoine Caron darboten. Unser Bedarf an Nachrichten, großen Nachrichten, war gedeckt mit denen vom „Begräbnis des Conde de Orgaz"; unser Bedarf an Berichten über Feste, große Feste, mit denen Goyas über den „Jahrmarkt von San Isidro" und denen Guardis über die großen „venezianischen Maskenbälle", denen von James Ensor über den Karneval in Flandern; unser Bedarf an Ereignissen, großen Ereignissen, mit dem, was die Jünger von Emmaus im Schein der von Rembrandt angezündeten Kerzen erlebten; unser Bedarf an Reportagen, großen Reportagen, mit denen über den Raub der Sabinerinnen, den Kindermord von Bethlehem oder mit Davids prachtvoller Chronik von der Kaiserkrönung Napoleons... So waren wir beide, mein Vater als Kaufmann (der Kunde hat immer recht, also sieht der Kaufmann von jeder eigenen Meinung am besten ab) und ich als Ästhetin, mit der himmlischen Unschuld von Toren in einer Epoche der Umgestaltungen, der Konvulsionen und Revolutionen angekommen. Und das war der Grund, weshalb der politisch immer ahnungslose alte Wladimir sein Vermögen in der Oktober-Revolution (nach dem Julianischen Kalender der November- Revolution) hatte untergehen sehen, während seine stets wehrlose, stets ahnungslose einzige Tochter von frühester Jugend an, von jedem Schüttelfrost des Kalenders gebeutelt und von den Wechselfällen der Epoche dahin und dorthin gezerrt wurde... Und nun sagte mir Enrique, Kuba sei unter eine üble Militärdiktatur gefallen und die Lage sei ernst. Wenn ich aber, meinen alten Widerwillen überwindend, in die Zeitungen schaute, begriff ich nur wenig von dem, was sie berichteten. Nicht nur entgingen mir die Reichweite, das wahre Gewicht bestimmter Familiennamen – auch die genaue Bedeutung vieler Wörter konnte ich nicht erfassen, weil ich sie nie benützt hatte und nirgends je auf sie gestoßen war, jedenfalls nicht in Lyrikbänden, Memoiren berühmter Künstler, Abhandlungen über den Tanz oder musikologischen Texten.

Carpentier, Alejo : Le sacre du printemps. Frankfurt am Main: Suhrkamp Verlag, 1993. S. 384-387.
© 1993 Suhrkamp Verlag Frankfurt am Main

Weitere Textempfehlung:
Ebenda, S. 438-440

Haruki Murakami

Haruki Murakami wird 12. Januar 1949 in Kyoto geboren und wächst in einer Vorstadt der Hafenstadt Kobe heran. Sein Vater ist Sohn eines Buddhistenpriesters, seine Mutter Tochter eines Händlers in Osaka. Beide unterrichten japanische Literatur in Kobe. Nach seinem Studium der Theaterwissenschaft und des Drehbuchschreibens in Tokyo, jobbt Murakami zunächst in einem Plattenladen, ehe er in Tokyo seine erste Jazzbar eröffnete, die er von 1974-1982 führt. Nach längeren Amerikaaufenthalten lebt Murakami heute in Tokyo. Für seinen 1982 erschienen Roman „Wilde Schafsjagd" erhält er den Noma Literary Prize for New Writers. Er hat zudem Werke von F. Scott Fitzgerald, Truman Capote, John Irving und Raymond Carver ins Japanische übersetzt.

Werke u.a.:

1982   Hitsuji wo meguru Bohken (Wilde Schafsjagd, 1991)
1985   Sekai no owari to hahdo bohrudo wandahrando
       (Hard-Boiled Wonderland und das Ende der Welt, 1995)
1987   Noruwei no mori (Naokos Lächeln, 2001)
1999   Supuutoniku No Koibito (Sputnik Sweetheart, 2002)

Das Fenster

Ein japanischer Student arbeitet für eine Firma mit dem Namen „Pen Society", in deren Auftrag er als Pen Master Briefe beantwortet und korrigiert. Hauptsächlich sind es Frauen, denen er schreibt. Er kennt sie nicht persönlich und dadurch ist es für ihn nur ein Job mit dem er seinen Lebensunterhalt verdient. Die Mitglieder der Pen Society schätzen seine schriftlichen Kommentare sehr und als er nach einem Jahr bei der Firma kündigt, wird er von einer Schreiberin zum Mittagessen eingeladen. Er besucht sie in ihrer Wohnung, ohne das etwas besonderes vorfällt. Sie sehen sich danach nie wieder. Trotzdem erinnert er sich noch Jahre später an sie.

(ar)

Murakami, Haruki: Das Fenster (Ausschnitt)

PS. Vielen Dank für die Keksschachtel. Die Kekse waren delikat. Da die Bestimmungen unserer Firma jedoch jedweden persönlichen Verkehr außerhalb von Briefen untersagen, bitte ich Sie, von weiteren Freundlichkeiten dieser Art abzusehen. Haben Sie trotzdem vielen Dank.
Ich behielt diesen Job etwa ein Jahr. Damals war ich zweiundzwanzig.

Ich hatte einen Vertrag mit einer seltsamen kleinen Firma in Iidabashi namens „Pen Society" geschlossen und schrieb jeden Monat über dreißig solcher Briefe. Für jeden dieser Briefe erhielt ich 2000 Yen.

„Lernen auch Sie Briefe schreiben die zu Herzen gehen", hieß der Slogan dieser Firma. Neue Mitglieder zahlten eine einmalige Aufnahmegebühr und einen monatlichen Beitrag, dafür konnten sie jeden Monat vier Briefe an die Pen Society schicken. Im Gegenzug korrigierten wir Pen Master die Briefe und schrieben Antworten wie die oben Zitierte, in denen wir unsere Eindrücke wiedergaben und Verbesserungsvorschläge machten. Ich war im Studentenbüro der Literaturfakultät auf den Aushang der Firma gestoßen, in dem sie junge Leute für diese Tätigkeit warb, und hatte mich für ein Bewerbungsgespräch gemeldet. Aufgrund verschiedener Umstände hatte ich mich damals gerade dazu entschlossen, mein Studium um ein Jahr zu verlängern. Meine Eltern hatten mir mitgeteilt, daß sie im Falle eines zusätzlichen Studienjahres die monatlichen Zuwendungen das nächste Jahr kürzen würden. Das zwang mich, meinen Lebensunterhalt selbst zu verdienen. Ich ging also zu dem Bewerbungsgespräch, schrieb ein paar Aufsätze und wurde eine Woche später eingestellt. In der folgenden Woche wurde ich von einem Dozenten über die Kunst der Korrektur, das Know-how des Anleitens und über verschiedene Vorschriften unterrichtet. Es war nicht besonders schwer.

Den weiblichen Mitgliedern wurden männliche, den männlichen Mitgliedern weibliche Pen Master zugeteilt. Ich war für insgesamt vierundzwanzig Mitglieder verantwortlich, deren Alter von vierzehn bis dreiundfünfzig reichte. Das Durchschnittsalter lag zwischen fünfundzwanzig und fünfunddreißig, der Großteil der Frauen war also älter als ich. Den ersten Monat verwirrte mich das sehr. Die meisten Mitglieder verfügten über einen viel elaborierteren Stil und waren viel erfahrener im Briefeschreiben als ich. Ehrlich gesagt, hatte ich bis dahin kaum ernsthafte Briefe verfaßt. Blut und Wasser schwitzend, brachte ich irgendwie den ersten Monat herum. Ich war darauf gefaßt, daß einige Mitglieder nach einem neuen Pen Master verlangen würden – ein Recht, das den Mitgliedern laut Firmenstatut zugebilligt wurde. Aber nach Ablauf eines Monats hatte kein einziges Mitglied Unzufriedenheit über meine stilistischen Fähigkeiten geäußert. Im Gegenteil, der Geschäftsinhaber teilte mir mit, daß ich außerordentlich beliebt sei. Nach drei Monaten schien sich die Ausdrucksfähigkeit meiner Mitglieder aufgrund meiner Anleitung sogar verbessert zu haben. Es war sonderbar. Die Frauen schienen mir als Lehrer tiefes Vertrauen entgegenzubringen. Infolgedessen gelang es mir, meine Briefkommentare von nun an viel unbeschwerter und lockerer zu formulieren. Wenn ich jetzt darüber nachdenke, weiß ich, daß diese Frauen (beziehungsweise Männer) alle sehr einsam waren. Sie wollten nur sich jemandem in einem Brief mitteilen. Doch es fehlten ihnen – eine Tatsache, die mir damals unglaublich erschien – Freunde oder Bekannte, an die sie diese Briefe richten konnten. Sie waren nicht der Typ, der Briefe an Diskjockeys vom Radio schickte. Sie suchten eine persönlichere Form. Auch wenn diese die Gestalt von Korrekturen und Kommentaren annahm.

So verbrachte ich also einen Teil meiner frühen Zwanziger wie ein Seehund auf dem Trockenen in einem Harem lauer Briefe.

Unter den Briefen, die mir die Mitglieder schickten, gab es alle möglichen Sorten. Es gab langweilige Briefe, lustige Briefe und traurige Briefe. Dies ist jetzt alles schon lange her, und ich habe die Briefe auch leider nicht vor mir liegen (denn eine Bestimmung besagte, daß alle Briefe an die Firma zurückgegeben werden mußten). Ich erinnere mich daher nicht mehr genau an ihre Inhalte, aber ich weiß noch, daß in diesen Briefen wirklich die verschiedensten Vorgänge des menschlichen Lebens – vom großen Ereignis bis zum kleinsten Kleinkram – ausgebreitet, zusammengedrängt und preisgegeben wurden. Für mich ein- oder zweiundzwanzigjährigen Studenten besaßen die Botschaften, die diese Frauen übermittelten, eine seltsame Unwirklichkeit. In den meisten Fällen schienen sie mir Realität zu entbehren, und manchmal hatte ich das Gefühl, als seien sie ganz und gar bedeutungslos. Das lag jedoch nicht nur daran, daß es mir an Lebenserfahrung fehlte. Erst heute ist mir klar, daß in den meisten Fällen die Realität der Dinge nicht vermittelt wird. Die Realität muß hergestellt werden. Dadurch entsteht dann eine Bedeutung. Aber damals wußte ich das natürlich noch nicht. Und auch die Frauen wußten es nicht. Und das ist wahrscheinlich auch der Grund dafür, daß mir alles, was in diesen Briefen beschrieben wurde, sonderbar einförmig vorkam.

Als ich den Job kündigte, bedauerten das alle von mir betreuten Mitglieder. Auch mir tat es in gewissem Sinne leid – obwohl ich, ehrlich gesagt, schon leichte Aversionen gegen dieses andauernde Briefeschreiben entwickelt hatte. Ich ahnte, daß ich nicht noch einmal Gelegenheit hätte, daß sich so viele Menschen mir gegenüber so offen aussprechen würden.

Was das Hamburger Steak anbelangt, ergab es sich, daß ich tatsächlich ein von ihr (meiner ersten Briefschreiberin) zubereitetes Hamburger Steak serviert bekam. [...]

Murakami, Haruki: Das Fenster. In: Ders.: Wie ich eines schönen morgens im April das 100%ige Mädchen sah. Erzählungen. Aus dem Japanischen von Nora Bierich.
© 1993 by Haruki Murakami
Für die deutsche Ausgabe:
© 1996 by Berlin Verlag GmbH, Berlin

Glossar

Alkyone:	in der griech. Mythologie eine der sieben Töchter des Atlas und der Okeanide Pleione, die von Zeus als Siebengestirn an den Himmel versetzt wurden
amitié amoureuse:	erotische Beziehung
Analogie:	Gleichartigkeit, Parallele
Anamnese:	Vorgeschichte einer Krankheit
Anthologie:	Auswahl von Gedichten oder Prosastücken
Arbeitsdrillich:	Arbeitskleidung aus Leinen
Arrondissement:	in Frankreich Verwaltungsbezirk bzw. Verwaltungseinheit in frz. Großstädten
Askese:	enthaltsame Lebensweise
Äther:	Himmel
Autarkie:	wirtschaftliche Unabhängigkeit vom Ausland
Barchent:	dichtes Gewebe aus Baum- oder Zellwolle
Base:	Kusine
Bettelsack:	meist aus Leinen gefertigter Beutel, in dem Hab und Gut transportiert wird
bigott:	[franz.] engherzig, frömmelnd
Blasphemie:	Lästerung Gottes
Blutsourrogat:	Blutersatzstoff
Bonvivant:	(franz.) veraltet für Lebemann, Frauenheld
Büttenschöpfer:	Hersteller von Büttenpapier (handgeschöpftes Papier mit gefransten Rändern und Wasserzeichen
Causeur:	(amüsanter) Plauderer
ceterum censeo:	[lat.: „im übrigen meine ich"] hartnäckig wiederholte Forderung; Schlusswort jeder Rede Catos im röm. Senat
Chablis:	berühmter, weißer Burgunder
Chauvinismus:	übersteigerter Nationalismus, Patriotismus; übertriebenes männliches Selbstwertgefühl
Circulus vitiosus:	[lat.] Teufelskreis
Clairvoyance:	Fähigkeit, die Zukunft vorauszusehen
Corps:	(studentische) Verbindung
crew-cut:	(engl.) Bürstenschnitt
Debile:	Geistesgestörte
Deflation:	Verminderung des Geldumlaufs, um den Geldwert zu steigern und die Preise zu senken
Deibel:	Teufel
Deut:	veraltet für kleinere Münzen
dialysieren:	eine Blutwäsche durchführen
diaphan:	[gr.] durchscheinend, durchsichtig

Dirndl:	veraltet für junges Mädchen
Diwan:	Bezeichnung für das Sofa
Don Juanismus:	Don Juan betreffend (Frauenheld und literarische Gestalt im Typus des gottlosen Verführers und Mörders)
dumping:	(engl.) Unterbieten der Preise (im Ausland)
Eldorado:	Gebiet, das ideale Gegebenheiten, Voraussetzungen für jmdn. bietet; Traumland, Wunschland, Paradies
endemisch:	örtlich begrenzt auftretend
Evidenzbuch:	deutliches, klares Verzeichnis
Exequien:	in der kath. Liturgie die Riten, mit denen ein Verstorbener zum Grab begleitet wird
Exerzierplatz:	Truppenübungsplatz
Exorzismen:	Beschwörung von Dämonen u. Geistern durch Wort (u. Geste)
Expansionismus:	Ausdehnung, Ausweitung, Erweiterung
Fasson:	bei Kleidungsstücken: Art, Muster, Form Schnitt
Fatzke:	umgangssprachlich für einen eitlen Mensch
Fehde:	Streit; kriegerische Auseinandersetzung
Frevel:	Verstoß, Verbrechen
Galan:	Mann, der sich mit besonderer Höflichkeit um seine Dame bemüht
Gameten:	Geschlechtszellen
Gastritis:	Magenschleimhautentzündung
Gehirnhernie:	krankhafte Veränderung des Gehirns
Gilde:	Brüderschaft oder Gesellschaft
Gildebrüder:	Teilnehmer einer Gesellschaft, die gemeinsame Mittel durch Umlage aufbringt
Gouvernante:	veraltet für Erzieherin
Greisler:	alter Mann
Guardia Civil:	spanische Gendarmerie, gegr. 1844; untersteht dem Heer, wird jedoch im Dienst des Innenministers verwendet
Hangar:	Flugzeughalle
Häretik:	(eigentl. Häresie) von der offiziellen Kirchenmeinung abweichende Lehre, Irrlehre, Ketzerei
Heros:	zunächst „Herr", „Edler", dann Bezeichnung eines zw. Göttern und Menschen stehenden Helden, eines Halbgottes, der große Taten vollbringt
Hyperthyreose:	Überfunktion der Schilddrüse
Idiosynkrasie:	Überempfindlichkeit
infam:	ehrlos, niederträchtig
Inflation:	übermäßige Ausgabe von Zahlungsmitteln; Geldentwertung
inklinieren:	eine Neigung, Vorliebe für etwas haben

Internierte:	zwangsweise festgehaltene Personen oder Sachen durch eine kriegsführende Partei oder einen neutralen auf deren (dessen) Staatsgebiet
Intimus:	Vertrauter, Freund
jeu d'esprit:	[franz.] Spiel des Geistes, der Vernunft
Joppen:	Jacken
Judica:	[lat., „richte!"] fünfter Fastensonntag der österl. Bußzeit
kataklysmisch:	erdgeschichtliche Katastrophen betreffend
Knöchelödemie:	Gewebswassersucht
Kontor:	(veraltet) Büro
Koppel:	(österr.) Gürtel
Kopulation:	Begattung, Befruchtung
Korporalstock:	Stock eines Unteroffiziers
Krinolinen:	versteifter Stützunterrock der Frauenmode
Kris:	Dolch der Malaien (mongolische Völker im südostasiatischen Raum)
Kryptogramm:	Geheimschrift, bes. in einem Text nach einem bestimmten System verschlüsselte Information
Kumpanei:	Zusammenschluss von Kumpanen (Kameraden, Gefährten)
Kybernetik:	Forschungsrichtung, die vergleichende Betrachtungen über Gesetzmäßigkeiten im Ablauf von Steuerungs- u. Regelungsvorgängen in Technik, Biologie u. Soziologie anstellt
Laff:	Jüngling, Geck
Lakaien:	abwertend für Kriecher; früher für herrschaftlicher Diener
Lätare:	[lat. „freue dich!"] vierter Fastensonntag der österl. Bußzeit
Latifundien:	Besitztum
Leukos:	weiße Blutkörperchen
Leukozytenverminderung:	Blutverminderung
Levitation:	vermeintliche Aufhebung der Schwerkraft
Limbus:	nach traditioneller, heute weitgehend aufgegebener katholischer Lehre die Vorhölle als Aufenthaltsort der vorchristlichen Gerechten u. der ungetauft gestorbenen Kinder
Mantra:	als wirkungskräftig geltender religiöser Spruch, magische Formel der Inder
Mehrwert:	der einem Gut in einem Unternehmen hinzugefügte Wert
Memento:	Erinnerung, Gedanke; in den Hochgebeten der kath. Messe das Anfangswort der Fürbitten für Lebende und Tote
Minitel:	französicher Teledienst der „France Télékom"
Mogaden:	Schlafmittel
Moloche:	Mächte, die alles verschlingen
Monogamie:	Einehe
mullatisch:	Mulatte: Nachkomme eines weißen u. eines schwarzen Elternteils

Nebukadnezar:	babylonischer König
nihil obstat:	[lat. „es steht nicht im Wege"], im kath Kirchenrecht die Unbedenklichkeitsformel für die Erteilung der Druckerlaubnis
Nihilist:	alles verneinender, auch zerstörerischer Mensch
Nissen:	Bezeichnung für die Eier von Läusen
Oculi:	dritter Fastensonntag der österl. Bußzeit
Odelgrube:	Grube für den Dung
Oheim:	veraltet für Onkel
oksidente:	den Westen betreffend
Oligarchie:	Herrschaft einer kleinen Gruppe
Ordinarius:	ordentlicher Professor an einer Hochschule
Orthodoxie:	1) Rechtsgläubigkeit; theologische Richtung, die das Erbe der reinen Lehre zu wahren sucht; 2) (engstirniges) Festhalten an Lehrmeinungen
Ovarien:	(sing. Ovar) Eierstöcke
Palästra:	im antiken Griechenland Übungsplatz der Ringkämpfer
Palmarum:	Palmsonntag
Pathologie:	allgemeine Lehre von Krankheiten
PEN-Club:	(Kurzw. aus engl. „poets, essayists, novelists" u. Club) 1921 gegründete internationale Dichter- u. Schriftstellervereinigung (mit nationalen Sektionen)
Phalanx:	antike Kampfformation; an der Front Schwerbewaffnete (Hopliten), an der Flanke durch Leichtbewaffnete oder Reiterei geschützt; auch Bezeichnung für eine Einheit von etwa 1500 Mann
Phraseologie:	Lehre od. Sammlung von den eigentümlichen Redewendungen einer Sprache
Physiognomie:	äußere Erscheinung eines Lebenwesens
physiognomisch:	die Physiognomie betreffend
Pickelhauben:	früherer preußischer Infanteriehelm
plebs:	das arme Volk im alten Rom
Pluralismus:	Vielgestaltigkeit gesellschaftlicher, politischer u. anderer Phänomene
polemisch:	scharf u. unsachlich (von kritischen Äußerungen)
pool:	(engl.) wirt.: Gewinnverteilungskartell
Popanz:	Schreckgestalt, Vogelscheuche
Portepee:	silberner oder goldener Besatz am Degen, Säbel oder Dolch
Prinzipal:	früher Lehrherr, Geschäftsinhaber; auch Leiter einer Wanderbühne
Proles:	(lat.) Proletariat; in der röm. Antike Bezeichnung für die unterste vermögenslose Bevölkerungsschicht, die von Steuer und Heeresdienst befreit war und als einzigen Besitz ihre Nachkommenschaft hatte
Promiskuität:	Bezeichnung für Geschlechtsverkehr mit häufig wechselnden Partnern
Psychopathie:	Abweichen des geistig-seelischen Verhaltens von der Norm
Pullmann:	eigentlich Pullmannwagen: luxuriös ausgestattete, geräumige Durchgangs-(Salon-) und Schlafwagen der Eisenbahn

Quacksalber:	Schwätzer, Kurpfuscher
quatemberweise:	an jedem Quatember: liturgisch begangener kath. Fasttag (am Mittwoch, Freitag u. Samstag nach Pfingsten, nach dem dritten Advents- u. ersten Fastensonntag)
räsonieren:	wortreich, reden, schimpfen
Redemptoristenpriester:	Priester des 1732 gegründeten, speziell in der Missionsarbeit tätigen kath. Kongregation vom allerheiligsten Erlöser
Reminiscere:	zweiter Fastensonntag der österl. Bußzeit
Röhmputsch:	von der NS-Propaganda verbreitete Bez. für die von Hilter befohlene, von SS und Gestapo durchgeführte Mordaktion gegen die SA-Führung und politischen Gegner am 30.6.1934. Grund war das Hitlers Absichten entgegenstehende Bestreben Röhms, die Reichswehr durch die SA im Rahmen eines revolutionären Milizheeres auszuschalten
Sakrileg:	Gottesraub, Vergehen gegen Heiliges
Salmiak:	eine Ammoniakverbindung (Ammoniak: stechend riechende, gasförmige Verbindung von Stickstoff u. Wasserstoff)
sämischledernes:	besonders weiches Leder betreffend
satori:	Erleuchtung zu der die sitzende Versenkung im Zen-Buddhismus führen soll
Schusterahle:	Werkzeug des Schumachers
Sedan:	franz. Stadt an der Maas; am 2.9.1870 kapitulierte hier die frz. Hauptarmee vor den Deutschen, Gefangennahme Kaiser Napoleons III.
Sodom und Gomorrha:	zwei Städte, die wegen ihrer Lasterhaftigkeit von Gott vernichtet wurden, wobei nur Lot gerettet wurde; heute sprichwörtlich
Sous:	alte, französische Münzen
Spermatozoen:	männliche Geschlechtszellen
spintisierend:	grübelnd; ausklügelnd; Unsinniges denkend oder redend
Spitzenjabot:	(franz.) Spitzenrüsche an Hemden usw.
Sporteln:	(früher) eine Verwaltungsgebühr, die unmittelbar dem beteiligten Beamten zufloss
Spritzenhaus:	Strafanstalt
Strafrapport:	Rapport: dienstliche Meldung
Tantra:	Lehre einer religiösen Strömung in Indien
Taoismus:	philosophisch bestimmte chinesische Volksreligion, die den Menschen zur Einordnung in die Harmonie der Welt anleitet
Theogonien:	myth. Lehre von Entstehung und Abstammung der Götter
Thorax:	Brustkorb bei Wirbeltieren und bei Menschen
trottoir:	(franz.) Bürgersteig
Tschako:	zylinder- oder helmartige Kopfbedeckung
Tuberkeln:	knötchenförmige Geschwulste

Turnus:	festgelegte, bestimmte Wiederkehr, Reihenfolge, regelmäßiger Wechsel; Umlauf; in gleicher Weise sich wiederholender Ablauf einer Tätigkeit
Ulanenpatroullie:	Ulanen: mit Lanzen bewaffnete Reiter. Im 16. Jh. in Polen als leichte Kavallerie aufgestellt; seit 1734 in Preußen; trugen Waffenröcke
Urämie:	Harnvergiftung
Valium:	Medikament zur Beruhigung, das zur Gewöhnung oder Sucht führen kann
Vedute:	naturgetreue Wiedergabe einer Landschaft, eines Stadtpanoramas
Verdun:	franz. Stadt an der Maas; die verlustreiche Schlacht um Verdun (1916); wurde zum Symbol der nat. Widerstandskraft Frankreichs
Viskosität:	Zähigkeit, innere Reibung (einer Flüssigkeit)
Vogue:	Mode
Werst:	altes russisches Längenmaß (1 Werst = 1,067 km)
Wöchnerin:	Ausdruck für das Kindbett; beruht darauf, dass die gebärende Frau sechs Wochen lang das Bett hüten musste
Wollach:	Wolldecke
Wollpikee:	Baumwollgewebe mit erhabener Musterung
Zen:	Strömung des Buddhismus
Zieten:	preußischer Reitergeneral
Zollprotektionismus:	Schutz der einheimischen Produktion gegen die Konkurrenz des Auslandes durch Maßnahmen der Außenhandelspolitik wie beispielsweise Zölle
zotig:	anstößig

Verzeichnis der Mitarbeiter

Funder, Maria, Prof. Dr.; Institut für Soziologie an der Philipps-Universität Marburg, Ketzerbach 11, 35032 Marburg

Kißler, Leo, Prof. Dr. Dr.; Institut für Soziologie in Marburg

Hülst, Dirk, PD Dr.; Institut für Soziologie in Marburg

Zoll, Ralf, Prof. Dr.; Zur Burg 2, 35285 Gemünden; (Fax 06453-6369)